现代铁路新技术丛书——通信信号·控制

现代铁路远程控制系统

（第2版）（智媒体版）

刘晓娟　郑云水　张雁鹏　编著

微课　视频　课件

西南交通大学出版社
·成　都·

图书在版编目（CIP）数据

现代铁路远程控制系统：智媒体版 / 刘晓娟，郑云水，张雁鹏编著. —2 版. —成都：西南交通大学出版社，2021.9（2025.7 重印）
ISBN 978-7-5643-8228-5

Ⅰ. ①现… Ⅱ. ①刘… ②郑… ③张… Ⅲ. ①铁路信号－遥控系统－高等学校－教材 Ⅳ. ①U283.1

中国版本图书馆 CIP 数据核字（2021）第 175545 号

Xiandai Tielu Yuancheng Kongzhi Xitong
现代铁路远程控制系统
（第 2 版）（智媒体版）

刘晓娟　郑云水　张雁鹏　编著

责任编辑	何明飞
封面设计	GT 工作室
出版发行	西南交通大学出版社 （四川省成都市金牛区二环路北一段 111 号 西南交通大学创新大厦 21 楼）
邮政编码	610031
发行部电话	028-87600564　　028-87600533
网址	http://www.xnjdcbs.com
印刷	四川森林印务有限责任公司
成品尺寸	185 mm × 260 mm
印张	17
字数	361 千
版次	2010 年 3 月第 1 版　　2021 年 9 月第 2 版
印次	2025 年 7 月第 10 次
书号	ISBN 978-7-5643-8228-5
定价	39.00 元

课件咨询电话：028-81435775
图书如有印装质量问题　本社负责退换

第 2 版前言

远程控制系统是能在远距离、大范围内进行集中监测和控制的系统。随着计算机技术、通信技术、自动控制技术、监测技术等的不断发展，远程控制系统这门交叉性学科发展非常迅速，应用领域也越来越广，涉及电力、交通、石油、航空、地质等诸多行业。

本书以远程控制系统基本原理和方法为基础，重点论述远动技术在铁路信号远程控制系统中的应用。为了更好地适应铁路信息化、网络化、智能化、集成化、综合化的发展要求，满足培养现代化的铁路通信信号人才的需要，贯彻“学中做、做中学”的教育教学理念，本书从专业的需求出发，力求反映铁路信号远程控制系统的现状及今后的发展趋势，重点突出基本原理和实现方法。

本书首先介绍了远动系统的基本概念、原理、功能、性能指标及远动系统技术基础，然后以铁路调度集中（CTC）系统、铁路列车调度指挥系统（TDCS）和铁路信号集中监测（CSM）系统为核心阐述它们的基本概念、系统组成、工作原理，以及系统的接口。

本书的第 1 版于 2010 年出版，经过十多年的使用书中部分内容与铁路远程控制系统的发展情况已不匹配，因此进行了改版。本次再版修订了第 1 版存在的问题，对部分内容进行了更新。在第三章中增加了对调度集中系统外部接口的介绍，包括调度集中与高速铁路列车控制系统的接口、调度集中与 GSM-R 的接口、调度集中与既有线 TDCS 的接口、调度集中与信号集中监测系统的接口等；在第四章中对 TDCS 的系统结构和 TDCS 的功能及接口两部分的主要内容进行了更新；在第五章中新增了铁路信号集中监测（CSM）系统的相关内容。另外，书中还增加了数字资源的接口，可以让读者方便地通过课件、视频等进行自学。经过修订和更新后的内容更加贴近现场实际，将进一步满足广大读者对新技术的认识和了解。

全书虽已经过认真修订，但仍可能有疏漏和不足之处，敬请读者批评指正。

作　者

2021 年 6 月

第 1 版前言

远程控制系统是能在远距离、大范围内进行集中监测和控制的系统。随着计算机技术、通信技术、自动控制技术、监测技术等的不断发展，远程控制系统这门交叉性学科发展非常迅速，应用领域也越来越广，涉及电力、交通、石油、航空、地质等诸多行业。

本书以远程控制系统基本原理和方法为基础，重点论述远动技术在铁路信号远程控制系统中的应用。为了更好地适应铁路信息化、网络化、智能化、集成化、综合化及跨越式发展的要求，满足培养现代化的铁路通信信号人才的需要，贯彻“学中做、做中学”的教育教学理念，本书从专业的需求出发，力求反映铁路信号远程控制系统的现状及今后的发展趋势，重点突出基本原理和实现方法，可为相关专业大学生、高职学生提供应具备的知识。

本书介绍的铁路远程控制系统的新成果、新技术应用，体现了现代铁路的发展方向，适用于高速铁路客运专线、重载、城市轨道交通建设，实用性强，对从事铁路建设的工程技术人员有指导、学习价值。

全书共分 6 章。

第 1 章　概述。主要介绍远动系统的基本概念、原理、功能、性能指标及远动技术在铁路信号控制系统中的应用情况。

第 2 章　远动系统技术基础。主要介绍远动系统的网络结构、数据通信、电码结构、可靠性及容错技术、总线技术、计算机网络等方面的基础知识。根据目前技术的发展，本章还特别增加了网络安全及数据安全传输技术、铁路专用全球移动通信系统（GSM-R）等内容。

第 3 章　调度集中（CTC）系统及应用。阐述了铁路运输调度集中（CTC）系统的基本概念、系统功能、组成原理、系统设计，重点介绍新一代分散自律调度集中系统，包括分散自律调度集中系统的优势、控制模式、系统结构及主要模块设计。

第 4 章　铁路列车调度指挥系统 TDCS。主要介绍 TDCS 的发展历程、总体目标、技术特点、TDCS 系统结构及各层次的功能。本章还着重介绍了无线车次号校核系统的构成原理及功能。

第 5 章　铁路信号微机监测及其实用系统（MMS）。主要阐述了信号微机监测系统的功能、结构、应用及其发展。并给出 TJWX-2000 型信号微机监测系统、TFJC-99 型驼峰信号微机监测系统、新型便携式微机监测仪等具体实例。

第 6 章　铁路智能交通系统（ITS-R）。介绍了智能交通系统的概念，我国铁路智能交通系统的发展应用及对今后的展望。

本书由刘晓娟主编统稿，与郑云水共同编写。其中第 1 章、第 3 章、第 5 章、第 6 章由刘晓娟执笔，第 2 章、第 4 章由郑云水执笔。

本书在写作过程中参考了大量相关资料，在此作者对参考文献中所列专著、教材和高水平论文的作者们表示最诚挚的谢意。正是他们的优秀作品为作者提供了丰富的营养，使得作者能够在自己科研和教学实践的基础上，汲取各家之长，形成一本具有自己特色的书籍。

由于作者水平有限，书中难免有疏漏和不足之处，恳请读者批评指正。

作　者

2009 年 10 月

目 录

第1章

概 述

随着人类生产实践、生产范围日益扩大，生产过程日益趋向自动化。在生产规模愈来愈大，地域愈来愈广的情况下，为了合理地安排生产过程，提高生产过程的自动化程度，就要把间隔几千米到几千千米的各部门联系起来，服从专门机构的统一指挥，像一个整体那样协调工作。这就需要专门的技术和设备来完成这项任务。远动技术就是综合自动控制技术、计算机技术和现代通信技术三大领域的主要技术成果，为适应上述要求而发展起来的一门学科，也称遥测遥控技术或远程控制技术。

远动技术作为一门学科，起源于 20 世纪 30 年代，近几十年来，随着科学技术的发展，特别是计算机技术、现代通信技术、自动控制技术、检测技术等的迅猛发展，远动技术得到飞速发展，应用领域和所涉及的技术范围更为广泛，功能也不断提高，无论是在控制距离上还是在控制功能、容量和自动化程度上均有了阶跃性的发展。远动技术的发展不是偶然的，它是在许多现代化技术的基础上建立起来的，其中有计算机、数据传输、编码理论、检测技术、传感器等，特别是大规模集成电路的发展，使远动技术跨越到一个新的高度，远动技术与人工智能、知识工程、模糊控制等新技术的有机结合，更使其迅速地发展为智能化的综合系统，而且应用也更加广泛和深入。现代电力工业、石油工业、采矿工业、城市交通、卫星通信、火箭导弹、宇航工业等国民经济的各个领域都采用和推广远动技术的各项成果，取得了巨大的经济效益。例如，飞机的飞行试验、火箭和导弹的发射与控制、卫星和宇宙飞船的运行和操纵、工农业生产和交通运输调度的自动化、危及人身安全的工作场所的无人作业，以及医疗卫生和体育训练等方面的工作，都离不开远动技术的应用。可以肯定，随着新技术的不断涌现，远动技术必将得到进一步的发展和应用。

具体的远动系统由于在设计思想、应用场合、所要完成的任务方面都有所不同，因而拥有繁多的种类，并各自有着不同的特征。有的可能是一个很简单的单一对象控制，有的可能是一个很大的综合测控系统。然而不管怎样，远动系统具有远距离在人（或机器）和机器之间交换信息、完成测控的功能。

铁路运输是应用远动技术最早的部门之一，电气化铁路牵引控制、铁路信号与道岔的控制，开创了远动技术提高生产效率的新篇章。铁路信号远程控制系统，就是以远动技术作为理论基础，结合铁路运输对信号控制的要求而设计的系统。

1.1 远动系统的基本概念

远动技术就是遥控、遥信和遥测的总称。

遥控就是对被控对象进行的远距离控制。一般地，控制命令产生的地点称为控制端，而把被控制对象所放置的地方称为被控端或执行端。控制命令是指调度人员或计算机对被控对象发出的控制意图。这种意图由控制端传送到执行端。该命令是由可以传输的电量来表示的，是由控制端传送到执行端。连接控制端和执行端的通道称为信道。控制端、执行端、信道是遥控系统的三个基本组成部分。遥控系统的组成如图 1.1 所示。

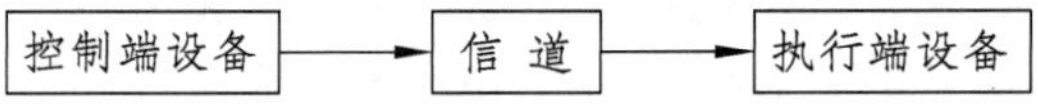

图 1.1 遥控系统的组成

远动系统的核心问题是远距离信息传输，它直接影响着系统工作的可靠度。控制端与执行端相距较远，必须采用现代数据传输方式，把控制意图转变为可以传输的电信号，这不仅要把非电量转化成电量，而且要形成有规律的、符合双方约定含义的数据信号，因此就需要进行编码。执行端接收数据以后，必须按照约定的内容，恢复成一个控制信号去操纵某个执行设备，这个过程就是译码。因此，遥控系统的结构可进一步用图 1.2 来描述。

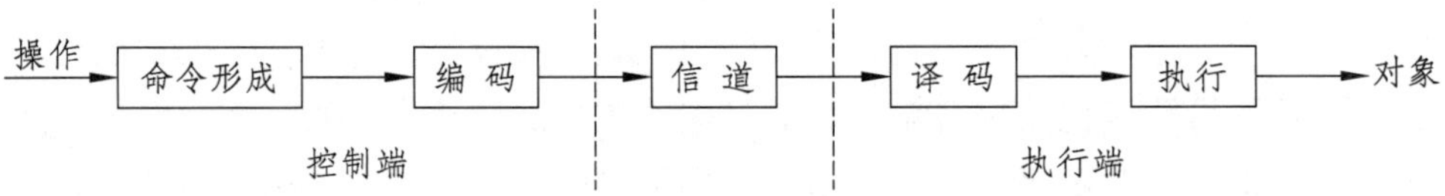

图 1.2 遥控系统框图

遥信系统是对远距离被控对象的工作极限状态进行远距离的测定。所谓测定就是用表示灯或表示设备监视被控对象的极限状态。遥信系统要反映被控对象的状态，所以它的信息源是在执行端，而接收信息的场所是在控制端。信息的传输方向是由执行端到控制端。遥信系统的基本结构如图 1.3 所示。

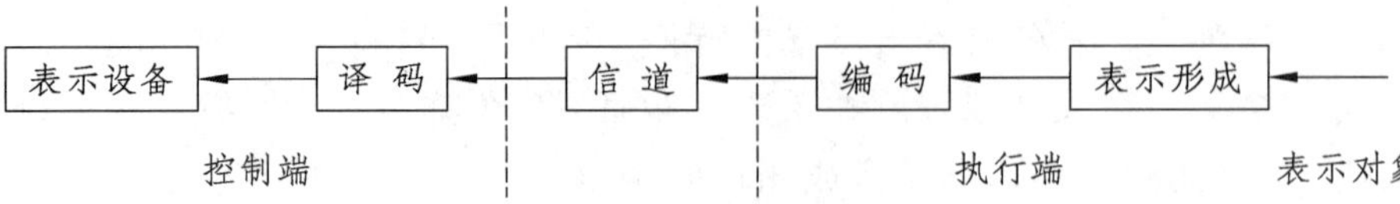

图 1.3 遥信系统框图

遥测系统是对被控对象的某些参数进行远距离测量。它与遥信系统的区别是测量对象的参数是模拟量而不是数字量。

要测量对象的参数，在执行端就必须不断地对被测量进行采集，然后进行编码送到控制端，经译码后，送到记录、显示、处理设备。遥测系统的结构如图 1.4 所示。

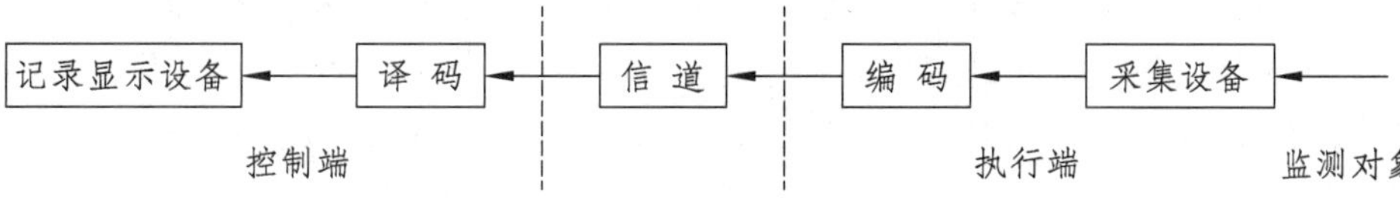

图 1.4　遥测系统框图

由上述可见，远动系统可以进行远程控制、远程状态监视和远程参数测量。作为完整的远动系统，在远程控制的同时，进行远程监视和远程参数的测量，针对每一种功能，需要有相应的信息。

一个完整的远动系统的结构如图 1.5 所示。

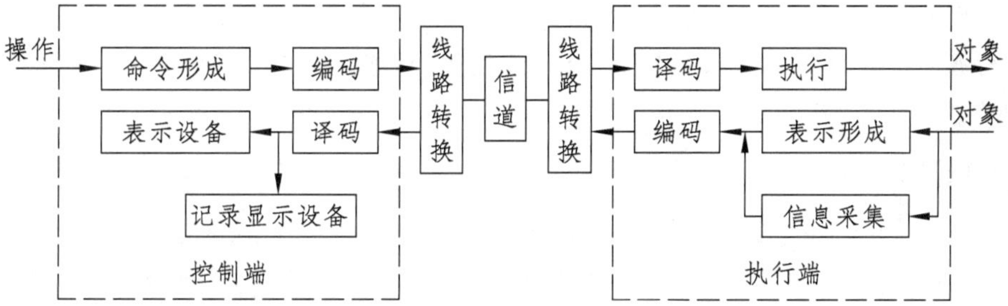

图 1.5　远动系统的组成

由图 1.5 可见，遥控、遥信及遥测可以在同一信道上传送不同的信息。两种不同方向的信息可以同时传送，也可以根据需要分时传送。按照系统设计的要求，采用线路控制方法，分配占用信道的时机，实现不同方向信息的传送。

远动系统按其功能，可以分为远程控制（遥控）、远程监视（遥信）、远程测量（遥测）三种类型的系统。按照生产过程的需要，遥信与遥测可以单独存在，而遥控系统一般都自然包括遥信的功能，从而检验控制功效。因此，今后对遥控系统的分析，即可覆盖对其他二者的分析。

远动系统的主要任务，一是集中监视，以提高安全经济运行水平。正常状态下实现合理的系统运行方式；事故时，及时了解事故的发生和范围，加快事故处理节奏。二是集中控制，以提高劳动生产率。调度人员可以借助远动装置进行遥控，实现无人化或少人化，并提高运行操作质量，改善运行人员的劳动条件。采用远动装置，实现生产过程的集中监视和控制，可有效提高系统的可靠性并减少维修费用，其经济效益是非常明显的。因此，远动技术已经为国民经济各部门及国防部门所需要，如电力系统、铁路运输、石油开采、煤矿、农田灌溉、给排水系统、大工厂及联合企业、气象、宇航、原子能的应用及军事目标的控制等，或是由于控制对象远离被控点，或是由于被控对象是有危险不可靠近的，均需采用远动技术。而且，需要用远动技术的领域和场合更是日益广泛。

构成远动系统的装置最初使用的是接点式装置，它的主要元件是继电器。随着新型电子器件的出现，以晶体管为主要元件的无接点式远动装置相继出现，随之而来的是采用集成元件的全集成电路装置的诞生。上述各类装置均按预定的要求进行设计，使构成的装置的各部分逻辑电路按固定的时间顺序工作，以完成预定的功能。这些装置一旦设计好，其功能不能随意进行扩展。近几十年来，随着计算机技术的发展和普及，远动装置全部采用微机化装置，通过微机的硬件和软件相配合完成远动系统的功能。微机化远动装置具有结构简单、功能完善、使用灵活、扩展容易等诸多优点。采用计算机技术、现代通信技术和网络技术而构成的全微机化远动系统是目前的发展方向。

1.2 远动系统的性能指标

对任何一种远动系统，都可以用远动系统的性能指标来衡量其优劣或作为设计、选型的要求。一般来说有以下几点：

1. 可靠性

可靠性是指系统或设备在规定的时间和规定的条件下完成规定功能的能力。

远动系统往往要求无人监视，并且应用在重要的生产部门或国防部门，对于设备的可靠性有很高的要求，一次误操作或失效都有可能引起严重的后果，造成生命或财产的损失。远动系统可靠性包括设备本身的可靠性及信息传输的可靠性两个主要方面。可靠性将在 2.7 节中详细介绍。

2. 容 量

遥控、遥信及遥测系统中对象的数量，称为该系统的容量。远动设备的容量首先要满足用户对远动化的实际要求。容量越大，表示该系统所能完成的功能越多。此外，系统的容量也要考虑功能的扩展。因为随着技术的发展，远动系统的功能还要进一步增加。

3. 传输速度

远动系统通过信道传输信息。信息在信道中传输的快慢用传输速度来衡量。通常从两方面来定义传输速度，一个叫波形速度（又称调制速度），即每秒所传输的数字波形数，单位是波特；另一个是信息速度，即每秒所传输的信息量，单位是比特/秒。在二进制代码串行发送的传输方式中，这两种速度在数值上是相等的，对多进制代码就不相等了，信息速度比波形速度大。这是因为每个波形中包含的不是一个比特信息，而是多个。例如 N 进制，每个数字波形携带的信息量为 $\log_2 N$ 比特。

4. 实时性

实时性常用“传输时延”来衡量。它是指从发送端事件发生到接收端正确地接收到该事件信息这一段时间间隔。从提高生产效率、加速事故处理等观点出发，对系统的实时性要求是显而易见的。

5. 抗干扰能力

在有干扰的情况下，远动系统仍能保证技术指标的能力称为抗干扰能力。远动信息要在信道上传输，就不可避免地要受到外界的干扰，这些干扰主要是工业干扰和起伏（脉冲）干扰，此外，在多路传输时还有信道间的路际干扰。这些干扰造成的不良结果就是使信息发生畸变，使系统发生误操作。

提高系统抗干扰能力的方法有两种：一是在信道发送端适当变换信号的形式，使其不易受干扰的影响；二是在接收端变换环节的结构上加以改动，使其具有消除干扰的滤波能力。

6. 适应性及维修性

适应性就是远动装置对各种客观条件变化的适应能力，即对环境温度、湿度、电源变动、振动等条件的适应能力。

维修性就是按规定的程序和方法对设备进行维修时，保持或恢复其规定状态的能力。对此，应采用必要的性能指示及故障报警装置。尽可能做到故障自动检测，以便发生故障时能迅速判断地点，及时排除故障。此外，要体积小、重量轻，才能够机动灵活。

7. 经济性

经济性就是使设备获得一定的性能指标所花的代价。该项指标要综合考虑诸如成本、传输速度、差错率各因素。

总之，评价远动系统性能的指标有多个，有些指标往往存在矛盾。因此需要根据具体情况和要求加以选择。

1.3 远动技术在铁路信号远程控制系统中的应用

铁路运输生产过程是在全国纵横交错的铁路网上进行的。目前，我国的铁路网拥有几万千米线路，几千个车站，几百万职工，配备了大量的技术设备，设有运输、机车、车辆、工务、电务等业务部门，每天有上万台机车和几十万辆编成数以千计的各种列车，在四通八达的铁路线上昼夜不停地运行。同时，铁路运输的作业环节繁多且复杂，犹如一架庞大的联动机，要求各单位和各工种间密切配合，环环相扣，有节奏地协同工作。为此，在铁路运输组织工作中，必须贯彻高度集中、统一指挥的原则。

铁路运输调度工作，就是铁路日常运输的组织指挥工作。各级调度机构编制与执行日常工作计划，对整个运输生产过程，首先是对列车运行进行不间断地指挥与监督，以使全路能够连续、均衡、合理、质量良好地实施运输生产。

铁路系统是最早使用远动技术的部门之一。这与铁路运输的管理、指挥体制很有关系。铁路行车现为三级管理指挥系统，分别是中国国家铁路集团有限公司（以下简称国铁集团）、铁路局集团有限公司（以下简称铁路局或路局）和车站。各次列车在运行过程中，由车站值班员记录，并向路局调度中心汇报列车在本调度区段的走行情况，路局每天向国铁集团报告全局列车运行情况。虽然全国铁路纵横交错、绵延万里，但通过分级的管理体制，能对每次列车的运行情况了如指掌，实现集中、统一指挥。

每个车站的管辖范围一般有几千米，若包括两边的区间设备就有十几千米。每个局要管辖几百千米。具体到每个调度台也有几十千米，既要控制、指挥列车的运行，又要了解列车实际的运行情况，正是远动技术的用武之地。

远动技术在铁路行车指挥控制系统中的应用，有如下几方面。

1. 调度集中和调度监督系统

在行车调度系统中把遥控称为调度集中，而把遥信称为调度监督。在行车调度的各类应用中，有的属于调度集中和调度监督的独立应用，有的是综合应用。具体表述如下：

1）区段遥控遥信系统

区段遥控系统是铁路干线行车指挥的综合设备，它是以干线上的车站电气集中与站间闭塞设备（自动闭塞或半自动闭塞）作为基础，在以行政划分而设置的铁路局调度中心内，设置集中控制与监视设备，完成如下基本控制与监视功能，即直接控制区段内各车站的信号和进路，并且监视电气集中设备的状态（信号机、进路）、列车占用、列车离去及在区间和离去的状态。

作为区段遥信系统（调度监督系统）可以根据具体区段的情况，只完成以上的基本监视功能。

2）枢纽遥控及遥信系统

铁路枢纽是影响铁路运输能力的关键，其线路布置复杂，行车密度高，运输作业种类繁多、交叉干扰影响大，因此枢纽调度员的工作相当繁重。枢纽遥控及遥信系统的功能与区段遥控系统的功能类似，但其管辖范围只涉及枢纽内部。

3）大站遥控遥信系统

前已述及，铁路区段内的区段站、编组站等，虽然设有车站电气集中，但是距车站值班室较远的地点，可能存在咽喉或个别咽喉道岔，因此可以单独地设置遥控设备，以便车站值班员通过控制台对其进行控制与监视。另外，在调度区段入口与出口端的较大车站，列车占用线路情况直接影响区段行车调度员的指挥工作，因此可以针对由车站值班员控制的大站装设遥信设备，以实现区段行车调度员对其的监视。

4）分界口遥信系统

分界口是铁路局之间的交界点，分界口端的车站分属不同的铁路局，根据前述各级调度员的不同职责，可以看到，分界口的运输计划安排将涉及两个以上的铁路局。分界口跨局列车的接续，不能单以发局或接局的运输计划执行来考虑，而需根据运输过程的综合情况，以及分界口两侧车站内列车实际占用线路与运输情况、车流变化等情况，专门制订分界口的运输计划。为使铁路局及国铁集团调度能监视分界口的实际运输情况，取得复杂的运输数据及参数，可为分界口单独设置遥信系统。

近年来，由于计算机技术的发展，以上所述各种形式的遥控和遥信系统均可由计算机作为其中心控制机与被控分机。中心控制机主要完成控制与监视功能，被控分机用以执行控制命令及完成状态信息采集。中心控制机与各被控分机之间，按照计算机通信网的形式连接，完成数据传输，这样就为调度员对铁路运输实行集中控制与指挥提供了新的手段。

2. 铁路列车调度指挥系统（TDCS）

铁路列车调度指挥系统（TDCS）是实现铁路各级运输调度对列车运行实行透明指挥、实时调整、集中控制的现代化信息系统。TDCS 由国铁集团、铁路局 TDCS 中心局域网及车站基层网组成，是一个覆盖全路的现代化铁路运输调度指挥和控制系统。TDCS 采用信息技术、网络技术、控制技术等现代科学技术手段取代了传统落后的行车指挥手段，结合先进的通信、信号、计算机网络、数据传输、多媒体等现代信息技术，在保证网络安全的前提下，与相关系统紧密结合、互联互通、信息共享，实现了铁路运输组织的科学化、现代化，增加了运能，提高了效率，改善了调度指挥的工作环境，减轻了调度人员的劳动强度。

TDCS 能够实现列车在车站和区间运行的实时监视，动态调整、自动生成列车运行三小时阶段计划；实现列车调度命令的自动下达和实际运行图的自动描绘；实现分界口交接列车数、列车运行正点率、行车密度、早晚点原因、重点列车跟踪等信息的实时宏观统计分析并形成相关统计报表；实现对铁路路网、沿线线路、车站、救援列车分布等主要技术资料和气象资料的显示，为铁路事故救援、灾害抢险、防洪等提供决策参考。

3. 微机监测系统

随着铁路信号维修体制的改革，信号设备的微机监测系统也迅速发展起来，并应用日益广泛。微机监测系统利用计算机技术和检测技术实现对信号设备的日夜监视，为信号设备的维修和铁路运输工作提供了可靠的依据。

微机监测系统可以作为独立的系统存在，也可作为行车调度自动化系统的基础设备存在。目前，铁路信号设备的微机监测系统均以计算机网络的形式存在。以车站、车间（领工区）、电务段等几级构成基层网，为行车调度自动化系统、TDCS 系统提供可靠依据。

总之，以调度集中、调度监督、微机监测为基础，以 TDCS 为龙头，将从根本上提升我国铁路信号在调度指挥手段、行车控制技术和信号技术设备功能等方面的水平，带动整个铁路信号向网络化、智能化方向发展，从而提高铁路干线的运输能力和效率，全面提高行车安全程度。

本章小结

本章主要介绍了远动系统的基本概念、性能指标和远动系统在铁路运输调度工作中的具体应用。通过本章学习我们知道，远动系统的主要任务是对处于分散状态的生产过程进行集中监视、控制和统一管理，远动技术正是为适应上述目的而发展起来的一门综合性学科。

远动技术包括遥控（远程控制）、遥信（远程监视）和遥测（远程测试）三大部分。一般，遥信系统和遥测系统可以单独存在，而遥控系统一般均包含遥信的功能，用以检验遥控的功效。目前的远动系统均为全微机化的远动系统。

远动系统的性能好坏可通过可靠性、容量、传输速度、实时性、抗干扰能力、适应性及维修性、经济性等指标来衡量。

远动技术在铁路行车指挥控制系统中的应用主要有调度集中、微机监测及铁路列车调度指挥系统等。这些系统是铁路信号信息化、网络化、智能化的基础。

思考题

1. 何谓远动技术？它包括哪几部分？
2. 一个完整的远程控制系统由哪几部分组成？请画出结构图。
3. 远动系统的主要任务有哪些？
4. 衡量远动系统性能的指标有哪些？
5. 远动技术在铁路运输调度工作中的应用表现在哪些方面？

本章数字资源

第2章

远动系统技术基础

2.1 远动系统的网络结构

控制端设备、执行端设备、信道是构成远动系统的三个组成部分。其中关系到远动系统结构的一个重要因素是远动系统的网络形式，即系统的网络结构。远动系统的网络结构与对象的数量和分布有关。在物理上把分布的对象连接起来有若干形式，这些连接形式就叫作拓扑结构或网络结构。目前的远动系统中，无论是控制端还是执行端，它们所用的设备均是计算机，因此，远动系统的网络结构实质上也是计算机网络的拓扑结构。

2.1.1 网络的拓扑（Topology）结构

构成网络的拓扑结构有好几种，如图2.1所示。

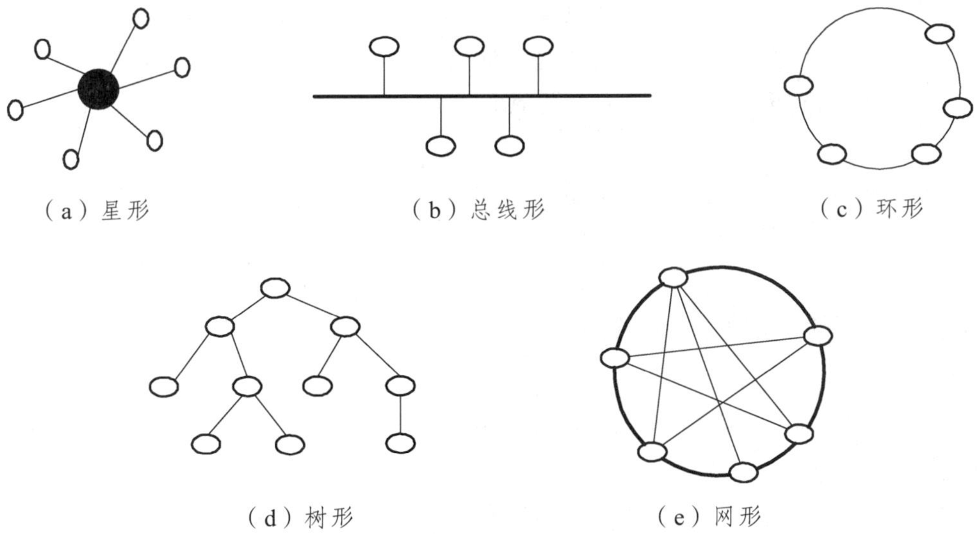

图 2.1 网络的拓扑结构示意图

1. 星形（Star）拓扑

星形拓扑是由中央节点通过点—点链路接到中央节点下的各站点组成，又称集中式控制，站点间的通信必须通过执行集中式通信控制策略的中央节点进行。当一个站点要向另一个站点发送信息时，它将数据先发送到中央站点，再由中央站点转发给相应的其他站点。

优点：

（1）站点之间是通过中央节点来建立连接的，结构简单，建网容易。

（2）一个站点的故障只会影响本站，而不会影响到全网。

（3）这种结构易于进行故障的诊断和隔离，便于节点的扩展和移动。

（4）网络延迟时间短，误码率低。

缺点：

（1）星形结构的通信很大程度上依赖中央节点，中央节点是这个结构的关键点，中央节点的故障将会对系统产生致命的影响。

（2）中央节点也是通信速率的瓶颈。对中央节点的可靠性和容量要求很高。

（3）通信线路利用率不高，网络共享能力较差。

（4）每个站点都要和中央节点相连，需要耗费大量的电缆，电缆的代价以及安装维护等费用相当可观，所以这种网络的规模一般都不能太大。

星形结构广泛用在网络智能集中于中央节点的场合，如交换型以太网和 ATM 网络都采用了星形拓扑结构。

2. 总线（Bus）拓扑

总线拓扑采用单一信道作为传输介质，所有站点通过专门的连接器连到这个公共信道（称为总线）上，任何一个站点发送的信号都沿着介质传播，并能被总线上其他站点接收到，每个节点根据数据的发送地址判断是否是发送给自己的。网络中的节点在发送数据时要监听主线上是否有数据在传送，其他的节点是否也在发送数据。

优点：

（1）所需电缆长度短，布线容易，结构简单。

（2）成本低、易于扩充。

缺点：

（1）由于所有站点共享一条公用信道，要避免信号的相互碰撞而造成传输失败（冲突）。

（2）每次只能由一个站点发送信号，总线网中通常采用分布式的控制策略来决定由哪个站点发送信号。

（3）故障检测与维护较困难，而且如果故障发生在总线上，需要把有故障的总线段切除，故障的隔离也很困难。

3. 环形（Ring）拓扑

环形拓扑是站点和连接站点的点—点链路组成的一个闭合环，每个站点从一条链路上接收数据，然后以相同的速率串行地在另一条链路上发送出去。链路大多是单方向的，即数据在环上只沿一个方向传输。发送端发出的数据，沿环绕行一周后，回到发送端，由发送端将其删除。因而任何一个站发出的数据，环上所有其他站都能接收到。这种结构的网络形式主要应用于令牌网中。

优点：

（1）所需介质长度短，成本低。

（2）它的链路都是单方向的，可以采用光纤作为传输介质来提高自身的容量和抗干扰能力。

（3）环形结构的路由选择也较简单，数据传输比较可靠。

缺点：

（1）环形拓扑同样存在冲突问题，环形网络通常采用分布式的控制策略来解决。

（2）故障的检测需要在每个站点上进行，故障的诊断也较困难。

（3）环上的数据传输必须通过环上的每一个站点，站点的故障会引起网络的瘫痪。

（4）结构的封闭性使它的扩展性能差，增加或去除站点时都会影响其他站点的工作。

为提高环形拓扑的可靠性，应用双环结构会有更优的性能，如果一个环断了，另外一个还可以用，如果两个都断了，可以由这断环连接成一个新的环。

4. 树形（Tree）拓扑

树形拓扑是从星形拓扑演变而来的。树根称为头端，树根下有多个分支，每个分支还可以有子分支，树叶是站点。当站点发送数据时，由根接收信号，然后再重新广播发送到全网。

树形拓扑的许多特点和星形拓扑类似，但树形拓扑的故障隔离比较容易，只需将有故障的分支与整个系统隔离开来即可，其通信线路距离短，成本较低，寻找路径方便。由于树形结构对根的依赖性很大，因而对根的可靠性要求很高。树形拓扑具有良好的扩充性和可靠性，利于分布式控制。

5. 网形（Mesh）拓扑

网形拓扑是由站点和连接站点的点—点链路组成，每个站点都有一条或几条链路同其他站点相连。网形拓扑通常用于广域网中。

网形拓扑的特点：第一，每两个站点之间有专有链路负责数据的传输，不存在共享链路中的交通量问题。第二，一条线路的故障不影响其他线路的通信，整个网络不会瘫痪，因而具有健壮性。第三，所有的消息都由专用线路传送，只有预期的接收者才能接收到该信息。第四，由于站点之间存在多条路径，在传输数据时就可以选择较为空闲的路由或绕开故障点，因而网络资源可以得到充分合理的利用，同时，单个站点或线路的故障对网络影响也比较小，网络可靠性高。

网形拓扑结构需要的电缆和设备上的输入/输出接口的数量太多，硬件成本很高，安装和重新配置十分困难，其网络协议也比较复杂，所以网形拓扑通常用在带有其他拓扑结构的混合式网络中。

以上简要介绍了几种典型的网络拓扑结构，实际使用中，根据对象的具体分布情况及系统的组成情况，采用的网络结构将是对各基本结构进行变形或综合而得到的，最终形成的网络称为混合拓扑结构，它与任何标准拓扑结构都不相同，在分析与设计网络结构时应予以注意。

2.1.2 选择网络拓扑结构应该考虑的因素

拓扑结构的选择往往和传输介质的选择以及介质访问控制方法的确定紧密相关。选择拓扑结构时一般要考虑以下几个因素：

（1）可靠性。可靠性是网络的生命，尽可能提高可靠性，以保证所有数据流能准确接收；还要考虑系统的可维护性，使故障检测和故障隔离较为方便。

（2）费用。建网时需考虑适合特定应用的信道费用和安装费用。

（3）灵活性。需要考虑系统在今后扩展或改动时，能容易地重新配置网络拓扑结构，能方便地处理原有站点的删除和新站点的加入。

（4）响应时间和吞吐量。要为用户提供尽可能短的响应时间和最大的吞吐量。

总之，选择网络的拓扑结构时，要考虑的因素很多，这些因素影响着网络的运行速度和网络软硬件接口的复杂程度。

2.1.3 铁路信号远动系统网络结构

铁路信号远动系统的主要任务是对系统所辖各个车站的信号、道岔及进路进行控制，同时还要记录下各个被控制对象的状态及参数的测试结果，进而为铁路行车指挥自动化和运输指挥管理信息系统提供基础信息。远动系统中对象的分布情况直接决定了信道的铺设路径，系统的控制、监督以及测试功能的详略直接影响了系统结构的繁简程度。下面针对铁路信号远动系统的几种主要结构进行介绍。

1. 点对点式结构

点对点式结构是铁路信号远程控制系统中最简单的形式。在对象分布集中的情况下才有可能使用，如大站遥控系统，信号和道岔都集中在某一咽喉区，如图 2.2 所示。

大站遥控系统，确定了控制端与执行端是主从关系。控制端随时向执行端发送控制命令，系统处于控制端发送命令，执行端接收命令的状态。当控制命令发送完毕，系统应转换为控制端接收表示，而执行端发送表示的状态。这些功能的转换在系统设计时就要完成。

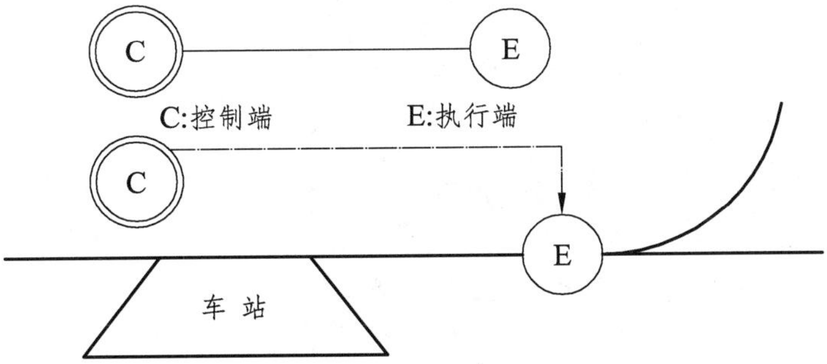

图 2.2　点对点式结构示意

2. 多点星形网络结构

多点星形网络结构适用于控制对象按辐射状分布的远动系统，即多个执行端有独立信道的情况下。系统的结构如图 2.3 所示。

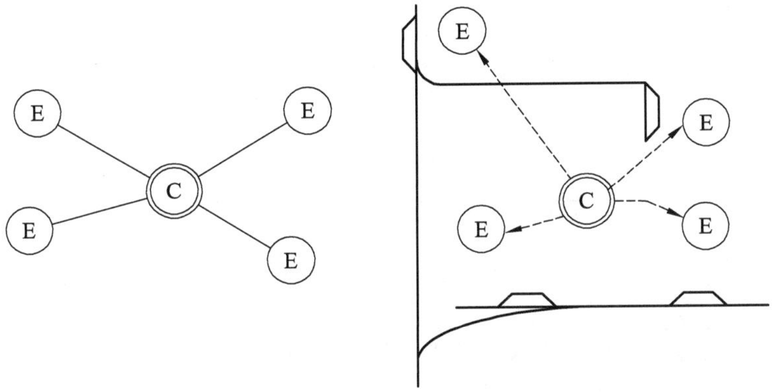

图 2.3　多点星形网络结构

这种结构适用于枢纽或分界口的遥控遥信系统。控制端完成正常的点对点功能以外，还必须具有多路转换功能，能顺序地控制各执行端。

3. 交叉连接的星形结构

交叉连接的星形结构是新一代分散自律调度集中系统采用的方式。交叉连接的星形结构具有很高的可靠性，每个站点都可以从两个不同的控制端获得控制命令，形成双网络控制，在网络出现单点故障时，不影响系统的正常运行。系统结构如图 2.4 所示。

4. 多站网络式结构

多站网络式结构适用于控制对象沿线分布的远动系统。这种系统结构的特点：一个控制端发送的控制命令，多个执行端能够同时接收，即控制端与多个执行端共用一个信道。因此，这种网络结构的一个突出问题，就是如何确定控制端或某一个执行端对信道的占用权。铁路区段调度集中系统采用这种结构。其网络结构如图 2.5 所示。

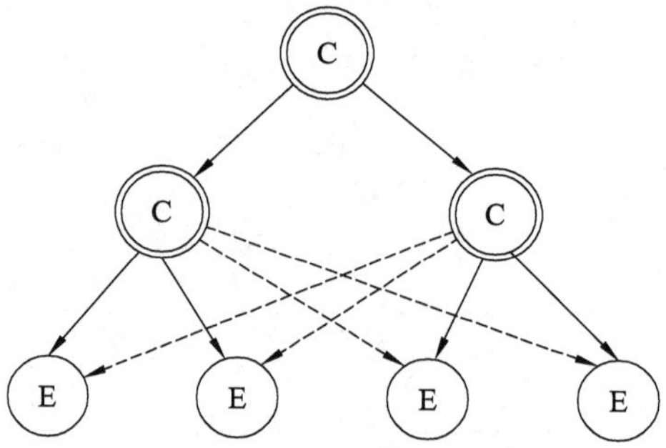

图 2.4 交叉连接的星形结构

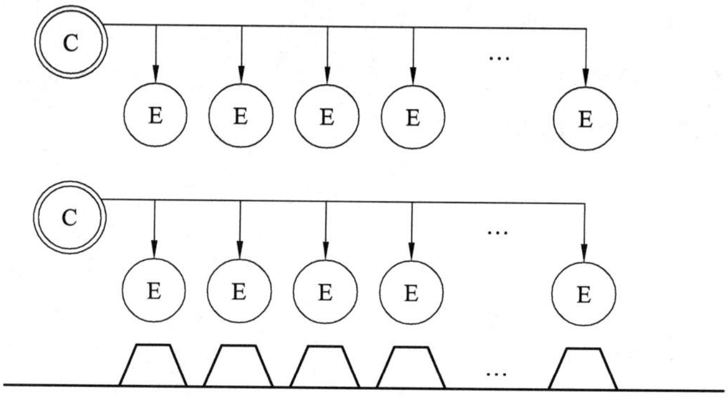

图 2.5 多站网络式结构

5. 复联网络形式的系统结构

这种系统结构适用于控制对象处于集中分散式分布的远动系统。常见的有多点双星形网络的系统结构和星形—多站形网络系统结构，分别如图 2.6（a）、（b）所示。

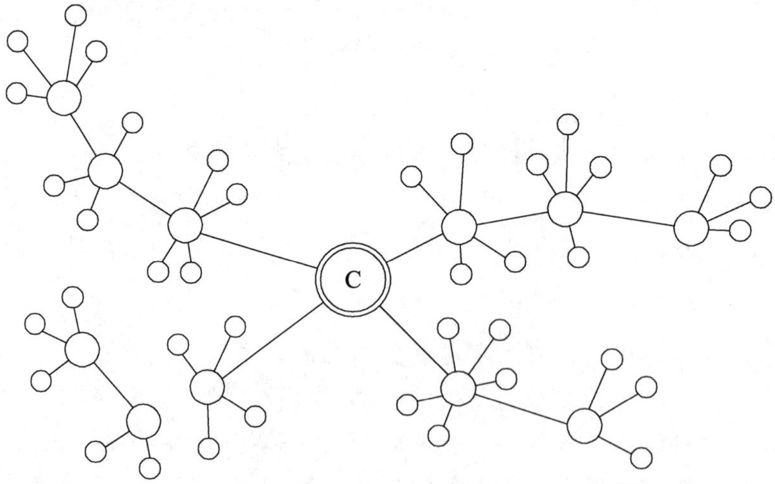

（a）多点双星形网络系统结构

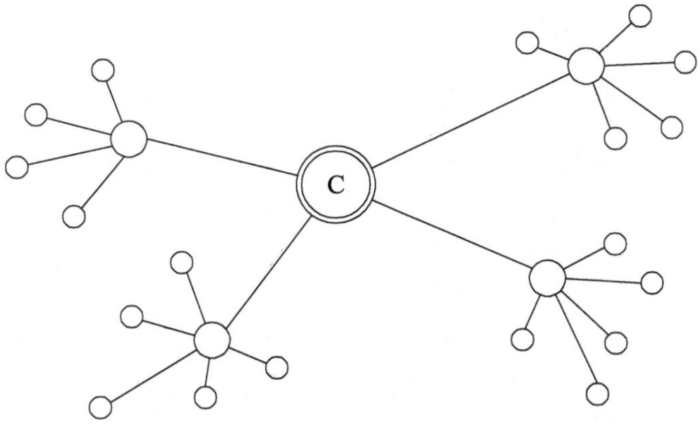

（b）星形—多站形网络系统结构

图 2.6　复联网络结构示意

图 2.6（a）所示的这种结构，相当于两级一对多星形网的叠加，第二级控制点有双重功能，其一作为第一级的执行端，其二作为第二级的控制端。图 2.6（b）所示的这种系统结构综合了多点星形与多站形网络的特点，设计时必须采用分层设计的方法。这种系统结构在我国铁路分界口遥信系统中已经采用。

2.2　远动系统的信息传输

远程控制系统与一般的控制系统的区别在于存在信息的远距离传输。因而必须解决远距离通信过程中信息的损耗、干扰以及传输的经济性、可靠性等问题。目前，由于通信技术的成熟，信息传输通常采用数据传输技术。借助通信技术、计算机技术和自动控制技术等实现对被控对象的远距离控制、监视、测量及信息处理的系统就是远程控制系统，也即远动系统。因此，要了解远程控制系统的信息传输问题，就必须学习有关通信系统的组成及性能指标、信道及多路复用、线路的通信制式及控制方式、同步原理等知识，下面将分别予以介绍。

2.2.1　通信系统的组成及性能指标

2.2.1.1　通信系统中的一般概念

信源：也称信息源，其作用是把待传输的消息，如语音、文字、图像、数据等，转换成原始电信号。

信源编码：一是进行 A/D 转换和数据压缩，即把信源送出的信号变换为数字的编码信号；二是为了提高数字信号的有效性，解除信号之间的内在联系，对所传的数字信息进行压缩。

信源译码：信源译码器的作用与信源编码器相反，它具有解压缩、量化、译码和滤波功能。

信道：指信号在媒质中传输的通路。

信道编码：主要作用是实现抗干扰编码。它把信源编码器输出的数字信息按一定的规则加入多余码元，以便在接收端发现或纠正错误，从而提高传输的可靠性。

信道译码：其与信道编码器相反，在译码过程中它可以发现或纠正信号传输过程中产生的差错。

调制器：把信道编码器输出的数字信号变为适合信道传输的信号。

解调器：解调器的作用与调制器相反，它把接收到的波形转换成数字码序列。

信宿：信息的接收者。

2.2.1.2 通信系统的分类及组成

按照信道中传输信号的形式不同，可以分为模拟通信、数字通信和数据通信。

（1）模拟信道。能传输模拟信号的信道称为模拟信道。它一般可用一个四端网络来等效。根据四端网络的参数是否随时间而变，模拟信道又可分为恒参信道和变参信道。

（2）数字信道。能传输离散取值的数字信号的信道称为数字信道。自然界中，各种传输媒介一般都是模拟的，能传输模拟信号，只有加上某些设备（如调制解调器），才能构成数字信道。目前的远动系统一般均采用有线、模拟信道来传输信息。

（3）在数据通信里面，信道既可以是数字信道也可以是模拟信道，这种数据通信方式是随着计算机和计算机网络的发展而出现的一种新的通信方式。分为基本数据通信系统和数据通信网。这里重点讲述数据通信。

数据传输系统与以往的模拟传输系统相比，主要有以下优点：

（1）信号形式简单，便于与计算机联用。

（2）取值只有两个，在有干扰的情况下易于检测。

（3）远距离传输时，可由中继站进行整形加工。

（4）可进行抗干扰编码和实现加密。

（5）设备便于生产和集成化。

（6）能够传输语音、电视、数据等多种信息，增加了系统通信的灵活性和通用性。

数据传输的目的就是为了传送数字信息。因此，一个数据传输系统的组成可概括成如图 2.7 所示。

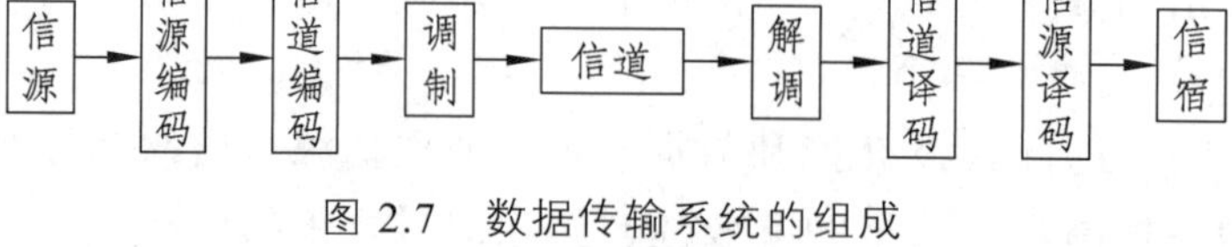

图 2.7　数据传输系统的组成

在数据传输系统中，同步问题是一个很重要的问题，图中虽然没有标出来，但它是不可缺少的组成部分。只有收发两端同步，才能正确地传递信息。有关同步的问题将在 2.2.5 中详细介绍。

2.2.1.3 衡量通信系统的指标

1. 一般通信系统的性能指标

（1）有效性：指在给定容量的信道中传输信息速度的快慢。一般主要指频带利用率。

（2）可靠性：指信息传输的准确程度。

（3）适应性：指环境使用条件。

（4）经济性：指成本是否低。

（5）保密性：是否便于加密。

（6）维护性：是否方便维修和维护。

（7）标准性：指元件之间的标准性和互换性。

对于一个通信系统，从研究信息的传输来说，有效性和可靠性是主要的指标，一个好的数据传输系统，这两方面的要求缺一不可。另外，传输系统各项指标的实现，往往会碰到困难或存在矛盾，应分清主次，充分论证，不宜片面追求高指标。

2. 模拟通信指标的具体表述

有效性：通常用有效传输频带（系统带宽）来衡量，同样的信息用不同的调制方式，则需要不同的频带宽度。模拟系统的有效传输带宽越大，系统同时传输的话路数就越多，有效性就越好。

可靠性：通常用信噪功率比来衡量。信噪功率比越大，通信质量越高。

3. 数字通信指标的具体表述

数字通信系统中的有效性通常用码元传输速率 R_B、比特传输速率（信息速率）R_b 和频带利用率来衡量。可靠性常用误码率 P_e 和误信率来衡量。

1）码元传输速率 R_B

码元传输速率即每秒传输的码元数。携带数字信息的信号单元叫码元，一般几个二进制数组成一个码元。对二进制系统，一位二进制数表示一个码元。

对于 M 进制来说，每一码元的信息含量为 $\log_{2\,M}$ 比特，故码元传输速率与比特传输速率之间的关系可用下式表示：

$$R_B = R_b/\log_{2\,M}$$

2）比特传输速率 R_b

每秒内传输的比特数（或信息量），其单位为比特/秒（bit/s 或 bps）。

数据传输系统中，传输的对象是消息（命令、指令等），它的主要指标是围绕传输的有效性和可靠性来制定的。可靠性是指信息传输的准确程度。对一个好的数据传输系统，这两方面的要求缺一不可。

3）频带利用率

频带利用率是表征信息传输速度的指标，定义为单位频带内所能实现的码元速率或信息速率，单位是波特/赫兹或比特/秒/赫兹。在频带宽度相等的条件下，码元速率（或信息速率）越高，频带利用率越高，反之越低。

4）可靠性指标

差错率。是衡量传输质量的重要指标之一，一般用误码率来表示。

误码率 P_e。指在传输的码元总数中发生差错的码元数所占的比例。

$$P_e = \text{错误接收的码元数/传输的码元总数}$$

误信率 P_b。指在传输过程中错误信息数与传输的总信息数之比。

$$P_b = \text{错误信息数/传输的总信息数}$$

2.2.2 信道及多路复用技术

信道是远动系统的主要组成部分，信道的特性直接关系着传输信息的可靠性。通常，信道可有两种理解：

一种是指信号的传输媒介，如架空明线、同轴电缆、超短波及微波视距传输路径（包括人造卫星中继）、光导纤维等，称此类信道为狭义信道。狭义信道可分为有线信道和无线信道两类。

（1）有线信道。以有形的线路为传输媒介的信道称为有线信道。有线信道包括架空明线、双绞线、同轴电缆、光纤等。

（2）无线信道。以自由空间为传输媒介的信道称为无线信道，主要由无线电波和光波作为传输载体。在光波中，红外线、激光是常用的信号载体，前者广泛用于短距离通信，后者因为具有高带宽和定向性好的优点常用于局域网的连接。无线电波传输信道包括地波传播、短波电离层反射、超短波及微波视距传输、卫星信道。各方式的详细介绍请参考有关通信书籍。

另一种是将传输媒介和各种信号形式的转换、耦合等设备都归纳在一起（如发送设备、接收设备、馈线与天线、调制器、解调器等），将这种扩大范围的信道称为广义信道。这两种信道的区别和联系如图 2.8 所示。

根据所研究的对象和关心的问题，可定义不同的广义信道。例如，我们在研究调制与解调问题时，希望知道已调信号经过传输后，在解调器输入的信号特性，而不必考虑其中间的变换过程，则定义如图 2.8 所示的调制信道是方便的。如研究仅着眼于编码和译码问题，则采用编码信道，它将调制器和解调器也包括在信道里。显然编码信道属于数字信道，而调制信道属于模拟信道。

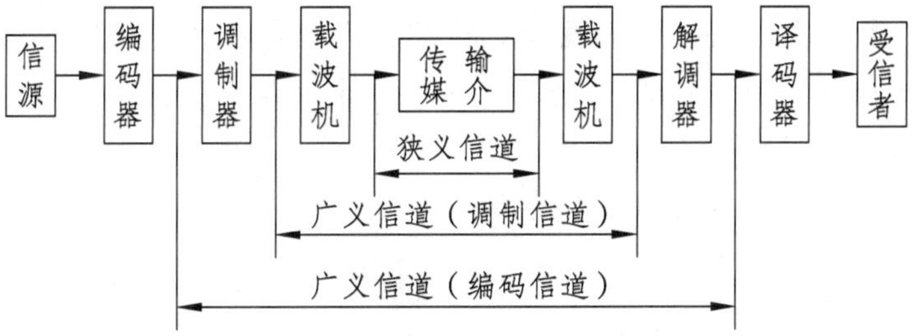

图 2.8　数据传输系统中的信道

在同一个物理信道（如一个无线电频段、一对电缆、一条光纤等）中利用特殊技术传输多路信号的技术称为多路复用技术。在数据传输系统中，当传输距离较远时，为了节省费用常常采用共用信道的方式，即多路信号共用一个物理信道进行传输。为了使各路信号均能在通道中正确可靠地传输，共用信道必须解决各信号间的相互干扰问题。按多路复用技术实现对物理信道的划分，目前常用的方法有频分多路复用（FDM）、时分多路复用（TDM）、码分多路复用（CDM）、空分多路复用（SDM）、波分多路复用（WDM）。

1. 频分多路复用（FDM）

任何通信信号只占据一定的频带宽度，它远远小于信道的带宽。如架空明线的带宽可达 150 kHz 以上；小同轴电缆的带宽可达 8 MHz 以上。一个标准话路的带宽只有 3 100 Hz（300 ~ 3 400 Hz），这样，架空明线至少可用于传输 12 路电话，而小同轴电缆至少可用于传输 600 路电话。为了充分利用信道带宽，可以利用频率变换或调制的办法，将若干路信号频谱搬移到不同的位置，一个挨着一个，再经发送机发出。传输到接收端以后，再利用接收滤波器把各路信号区分开来。这种方法就称为频分多路复用（Frequency Division Multiplexing，FDM），图 2.9 为频率复用系统的示意图。

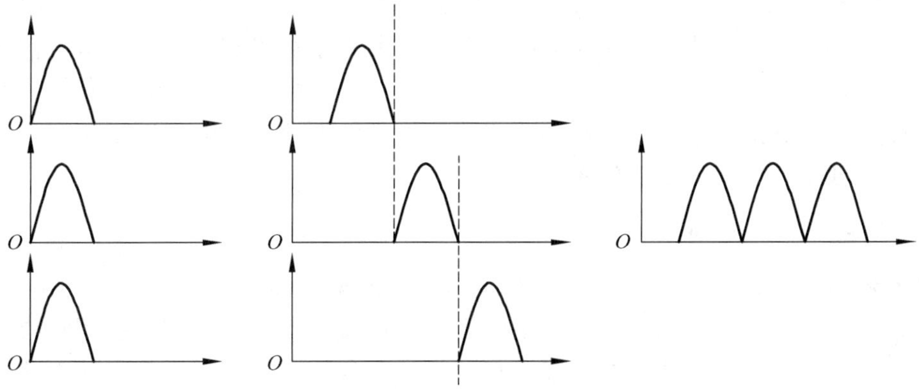

（a）原始信号频谱　　（b）经搬移后的频谱　　（c）三路信号复用一条物理信道

图 2.9　频分多路复用示意图

频分信道的原理推动了线路的发展。目前，大容量有线通信、微波通信和卫星通信系统都是按频分复用来组织的，它们可以达到的传输质量极为接近，性能指标基本上是统一的。

2. 时分多路复用（TDM）

当信道的数据传输率大于各路信号的数据传输率总和时，可以将使用信道的时间分成一个个的时间片，按一定规律将这些时间片分配给各路信号，每一路信号只能在自己的时间片内独占信道进行传输，这就是时分多路复用（Time Division Multiplexing，TDM）。时分多路复用又分为同步 TDM 和异步 TDM。

如图 2.10 所示，有 6 个信号源分时复用一条速率为 76.8 Kbps 的线路，其中 4 个信号源的数据速率为 9.6 Kbps，2 个信号源的数据速率为 19.2 Kbps，则可以在一个周期内为每个 19.2 Kbps 的信号源分配 2 个时间片，为每个 9.6 Kbps 的信号源分配 1 个时间片。

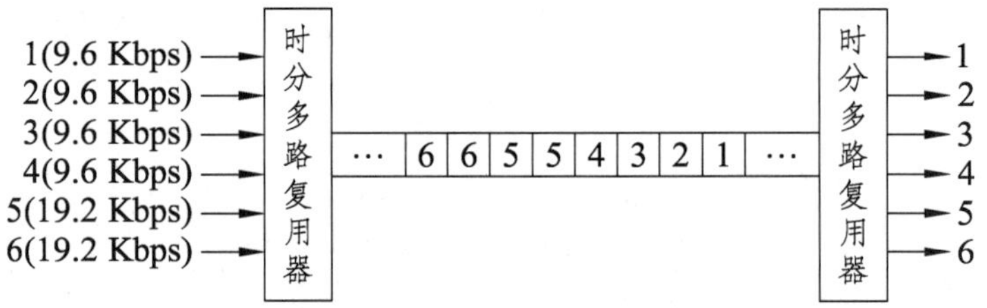

图 2.10 时分多路复用

图中时间片的分配是事先约定的，且固定不变的，这种 TDM 方案称为同步 TDM。它的好处是控制简单，接收设备只要根据预先约定的时间片分配方案，将各时间片的数据分发到不同的输出线路即可；但缺点是当某个信号源没有数据时，它的时间片也不能被其他用户使用，不能充分利用信道。

另一种 TDM 方案称为异步 TDM，它的时间片是按需分配的，需要发送数据的信号源必须提出申请，才能获得所需的时间片。这种方案可以充分利用信道，但其控制较为复杂。

同样，时分制多路信道可以利用有线线路、无线线路以及通信卫星实现，也就是说，它们都可以作为时分信道的传输媒介。

3. 码分复用（CDM）

码分复用常称为码分多址 CDMA（Code Division Multiple Access），是另一种共享信道的方法，每个用户可在同一时间使用同样的频带进行通信，由于各用户使用经过特殊挑选的不同码型，因此不会造成干扰。在码分复用中，发送端将发送的信号用互不相干、互相正交的地址码去调制，接收端利用码型的正交性，通过相应的地址码从混合的信号中选出相应的信号，由于收、发端的地址码可以选多种，这样就可以实现多路信号的复用。

CDMA 系统的重要特点就是系统给每一个站分配的码片序列不仅必须各不相同，并且还必须互相正交（orthogonal）。在实用的系统中是使用伪随机码序列。

码分复用最初是用于军事通信，因为这种系统发送的信号有很强的抗干扰能力，其频谱类似于白噪声，不易被敌人发现。随着技术的进步，CDMA 设备的价格和体积都大幅度下降，因而现在已广泛使用在民用的移动通信中，特别是在无线局域网中，采用 CDMA 可提高通信的话音质量和数据传输的可靠性，减少干扰对通信的影响，增大通信系统的容量（是使用 GSM 的 45 倍），降低手机的平均发射功率。

4. 空分复用（SDM）

空分复用（SDM）是利用空间位置的不同，划分出多路信道进行通信的复用方式，比如一根多芯电缆，其中每一对芯线都可以作为独立的信道，它们是靠占据不同的空间而存在的。卫星可以靠多个覆盖不同区域的天线，将空间分为多个信道。

5. 波分复用（WDM）

波分复用（WDM）是光通信中的复用技术，其原理和频分复用相同。波分多路复用的本质是在一条光纤中用不同颜色的光波来传输信号，而不同的色光在光纤中传输彼此互不干扰。

6. 频分复用、时分复用与码分复用的比较

在频分制系统中传输的信号是连续信号，多路信号从波形角度看是杂乱无章的，但是，各路信号占用不同的频带，因此可以用适当的滤波器将它们分离。如果横坐标表示时间，纵坐标表示频率，则频分制信道可表示成如图 2.11（a）所示。在时分制系统中，每一个信号的抽样保持其特性，故可从波形上辨别和分离，在接收端可用恰当的技术将多路信号分离。如图 2.11（b）所示。码分制系统中，信号在时间和频率上都是重叠的，只能在码型上加以辨别和分离，如图 2.11（c）所示。

频分复用系统中，每个信号在所有的时间里都存在于信道中，而且是混杂的，但每个信号占用的频带是有限的，并且互相不重叠；在时分制系统中，每个信号占据互相不同的时间区域，但占用整个频带。

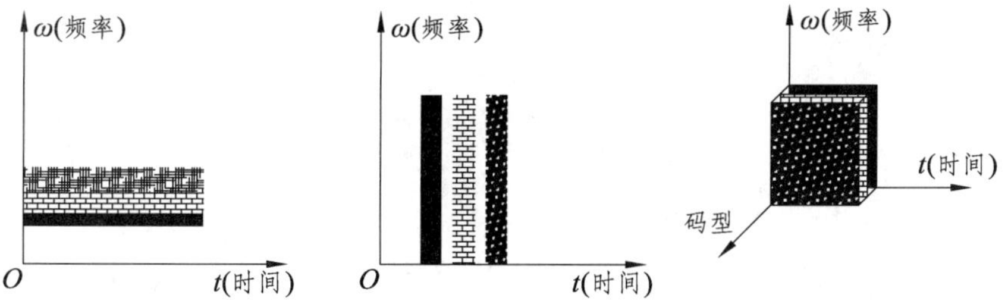

（a）频分制　　（b）时分制　　（c）码分复用

图 2.11　三种复用示意

频分制系统中每一子信道会产生不同的副载波,而且每一子信道占据不同的带宽,故需要设计不同的带通滤波器。当信道较多时，显得很复杂。此外频分制系统中由于在传输过程中的非线性失真及滤波器特性的不理想，容易产生子信道的相互干扰。

时分制系统中，各信道的信号不是同时加入系统中，而是分配不同的时间区域，因此，时分制系统对非线性要求是不高的。由于数字电路的高度集成化以及计算机的应用给时分制系统创造了良好的条件，它特别适合于大容量、多目标的远动系统。

在时分制系统中，必须保证收发的严格同步，因此更适用于脉冲调制；而频分制系统适用于连续调制。

通信网是一个有机的整体，复用形式常常交叉使用，这要视具体情况和要求而定。

2.2.3 信息交换技术

2.2.3.1 交换的概念

对于点到点的通信，只要在通信双方之间建立一个连接就可以了；而对于点到多点的或多点对多点的通信，最直接的方法就是让所有的通信方两两相连。这样的方式称为全互连式。全互连有以下的一些缺点：

（1）当存在 N 个终端时需要 $N(N-1)/2$ 条连线，连线数量随终端数的平方增加。

（2）当终端相距太远时，需要大量的长途线路。

（3）每个终端都要与其他终端相连，因此每个终端就需要 $N-1$ 个接口。

（4）增加第 $N+1$ 个终端时，必须增设 N 条线路。

对于终端用户数量较多，分布范围较广的情况，最好的方法是在用户分布密集中心处安装一个设备，把每个用户终端设备分别用专用的线路连接到这个设备上，当任意两个用户之间要进行通信时，该设备把连接两个用户的开关接点合上，将这两个用户的通信线路接通，通信完毕再切断。这种能完成任意两个用户之间通信线路连接与断开作用的设备称为交换设备或交换机。

由此可知，交换就是指各通信终端之间为交换信息所采用的一种利用交换设备进行连接的工作方式。

2.2.3.2 交换的基本功能

交换的基本功能就是在连接到交换设备上的任意入线和出线之间建立连接，将入线的信息发到出线上去。

对于一个交换节点，至少应具备下述功能：

（1）能正确接收和分析来自 UNI 或 NNI 的呼叫信令。

（2）能正确接收和分析来自 UNI 或 NNI 的地址信令。

（3）能按照目的地址正确地进行路由选择并通过 NNI 转发信号。

（4）能控制连接的建立。

（5）能按照要求拆除连接。

信令是通信系统的控制命令，它用于在指定的终端之间建立临时通信信道，并维护网络本身的正常运行，而信令传送时所遵循的规则就是信令协议和信令方式。

2.2.3.3 常用的信息交换技术

1. 线路交换

线路交换也称电路交换，是在信息的发送端和接收端之间直接建立一条临时通路，供通信双方专用，直到通信完毕才能拆除。经由线路交换而实现的通信包括三个阶段：

（1）线路建立阶段：通过呼叫完成逐个节点的接续过程，建立起一条端到端的直通线路。

（2）数据传输阶段：在端到端的直通线路上建立数据链路连接并传输数据。

（3）线路拆除阶段：数据传输完成后，拆除线路连接，释放节点和信道资源。

线路交换的特点：

（1）直接建立物理链路的连通，没有其他用户干扰，没有非传输延迟，实时性好。

（2）信息传输效率高。

（3）电路交换数据网传输信息的编码方法和信息格式不受限制。

（4）线路建立的时间长，传输短信息时的效率低。

（5）线路利用率低，通信线路一旦建立就是专用的，没有信息传输时别人也不能用。

（6）不同类型的终端不能互相通信。

（7）差错率高。

2. 报文交换

报文交换的基础思想是“存储—转发”。信源将欲传输的信息组成一个数据包（包含信息及接收端地址等辅助信息的报文）存储在交换机的存储器中，当所需输出电路空闲时，再将报文发向接收机或用户终端。经过这样多次的存储—转发，直至信宿，完成一次数据传输，这种节点存储—转发数据的方式称为报文交换。

在报文交换方式中，用户发送的数据不管长度如何，都作为一个逻辑单元，为了正确地转发报文，在发送的数据上加上目的地址、源地址、控制信息，按一定的格式打包组成一个报文。格式如下：

报文号	目的地址	源地址	数据	校验

报文交换原理：

（1）通信控制器查询各条输入用户线路，某线路有用户输入，则向中央处理机发出中断请求，并逐字把报文送入内存储器。

（2）收到报文结束标志后，中央处理机对报文进行处理。

（3）将报文转移到外部大容量存储器，等待一条空闲线路。

（4）等到线路空闲，把报文从外存储器调入内存储器，经通信控制器向线路上发出去。

报文交换的特点：

（1）可在不同的终端间通信，报文交换机可对输入电路的编码格式、速率进行交换。

（2）不需要建立专用通路，线路的利用率高。

（3）可实现同报文交换（广播功能）。

（4）无呼损，因为用户不需要叫通对方就可以发送报文。

（5）传输时延变化大，不利于实时通信。

（6）报文交换机本质上是主-从结构，所有的信息都要经过中心交换机，要求报文交换机具有高速处理能力和大的缓冲存储容量，其设备费用高。

3. 分组交换

由线路交换和报文交换的特点可知，线路交换虽然实时性好，但短报文的通信率低，线路利用率低，不利于不同类型终端的相互通信；报文交换虽然能解决线路交换的缺点，但又不能满足实时通信。随着计算机的广泛应用，要求数据能适应不同速率的交换，接续时间短，实时性好，传输准确性高，且不同类型终端之间可以相互通信。为此，提出了分组交换的概念。

分组交换类似于报文交换，为了实现分组传输和信息交换，需要把报文分成若干个比较短的、规格化了的“分组”（或称包），每个数据包的长度是固定的，然后再按报文交换的方式进行数据传输。

1）分组的基本格式

分组的基本格式如下：

F	T	L	N	数据	CRC	F

F：分组开始和结束的字段（上一组的结束就是下一组的开始）。

T：信息类型的字段，如各种控制类型和数据类型的分组。

L：分组长度的字段。

N：填有目的地址、源地址、分组号及其他必需的控制字符或代码。

CRC：循环校验码。也可用其他码。

分组长度的选取在分组交换网中很重要，与分组交换过程中的延迟时间、交换机费用、信道传输质量以及正确传输数据信息的信道利用率等因素有关。CCITT 规定：分组长度以 16 字节到 4 096 字节之间的 2^n 字节为标准，一般选用长度为 128 字节，不超过 256 字节。分组头长度为 3 ~ 10 字节。

分组的两种传输方式为数据报传输分组方式和虚电路传输分组方式。

数据报方式中，每个分组独立地进行处理，与报文交换方式中对每个报文独立处理一样，但由于网络的中间交换机对每个分组可能选择不同的路由，因此各分组到达目的终端时不是按发送顺序到达的,这要求目的终端必须设法把它们的顺序重新排列。分组交换网中必须通过一个分组和合并功能的设备 PAD（分组拆装设备）进行信息的拆分和组装。

虚电路方式中，发送任何分组之前，需要建立一条逻辑连接（虚电路），在发送端和目的终端之间的各个节点上事先选定一条网络路由，两终端在这条逻辑连接上交换数据。在虚电路上传输的分组，除包含数据之外，还得包含一个虚电路标识。虚电路交换方式与线路交换方式类似，但虚电路在任何时刻，都能和任何终端建立多个虚电路，且分组的信息进入交换机后进行排队，等待转发。

虚电路方式的主要特点：所有分组都必须沿着事先建立的虚电路传输，存在一个虚呼叫建立阶段和拆除阶段（清除阶段）。但与电路交换相比，并不意味着实体间存在像电路交换方式那样的专用线路，而是选定了特定路径进行传输，而此路径是公用的传输路径，即特定路径上的所有节点以及节点间链路都是公用的，分组所途经的所有节点都对这些分组进行存储/转发，这是它与电路交换实质上的区别。更应注意的是，虚电路的标识号只是一条逻辑信道的编号，而不是指一条物理线路本身，一条同样的物理线路可能被定为许多逻辑信道编号，这一点正体现了信道资源共享的特性。

需要指出的是数据报方式没有呼叫建立过程，每个分组（或称数据报）均带有完整的目的站的地址信息，独立地选择传输路径，到达目的站的顺序与发送时的顺序可能不一致。而虚电路方式必须通过虚呼叫建立一条虚线路，每个分组不需要携带完整的地址信息，只需带上虚线路的号码标志，不需要选择路径，均沿虚线路传送，这些分组到达目的站的顺序与发送时的顺序完全一致。数据报方式和虚电路方式的重要区别如表 2.1 所示。

表 2.1 数据报方式与虚电路方式的比较

各项区别	传输方式	
	数据报	虚电路
端到端的连接	不要	必须有
目的站地址	每个分组均有目的站的全地址	仅在连接建立阶段使用
分组的顺序	到达目的站可能不按发送顺序	总是按发送顺序到达目的站
端到端的差错控制	由用户端主机负责	由通信子网负责
端到端的流量控制	由用户端主机负责	由通信子网负责

2）分组交换的特点

分组交换是综合了电路交换和报文交换的优点而出现的一种较好的交换方式。分组交换所使用的传输信道可以是数字信道，也可以是模拟信道，分组网最适合传输数据，这是因为它有下述优点：

（1）传输质量高，误码率低。

（2）能自动选择最佳路径，节点电路利用率高，可靠性高。

（3）可在不同速率的通信终端之间传输数据。

（4）传输信息时延小，能满足通信实时性要求。

（5）适宜于传输短报文。

（6）经济性能好，费用低。

分组交换的缺点：对长报文的传输率低；要求交换机有较高的处理能力。

4. 帧中继

帧中继是快速分组技术帧方式的一种，是分组技术的升级技术。其目标是通过简化通信协议来减少中间节点对分组的处理，发展高速的分组交换机，以获得高的吞吐量和小的分组传输时延，适应高速传输的需要。

帧方式包括帧中继和帧交换两种，帧中继交换机只进行检测，但不纠错，而且省去流量控制等功能，这些均由终端完成。帧交换保留有差错控制和流量控制功能。帧中继与帧交换相比更简化，传输效率更高，所以广泛应用的是帧中继技术。

节点交换机收到帧的目的地址后立即转发，无须等待收到整个帧并作相应处理后再转发。如果帧在传输过程中出现差错，当节点检验到差错时，节点立即停止传输，并发送指示到下一个节点，下一个节点接到后只是立即终止传输，并将该帧从网中丢弃，请求重发。

帧中继的主要优点是高效性、经济性、高可靠性、灵活性；主要缺点是帧长度可变，网络延迟和往返延迟难以预测。

5. 异步转移模式 ATM

ATM 的基本特征是信息的传输、复用和交换都是以信元（cell）为基本单位。按照 CCITT 的建议，每个信元的长度为 53 个字节，其中前面 5 个字节为信头，用来表示这个信元来自何处，到何处去，是什么类型等。后面 48 个字节是要在线路上传送的信息。由于 ATM 有信头，所以会有一部分线路传输能力用在信头上。

ATM 的信元是定长度的，它可以适应用户不同速率分配的要求。用户几乎可以按任何方式把信道分割成任意多个不同速率的子信道，只要它们的速率之和不超过信道的总容量就可以。

如图 2.12 所示，UNI 为用户—网络接口；NNI 为网络—节点接口；GFC 为一般流量控制域；VPI 为虚路径标识符；VCI 为虚通道标识符；PT 为净荷类型，即后面 48 个字节信息域的信息类型；RES 为保留位，可以用作将来扩展定义，现在指定它恒为

0；CLP 为信元丢弃优先权，在发生信元冲突时，CLP 用来说明该信元是否可以丢掉；HEC 为信头校验码，检验多项式为 x^8+x^2+x+1，这个字节用来保证整个信头的正确传输。

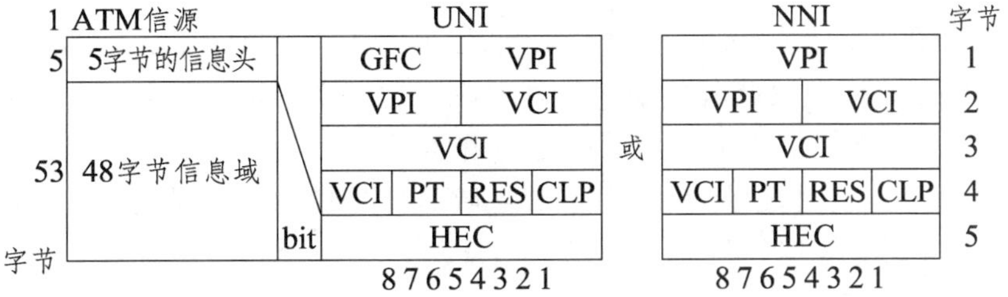

图 2.12 ATM 的信元结构

1）ATM 的虚路径和虚通道

在信元结构中，VPI（虚路径标识符）和 VCI（虚通道标识符）是最重要的两部分。这两部分合起来构成了一个信元的路由信息，也就是这个信元从哪里来，到哪里去。ATM 交换机就是根据各个信元上的 VPI-VCI 来决定把它们送到哪一条线路上去。VP/VC 交叉连接设备都称 ATM 交叉连接设备，VP/VC 的交换设备都叫 ATM 交换设备。

用同步时分复用的办法可以把一条通信线路分割成若干个子信道，在异步传递方式中，使用虚路径和虚通道的概念，也可以把一条通信线路划分成若干个子信道。例如，在一条宽带 ISDN 用户线路上，要进行 5 个通信，其中到 A 地 3 个通信，到 B 地 2 个通信，这些通信里有电话通信、数据通信、图像通信等。可以用 VPI = 1 表示向 A 地的通信，VPI = 2 表示向 B 地的通信。到 A 地的 3 个通信分别用 VCI = 4、VCI = 5、VCI = 6 来代表，到 B 地的两个通信用 VCI = 5、VCI = 6 来表示。在线路上所有 VPI = 1 的信元属于一个子信道，所有 VPI = 2 的信元属于另一个子信道，一般把这两个子信道都叫作虚路径，每个虚路径还可划分为若干个虚通道。

采用 ATM 方式的重要优点是可以灵活地把用户线路分割成速率不同的各个子信道，以适应不同的通信要求。这些子信道就是虚路径和虚通道。在不同的时刻，用户的通信要求不同，虚路径和虚通道的使用就不一样。当需要某一个通信时，ATM 交换机就可为该通信选择一个空闲中的 VPI 和 VCI，在通信过程中，该 VPI-VCI 就始终表示该通信在进行，当该通信使用完毕后，该 VPI-VCI 就可以为其他通信所用了。这种通信过程称为建立虚路径、虚通道和拆除虚路径、虚通道。

一条虚路径是一种可适用于所有虚通道的逻辑结构，一个虚路径标识符内可放入多条虚通道。路径/通道概念的使用，允许 ATM 交换设备以相同的方式在一条路径上处理所有的通道。路径可以将许多通道绑在一起作公共处理。对于要求服务类的连接（通道），公共处理是需要的。

2）ATM 信元

用户线路上传送的信息都是 ATM 信元，所以信令也用 ATM 信元来传送，传送信令的 ATM 信元叫作信令信元。为了区别信令信元和其他 ATM 信元，将信令信元的信头规定成一个特定值。

除了承载用户信息的信元和信令信元之外，还有空闲信元，如运行维护信元（OAM）。如果在线路上没有其他消息发送，则发送“空闲信元”可以起“填充”空闲信道的作用。运行维护信元上承载的是运行和维护的信息，如故障、告警等信息，它是 ATM 交换机经常定时发送的 48 字节信息域，其内容是事先规定好的，收到这些信元的交换机，根据这些信元误码来判断线路质量，如是否有故障告警等。

ATM 信元是定长的，所以时间是被划分成一个个等长的小片段，每个小片段就是 ATM 的信元，它有点类似于同步时分复用情况，但不同于分组交换网中的情况。

3）ATM 的优缺点

（1）采用同步时分复用方式，充分利用网络资源。

（2）信元长度固定，便于硬件完成信元的接收、识别、分类和交换，保证了 155 Mbps 至 622 Mbps 的高速数据传输。

（3）以信元方式实现带宽的重新分配，带宽利用率大大提高，并且带宽可动态分配。

（4）改进分组通信协议，交换节点可不再进行差错控制，减少了延迟，提高了通信能力。

（5）ATM 的缺点是标准尚未健全，协议转换比较复杂，价格比较贵。

2.2.4 通信线路的工作方式（通信制式）

数据在信道中传输是按照一定方向进行的，按其传输方向和处理方式的不同，可将通信线路的工作方式（通信制式）分成 3 种：单工通信制、半双工通信制和双工通信制，相应的信道也有单工信道、半双工信道和双工信道。

1. 单工通信（Simplex）

单工通信制是指信道设备及线路中信息只允许单方向流动（传输），不能进行反方向传输的通信制式，如图 2.13 所示。

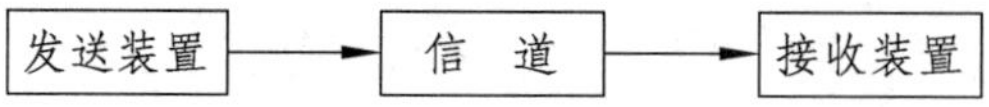

图 2.13 单工通信

2. 半双工通信（Half-Duplex）

半双工通信制是指在信道设备和线路中，信息可以进行双方向传输，但是在同一时刻，信息只限于一个方向传输的通信制式，如图 2.14 所示。在半双工通信制中，记忆转换环节表示在信道设备中必须有记录线路占用状态的功能，防止出现竞争现象。

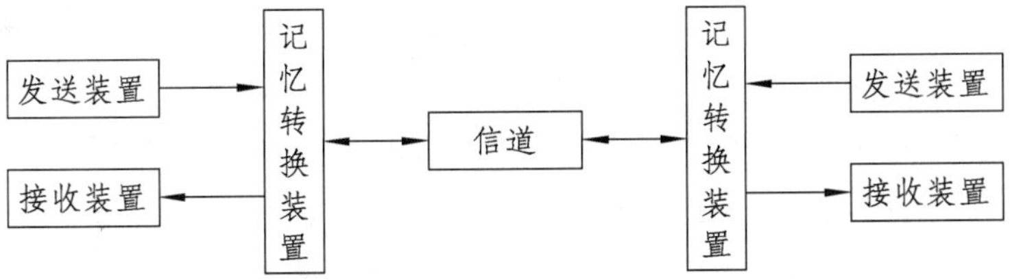

图 2.14　半双工通信

3. 双工通信（Full-Duplex）

双工通信制是指在同一组信道设备和线路中能同时进行双方向信息传输的通信制式，如图 2.15 所示。

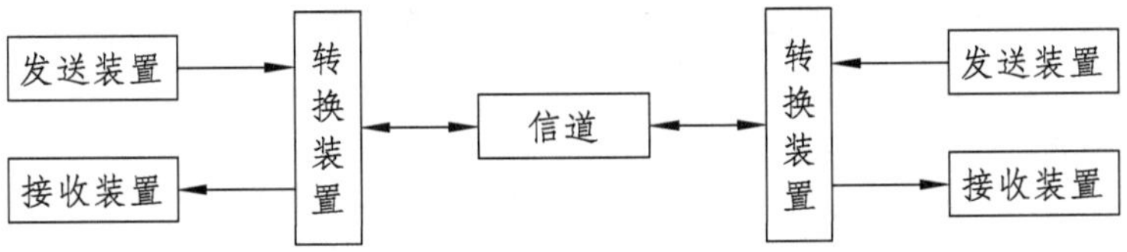

图 2.15　双工通信

2.2.5　线路控制方法

全微机化的远动系统以数据通信为信息传输基础，相当于计算机网络的通信子网。因此，研究远动系统的线路控制方法，必须从计算机网络开始。

计算机网络按传输技术可分为点—点网和广播网两大类。

点—点网中，一条信道连接两个站点，直接的数据通信只能发生在直连的两个站点间（如星形网络等）。如果是全双工信道，两个站可以同时使用信道向对方发送数据；如果是半双工信道，则经通信双方约定，可保证任何时候只有一个站点在使用信道，不会发生什么混乱。

广播网中，所有站点共享一条信道，任一站点发送的消息都能被其他站点接收到（如总线形网、环形网等）。在这种情况下，如果有两个或多个站同时发送数据，则信号在信道中就会发生碰撞，导致数据发送失败，这种现象称为冲突。冲突会引起传输效率下降，甚至使得通信无法进行下去。因此在广播网中，需要解决一个很重要的问题，就是如何将单一信道分配给各用户。线路控制方式就是研究单信道条件下信道的使用权问题。线路控制方式有时也称为信道分配策略。

信道分配策略可分为静态分配和动态分配。

静态分配包括频分复用和同步时分复用，这种分配策略是将频带或时间片固定地分配给各个站点，由于各个站点有自己专用的频带或时间片，彼此之间不会产生干扰。当网络数目少而固定，且每个站点都有大量数据要发送时，采用静态分配策略不仅控制简单，而且传输效率高。

但对于大部分计算机网络来说，站点数目多且不固定，并且数据传输具有突发性，如果采用固定分配，既不容易实现，信道的利用率也低，这时应采用动态分配策略。

动态分配是指异步时分多路复用，各站点仅当有数据发送时，才占用信道发送数据。动态分配又有随机访问和控制访问两种。

随机访问又称争用，各个站点在发送前不需要取得发送权，有数据就发送，发生冲突之后再采取措施解决。随机访问适用于负载较轻的网络，其信道的利用率一般不高，但网络延迟时间较短。

控制访问一般有轮转和预约两种。轮转是使每个站轮流获得发送机会，没有数据要发送的站将发送权传给下一个站。预约是使各站首先声明自己有数据要发送，然后根据预约的顺序依次发送数据。无论是预约还是轮转，都是使发送站首先获得发送权，再发送数据，因而不会出现冲突。当网络负载重时，采用控制访问，可以获得很高的信道利用率。

对信道的分配策略（线路的控制方式）在下面进行归纳。

2.2.5.1 基本线路控制方法

基本线路控制方法有如下几种：

（1）同步分时线路控制方法。该方法对每个节点均分配以固定顺序排列的时间段，时间段的分配与有无等待传输的信息无关，而是硬性地分配给每个节点，在其占用线路时进行信息传输。

（2）非同步分时线路控制方法。该方法对每个节点进行顺序扫描，查询是否有待传信息，只有当某节点具有待传信息时，才被分配给一个时间段，在此时间段内由其占用线路进行信息传输。

（3）查询分时线路控制方法。该方法是由中心节点对各节点发送特别的询问信息，这种信息可作为查询各节点有无待发信息之用，如果有待发信息，即被允许占用线路发送。查询时可以根据中心节点按遥控节点的地理位置分布远近，按顺序直接对各节点查询，也可以在按顺序对第一节点查询之后，再由第一节点传递给下一节点，直至对全部节点查询完毕，再由中心节点从第一节点开始查询。一般情况下，这种查询分时线路控制方法是由软件提供的。

（4）选择式线路控制方法。该线路控制方法由中心节点根据需要选择指定的遥控节点，以便把信息或命令传送给它。在对遥控节点发送选择信息时，一定要给出令其准备接收命令的标志。

（5）争夺式线路控制方法。该方法对线路控制的基本出发点，取决于待发信息的节点。当有节点需占用线路发送信息时，需向中心节点提出占用线路的请求，如果线路不空闲，则自动地将请求保留起来，排队等待，直至线路空闲，才能顺序占用。请求排队的方式，可根据不同原则设计，如以优先级别的不同排队，或以申请顺序排队，等等。这种线路控制方法，一般用于计算机系统。

2.2.5.2 铁路信号远动系统中采用的线路控制方法

由于各种方式的铁路信号远动系统的功能要求与结构均有其自身的特点，因此在基本线路控制方法的基础上，根据具体情况，设计了具体的控制方法。现对铁路信号远动系统中采用的几种控制方法进行简单的介绍。

对铁路信号远动系统来说，对象大多处于成群沿线分布状态，其网络结构大多采用分区式（总线式）网络结构，系统中通常只有一个总机（中心机控制端），但有多个分机（区域机执行端），系统传送的信息有控制信息和表示信息两类。其线路控制方式有以下几种：

1. 采用双工通信或两个单工信道的情况

在此情况下，遥控、遥信或遥测系统各有自己独立的信道，何时发送表示信息或检测信息、何时发送控制信息互不干扰。因而控制信息可随机发送，多个分机的表示信息或检测信息则需要按照一定的规律有序发送。在这种情况下，多采用查询应答或选择制相结合的线路控制方法。

平时，当控制端不需发送控制信号时，可以由控制端按执行端地理位置分布的远近，顺序查询，由相应执行端向控制端发送表示信息。对指定执行端，控制信息的产生虽然是随机的，但发送时机要与发送查询信息的时机吻合，即轮到查询第一执行端时，才允许在此时以选择方式对其发送控制信息。如图 2.16 所示。

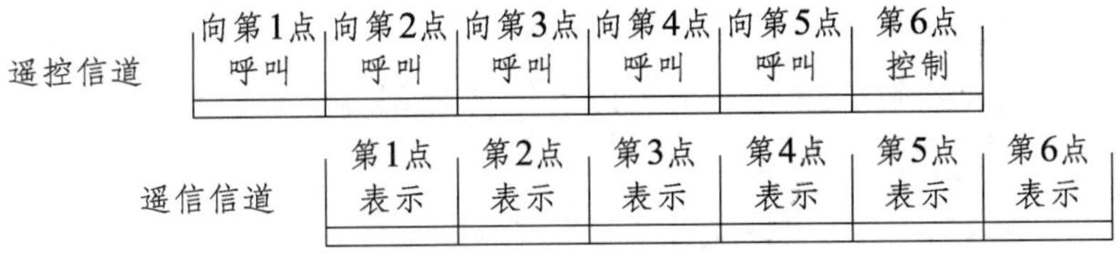

图 2.16　查询应答与选择制相结合的线路控制方法（方案 1）

在这种方式下，由于控制信息需等待与其响应的呼叫查询时机，因此有可能暂时积压，如果改为以控制信息优先为原则，则如图 2.17 所示（若仍采用前一示例），对第六执行端的控制信息，可以在向第三执行端进行呼叫查询之后马上进行。当对第六执行端发完控制信息之后，可以按序对第七执行端发出呼叫查询信息。这样，将使得在本周期内跳过了对第四、五执行端的呼叫查询。

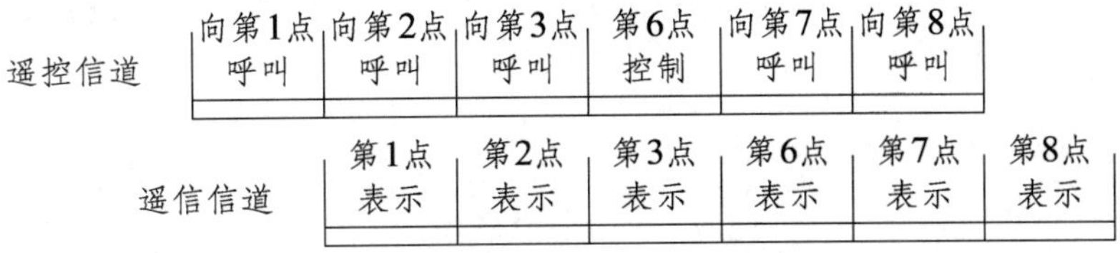

图 2.17　命令优先线路控制方案（方案 2）

为了对上一种方案进行改进，可以在保证控制信息优先的前提下，保留呼叫查询次序。如仍采用前一举例，即向第三执行端发送完呼叫查询信息后，优先向第六执行端发送控制信息，然后接着向第四执行端发送呼叫查询信息，如图 2.18 所示。

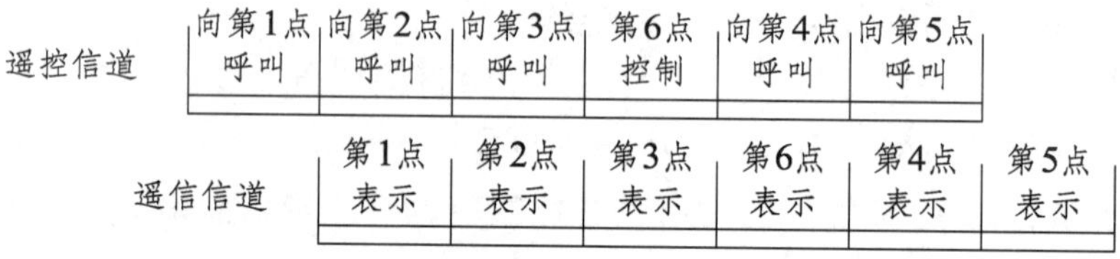

图 2.18　查询应答与选择制相结合的线路控制方法（方案 3）

需要指出的是，虽然以上方式均以查询应答与选择制线路控制方法为基础，但是对于中心控制而言，作为控制端时，它所要发送的控制信息并不完全局限单一的执行端。有时，可能需要对几个执行端或全部执行端发送统一的控制信息，如有时要求灯光降压、在大雪天气要求接通道岔熔断器等，因此，就需要控制信息的呼叫，我们可以给出控制与全呼控制的不同标志，地址选择当然也需相应的改变。另外，对于查询应答，实际上也是以调度中心的呼叫查询为主，但是调度中心除了经常性的按序查询以外，为了调度工作方便，又提出了更多的不同查询内容，如可增加对指定站全部表示信息的即刻查询，或对指定站部分表示信息的即刻查询。所有这些在设计时均需给出不同的呼叫查询标志。增加了上述内容，显然增加了调度员工作的便利条件。总之，如果需要，可以对设计进行改变，使其控制信息的呼叫选择内容分为单一控制、全呼叫控制、指定站征询控制、指定站指定内容征询控制等，而查询应答仍然保留。

2. 采用半双工信道的情况

在此情况下，遥控、遥信或遥测系统共用一个信道，因此，只能在时间上进行分割，即轮流占用信道。在这种通信制式下，一般采用自动应答制的线路控制方法。

这种控制方法中，需在指定的固定时间段内发送控制信息，而其余时间则为各执行端自动按照地理位置分布顺序向控制端发送表示信息。这样，虽然控制信息的产生是随机的，但它的发送时机只有在最理想的情况下才被立即执行。而在最不理想的情况时，可能要等待一个周期，即全部执行端均发送完表示信息之后。这种线路控制方法在我国一些远程控制系统中仍被采用的原因，是基于各个执行端的信息发送均可自动进行，因而省去了呼叫查询信息占用线路的时间，也节省了信道设备频繁改变发送方向的转换时间。它的具体情况可用图 2.19 表示。

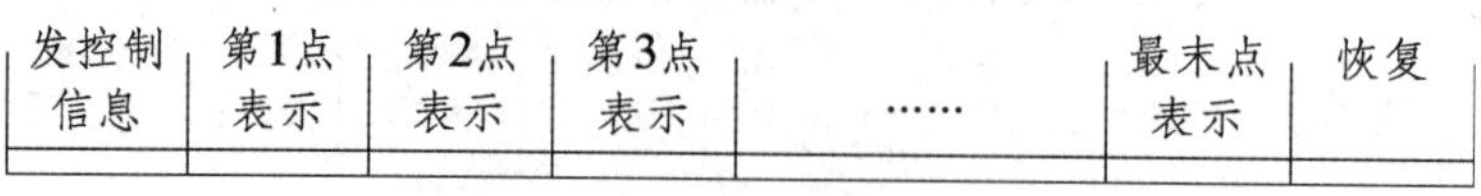

图 2.19　自动应答制线路控制方法示意

2.2.6 同　步

同步系统在数据通信中是一个很重要的部分，所谓同步就是要使收、发双方在时间上步调一致。在数据通信中，同步包括位同步（码元同步）、帧同步（群同步）、载波同步、网同步。

位同步就是码元同步。由于在数据通信系统中任何消息都是通过一串二进码元序列传送的，所以接收端为了正确接收每个码元，就必须提供准确的码元判决时刻，使判决时钟的周期和相位都准确地与发送端一致。否则，误码率会大大增加，使通信无法进行。数字通信中，对接收端码元时钟信号的提取称为码元同步。

帧同步也称群同步。数字信号通常都是由若干个码元组成一个个的字、句或帧，称为群。在接收端必须确认每一帧的起止位置，因此，在发送端应当提供每帧的起止标志。接收端检测并获得这一标志的过程，称为帧同步。

载波同步是指在数字调制解调系统中，当采用相干解调（又称同步检测）时，接收端必须获得一个与发送端载波同频、同相的载波。对这个载波的提取称为载波同步。

除了以上所说的载波同步、位同步、群同步外，随着数字通信技术的发展，尤其是计算机系统和通信系统相结合，出现了多点（多用户）之间的通信和数据交换，构成了数字通信网。显然，为了多点之间可靠通信和数据交换，全网必须有一个统一时间标准的时钟，即全网必须同步工作。实现整个网的同步称为通信网的网同步。

同步系统性能的降低，会直接导致通信系统性能的降低，甚至使通信系统不能工作。可以说，在同步通信系统中，同步是进行信息传输的前提。正因为如此，为了保证信息的可靠传输，要求同步系统应有高的可靠性。

下面分别讨论位同步、群同步、载波同步以及网同步技术。

1. 位同步

位同步主要是保证收、发两端码元宽度的一致性。在微电子技术飞速发展的今天，可以采用振荡频率稳定的石英晶体振荡器和分频电路，保证降频以后，每个脉冲周期的时间完全相同。由于振荡的频率比较稳定，就好比在收发两端都配备了走时比较准确的时钟。要实现位同步，关键的问题是如何保证收发两端时钟的“对表”。

铁路远动系统中，一般都采用“起止同步”方式。利用群同步信号控制时钟的启动，启动以后，时钟本身的稳定性保证码元的宽度一致，使收发两端时序协调一致地工作。在正常情况下，接收端在每个群的开始都能收到群同步信号，也即都能对一次表，收发两端每对应位的时差（相位差）都不大。但是由于干扰等原因，接收端可能收不到正常的同步信号（失步），这时就只能依赖石英振荡的稳定性来保证收发两端时钟的同步。为防止失步及其累加，增加一个帧同步信号，用它来完成系统清零的任务。这样，每帧内的失步误差都用清零方式消除掉，使系统在长时间、连续工作时，同步稳定可靠。实现位同步的方法还有插入异频法和直接法，在此不做详细介绍。

2. 群同步（帧同步）

群同步信号用来正确区分远动系统数字序列中“帧”和“字”的起止位置。实现帧同步常用的方法是在数字码组中插入帧同步用的特殊码组。该特殊码组也叫同步码。同步码的选择应尽量避免和正常序列中出现的码组相重复。常用的帧同步码可选用：全 1 码、全 0 码、1 和 0 交替码及巴格码。巴格码具有尖锐的自相关函数，便于和随机的数字信息区别，所以常作为帧同步码使用。下面简要介绍一下巴格码。

有一个 n 位的码组 $a_n a_{n-1} \cdots a_2 a_1$，它的相隔 K 位的自相关函数 $C(k)$ 定义为

$$C(k) = \sum_{i=1}^{n-k} a_i \cdot a_{i+k}$$

式中，a_i 为码组中第 i 个码元的值；a_{i+k} 为码组中第 $i+k$ 个码元的值。

巴格码是一种具有特殊规律的二进制码组，每个码元取值为 +1 或 −1。一个 n 位的巴格码，它相隔 K 位的自相关函数 $C(k)$ 应满足下列条件：

$$C(k) = \begin{cases} n & \text{当} k=0 \\ 0\text{或}\pm 1 & \text{当} k=1, 2, \cdots, n-1 \\ 0 & \text{当} k \geqslant n \end{cases}$$

即巴格码本身在不移位时乘积之和等于 n，在移位时乘积之和不大于 1。表 2.2 给出了目前常用的巴格码，表中的“+”代表 +1，“−”代表 −1。

表 2.2　目前常用的巴格码

N	巴　格　码
2	+ +，− +
3	+ + −
4	+ + + −，+ + − +
5	+ + + − +
7	+ + + − − + −
8	+ + + + − − + −
11	+ + + − − − + − − + −
13	+ + + + + − − + + − + − +
16	+ + + − + − + + − + + − − − + −

以 $n=7$ 的巴格码为例，求得在不同 x 值时的自相关函数 $C(k)$ 值。

当 $k=0$ 时，

$$C(k) = \sum_{i=1}^{7} a_i^2 = 1+1+1+1+1+1+1 = 7$$

$k = 1$ 时，$C(k) = \sum_{i=1}^{6} a_i \cdot a_{i+k} = 1+1-1+1-1-1 = 0$

$k = 2$ 时，$C(k) = \sum_{i=1}^{5} a_i \cdot a_{i+k} = 1-1-1-1+1 = -1$

同样求出 $k = 3$，4，5，6，7 以及 $k = -1$，-2，-3，-4，-5，-6，-7 时 $C(k)$ 的值为：

$k = 0$ 时，$C(k) = 7$；

$k = \pm 1$，± 3，± 5，± 7 时，$C(k) = 0$；

$k = \pm 2$，± 4，± 6 时，$C(k) = -1$。

将此结果画成曲线，如图 2.20 所示。

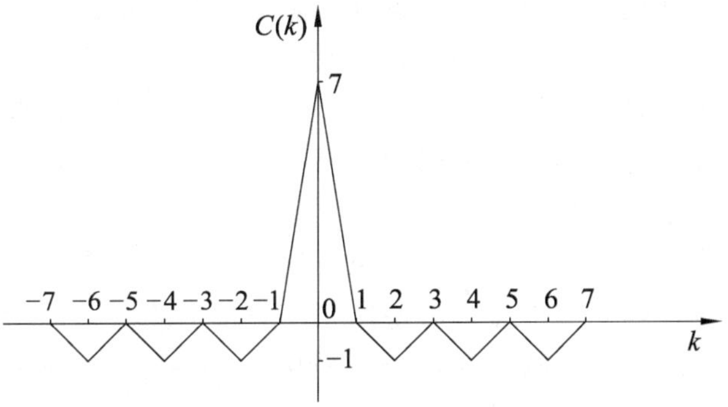

图 2.20　七位巴格码的自相关函数

巴格码的发生器，可以用移位寄存器经预置发生，然后由移位脉冲推出，也可以用软件设置。巴格码的识别，采用硬件设备则可用移位寄存器、电阻相加器和差动放大器等判决器组成；采用软件可根据自相关函数的定义公式编程识别。

3. 载波同步

采用相干解调的系统中，接收端需要一个与发送端调制载波频率相同、相位一致的相干载波。获得相干载波的方法大致可分为两类：一类是直接法，即从收到的信号中提取载波信息，采用全波整流、窄带滤波、放大限幅、二分频的倍频-分频法提取；另一类是插入导频法，即在发送的信号中插入一个与调制载波保持确定的频率和相位关系的导频，接收端可由此获得相干载波。具体可参见有关“数据通信”方面的书籍。

4. 网同步

为了保证通信网内各个用户之间能可靠地通信，必须实现网同步。网同步的任务就是保证系统中的各个站都具有共同的时钟（定时脉冲）频率。实现网同步的方法可分为两大类：一类是建立同步网，使网内各站的时钟频率和相位都相同，具体实现方法又可分为主从同步法和相互同步法两种；另一类称为异步复接法或独立时钟法。常用码速调整法和水库法来实现异步复接。

（1）主从同步法。在通信网中的某一站设置一个高稳定的主时钟源，再将主时钟源产生的时钟逐站传送至网内的各个站去，如图 2.21 所示。这样，各站时钟频率都直接或间接来自主时钟源，所以网内各站的时钟频率相同。由于主时钟源到各站传输线路长度不等，会在各站引入不同的时延，因此各站都要设置时延调整电路，以补偿不同的时延，使各站时钟不仅频率相同，而且相位也完全一致。此法的主要缺点是，主时钟源发生故障会使全网各站都因失步而不能工作。此法的优点是，除主时钟源外，其他各站的同步设备比较简单。主从同步法主要用在小型通信网中。

（2）相互同步法。采用相互同步法的通信网中，各站都有自己的时钟源。它们相互连接起来，并将各站的时钟频率锁在各站固有振荡频率的平均值上，这个平均值称为网频频率，从而实现网同步。这是一个相互控制的过程，当网中某一站发生故障时，网频频率将平滑地过渡到一个新的值，这样，除发生故障的站外，其余各站仍能正常工作。此法的缺点是，每一个站都需要设置时钟源，故整个系统的设备比较复杂。

（3）码速调整法。码速调整法是异步复接的一种，所谓码速调整法就是在发送端的合群器前，用复接设备对输入的数码流进行速率调整，不管输入数码流原来的速率是多少，都变为相同速率的数码流送给合群器。在接收端，分路以后的复接设备将输入的相同码速的数码流经过调整还原为本来码速的数码流。该方法的主要优点是允许各支路有不同的码速，即异步工作，故使用起来灵活、方便。这对大型通信网有着重要的实用价值。其缺点是恢复的各支路速率是从不均匀的脉冲序列中提取出来的，必然存在相位抖动，影响同步质量。这种方法可用图 2.22 的复用系统模型来说明。图中，A、B、C 是各分站送来的速率较低的数码流，它们可能各有不同的时钟频率，在总站的合群器里合并为路数更多的复用信号，也是速率更高的数码流。高速数码流经信道传送给接收端，接收端分路器按需要将高速数码流分配给 A'、B'、C'等各分站。

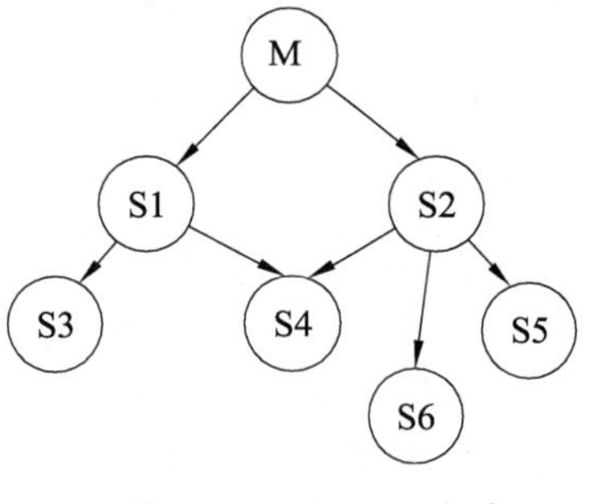

图 2.21　主从同步法

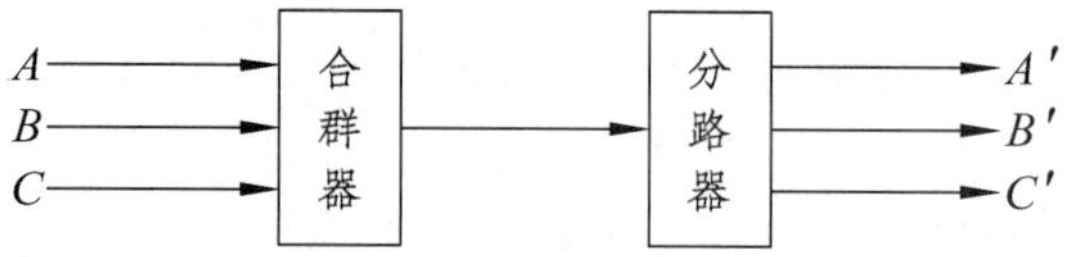

图 2.22　复用系统模型

（4）水库法。所谓水库法是指在通信网内，各站都设置高稳定度的时钟振荡器，使各支路的码速固定。它采用缓冲存储器来调整码速，使参加合群的各支路的码速一致。并且它是采用容量极大的缓冲存储器，使得在很长时间内存储器都不会发生“存满”现象，也不发生“取空”现象，从而克服了分路后输出数码流的相位抖动。容量足够大的缓冲存储器就好像水库一样，既难抽干，也难装满，故取名为水库法。

2.2.7 数据传输系统与铁路信号远程控制系统

在这里有必要对数据传输系统的特点做简要说明如下：

（1）以计算机为中心。通常是人（通过终端设备）与计算机的通信，或计算机与计算机的通信。

（2）传输的数据信息通常由计算机（或数字终端设备）产生、加工和处理。

（3）为了进行信息传输，要有严格的通信协议或规程，对信息传输的准确性和可靠性要求高。

（4）通信速度较高，可以同时处理大量的数据。

（5）数据传呼（一次完整的通信过程）具有突发性和持续时间短的特点。

（6）必须采用差错控制措施。

铁路信号远程控制系统是以数据传输理论为基础而建立的一个典型的远动系统。由于对它的独特功能要求，系统自身具有如下特点：

（1）信号远程控制系统中传输的信息有两类：一类为由中心控制机（控制端）发往远端分机（执行端）的控制信息，它具有较强的随机性，且要求传输的正确率高；另一类是由远端分机发往中心控制机的表示信息，它的实时性要求较高。因为它是远程控制信息能否形成的依据，也是控制信息执行效果的反映。因此，在多个被控远端分机存在的情况下，要考虑有效的线路控制方法，既要保证控制信息的随机性，又要考虑表示信息的实时性。

（2）由于铁路信号远程控制系统的控制与表示信息按系统功能的不同要求而具有较多的类型，因此中心控制机与远端分机的关系比一般数据通信系统复杂。不仅远端分机的信息发送时机要受控于中心控制机，而且其发送信息的类型也直接受控于中心控制机。

（3）由于信号远程控制系统的控制信息与行车安全密切相关，因此对于其信息传送的可靠性要求比较高。

（4）由于铁路运输的不间断性，在系统设计时，除对中心控制机考虑系统冗余之外，还特别需要考虑自动切换问题及增加迂回通道和其他备用设备。

（5）铁路信号远程控制系统还需要特殊要求的数据终端设备（分机）和具有极为专门的技术要求与处理内容的中央处理机。

2.3 差错控制与电码结构

2.3.1 差错控制

远动系统要完成各种数字信号的远距离传输。为保证各种命令的正确执行和各种表示信息的准确无误，我们要求数字信息的传输系统都达到无误传输。但是，数据在信道中传输不可避免地要受到各种干扰，从而造成传输差错。不论何种干扰引起的错误，不外乎两种形式：一种是随机错误，即数据系列中前后码元之间是否发生错误彼此无关，产生这些错误的信道称之为无记忆信道或随机信道；另一种是突发错误，即一个错误的出现往往影响后面数据的错误，错误之间有相关性，发生这种突发错误的信道称之为记忆信道或突发信道。由于实际信道的复杂性，所呈现出的错误往往不是单纯的一种，而是随机错误和突发错误并存，只不过有的信道以某种错误为主罢了。

为了降低误码率，可以采用两条途径：采用新的传输系统和使用差错控制技术。前者受各方面因素的限制不易实现，故主要是采用后者来实现。

差错控制的基本思想是通过对信息序列做某种变换（变换方法不同，也就构成不同的差错控制码），使原来彼此独立、相关性极小的信息码元，经变换后产生某种相关性，从而在接收端有可能根据这些相关的规律性来检查识别，进而纠正信息序列在信道中传输时所造成的差错。为实现这种相关性，在发送端用信道编码器在信息元后面增加一些码元，叫监督（或校验）码元。信道编码器就是抗干扰编码器。不同的差错控制编码方法有不同的检错、纠错能力。常见的检、纠错码有奇偶校验码、水平一致监督码、水平垂直一致监督码、群计数码、等比码、线性分组码、循环码等。

为了克服通信系统中差错的有害影响，除了要选择适当的码型外，还必须从整体出发，考虑如何控制这些差错。在数据传输系统中，差错控制方式主要有 4 种：前向纠错方式（FEC）、检错重发方式也称自动回询重传方式（ARQ）、混合纠错方式（HEC）、反馈重发方式即信息反馈方式（IRQ），如图 2.23 所示。（注：阴影部分为在该端出错）

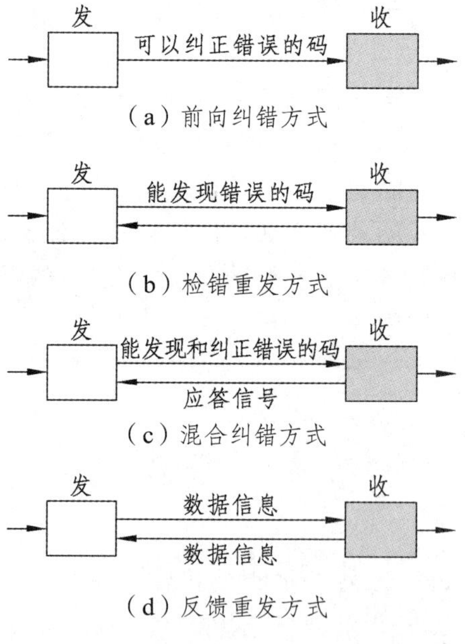

图 2.23　差错控制方式的基本类型

1. 前向纠错方式（Forward Error Correction，FEC）

在这种方式下，发送端将数据信息按一定的规则附加多余码元，组成具有检错能力的码。接收端收到码后，按预先与发送端约定的规则进行译码，通过译码能自动发现并纠正因传输带来的数据错误。

该方式的优点：不需要反馈通道，可用于单向通信，特别适用于单点向多点同时传送的方式，如广播方式；接收端自动纠错，译码延迟固定，适合实时性传输系统。缺点：码的纠错能力一定要和信道差错类型相适应，以纠正经常发生的差错；为了获得较高的纠错能力，采用的纠错码通常需要较大的冗余度，使传输效率下降较大；该方式的控制规程简单，但相应的译码设备比较复杂。

2. 检错重发方式（Automatic Repeat reQuest，ARQ）

在这种方式中，发送端将数据信息分组编码，加入一定的多余码元，使之具有一定的检错能力。接收端接收到码组后，按照一定的规则判别有无错误，并把判决的结果（应答信号）通过反馈通道送回到发送端。发送端根据应答信号把接收端认为有错的那组数据再次重传。如仍有错，再次重传，如此往复，直至该码组接收端检验无错为止。

该方式的优点：检错码简单、易于实现，对突发性错误较为有效，只需要少量的冗余码元（一般为总码元的 5%～20%）就能获得极低的误码率，并且所使用的检错码基本上与信道的差错统计特性无关，对各种信道的差错特性有一定的适应能力。该方式的检错译码器与 FEC 所使用的纠错译码器相比，成本和复杂性都低得多。

这种方式的主要缺点：必须有反馈通道，因而不能用于单向传输系统。此外，当信道干扰增大时，整个系统可能处于重传循环当中，导致通信效率降低。

3. 混合纠错方式（Hybrid Error Correction，HEC）

这种方式是 FEC 和 ARQ 方式的结合。发送端发送具有自动检错和纠错能力的码组，接收端收到码之后，检查差错情况，如果差错在码的纠错能力范围之内，则自动纠正，如果差错超过了码的纠错能力，但是能检测出来，则经反馈通道请求发送端重发这组数据。

HEC 方式具有 FEC 和 ARQ 的优点，避免了 FEC 译码电路复杂的缺点，还能克服采用 ARQ 方式时信息连贯性差、有时通信效率低的缺点，HEC 方式可使整个通信系统的误码率达到很低，因而得到了广泛的应用。

4. 反馈重发方式（Information Repeat reQuest，IRQ）

IRQ 方式也称为回程校验方式，其特点是在发送端检测错误。工作过程：发送端不对信息进行差错控制编码，直接将用户信息传送给接收端，接收端收到信息后，将它们存储下来，再原封不动地通过反馈信道送回发送端，发送端将它与原来发送的信息相比较，若无差错则发送新的信息，接收端收到后将上一次存储的信息传给用户；

反之，若发现传输差错，将信息重新传输，直到发送端认可为止。

这种方式的优点：不需要检错、纠错译码器，设备和控制规范比较简单。缺点：需要和前向通道相同的反馈通道；因为采用发送端检错，传输效率低，并且反馈通道的错误也会被当作前向通道的错误而进行重发；系统发、收端均需要大容量的存储器来存储传输信息，以备检错和输出；该方式使得整个通信系统的传输率很低，除少数简单的通信系统外目前很少采用。

2.3.2 电码结构与差错控制编码

远动系统实际是数据传输系统与自动控制系统的结合，其信息的传输是靠电码来完成的。因此，远动技术中一个非常重要的内容就是研究电码，也就是电码结构。所谓电码就是按照一定的规律组织起来，代表一定含义的一组脉冲信号。每一个脉冲称为电码单元，简称电码。几个码元组成一个码组（码字），而电码就由几个码组来构成。整个电码代表一定的信息内容，而每个码组分别表达了信息内容的一部分。

利用脉冲来组成电码时，按脉冲数的多少可分为两大类：单脉冲电码和多脉冲电码。

单脉冲电码是由一个脉冲组成的，脉冲的不同特征表示电码的含义。一般一个脉冲用一位二进制数码表示，即一个脉冲有“0”和“1”两种特征。单脉冲电码用来控制或表示一个对象。单脉冲电码的容量受脉冲特征数的限制，为了增加电码容量，可将几种特征混合使用。

多脉冲电码是由多个脉冲组成的，其中单一的脉冲不代表任何意义，电码的含义通过组成电码的全部脉冲来共同反映。采用多脉冲电码可以增加电码的容量。

那么，电码到底包含哪些内容呢？例如，要控制一个开关，由于开关有两种状态，电码就需要有两种含义：一种含义是使开关“开”，另一种含义是使它“关”。要控制甲、乙两个开关，则需要有 4 种含义，分别控制甲、乙的“开”和“关”。因此，每一个电码不仅要含有命令的具体内容，而且要含有区别命令的具体对象，即对象的名称或地址。当对象多、控制内容也多时，电码组成就复杂，需要按照某种规律来区别电码的组成形式，从而利用不同的形式来代表不同的含义。

电码结构就是电码的组成形式，其具体内容受对象的数量和富余量的制约，同时与同步、差错控制方式密切相关。

码元距离是两个码组中对应码位上码元不同的个数，简称码距（也称海明距）。码距反映的是码组之间的差异程度，例如，00 和 01 两组码的码距为 1，011 和 100 的码距为 3。多个码组比较时，最小值称为最小码距。码元重量为一个码组中非零码元的个数。

电码结构一般由如下 4 部分组成。

1. 前导码

放在整个电码的前部，它没有任何具体的含义，由“1”和“0”信号交替或是全

"1"、全"0"等组成。它是为了在接收端建立起位同步信号和克服滤波器建立时间的影响而编成的码组，其码元数目根据位同步和滤波器建立的时间而定。

2. 同步码

同步码是为了建立群同步而设立的码组,利用它提供准确的时间标准实现群同步。码组的长度和采用的类型可任意选择。

3. 信息码

信息码是电码的核心部分，直接反映电码所要代表的含义。一般它又可分为地址码、状态码和信息内容三部分。

（1）地址码。地址码是在有多个被控制对象时的一种码组。为了避免发给某一被控对象的命令内容，被另一被控对象所接收，从而造成错误，每个被控对象都有自己的一种专用地址码，它类似被控对象的名称。地址码要放在信息内容的前面，码组的长度和类型是任意的，其容量要满足被控对象的数目，并考虑一定余量。采用地址码以后，信息内容可以针对全部被控对象采用同一形式。即使被控对象增加，信息内容也可以不增加，而只要地址码有容量就可以完成控制任务。

（2）状态码。当发送端要发出不同职能的多种电码，如控制命令、呼叫、执行等时，利用几个码元组成一个状态码组，根据它们的结构，分别代表该电码的作用。码组的长度由功能个数决定。

（3）信息内容。用来代表具体的命令内容或表示内容，其码组的长度由功能个数来决定。

4. 差错控制的监督码

根据采用的差错控制方式，决定这部分码元的数目。

以上讲的前导码、同步码、信息码、差错控制监督码是电码结构的一般组成，针对系统的容量和系统结构不同，电码结构可以压缩，只取其中几项。整个电码的长度在系统设计时，要结合信息传输速度、动作方式等因素综合考虑。当然，若从编码电路的角度来分析，地址码、状态码和信息码属于信源编码，而差错控制的监督码属于信道编码。

1）差错控制编码的分类

根据编码方式和不同的衡量标准，差错控制编码有多种形式和类别，主要有以下几种分类：

（1）根据编码的功能可分为检错码（只完成检错功能）、纠错码（只完成纠错功能）和纠删码（既可检错也可纠错）三种类型。

（2）根据信息码元和附加的监督码之间的检验关系可以分为线性码（监督码元是信息码元的线性组合）和非线性码（两者不存在线性关系）。

（3）按信息码元和监督码元之间的约束方式可分为分组码和卷积码。

（4）分组码中所有码组的信息码元在编码前后保持原来形式的码称为系统码，反之为非系统码。

（5）纠正随机错误码和纠正突发错误码。前者纠正信道中出现的随机独立干扰引起的误码，后者主要纠正信道中出现的突发错误。

2）常用检错码

常用的检错码有奇偶监督码、行列监督码、群计数码、恒比码等。

（1）奇偶监督码：奇偶监督码在原信息码后面附加一个监督元，使得码组中的“1”的个数是奇数或偶数。分为奇监督码和偶监督码。属于一种检错、线性、分组系统码。

设码字 $A=[a_{n-1}, a_{n-2}, \cdots, a_1, a_0]$，对于偶监督码有

$$a_{n-1}\oplus a_{n-2}\oplus\cdots\oplus a_1\oplus a_0=0$$

式中，a_{n-1}，a_{n-2}，…，a_1为信息元，a_0为监督元。由于该码的每一个码字均按同一规则构成上式，故又称一致监督码。接收端译码时，将码组中的码元模 2 相加，若结果为“0”，认为无错，结果为“1”，就可以断定该码组中经传输后有奇数个错误。

奇监督码情况相似，只是码组中的“1”的数目为奇数，即满足条件：

$$a_{n-1}\oplus a_{n-2}\oplus\cdots\oplus a_1\oplus a_0=1$$

而检错能力和偶监督码相同。

根据奇、偶校验的规则知道，当码组中的误码为偶数时，校验失败，因此，简单的奇偶校验码只能检测出奇数个位发生错误的码组。

奇偶校验码的最小码距为 2。

（2）行列监督码：行列监督码又称为水平垂直一致监督码或二位奇偶监督码或矩阵码。它不仅对水平行方向的码而且对垂直方向的码实施奇偶监督。一般 $L\times m$ 个信息元，附加 $L+m+1$ 个监督元；由 $L+1$ 行、$m+1$ 列组成一个（$Lm+L+m+1$，Lm）行列监督的码字。

该码具有较强的检测随机错误的能力，能发现 1、2、3 及其他奇数个错误，也能发现大部分偶数个错误，但分布在矩形 4 个顶点的这类偶数个错误除外。

（3）群计数码：群计数码的编码原则是先算出信息码组的码重，然后用二进制计数法将码重作为监督码元添加到信息码组的后面。

该码属于非线性分组系统码，检错能力很强，除了能检出码组中奇数个错误之外，还能检出偶数个 1 变 0 或 0 变 1 的错误，但对 1 变 0 或 0 变 1 成对出现的误码无能为力。除了无法检出 1 变 0 或 0 变 1 成对出现的误码外，这种码可以检出其他所有形式的错误。

（4）恒比码：码字中 1 的数目与 0 的数目保持恒定比例的码为恒比码。恒比码中，每个码组均含有相同数目的 1 和 0，因此又称为等重码或定 1 码。这种码在检测时，只要计算接收码元中 1 的数目是否正确，就知道有无错误。

恒比码的最小码距为 2，它能够检测出码组中所有奇数个错误和部分偶数个错误。该码也是非线性码组，但不是系统码，其主要优点是简单。

3）线性分组码

线性分组码的主要性质如下：

（1）任意两个许用码组之和（逐位模 2 和）仍为一组许用码组，即线性分组码具有封闭性。

（2）码的最小距离等于非零码的最小重量。

线性分组码的编码原理如下：

一般来说，若码长为 n，信息位为 k，则监督位为 $r=n-k$，如果希望用 r 个监督位构造出 r 个监督关系式来指示一位错码的 n 种可能位置，则要求：

$$2^r-1 \geqslant n \text{ 或 } 2^r \geqslant r+k+1$$

常用的线性分组码主要有汉明码、循环码。

（1）汉明码。

汉明码是一种高效率的纠单个错误的线性分组码。特点是 $d_0=3$，码长 n 与监督元个数 r 满足关系式：$n=2^r-1$。现以 $r=3$，$n=7$ 的（7，4）汉明码来说明（n，k）线性分组汉明码的编码和译码理论。

（7，4）汉明码的编码效率：

$$\eta=1-\frac{r}{n}=\frac{4}{7}，n \text{ 很大时，} \eta \to 1$$

① 监督矩阵。（7，4）汉明码码位之间满足下式：

$$\begin{aligned}
1\cdot a_6+1\cdot a_5+1\cdot a_4+0\cdot a_3+1\cdot a_2+0\cdot a_1+0\cdot a_0=0\\
1\cdot a_6+1\cdot a_5+0\cdot a_4+1\cdot a_3+0\cdot a_2+1\cdot a_1+0\cdot a_0=0\\
1\cdot a_6+0\cdot a_5+1\cdot a_4+1\cdot a_3+0\cdot a_2+0\cdot a_1+1\cdot a_0=0
\end{aligned}$$

式中，“+”指模 2 加，$a_6a_5a_4a_3$ 为信息码，$a_2a_1a_0$ 为监督位。改写为矩阵形式：

$$\begin{bmatrix}1&1&1&0&1&0&0\\1&1&0&1&0&1&0\\1&0&1&1&0&0&1\end{bmatrix}\begin{bmatrix}a_6\\a_5\\a_4\\a_3\\a_2\\a_1\\a_0\end{bmatrix}=\begin{bmatrix}0\\0\\0\end{bmatrix}\text{（模 2）}$$

上式还可以简记为

$$\boldsymbol{H}\cdot\boldsymbol{A}^{\mathrm{T}}=\boldsymbol{0}^{\mathrm{T}} \text{ 或 } \boldsymbol{A}\cdot\boldsymbol{H}^{\mathrm{T}}=\boldsymbol{0}$$

$$\boldsymbol{H}=\begin{bmatrix}1&1&1&0&1&0&0\\1&1&0&1&0&1&0\\1&0&1&1&0&0&1\end{bmatrix}$$

$$\boldsymbol{A}=[a_6\quad a_5\quad a_4\quad a_3\quad a_2\quad a_1\quad a_0]$$

$$\boldsymbol{0}=[0\quad 0\quad 0]$$

其中，$\boldsymbol{H}$ 称为监督矩阵，只要 $\boldsymbol{H}$ 给定，编码时监督位和信息位的关系就完全确定了，$\boldsymbol{H}$ 的行数是监督关系式的数目，等于 r。$\boldsymbol{H}$ 矩阵的各行应是线性无关的。$\boldsymbol{H}$ 可化为典型监督矩阵，包含两部分：

$$\boldsymbol{H}=\left[\begin{array}{cccc:ccc}1&1&1&0&1&0&0\\1&1&0&1&0&1&0\\1&0&1&1&0&0&1\end{array}\right]=[\boldsymbol{P}\boldsymbol{I}_r]$$

② 生成矩阵。码位之间还可以改写成下式：

$$[a_2\quad a_1\quad a_0]=[a_6\quad a_5\quad a_4\quad a_3]\,\boldsymbol{Q}$$

$$\boldsymbol{Q}=\boldsymbol{P}^{\mathrm{T}}=\begin{bmatrix}1&1&1\\1&1&0\\1&0&1\\0&1&1\end{bmatrix}$$

式中，$\boldsymbol{Q}$ 为一个 $k\times r$ 阶矩阵，它为 $\boldsymbol{P}$ 的转置。上式表明，信息位 $[a_6a_5a_4a_3]$ 给定后，用信息位的行矩阵乘矩阵 $\boldsymbol{Q}$ 就产生出监督位。

将 $\boldsymbol{Q}$ 的左边加上一个 $k\times k$ 阶单位方阵就构成一矩阵 $\boldsymbol{G}$：

$$\boldsymbol{G}=\left[\boldsymbol{I}_k\boldsymbol{Q}\right]=\begin{bmatrix}1&0&0&0&1&1&1\\0&1&0&0&1&1&0\\0&0&1&0&1&0&1\\0&0&0&1&0&1&1\end{bmatrix}$$

$\boldsymbol{G}$ 称为生成矩阵，可以由此产生整个码组，即

$$\boldsymbol{A}=[a_6\quad a_5\quad a_4\quad a_3]\cdot\boldsymbol{G}$$

所以如果给出码的生成矩阵，则编码方法就完全确定了。具有 $[\boldsymbol{I}_k\,\boldsymbol{Q}]$ 形式的生成矩阵称为典型生成矩阵，得到的码组信息位不变，监督位附加其后，这种码称为系统码。

（2）循环码。

① 循环码的编码原理。循环码是一种重要的线性分组码。这种码的编码和解码设备都不太复杂，且有较强的检（纠）错能力。循环码具有循环性，即码中任一码组循环一位以后，仍为该码中的一个码组。

讨论循环码时，用多项式代表许用码组，码组中各码元当作多项式的系数，这种多项式有时称为码多项式，用 $T(x)$ 表示。$T(x)$ 可以按模运算，且运算规律符合循环性。如 $T(x)$ 是长为 n 的许用码组，则 $T'(x)=x^i \times T(x)$ 在按模 x^{n+1} 运算下，也是一个许用码组。

在循环码中，一个(n,k) 码有 2k 个不同码组，若用 $g(x)$表示其中前 $k-1$位皆为“0”的码组，则 $g(x)$, $xg(x)$, …，$x^{k-1}g(x)$ 都是码组，且线性无关。找出任一$(n，k)$ 循环码的生成多项式，就可以构成此循环码的生成矩阵 $\boldsymbol{G}$。

$\boldsymbol{G}$ 不是典型矩阵，可以通过初等变换，将其化为典型阵：

$$\boldsymbol{G}(x)=\begin{bmatrix} x^{k-1}g(x) \\ x^{k-2}g(x) \\ \vdots \\ xg(x) \\ g(x) \end{bmatrix}$$

② 循环码的编码方法。由循环码的构造可知，所有码多项式 $T(x)$ 都可被 $g(x)$ 整除。即若某多项式能被 $g(x)$ 整除，且商的次数不大于 $k-1$，则其必为码多项式。

根据上述原理，编码步骤归纳如下：

a. 设 $m(x)$ 为信息码多项式，用 x^{n-k} 乘 $m(x)$。

b. 用 $g(x)$ 除 $x^{n-k}m(x)$，即

$$\frac{x^{n-k}m(x)}{g(x)}=Q(x)+\frac{r(x)}{g(x)}$$

式中，$r(x)$ 是余式。

c. $x^{n-k}m(x)+r(x)$ 能被 $g(x)$ 整除，所以令 $T(x)=x^{n-k}m(x)+r(x)$，认为 $T(x)$ 是循环码多项式。

从编码的步骤看，编码的核心是如何确定式 $r(x)$，找到 $r(x)$ 后可直接将 $r(x)$ 所代表的编码位附加到信息位之后，完成编码。实际上，$r(x)$ 所代表的编码位可以理解为监督位，获取 $r(x)$ 可以采用除法电路。

铁路信号远动系统中最常用的检纠错编码为 CRC（循环冗余校验）和 BCH 码。这两种码字都是线性分组码，即信息码元和监督码元之间的关系为线性关系。

CRC 码和 BCH 码是线性分组码中的循环码，是目前研究得最深入的一类码。循环码有许多特殊的代数性质，这些性质有助于设计者按照所要求的检、纠错能力系统地构造这类码，并且简化译码方法。循环码还有易于实现的特点，很容易用带反馈的移位寄存器实现其硬件，而且性能很好，不但可以纠正独立的随机错误，也可以纠正突发错误。

2.4 通信网络的主要硬件设备

1. 网络传输介质

传输介质是联网的实体之间用来保持相互接触的物理通道。传输介质只能保证一条消息传送的通道，使信号本身正确到达目的地，但信号到了目的地后是否能被另一方所理解则不是传输介质所要解决的问题。在实际网络中，不但要有传输介质，还必须有相应的连接设备，从最简单的插头直到复杂的路由器，才能真正实现联网。

传输介质是传输信息的载体。传输介质种类很多，但基本上分为两类：一类是有线介质，包括明线、电缆、光纤等；一类是无线介质，包括微波、卫星通信等。表 2.3 列出了几种常用传输介质的性能比较。在设计网络时，应根据实际情况选择所用的传输介质。

表 2.3 传输介质性能比较

性能	传输介质					
	双开线	双绞线	同轴电缆（基带）	同轴电缆（宽带）	光 纤	微 波
带 宽	<100 kHz	<250 kHz	<100 MHz	<300 MHz	<1 GHz	<500 MHz
数据速率	19.2 Kbps	<10 Mbps	10 Mbps	10 Mbps	1 Gbps	100 Mbps
距 离	<50 m	2 ~ 10 km	1 ~ 10 km	<100 km	10 ~ 100 km	50 ~ 100 km
抗电磁干扰	很差	较差	较好	好	最好	差
保密性	差	差	较好	好	最好	差
安装难易	易	易	较易	较易	较难	较难
经济性	便宜	便宜	较便宜	中	较贵	中

2. 服务器

专用服务器的中央处理机速度快，内存较大，硬盘的容量高，而且使用小型计算机接口控制器，使得硬盘传输速率高，CPU 占有率低，大规模网络需要配备多个服务器，小规模网络也将高档微机作为服务器使用。

3. 工作站

工作站是连接到网络上的计算机，每个工作站保持原有计算机的功能，可以作为独立的计算机为客户服务，客户同时也可以通过工作站访问网络上的共享资源。

4. 路由器

路由器（Router）工作于网络层。它的工作与网桥类似，但应用范围更广，可以在极不相同的网络之间进行地址翻译。局域网之间连接可使用网桥，而局域网与广域网连接，以及不同广域网之间连接则采用路由器，有些网络采用不同的地址格式且相互之间不兼容，这时需接路由器。

5. 网　桥

网桥（Bridge）是一种工作在数据链路层的存储转发设备。它通过连接相互独立的网段而扩大了网络的最大传输距离，网桥可以禁止无用信号传输，平衡网络负载，它还可以实现不同类型局域网互联，实现更大范围的局域网互联，提高网络的安全性。

6. 网　关

网关（Gateway）又称协议转换器，位于OSI（Open System Interconnection）模型的传输层或更高层。它的工作比路由器更加复杂，不仅要进行地址格式翻译以使数据能跨网传输，而且要完成不同协议之间的变换。变换双方的协议可能完全不同（如OSI模型与Internet协议），网关要保证在转换过程中不造成过多的数据流失。

7. 交换机

交换机是局域网中的一种重要的网络通信设备，交换机是一种具有高性价比、简单实用、高性能及高端口密集等特点的交换技术产品。交换机的每个端口为固定的带宽，有独享的传输方式，传输速率不受计算机台数增加的影响。

8. 中继器

中继器（Repeater）的作用是再生放大电信号，提供电流以驱动长距离电缆，增加信号有效传输距离。它工作在物理层，因而不具有检错、纠错等功能，错误的信息会被复制到另一网段。

9. 集线器

集线器/卡（HUB）的作用是将网段上各个介质段连接在一起。和我们日常看到的电线不同，网络中用的各种电缆不能简单地拧在一起，这将产生严重的杂波使网络中断，必须使用集线器这样的专用设备来实现连接，消除噪声。

10. 调制解调器

调制解调器是为解决在模拟线路上传输数字信号而设置的一种信号转换装置，它的基本作用是把数字信号变化成模拟信号后在模拟线路上传输，并把经过传输的模拟信号反变换成原来发送的数字信号。因此，调制解调器是利用模拟线路来传输数字信号时必不可少的设备。

2.5　远动系统的网络体系结构

现代的远动系统无疑都是具有专门用途的计算机通信网。网络技术的应用，可以实现远动系统的自动化、智能化、信息化，达到共享资源、减少开支、提高效率的目的。因此，我们有必要对网络的基础知识有一定的了解。

2.5.1 ISO 的 OSI 参考模型

1. 网络分层结构

计算机网络就是将多台计算机互联起来，使用户程序能够交换信息和共享资源。不同系统的实体进行通信，其过程是相当复杂的。为了简化网络的设计，采用了工程设计中常用的结构化设计方法，即将复杂的通信任务分解为若干个容易处理的子问题，然后逐个加以解决。网络设计中采用结构化设计方法，即将网络功能分成一系列层次，每层完成特定的功能。

分层是制定网络体系结构时常用的方法。网络分层的好处：每一层只需完成一个特定的功能，且其功能实现的具体细节对外是不可见的，相邻层之间的交互完全通过接口处规定的服务原语来进行，各层之间相对独立。这样，不仅每一层的功能简单，易于实现和维护，而且当某一层需要改动时，只要不改变它和上、下层的接口服务关系，其他层次都不受影响，具有很大的灵活性。

分层固然是一种处理复杂问题的好方法，但分层本身是一件复杂的事情，分层好坏往往是影响某个网络性能的主要因素。目前，尚没有一种最佳分层方法，但一般应遵循以下规则：

（1）结构层次不能太多，以免造成系统结构的复杂；同样，结构层次也不能太少，否则会使每层协议过于繁杂。

（2）当必须区分不同类型功能群时，应设置一个层次。

（3）每一层只与其上下层发生关系，且层与层边界的选取应使通过的信息量尽可能少。

（4）每层功能应非常明确。

国际标准化组织 ISO（International Organization for Standardization）在 1977 年成立一个分委员会来专门研究网络通信的体系结构问题，并提出了开放系统互连 OSI 参考模型，它是一个定义异种计算机连接标准的框架结构。OSI 为连接分布式应用处理的“开放”系统提供了基础，所谓的“开放”表示能使任何两个遵守参考模型和有关标准的系统进行互连。OSI 采用了层次化结构的构造技术。

ISO 分委员会的任务是定义一组层次和每一层所完成的功能和服务，层次的划分应当从逻辑上按功能分组。层次应当足够多，以使每一层小到易于管理；但也不能太多，否则汇集各层的处理开销太大。OSI 参考模型共有如图 2.24 所示的七层。它们分别是：

（1）物理层（Physical Layer）。

（2）数据链路层（Data-link Layer）。

（3）网络层（Network Layer）。

（4）传输层（Transport Layer）。

（5）会话层（Session Layer）。

（6）表示层（Presentation Layer）。

（7）应用层（Application Layer）。

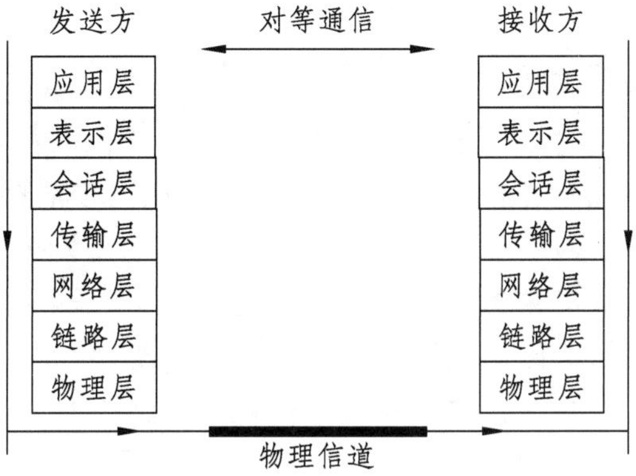

图 2.24　网络的分层结构

OSI 模型的特性：

（1）它是一种将异构系统互连的分层结构。

（2）提供了控制互连系统交互规则的标准框架。

（3）定义了一种抽象结构，而并非具体实现的描述。

（4）不同体系上的相同层的实体称为同等层实体。

（5）同等层实体之间的通信由该层的协议管理。

（6）相邻层间的接口定义了原语操作和低层向高层提供的服务。

（7）所提供的公共服务是面向连接的或无连接的数据服务。

（8）直接的数据传送仅在最低层实现。

（9）每层完成所定义的功能，修改本层的功能并不影响其他层。

从通信的角度看，信息从一方的应用层发送到另一方的应用层中去，发送方的信息从应用层向下流动，在流动过程中每一层都向下加入自己的标识，使得信息越来越多，到达物理层后通过传输信道到达接收方的物理层，然后一层层向上传递，最后到达应用层。在接收方数据向上流动的过程中，每一层都去掉发送方相应层加上的标识，在到达应用层后就恢复了发送的信息。

由于各层处理能力不同，在传递过程中把数据分成各种不同大小和结构的数据单位加以处理。各层的数据单位都有自己特定的称呼，一般称呼如下：

（1）物理层——比特（Bit）。

（2）数据链路层——帧（Frame）。

（3）网络层——分组（Packet，有时也称为包）或数据报（Datagram）。

（4）传输层——数据报（Datagram）或段（Segment）。

（5）会话层——消息（Message）。

（6）表示层——消息（Message）。

（7）应用层——消息（Message）。

数据划分的趋势是由高层到底层（应用层→物理层），单位越来越小，消息的大小没有限制。

2. OSI 参考模型各层的功能

（1）物理层。提供为建立、维护和拆除物理链路所需的机械的、电气的、功能的和规程的特性及有关在物理链路上传输非结构的位流以及故障检测指示。

（2）数据链路层。在网络层实体间提供传送数据的功能和过程，以及提供数据链路的流量控制并检测和校正物理链路产生的差错。

（3）网络层。控制分组传送系统的操作，即路由选择、拥塞控制、网络互连等功能，它的特性对高层是透明的，并根据传送层的要求来选择服务质量以及向传输层报告未恢复的差错。

（4）传输层。提供为建立、维护和拆除传送连接的功能，以及选择网络层提供的最合适的服务，并在系统之间提供可靠的、透明的数据传送和端到端的差错恢复及流量控制。

（5）会话层。提供两个进程之间的建立、维护和结束会话连接的功能以及提供交叉会话的功能，其中有 3 种数据流方向的控制模式，即一路交叉、两路交叉和两路同时会话模式。

（6）表示层。代表应用进程协商数据的表示并完成数据转换、格式化和文本压缩。

（7）应用层。提供 OSI 用户服务，如事务处理程序、文件传送程序和网络管理程序等。

由于 LAN（局域网）在功能和结构上均比 WAN（广域网）简单，因此 LAN 协议一般只定义物理层和数据链路层两层，并将网络层的寻址、排序、流量和差错控制等功能放在数据链路层中来实现。根据 LAN 的特点，将数据链路层分成逻辑链路控制（LLC）层和介质访问控制（MAC）层。LAN 的协议层次与 OSI 协议层次的对应关系如图 2.25 所示。

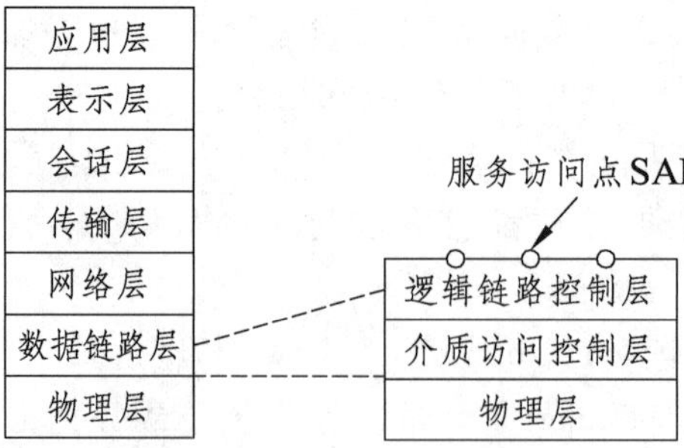

图 2.25　LAN 协议层次

LAN 协议各个层的功能：

（1）物理层。物理层的功能和 OSI 物理层的一样，主要完成在物理链路上传输非结构的位流以及故障检测指示，提供为建立、维护和拆除物理链路所需的机械的、电气的、功能的、规程的特性。

（2）介质访问控制层。主要的功能是控制对传输介质的访问。不同类型的 LAN 所使用的介质访问控制方法是不同的，如 CSMA/CD、Token-Bus、Token-Ring、FDDI 等。

（3）逻辑链路控制层。提供了两种连接服务类型：面向连接的服务和无连接的服务。其中，面向连接的服务能够提供可靠的通信。

2.5.2 IEEE 802 LAN 协议标准

为推动 LAN 技术的应用，规范 LAN 产品的开发，IEEE 于 1980 年初成立了 802 委员会，专门从事局域网标准化方面的工作。该委员会分成三个分会：

（1）通信介质（或称媒体）分会。该分会的研究领域对应于 ISO 的 OSI 参考模型的物理层，该层主要涉及局域网通信的物理传输特性以及标准的物理介质与链路接口的性质。

（2）信号存取控制分会。该分会的研究领域对应于 ISO 的 OSI 参考模型的数据链路层，该层主要涉及逻辑链路控制协议和介质访问控制协议，以及与物理层（在其下面）和网络层（在其上面）的接口。

（3）高层接口分会。该分会主要检查局域网对 ISO 的 OSI 参考模型高层（即从网络层到应用层）的影响。

在 IEEE 802 标准中规定了物理层和数据链路层两个层次，如图 2.26 所示。

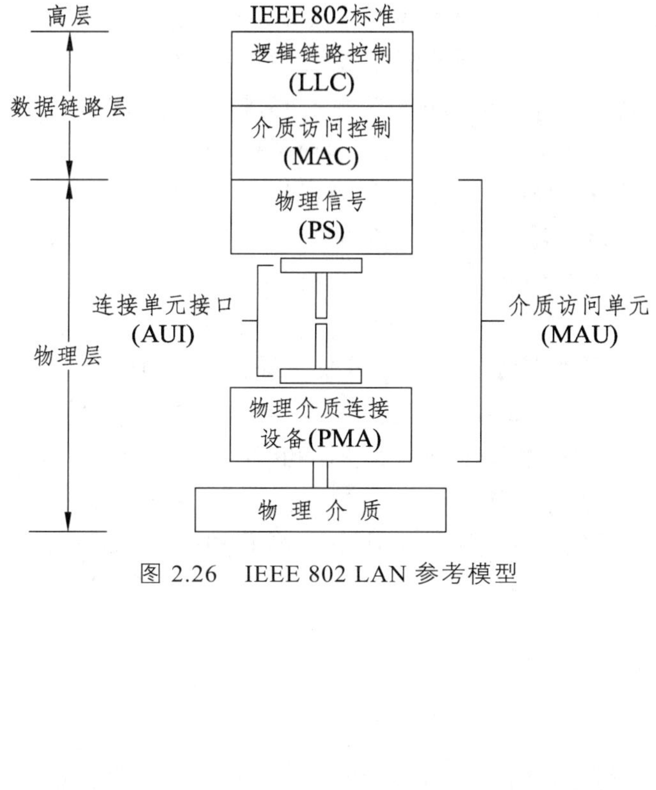

图 2.26 IEEE 802 LAN 参考模型

1. 物理层

物理层由 4 个部分组成：

（1）物理介质。

（2）物理介质连接设备（PMA）。

（3）接口电缆。

（4）物理信号（PS）。

它提供了编码、解码、时钟提取、发送、接收和载波检测等功能，并为数据链路层提供服务。

协议中规定了物理链路操作的电气和机械特性参数。

2. 数据链路层

数据链路层包含了逻辑链路控制（LLC）子层和介质访问控制（MAC）子层。

（1）MAC 子层。它最初有 CSMA/CD、Token-Bus 和 Token-Ring 等三种标准，后来又增加了城域网、宽带网、FDDI、无线网和 100 VG-AnyLAN 等标准。

（2）LLC 子层。它提供数据报和虚电路两种方式的服务，其主要功能是数据帧的封装和拆封，为高层提供服务的逻辑接口。

IEEE 802 是一个标准系列，现有的标准有：

IEEE 802.1A：体系结构；

IEEE 802.1B：寻址、网间互联及网络管理；

IEEE 802.2：通用的 LLC 规范；

IEEE 802.3：CSMA/CD 访问控制方法和物理层技术规范；

IEEE 802.3i：10BASE-T 访问控制方法和物理层技术规范；

IEEE 802.3u：100BASE-T 访问控制方法和物理层技术规范；

IEEE 802.4：Token-Bus 访问控制方法和物理层技术规范；

IEEE 802.5：Token-Ring 访问控制方法和物理层技术规范；

IEEE 802.6：城域网访问控制方法和物理层技术规范；

IEEE 802.7：宽带网访问控制方法和技术规范；

IEEE 802.8：FDDI 访问控制方法和物理层技术规范；

IEEE 802.9：综合数据/话音网络技术规范；

IEEE 802.10：安全与保密技术规范；

IEEE 802.11：无线网访问控制方法和物理层技术规范；

IEEE 802.12：100VG-AnyLAN 访问控制方法和物理层技术规范；

IEEE 802.14：采用线缆调制解调器（Cable Modem）的交互式电视介质访问控制协议及网络层技术规范；

IEEE 802.15：采用蓝牙技术的无线个人网（Wireless Personal Area Networks，WPAN）技术规范；

IEEE 802.16：宽带无线连接工作组，开发 2 ~ 66 GHz 的无线接入系统空中接口；

IEEE 802.17：弹性分组环（Resilient Packet Ring，RPR）工作组，制定了单性分组环网访问控制协议及有关标准；

IEEE 802.18：宽带无线局域网技术咨询组（Radio Regulatory）；

IEEE 802.19：多重虚拟局域网共存（Coexistence）技术咨询组；

IEEE 802.20：移动宽带无线接入（Mobile Broadband Wireless Access ，MBWA）工作组，制定宽带无线接入网的解决；

IEEE 802.21：媒介独立换手（Media Independent Handover）；

IEEE 802.22：无线区域网（Wireless Regional Area Network）；

IEEE 802.23：紧急服务工作组（Emergency Service Work Group）。

各标准之间的关系如图 2.27 所示。

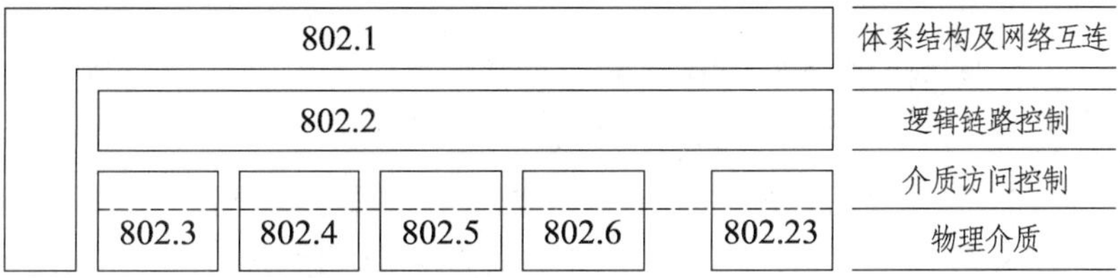

图 2.27　IEEE 802 标准系列间的关系

2.5.3　TCP/IP 协议

1. TCP/IP 协议的组成

TCP/IP 是 Transmission Control Protocol over Internet Protocol（传输控制协议/网间协议）的缩写，是物理网上的一组完整的网络协议。如果用 OSI 七层模型来描述，则：

（1）TCP 对应传输层，它保证信息的可靠传输。

（2）IP 提供网络层服务，完成节点的编址、寻址和信息的分解和打包。

（3）网络连接层相当于 OSI 的 1 ~ 2 层，代表 TCP/IP 的物理基础，如以太网、令牌环、令牌总线等。

（4）IP、ARP、RAPA、ICMP 对应于 OSI 的第三层，其主要功能如下：

① IP（网间协议）负责主机间数据的路由及网络数据的存储，同时为 ICMP、TCP、UDP 提供分组发送服务。

② ARP（地址分析协议）用于将网络地址映射到物理地址。

③ RARP（反向地址分析协议）用于将物理地址映射到网络地址。

④ ICMP（网间报文控制协议）用于网关和主机间的差错和传输控制。

（5）TCP、UDP 相当于 OSI 七层模型中的第四层，其中：

TCP（传输控制协议）向用户进程提供可靠的全双工面向位流的连接并进行传输正确性检查；

UDP（用户数据报协议）为用户进程提供无连接的协议，保证数据的传输但不进行正确性检查。

（6）FTP、SMTP、TELNET、TFTP 对应于 OSI 七层模型中的第五至第七层，其中：

FTP（文件传输协议）为用户提供节点之间文件形式的传输。我们在 Internet 上下载（Download）或上载（Upload）文件时，通常采用的就是 FTP 协议。

SMTP（邮件传输协议）用来在接点之间传输电子邮件。

TELNET（终端协议）为用户提供在远程主机中完成本地主机的工作能力，用户通过远程登录（Remote Login）方式与一台主机建立在线连接关系，一旦连接成功，就成为远程主机的一个终端，用户通过键盘输入的任何信息都将被发送到远程主机，远程主机的执行结果回送到用户的屏幕上。

TFTP（文件传输协议）是 FTP 的一个简化版本。

TCP/IP 协议的核心是 TCP、UDP 和 IP 协议。这三种协议一般由网络操作系统内核来实现，所以用户往往感受不到它们的存在。用户能够接触到的是许多 TCP/IP 的应用程序，如电子邮件协议、FTP、TELNET 程序等。图 2.28 给出了 TCP/IP 协议和应用程序之间的关系，这些应用程序都是通过 TCP/IP 的编程界面来开发的。编程界面有两种形式：一种编程界面是由网络操作系统内核直接提供的系统功能调用，它类似于 DOS 操作系统下的 DOS 功能调用，显然它需要用户对网络操作系统的深入了解，这种编程界面很不直观；另一种编程界面是以函数库的形式提供给用户，有关 TCP/IP 协议的各种实现都包含在库函数中，用户通过调用这些函数来编写 TCP/IP 应用程序，这种编程界面叫作套接字（Socket）。

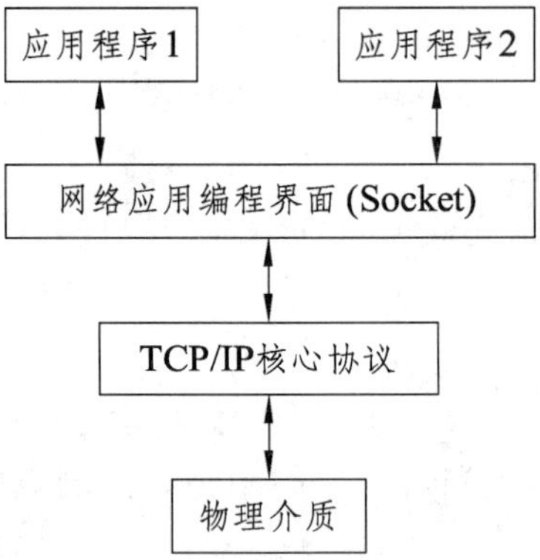

图 2.28　TCP/IP 协议和应用程序之间的关系

2. IP 地址

IP 地址是 TCP/IP 协议中用来标识网络中的某个计算机的地址，而且必须保证其唯一性。IP 地址由二进制的 32 位组成，分别标识不同网络和标识同一网络中不同计算机两部分。每部分的位数由网络规模决定。

32 位地址可用 4 个表示 0 ~ 255 的十进制数表示，数字之间用点分开，数字可用 8 位体 W、X、Y、Z 表示。IP 地址中规定 5 种类型，以适应不同的网络规模。其中 A、B、C 类地址的网络和计算机号分配情况见表 2.4。

表 2.4　A、B、C 类地址的网络和计算机号

类	IP 地址	网络号	计算机号	说　明
A	W.X.Y.Z	W	X.Y.Z	W 高位总为 0，后 7 位表示网络号 1 ~ 126。每个网络中计算机数为 16 777 214 台
B	W.X.Y.Z	W.X	Y.Z	W 高 2 位为 10。后 6 位与 X8 位表示网络号，6 位 W 表示网络号 127 ~ 191。网络总数为 16 384 个，每个网络中计算机数为 65 534 台
C	W.X.Y.Z	W.X.Y	Y.Z	W 高 3 位为 110，后 5 位与 X、Y8 位表示网络号，5 位 W 表示网络号 192 ~ 223，每个网络中计算机数为 254 台

注意：网络号 127 保留用作回路及诊断功能（如 127.0.0.1 代表本机）。

3. 掩码和 IP 地址

TCP/IP 网络还可以划分若干子网，为迅速确定计算机所在的网络，每台计算机需要一个掩码（子网屏蔽），掩码也是一个 32 位地址。

当网络未划分子网时，与 IP 地址类型相关的缺省掩码：

A 类地址码为 255.0.0.0；

B 类地址码为 255.255.0.0；

C 类地址码为 255.255.255.0。

当划分为子网时，计算机使用自定义掩码。

TCP/IP 初始化时，源计算机 IP 地址与其掩码相“与”。在发送数据包前，目的计算机 IP 地址也与其掩码相“与”。源及目的计算机的 IP 地址一致，则二者在本地网中；否则数据包发送到路由器的 IP 地址。

2.5.4　X.25 协议

数据通信网发展的重要里程碑是采用分组交换方式，构成分组交换网。和电路交换网相比，分组交换网的两个站之间通信时，网络内不存在一条物理电路供其专用，因此不会像电路交换那样，所有的数据传输控制仅仅涉及两个站之间的通信协议。在分组交换网中，一个分组从发送站传送到接收站的整个传输控制，不仅涉及该分组在网络内所经过的每个节点交换机之间的通信协议，还涉及发送站、接收站与所连接的节点交换机之间的通信协议。国际电信联盟电信标准部门 ITU-T 为分组交换网制定了一系列通信协议，世界上绝大多数分组交换网都用这些标准。

1. X.25 网的设备

分组交换网主要由分组交换机、用户接入设备和传输线路组成。

X.25 是一个对公用分组交换网（Public Data Network，PDN）接口的规格说明。网络内部由各个网络自己决定。X.25 网仅说明该网络与网络外部数据终端设备（Data Terminal Equipment，DTE）的接口应遵循 X.25 标准。X.25 是以虚电路服务为基础的。

2. X.25 协议的应用环境和系统结构

X.25 协议是作为公用数据网的用户—网络接口协议提出的，它的全称是“公用数据网络中通过专用电路连接的分组式数据终端设备（DTE）和数据电路设备（DCE）之间的接口”。这里的 DTE 是用户设备，即分组型数据终端设备（执行 X.25 通信规程的终端），具体的可以是一台按照分组操作的智能终端、主计算机或前端处理机；DCE 实际是指 DTE 所连接的网络分组交换机（PS），如果 DTE 与交换机之间的传输线路是模拟线路，那么 DCE 也包括用户连接到交换机的调制解调器（这种情况在地区用户线上存在）。图 2.29 所示为 X.25 协议的应用环境。

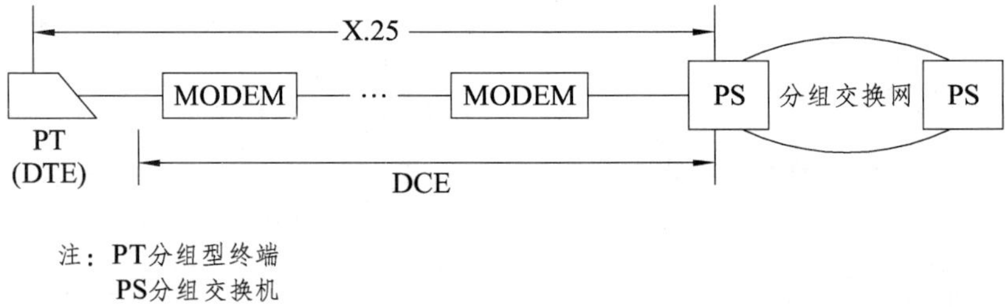

图 2.29　X.25 的应用环境

X.25 协议将数据网的通信功能划分为三个相互独立的层次，即物理层、数据链路层和分组层。其中每一层的通信实体只利用下一层所提供的服务，而不管下一层如何实现。每一层接收到上一层的信息后，加上控制信息（如分组头，帧头），最后形成在物理媒体上传送的比特流，如图 2.30 所示。

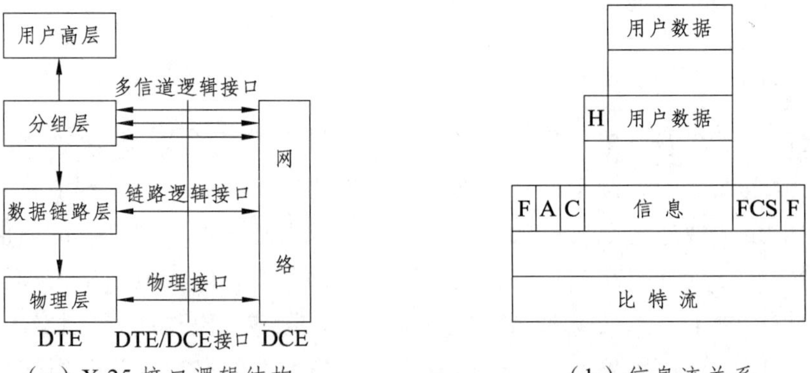

（a）X.25 接口逻辑结构　　（b）信息流关系

图 2.30　X.25 协议的系统结构和信息流关系

1）物理层

X.25 协议的物理层规定采用 X.21 协议。X.21 协议规定如下：

（1）机械特性：采用 ISO 4903 规定的 15 针连接器和引线分配，通常使用 8 线。

（2）电气特性：平衡型电气特性。

（3）同步串行传输。

（4）点到点全双工。

（5）适用于交换电路和租用电路。

由于 X.21 是为数字电路上使用而设计的，如果是模拟线路（如地区用户线路），X.25 协议还提供了另一种物理接口标准 X.21bis，它与 V.24/RS 232 兼容。

2）数据链路层

X.25 链路层功能：

（1）差错控制，采用 CRC 循环校验，发现出错时自动请求重发。

（2）帧的装配和拆卸及帧同步。

（3）帧的排序和对正确接收的帧的确认。

（4）数据链路的建立、拆除和复位控制。

（5）流量控制。

X.25 数据链路层采用平衡型数据链路结构和 LAPB 规程（平衡链路访问规程）。这部分参见 HDLC 协议。

LAPB 按 HDLC 的格式传送控制信息和数据信息。规定 DTE 和 DCE 之间采用全双工物理链路连接，信息传输只按点到点方式进行，不采用多点方式。LAPB 操作方式是 ABM（异步平衡模式），链路两端都是复合站，任一站只要通过发送一个命令就可以使链路复位或建立新的链路。

3）分组层

分组层对应于 OSI-RM 中网络层，它利用链路层提供的服务在 DTE-DCE 接口交换分组，将一条逻辑链路按统计时分复用（STDM）方式划分为多个逻辑子信道，允许多台计算机或终端同时使用高速的数据通道，以充分利用逻辑链路的传输能力和交换机资源。

分组层采用虚电路工作，整个通信过程分三个阶段：呼叫建立阶段、数据传输阶段、虚电路释放阶段。图 2.31 给出了虚电路的建立和清除过程，图中左边部分显示了 DTE A 之间 DCE A 分组的交换，右边部分显示了 DTE B 和 DCE B 之间分组的交换。DCE 之间分组的路由选择是网络内部功能。

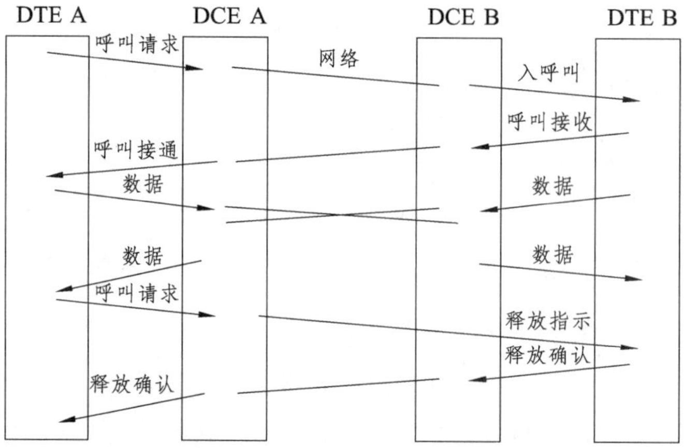

图 2.31 虚电路的建立和清除

虚电路的建立和清除过程叙述如下：

（1）DTE A 对 DCE A 发出一个呼叫请求分组，表示希望建立一条到 DTE B 的虚电路。该分组中含有虚电路号，在此虚电路被清除以前，后续的分组都将采用此虚电路号。

（2）网络将此呼叫请求分组传送到 DCE B。

（3）DCE B 接收呼叫请求分组，然后给 DTE B 送出一个呼叫指示分组，这一分组具有与呼叫请求分组相同的格式，但其中的虚电路号不同，虚电路号由 DCE B 在未使用的号码中选择。

（4）DTE B 发出一个呼叫接收分组，表示呼叫已经接受。

（5）DTE A 收到呼叫接通分组（该分组和呼叫请求分组具有相同的虚电路号），此时虚电路已经建立。

（6）DTE A 和 DTE B 采用各自的虚电路号发送数据和控制分组。

（7）DTE A（或 DTE B）发送一个释放请求分组，紧接着收到本地 DCE 的释放确认分组。

（8）DTE A（或 DTE B）收到释放指示分组，并传送一个释放确认分组。此时 DTE A 和 DTE B 之间的虚电路就清除了。

上述讨论的是交换虚电路（SVC），此外 X.25 还提供永久虚电路（PVC），永久虚电路是由网络指定的，不需要呼叫建立和清除。

3. X.25 用户业务功能

X.25 向用户提供基本业务功能和可选业务功能。前者是分组网向所有用户都提供的功能，后者是根据用户的要求提供的功能。表 2.5 是 X.25 用户业务功能表。

X.25 的分组可分为两大类，即控制分组和数据分组。虚电路的建立、数据传送时的流量控制、中断、数据传送完毕后的虚电路释放等，都要用到控制分组。关于 X.25 分组的格式参见 X.25 协议详细说明。

表 2.5　X.25 用户业务功能

基本业务	交换虚电路（SVC）
	永久虚电路（PVC）
可选业务	非标准窗口大小的协商
	非标准分组长度的协商
	吞吐量等级的协商
	中断时延选择和指示
	扩展分组顺序号
	D 比特修改
	分组重发
	反向计费
	网络用户识别（NUI）
	计费信息可选业务
	RPOA 选择（与网关有关）
	呼叫重定向
	被叫线路地址修改通知 m
	搜索群业务功能
	呼叫受阻
	单向逻辑信道号
	闭合用户群（CUG）业务功能
	快速选择
	在线业务功能登记

2.6　通信总线和现场总线

2.6.1　一般概念

1. 总线的概念

总线是一组公用信号线的集合，通过这一组公用信号线把计算机或计算机测控系统中的各个模板以及各种设备连接成一个整体，以便彼此进行信息交换。

2. 总线标准

总线规约在得到某一标准化组织的批准或推荐后，即成为某种总线标准。可见，总线是一组标准化了的信息通路。通过该信息通路，使得连接在总线上的各个模块之间能够相互传递信息。

3. 总线分类

总线按功能和规模分类一般分为三类：系统总线、通信总线和现场总线。

系统总线也称内总线、板级总线，用于计算机各种模板插件之间的信息传送。

通信总线也称外总线，用于系统间的通信。

现场总线是一种开放式实时系统，具有简化型的网络结构。是一种串行数字通信链路，它处于现场与安装在生产控制室先进自动控制装置之间。

2.6.2 常用通信总线

通信总线也称作外总线，用于系统之间的通信，如计算机系统之间的通信、计算机系统与仪器设备之间的通信等。通信总线分为并行通信总线和串行通信总线两类。

（1）并行通信总线。在通信传送过程中，每次同时发送一个数据字节，传输速度高，适用于短距离（数十米）的快速传输。

（2）串行通信总线。在通信过程中，每次传送一个比特的信息，所以传输速度低，但使用的导线数量少，成本低，适用于较远距离的传输。

2.6.3 常用现场总线

2.6.3.1 CAN 总线

控制器局部网 CAN（Controller Area Network）是 BOSCH 公司为现代汽车应用领先推出的一种多主机局部网，由于其卓越性能现已广泛应用于工业自动化、多种控制设备、交通工具、医疗仪器以及建筑、环境控制等众多部门。它是现场总线的一种，它采用双绞线串行通信方式，检错能力强，可在高噪声干扰环境中使用。最大通信速率为 1 Mbps（最远通信距离不大于 40 m）；最远通信距离可达 10 km（最大通信速率不大于 5 Kbps）。

1. CAN 网络的硬件构成

CAN 网络是一个多主机局域网络，带有 CAN 通信接口的单片机模块、PC 机、IPC、PC/104 等控制模块可通过双绞线或同轴电缆构成实用的 CAN 网络。系统的结构如图 2.32 所示。

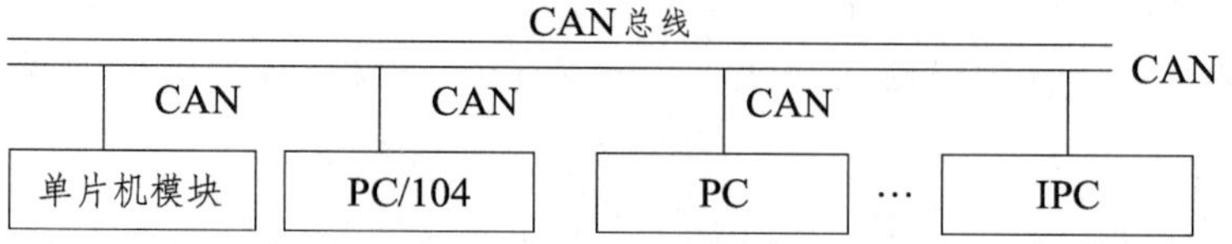

图 2.32 CAN 网络的构成

各个模块应带有 CAN 通信接口。例如，PC 机上可插上一块通信接口卡，以高性能的 RS 232 与 CAN 的接口卡代替传统 PC 机的 RS 232 总线通信具有重要意义。

2. CAN 网络通信协议

1）CAN 协议的分层结构

CAN 协议是一种串行数据通信协议。它可以非常有效地构成分布式实时监测/控制系统。CAN 总线规范规定任意两个 CAN 节点之间的兼容性，包括电气特性及数据解释协议，它采用 ISO-OSI 中的三层网络结构（物理层、数据链路层和应用层）。其中，应用层可能包含了除物理层和数据链路层外其余四层的某些功能，它具有简化的网络结构。

2）CAN 通信协议

为了实现对网络节点及总线的完善管理，保证系统的可靠性和安全性，CAN 控制器（如 Philips 公司的 SJA1000）支持 4 种不同的 CAN 协议类型：数据帧、远程帧、错误指示帧和超载帧。

数据帧用于各个节点之间传送数据和命令。由 7 个不同的场组成：帧起始、仲裁场、控制场、数据场、CRC 校验场、应答场和帧结束。

远程帧是在网络上的接收节点需要寻址数据源时才向总线发出的。远程帧与数据帧在格式上相似，不同之处仅是 RTR 被置为高电平、数据长度码无效及无数据场。

出错指示帧是当网络上的接收节点检测到总线上报文出错时向总线发出的一组错误指示信息，通知发送方当前报文未被正确接收，重新发送当前报文。

超载帧用于通知网络上的节点目前接收节点正忙或总线正忙，请各节点暂缓发送。

3. CAN 总线的主要特性

CAN 总线的主要特性如下：

（1）多主站依据优先权进行总线访问。

（2）无破坏的基于优先权的仲裁。

（3）全系统数据相容性。

（4）设置灵活、保证延迟时间。

（5）可根据报文的 ID，决定接收或屏蔽该报文。

（6）可靠的错误处理和检测机制。

（7）发送的信息遭破坏后可自动重发。

（8）暂时性错误和永久性故障节点的判别以及故障节点的自动脱离。

4. 数据错误检测

不同于其他总线，CAN 协议不能使用应答信息。事实上，它可以将发生的任何错误用信号发出。CAN 协议可使用 5 种检查错误的方法，其中前 3 种为基于报文内容检查。

（1）循环冗余检查（CRC）。在一帧报文中加入冗余检查位可保证报文正确。接收站通过 CRC 可判断报文是否有错。

（2）帧检查。这种方法通过位场检查帧的格式和大小来确定报文的正确性，用于检查格式上的错误。

（3）应答错误。被接收到的帧由接收站通过明确的应答来确认。如果发送站未收到应答，那么表明接收站发现帧中有错误，也就是说，ACK 场已损坏或网络中的报文无站接收。CAN 协议也可通过位检查的方法探测错误。

（4）总线检测。CAN 中的一个节点可监测自己发出的信号。因此，发送报文的站可以观测总线电平并探测发送位和接收位的差异。

（5）位填充。一帧报文中的每一位都由不归零码表示，可保证位编码的最大效率。然而，如果在一帧报文中有太多相同电平的位，就有可能失去同步。为保证同步，同步沿用位填充产生。在 5 个连续相等位后，发送站自动插入 1 个与之互补的补码位；接收时，这个填充位被自动丢掉。

2.6.3.2 Lonworks 总线

Lonworks 控制网络是当前较为流行的现场总线之一，它是由美国 Echelon 公司推出并与 Motorola、Toshiba 公司共同倡导，于 1992 年正式公布而形成的。其网络芯片 Neuron 芯片集成了 ISO/OSI 的全部七层协议，同时具有通信和控制功能，提供了 34 种常见的 I/O 控制对象，工作温度范围宽（–40 ~ 85 °C）。

1. LonTalk 协议

Lonworks 所采用的 LonTalk 协议被封装在 Neuron 芯片中并得以实现，集成了 ISO/OSI 的全部七层协议，具有以下的特点：

（1）LonTalk 支持的信号传输介质可为双绞线、电力线、无线、红外线、光缆。

（2）LonTalk 支持总线型、环形、自由拓扑型等网络拓扑形式，极大地方便了控制网络的构建。

（3）LonTalk 应用可以运行在任何主处理器上，主处理器管理 LonTalk 协议的第六层和第七层，并使用 Lonworks 网络接口管理第一层到第五层。

（4）LonTalk 协议使用网络变量与其他节点通信。网络变量可以是任何单个数据项也可以是结构体，并都有一个由应用程序说明的数据类型。网络变量的概念大大地简化了复杂的分布式应用的编程，大大降低了开发人员的工作量。

2. 通信服务

1）消息服务类型

LonTalk 协议提供了 4 种基本类型的报文服务：确认（Acknowledged）、请求/响应（Request/Response）、非确认重复（Unacknowledged Repeated）以及非确认（Unacknowledged）。

请求/响应是最可靠的服务，即一个报文被发送给一个或一组节点，并等待来自每个接收节点的响应。输入报文由接收端在响应生成之前处理，与确认服务一样，发送时间、重发次数和接收时间是可选项。响应中可以包括数据，从而使服务适用于远程调用或 Client/Server 方式。

确认是与请求/响应相等价的服务，即一个报文被发送给一个或一组节点，发送者将等待来自每个接收者的确认。若没有接收到来自所有目标的确认，并且发送者的时间已超出，发送者则重新发送。发送时间、重发次数和接收时间是可选项。确认由网络 CPU 来生成而与应用 CPU 无关。其 ID 号用于跟踪报文和确认，从而使应用不再接收重复的报文。

非确认重复的可靠性较前两者要低。非确认重复服务即是报文被多次发送给一个或多个节点，同时不期望得到响应。该服务一般用于向一大组节点广播，若在确认或请求/响应方式下，由所有响应产生的交通量可能使网络过载。

可靠性最低的是非确认服务。它是指一个报文被发送给一个或一组节点且只被发送一次，同时不期望得到响应。该服务一般用于要求有最好的性能、网络带宽受限制、同时网络对报文的丢失不敏感的情况。

2）冲　突

LonTalk 协议使用其独有的冲突避免算法，该算法具有在过载的情况下信道仍然能负载接近最大能力的通过量，而不是由于过多的冲突而使通过量降低。当使用支持硬件冲突检测的通信介质（如双绞线）时，只要收发器检测到冲突的发生，LonTalk 协议可以有选择地取消数据包的传输。它允许降低立刻重新发送被冲突破坏的包。若没有冲突检测，假定使用的服务为确认或请求/响应服务，节点将不得不等待到重试时间结束，才能知道节点没有接收到目的节点的确认，这时，节点才重发该数据包。对于非确认服务，未检测到的冲突意味着包没有被接收到并且不做任何重试。

3）优先级

LonTalk 协议通过提供优先服务机制以改善对重要消息包的响应时间。协议允许用户在信道上分配优先级时隙（Priority Time Slots），它专门用于具有优先级的节点。信道上的每个优先级时隙对每个消息的发出额外附加有一定的时间（最小为 2 比特时间），从而换取一定的带宽供信道上实现无竞争的优先访问。附加的时间值大小与比特速率、振荡器的精度以及收发器的需求有关。由于不存在竞争，配置优先级的节点相对于无优先级的节点的响应时间要好得多。优先级与冲突检测的结合将获得更优的响应时间。为每个节点分配优先级时隙的网络管理工具可以保证节点在信道上被赋予一个特定的优先级时隙，节点只能在分配给它的优先级时隙发送它的所有赋予优先级的消息包。就实质而言，优先级的使用极大地降低了网络冲突的概率。优先级时隙的数目可以是 0 ~ 127，具体是多少取决于信道类型以及信道优先级时隙的配置数量，较小的优先级数代表较高的优先级。若某个节点被赋予的优先级时隙是“0”，该节点将无优先级时隙供发送消息。优先级时隙“1”预留给网络管理器，即其在网络上的优先级最高。

当节点内生成一个优先级包后，在挂起的所有的无优先级输出包被传输之前，该优先级包将在优先级队列被传送出节点。同样，当一个优先级包到达路由器时，它加入路由器队列的前面（但在所有已排队的优先级包后），若已配置了路由器的优先级时隙，则它使用路由器的优先级时隙向前传送。

4）证　实

LonTalk 协议支持消息的证实服务。它允许消息的接收者确定发送者是否有权发送该消息。其目的通常是为了防止侵权访问节点及其应用程序。网络管理事务也可选择使用证实。要使用证实功能可在节点安装时将长为 48 比特的证实密钥分配给节点，当一个证实的消息发出后，整个流程如图 2.33 所示。

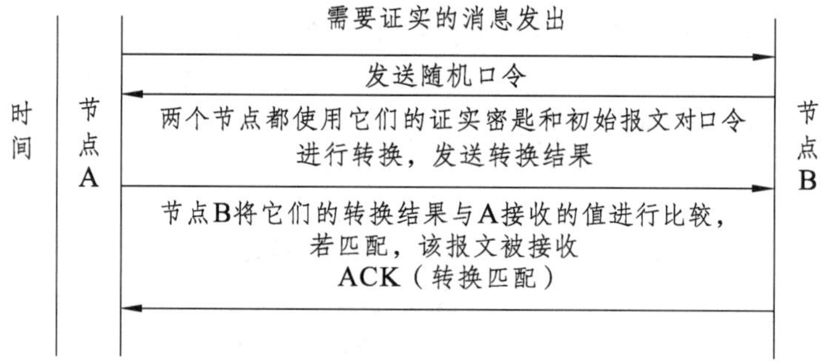

图 2.33　证实流程

5）网络管理和网络诊断

LonTalk 协议的网络管理和网络诊断提供了 4 类服务。

地址分配：分配所有节点的地址单元，包括域号、子网号、节点号以及所属的组名和组员号，Neuron ID 是不能分配的。

节点查询：查询节点的工作状态以及一些网络的通信的错误统计，包括通信 CRC 检验错、通信超时等。

节点测试：发送一些测试命令来对节点进行测试。

设置配置路由器的配置表。

3. Neuron 芯片

Lonworks 技术的核心是 Neuron 芯片或称为神经元芯片。它主要包括 3150 和 3120 两大系列，其中 3120 系列芯片中包括 E^2PROM、RAM、ROM，而 3150 系列芯片中则无内部 ROM，但拥有访问外部存储器的接口。Neuron 芯片内部固化了完整的 LonTalk 通信协议，确保节点间的可靠通信和互操作。

Neuron 芯片在大多数 Lonworks 节点中是一个独立的处理器。若需要使节点具备更强的信号处理能力或 I/O 通道，可采用其他处理器来处理并由 Neuron 芯片交换数据，此时 Neuron 芯片只完成通信功能。

Neuron 芯片的主要性能特点如下：

（1）高度集成，所需外部器件较少。

（2）三个 8 位的 CPU，输入时钟可选择范围：625 kHz ~ 10 MHz。

（3）片上的存储器：

① 1 KB 静态 RAM（3120，3120E1）。

② 2 KB 静态 RAM（3150，3120E2）。

③ 512 B E^2PROM（3120，3150）。

④ 1 KB E^2PROM（3120E1）。

⑤ 2 KB E^2PROM（3120E2）。

⑥ 10 KB ROM（3120，3120E1，3120E2）。

（4）11 条可编程 I/O 引脚（有 34 种可选择的工作方式）。

（5）两个 16 位的定时器/计数器。

（6）15 个软定时器。

（7）休眠工作方式：这种工作方式能在维持操作的情况下降低电流损耗。

（8）网络通信端口：5 个管脚提供三种方式：单端方式、差分方式和专用方式。

（9）固件包括：LonTalk 协议；I/O 驱动器程序；事件驱动多任务调度程序。

（10）服务引脚：用于远程识别和诊断。

（11）48 位的内部 Neuron ID：用于唯一识别的 Neuron 芯片。

（12）内置低压保护以加强对片内 E^2PROM 的保护。

4. 网络变量

应用程序可以定义一个特殊的静态对象类——网络变量，它可以是整型、字符型或结构等类型。一个网络变量 NV（Network Variable）是节点的一个对象，用于实现网络上节点之间的互连。它可被定义为输入也可被定义为输出网络变量，每个节点最多可以定义 62 个（Neuron 节点）到 4 096 个（主机节点）网络变量。网络变量所产生报文的发送和接收不需要应用程序的干预，故又称为隐式报文（Implicit Message）。

同时，LONMARK 组织还定义了标准网络变量类型（SNVT），它支持的标准网络变量有 255 种，采用 SNVT 的节点之间具有天然的互操作性。而且，用户也可按照标准格式定义自己的标准网络变量。

2.6.3.3 高速以太网现场总线

1. 高速以太网现场总线简介

2000 年 1 月 4 日，IEC 宣布现场总线国际标准 IEC61158 表决以 86% 赞同、12%

反对的结果获得通过。IEC 标准中 8 个不同子集虽然存在市场交叉和竞争，但更多的是性能互补。例如，FF 主要用于流程长的过程工业，对可靠性要求很高，因此导致有控制分散的必要。当然过程控制中也有逻辑控制和数据采集的部分，FF 系统把它们看成一台处理离散信号或 I/O 的设备，但它们也充分继承一切适用的原有成果，所以 Modbus 这类 PLC 最常用的总线仍然被使用在系统中。FF-H1 于 1997 年公布，当时对 H2 的构想是 1 Mbps 和 25 Mbps 波特率，传输距离为 500 m 和 750 m。后来 FF 接受了一个更合理的建议，在 1998 年休斯敦会议上决定改成以 100 Mbps 以太网为基础，并称高速以太网现场总线 HSE（High Speed Ethernet Fieldbus）。

2. HSE 的模型结构

HSE 参考国际标准化组织（ISO）的开放系统互连模型 OSI（ISO7498），与 FF 低速总线 H1 不同的是，HSE 采用了其中 5 层，如图 2.34 所示。

OSI	H1	HSE与使用标准	
	用户层	用户层	(FF制订)
应用层	应用层	应用层	RFC1451,1883
描述层	⋮	⋮	⋮
会话层			
传输层		传输层	RFC791,793(TCP/IP)
网络层		网络层	RFC1157、2030
数链层	数链层	数链层	IEEE 202.2
物理层	物理层	物理层	IEEE 802 3u

图 2.34　HSE 的模型结构

3. HSE 的用途

HSE 的技术特点是速度高（100 Mbit/s），数据通过量很大，与计算机连接容易，价格低。

HSE 有两类用途：第一类是完成由于计算量过大而不适合在现场仪表中进行的高层次模型或调度运算；第二类是作为多余 H1 总线或其他网络的网关桥路器。

HSE 设备分为 4 类：主机设备（HD）、链接设备（LD）、网关设备（GD）和以太网现场设备（ED），如图 2.35 所示。其中：

（1）主机设备 HD（Host Device）：装有 100 Mbit/s 网卡和组态软件的计算机类设备。

（2）链接设备 LD（Link Device）：用于链接同一 Hl 设备，H1 桥路或不同 H1 设备。

（3）网关设备 GD（Gateway Device）：用于和其他标准总线通信。

（4）以太网现场设备 ED（Ethernet Device）：用于 I/O 设备或 PLC。因 HSE 不满足本质安全和两线供电要求，所以 ED 还是安装在控制室或安全区的“现场设备”。

一个实际的 HSE 设备也可以是上述几种设备类型的混合。

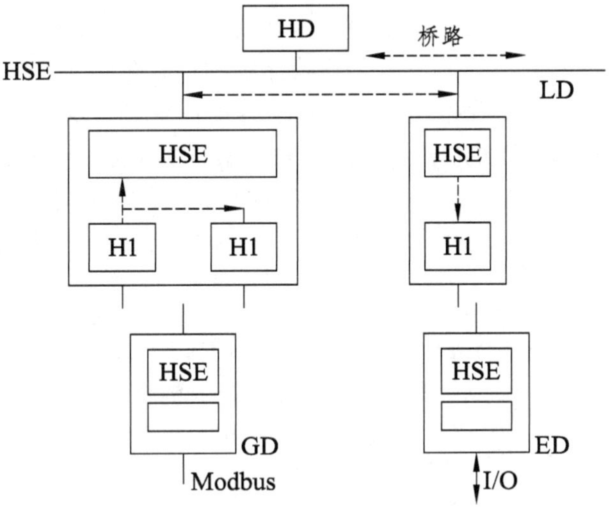

图 2.35　4 种 HSE 设备的图解

4. 其　他

HSE 可用五类双绞线、RJ45 插头、最大距离 100 m，如用集线器或中断器则可延长 4 次。也可用光纤，625/125 μm 多模加 SC 连接器，最大距离 400 m。

HSE 是否冗余可分几个等级：

（1）不冗余。

（2）单网络单设备双通信口。

（3）单网络双设备。

（4）冗余网络双设备。

2.7　远动系统的可靠性与避错、容错技术

前已述及，远动系统的可靠性包括信息传输可靠性和设备的可靠性两大部分。一般来说，远动系统对可靠性的要求比一般的控制系统对可靠性的要求高。如铁路信号远动系统，它不仅要求系统要有高的实时性和具有连续不间断工作的特点，而且，对系统的可靠性要求也很高。因为，无论是信息传输错误还是设备故障都将直接影响整个系统的正常工作。因此，提高系统的可靠性是进行远动系统设计时必须要考虑的重要问题。

2.7.1　硬件可靠性

2.7.1.1　可靠性（Reliability）

可靠性在广义上是指系统或设备在规定的时间和规定的条件下完成规定功能的能

力。狭义上是指系统或设备在规定的时间和规定的条件下完成规定功能的概率。“规定的条件”常常指使用条件、维护条件和储存条件等，条件不同，系统或设备的可靠性则不同；“规定的时间”明确指出了可靠性是与时间密切相关的，这是可靠性的核心，一般来说，随着时间的增加可靠性逐渐降低；“规定的功能”指系统或设备能满足全部技术指标而不是部分技术指标，不能完成规定的功能说明系统或设备不再可靠。

下面介绍常用于分析可靠性的浴盆曲线、可靠性指标和系统可靠性的分配原则。

1. 浴盆曲线

浴盆曲线反映的是失效率和时间的关系，如图 2.36 所示，失效率定义为已工作到时刻 t 的系统或设备在时刻 t 后单位时间内发生失效的概率，称为在时刻 t 的失效率函数，简称失效率。

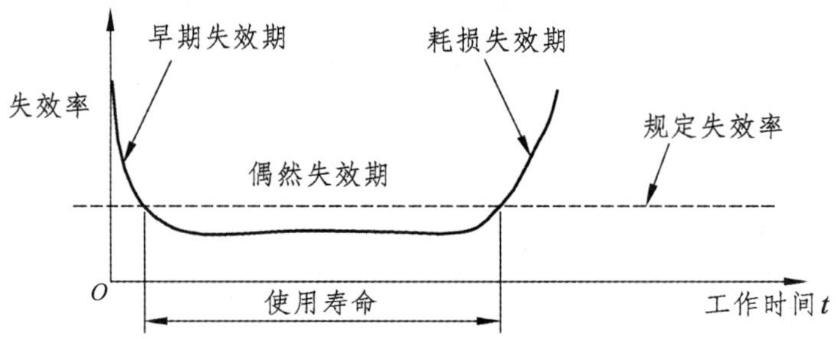

图 2.36　浴盆曲线

（1）早期失效期。特点是失效率高，但随着时间的增加失效率迅速下降。主要是工艺不严格、取材不规范造成的。

（2）偶然失效期。也称随机失效期或稳定工作阶段，特点是失效率低且稳定，近似为常数，在这一阶段尽力做好系统或设备的维护和保养工作，使这一阶段尽量地延长。

（3）耗损失效期。特点是失效率迅速上升，很快导致系统或设备进入全部或大部分的更换维修阶段，对不可维修的系统或设备则导致报废，失效的主要原因是老化、损耗等因素引起的。

2. 可靠性指标

设备的可靠性一般用平均故障间隔时间 MTBF（Mean Time Between Failure），即两次偶然故障的平均间隔时间来表示。整个系统的可靠性通常用“可用率”来表示。

$$\text{系统可用率}=\frac{\text{运行时间}}{\text{运行时间}+\text{停用时间}}$$

其中，停用时间包括故障时间和维修时间。影响可用率的重要因素有设备的质量、维护检修情况、环境条件、电源供电可靠性及设备的备用程度等。国外的远动装置平均故障间隔时间已达到 30 000 h，国内要求在 8 000 ~ 10 000 h 以上。

传输可靠性是用信息的差错率来表示的。差错率表示在远动信息传输过程中，因为干扰而使信息出现差错的概率。通常差错率要求在 10^{-10} 以下。

$$差错率=\frac{信息出现差错的数量}{传输信息的总数量}$$

3. 系统可靠性分配

在规定的系统可靠性指标下，如何对各单元的可靠性提出要求，即如何分配系统的可靠性指标给组成系统的各个单元。在可靠性分配中由于系统的不同，可靠性分配的原则不同，所得的分配结果就不同。由于各系统所考虑的侧重点不同，因此要建立一套可靠性分配的统一原则是困难的，分配可靠度一般要考虑以下几个方面：

（1）对系统的关键部位，分配的可靠性指标要高些，因为任何系统都有比较关键的几个部位，并且只要这些部位不出故障，整个系统就能比较可靠地工作。

（2）对比较复杂的分系统或单元，分配的可靠性指标低些，因为可靠性要求低，容易达到要求。

（3）对工作环境不好的分系统，分配的可靠性指标要高些。因为环境不好容易出故障，所以希望给它们分配的可靠性指标高些，以保证系统能比较可靠地工作。

（4）对那些便于维修的单元，分配的可靠性指标应低一些。因为这样的单元即使出了故障也容易维修，因而系统的可靠性能得到保证。

（5）对于改进潜力大的单元，分配的可靠性指标应高一些。因为一般这样的单元提高其可靠性要容易些。

以上原则不是绝对的，对于具体的系统而言，在分配时要根据具体情况做具体分析。系统可靠性分配的方法有很多种，最简单的是等同分配法，这种方法简单但不太合理，一般用于设计的初始阶段。非等同分配法根据各单元现有的可靠性指标、单元的重要程度及复杂程度等进行可靠性指标分配。非等同分配法与等同分配法相比有了一定的改进，但并非最优。最优化方法分配系统的可靠度是以系统的成本、重量或体积等尽可能小为目标，以可靠性指标不小于某一最低值为约束条件来进行可靠性指标的分配，也有的以系统的成本、重量或体积等的界限值作为约束条件，以系统可靠性尽可能高作为目标来分配可靠性指标。

2.7.1.2 可用性（Availability）

指产品或系统在规定的条件下，在任意时刻能正常工作的概率。常用 A 表示。

$$A = MTBF / (MTBF + MTTR)$$

瞬时有效度：表示在时刻 t 能正常工作的产品或系统和它们投入同样工作的总数之比。

平均有效度：指系统或产品在某个规定的时间内有效度的平均值。

稳态有效度：当时间趋于无限时有效度的极限值。

2.7.1.3 可维修性（Maintainability）

可维修性常用下面几个概念来描述：

（1）维修度：发生故障的系统在规定的有效修理时间内能恢复到工作状态的概率。

（2）易修性：表征产品或系统在故障后能维修的难易程度；可维修产品或系统在规定的条件下，在规定的时间范围内完成维修的概率。

（3）可保持性：表征系统或产品可以正常运行的概率。

2.7.2 软件可靠性

1. 软件故障的表现形式

随着科学技术的发展，3C 技术越来越多地融入远动系统中，意味着软件的应用在远动系统中会越来越普遍，软件的可靠性同样不可忽视。为了提高软件的可靠性，首先要了解软件故障的表现形式，具体如下：

（1）程序输入后，系统不运行。

（2）程序输入后，系统功能出现紊乱、瘫痪。

（3）程序输入后，系统结果出错。

（4）程序输入后，系统形成无休止的循环。

（5）程序输入后，系统出现死锁等。

2. 提高软件可靠性的三类技术

1）软件避错技术

（1）完善软件说明书的设计，明确软件要求。规格说明书应具备以下性质：

① 可测性——要有规定的测试点。

② 完整性——要求描述的软件功能完整不遗漏。

③ 明确性——描述明确，不存在语义上的二义性。

④ 一致性——前后定义、概念、网络、语言等的统一性和规范性。

⑤ 一定的弹性——当软件环境发生有限范围变动时，定义的功能可相应扩充或压缩。

（2）完善软件设计，包含：① 建立软件系统的总体结构；② 实现算法；③ 采用的逻辑数据结构；④ 确立系统的内部和外部界面；⑤ 适应计算机类型，包括它的软件环境和适应的资源，硬件资源和环境。

2）软件容错技术

（1）文本应用软件设计。

（2）恢复技术——指在运行过程中检测到有错误时，把系统状态恢复到一个规定状态，然后继续运行。

3）软件测试技术

软件测试技术只能说明软件有错，不能说明软件无错，因为测试不可能是最完善的。它分为两种：

（1）静态测试：不执行程序代码而寻找程序代码中可能存在的缺陷或评估程序代码的过程。

（2）动态测试：通过在抽样测试数据上运行程序来检验程序的动态行为和运行结果以发现缺陷。

动态测试又分为黑盒测试、白盒测试和灰盒测试。

黑盒测试侧重功能测试和基于规约的测试。测试人员无须了解程序的内部结构，直接根据程序输入输出之间的关系或程序的需求规范来确定测试数据，推断测试结果的正确性。

白盒测试侧重结构测试和基于程序的测试，由测试人员根据程序的内部结构特性与程序路径相关的数据特性设计测试数据，组成测试用例执行程序的一种动态测试。

灰盒测试是基于规约和程序相结合的测试，是黑盒和白盒方法相结合的测试。先用黑盒方法设计测试用例，再尽可能地用白盒测试方法来完成测试。

2.7.3 避错与容错技术

目前，有两类技术可以提高可靠性，一类是防止和减少故障发生的技术，叫避错技术。其基本着眼点是通过质量控制、减载使用、环境保护等措施防止故障的发生，从而延长系统的使用寿命。但避错技术有其局限性，如采用高可靠器件，费用将急剧上升，而且避错技术的出发点在于减少故障发生的概率，即使最好的避错技术，也不一定能满足系统的可靠性要求。因此，在现代高可靠性系统中，广泛采用第二类技术——容错技术，即当系统的某一部分发生故障时仍能使系统保持正常工作的技术。在此主要介绍容错技术。

容错技术是建立在资源冗余基础上的。这些额外资源，相对于系统完成其功能所需的资源是冗余的，容错方法主要有以下 4 种：

（1）硬件冗余。是硬件的物理重复。随着半导体元件体积的缩小及成本的下降，硬件冗余更实用。在一个系统中，冗余的硬件可以是元件级，模块级（如印刷电路），也可以是微机这一级的。

（2）软件冗余。是通过增加程序来提高软件可靠性。例如，对应同一任务采用不同的编程语言，对两套程序的执行结果（或中间结果）进行比较，如果不一致则发现差错。

（3）信息冗余。是靠增加信息的多余度来提高可靠性。例如，编码技术中的检、纠错编码就是信息冗余的例子。

（4）时间冗余。是通过指令的重复执行、增加重复运算的时间来达到容错的目的。例如，执行一个（或一段）程序得到一个数据，如果有错，则程序卷回，重复执行这段程序。通过一次或多次卷回，直到清除故障或确定不能消除故障为止。

另外，根据对故障的处理方式不同，可把容错技术分为故障检测与诊断、静态冗余和动态冗余三种：

（1）故障检测与诊断技术是发现故障的技术，它本身不具有提高系统可靠性的作用，但它为及时处理故障提供了信息。

（2）静态冗余技术是一种表决系统。例如，一个系统由三个功能相同的模块和一个表决器组成，三个模块的输出作为表决器的输入，表决器的输出作为系统的输出。表决器的三个输入中只要有两个是一致的，则表决器有输出。这样，系统中任一模块故障，系统仍正常工作。

（3）动态冗余技术是使系统具有故障检测和切换功能的技术。当发生故障时，系统内部将故障部分切除并自动将备用部分换上，使系统正常工作。

可见，容错技术承认故障的客观存在，在一定限度内，容许故障发生，并采用一定的策略使系统仍能维持正常功能。下一节将具体介绍各种容错技术的实现方法。

2.7.3.1　硬件冗余

当代数字系统中应用最广泛的冗余形式是硬件的物理重复。有两种基本的硬件冗余形式：静态冗余（也称被动冗余）和动态冗余（也称主动冗余）。下面分别介绍。

1. 静态冗余

静态硬件冗余是指冗余结构并不随故障情况变化的冗余形式。静态冗余应用了故障掩蔽的概念，将发生的故障隐蔽起来，防止故障造成差错。

静态冗余的基本机理是通过多数表决掩蔽发生的故障。

（1）三模冗余（TMR）。静态冗余的最常用形式是三模冗余（Triple Modular Redundancy，TMR），三模冗余就是三个相同的模块接收三个相同的输入，产生的三个结果送至多数表决器。表决器的输出取决于它三个输入的多数。若有一个模块故障，则另两个正常模块的输出可将故障模块的输出掩蔽，从而不会在表决器输出产生差错，如图 2.37 所示。

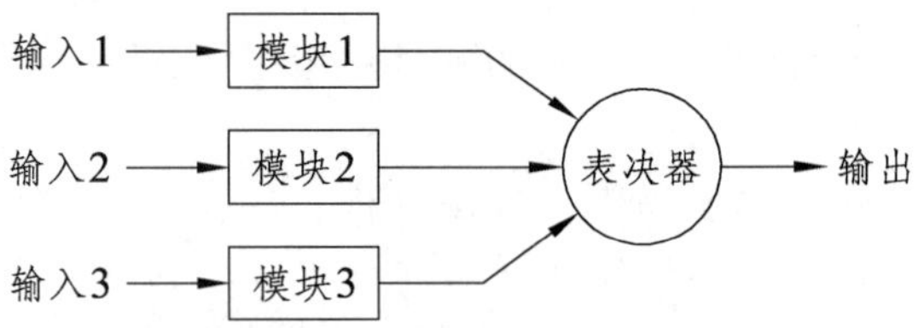

图 2.37　三模冗余（TMR）

TMR 的主要问题是表决器的故障将造成系统差错。换句话说，最简单形式的 TMR 其可靠度不会高于表决器的可靠度。为了克服这一困难，可采用多级三重表决，如图 2.38 所示。图中三个重复模块的输出送至三个表决器产生三个结果。只要仅有一个模块故障，或仅有一个输入差错，这三个结果都将是正确的。而如果前面一级有一个表决器故障，后面一级可看成是一个输入有差错，后面的三个输出仍将是正确的。因此，采用三重表决的 TMR 系统又称为复原部件。

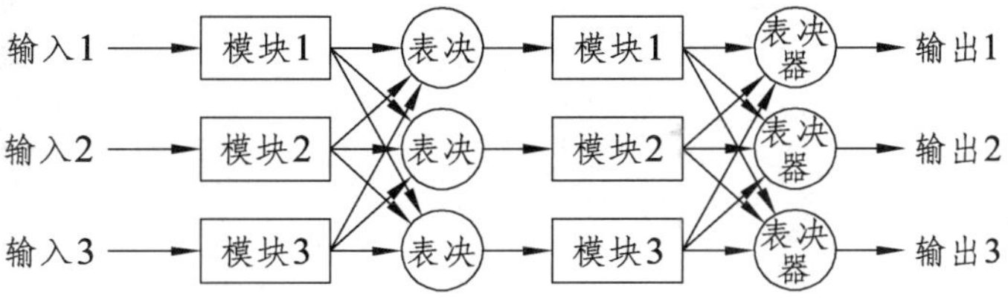

图 2.38　多级三重表决 TMR

（2）N 模冗余（NMR）。TMR 的推广是 N 模冗余（N-Modular Redundancy，NMR）。与三模冗余原理相同，但采用 N 个相同的模块，$N \geqslant 3$，且 N 为奇数，以方便进行多数表决。NMR 的结构如图 2.39 所示。

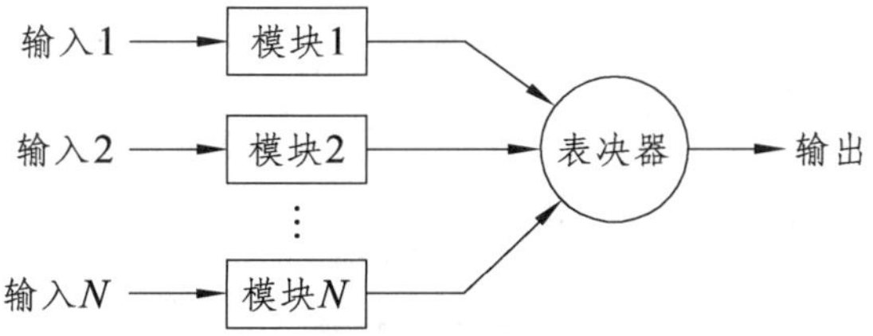

图 2.39　N 模冗余

NMR 系统可以容忍 $(N-1)/2$ 个模块的故障。这是它比三模冗余优越的地方。但另一方面，硬件冗余量的增大使功耗、重量、成本及体积均增大。因此在实际设计中相同模块的数量要选取适当。

（3）表决技术。NMR 系统中的表决可在几个点上进行。例如，一个工业控制器可通过三个独立的传感器对化学反应的温度取样，再进行一次表决以决定采用哪个传感器的取值，然后由单个模块计算加热或冷却量，最后对计算结果进行表决。另一种方案是采样后不进行表决，只在计算后进行一次表决。这两种方案的不同主要表现在故障包容上。第一种方案能包容传感器故障，而第二种方案允许传感器故障的影响传播至计算结果。

表决器可用硬件实现，也可用软件实现。

数字系统的硬件表决器很容易实现，如图 2.40 所示。执行表决的时间就是表决器逻辑电路的延时。

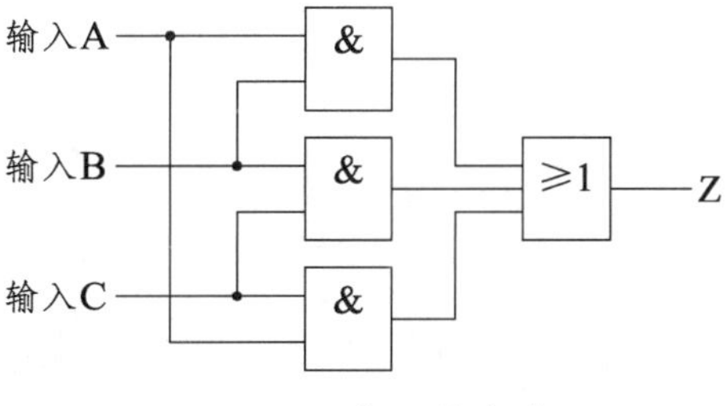

图 2.40　一位硬件表决器

在实际应用时，表决过程的定时是十分关键的。若参加表决的信号到达时间不一致，就可能产生暂时的不正确结果。而对许多应用来说，短时间的不正确结果也是不允许的。

在图 2.41 所示的同步表决器中，由于采用了双相时钟主从触发器，保证了表决的正确。图中还给出了时间关系。

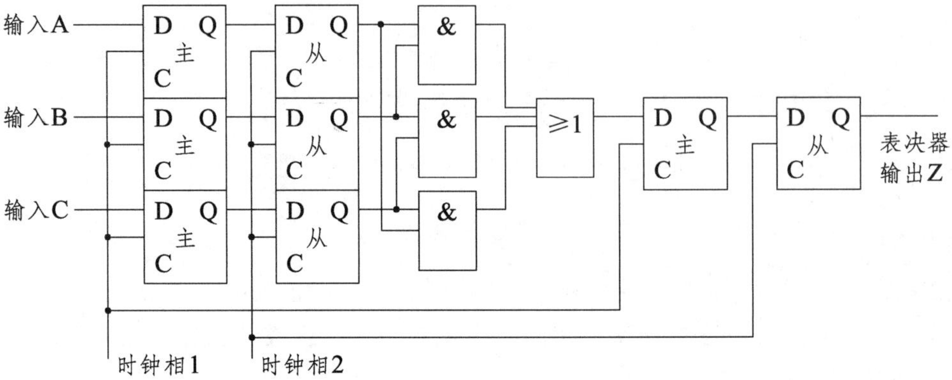

（a）

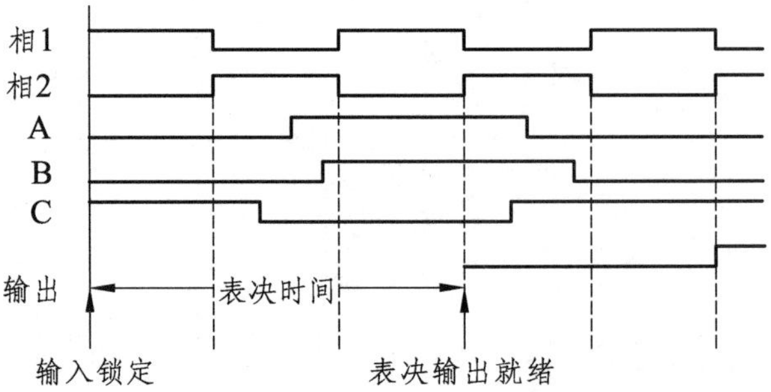

（b）

图 2.41　同步表决器

采用软件实现表决的例子如图 2.42 所示。图中传感器的值经采样后存在双口存储器中。共有三个传感器及三个双口存储器。三个处理机中的每一个均可读三个双口存储器，并将读得的三个值由软件进行表决，表决程序可为顺序进行三次比较，并将至少与另两个值中的一个值一致的那个值作为表决输出。然后处理机可进行必要的计算，并将结果存入下一个双口存储器中，供下一级处理机使用。

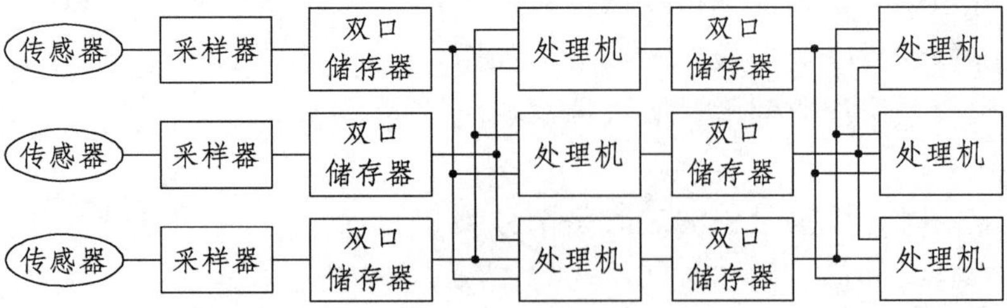

图 2.42　采用软件表决的微机系统

图 2.42 所示系统是根据图 2.38 中多级三重表决（TMR）的概念应用软件来实现表决器的实施方案。

硬件表决的优点是速度快，缺点是所需附加硬件多，从而造成功耗、重量及体积增大。软件表决的优缺点正好与硬件表决相反。此外，通过修改表决程序可以很方便地修改表决的方式，因此软件表决比较灵活。在一个实际应用中究竟采用硬件表决还是软件表决要考虑如下因素：

（1）是否有现成的能进行表决的处理机。

（2）表决的速度要求是否高。

（3）系统功耗、重量及体积限制是否大。

（4）表决方法灵活性的要求是否高。

（5）所需表决器数量是否大。

2. 动态冗余

动态硬件冗余是通过故障检测、故障定位及系统恢复来达到容错的一种技术。由于系统恢复采用某种重组技术，因此系统的冗余结构将随故障情况发生变化。这种技术不能防止故障的产生，但这类系统在应用中允许发生暂时的错误结果，只要系统能在规定时间内进行重组并恢复正常运行。

1）双机比较

最简单的双机比较方案如图 2.43 所示。两个相同模块并行执行相同的计算，其结果由比较器进行比较。这种最简单的双机比较系统只提供故障检测能力，但不提供容错能力。但若配之以故障定位技术及切换技术，可以做到容错。例如，当比较器给出不一致信号时，可以对两个模块分别进行故障测试（或分别运行诊断程序），以确定有故障的模块，然后将故障模块切除，将正常模块输出作为系统输出，系统成为单机系统继续运行。

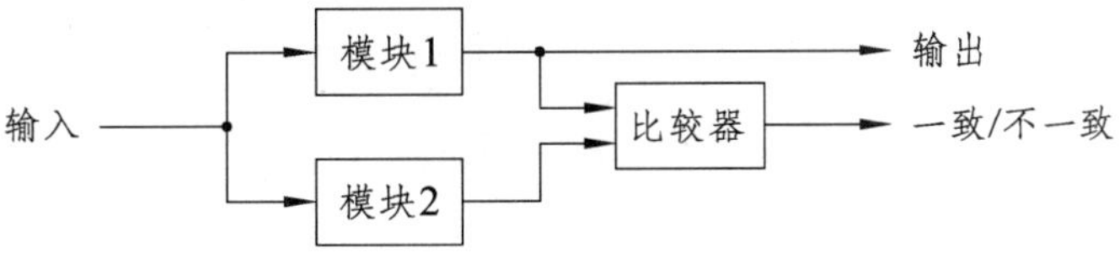

图 2.43 双机比较方案

2）备用替换

如图 2.44 所示，一个模块为主用模块，用以产生系统输出，其余模块作为备用。采用各种故障检测技术及故障定位技术来确定发生故障的模块。若主用模块发生故障，则进行重组，使一个正常的备用模块成为主用，从而使系统恢复正常运行。在进行重组的过程中系统正常运行发生暂时中断。

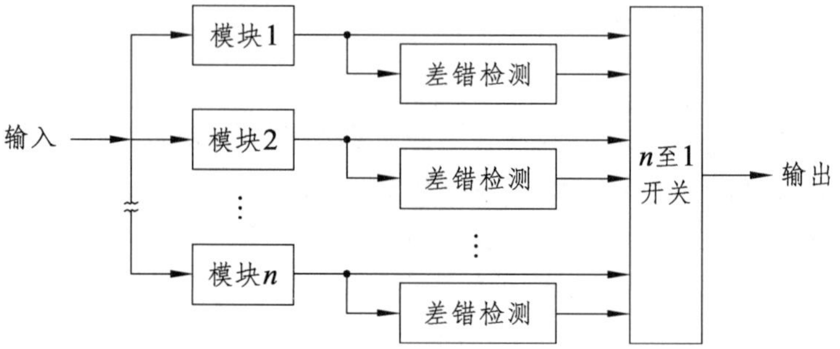

图 2.44　备用替换

备用替换中的备件可分为热备与冷备。采用热备时，备件与主件同步工作，随时准备替换主件工作。采用冷备时，备件平时不通电，直至需要它接替主件工作时才加电并初始化。热备的优点是中断正常运行的时间短，冷备的优点是备件平时不消耗功率。对于卫星系统，电源很紧张，可采用冷备。对于过程控制系统要求系统重组时间尽可能短，应采用热备。

3）成对备用

将备用替换与双机比较结合起来就成为成对备用，如图 2.45 所示。图中 n 个模块中至少有两个模块组成主件对进行工作并将结果进行比较。一旦比较结果不一致就启动重组，将该对模块切除，并将另两个模块组成主件对。模块可以永久性地成对组合，也可以临时选取两个成对组合。

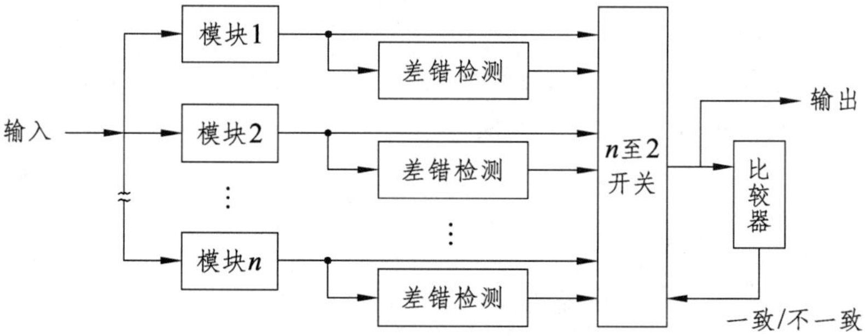

图 2.45　成对备用系统

4）监督定时器

监督定时器是一个需要以一定周期重复复位的定时器，用它可以监测系统中的故障。其基本思想是，当一个系统无故障时，它应能按一定的周期重复地将监督定时器复位。如果监督定时器未能被按时复位，则超过一定时间，它将发出信号，指出系统中存在故障。

监督定时器的复位周期根据实际应用的要求而定。例如，在飞机控制系统中必须在故障发生后 100 ms 之内将故障检测出来，因此监督定时器的复位周期应设置为小于

100 ms。而在银行系统中可能只要求在 1 s 之内将故障检测出来，于是监督定时器的复位周期可定为小于 1 s。

监督定时器不仅能检测硬件故障，也能检测软件故障。例如，一个软件如进入死循环，它就会超过正常执行该软件所需的时间，监督定时器就会因得不到及时复位而给出出错提示。

远动系统中最常采用的是三模冗余和双机备用系统。

2.7.3.2 信息冗余

信息冗余是通过在数据中附加冗余的信息以达到故障检测、故障掩蔽或容错的目的。信息冗余的例子有检错码及纠错码。它们是通过在数据字中附加冗余的信息或通过把数据字映射至含有冗余信息的新的表示而形成的编码。

检错码的基本思想是使有效码字集合为所有码字集合的一个子集，且这些类型的差错会使一个有效码字变成一个无效码字。纠错码是指能纠正码字中发生差错的码。检错码可在动态硬件冗余中作为故障检测，用来启动重组；而纠错码可用来进行故障屏蔽。

常用的检、纠错编码有奇偶校验码、循环码等许多种。关于检、纠错编码的基本术语和各种编码形式在 2.3.2 电码结构中已经做了介绍。

在信息冗余中，码制的选择是一项非常重要的内容。码的优劣通常可用码的成本及码的有效性来比较。码的成本可以用冗余度来衡量。此外还应考虑到编码技术作为一种信息冗余，不但增加了冗余的信息，同时也需要附加的硬件及时间，包括编码、译码电路以及相应的编、译码时间。因此，编、译码是否方便也直接影响码的成本。

码的有效性可用能纠错的位数及能检错的位数来衡量。

选择码制时需认真考虑如下 3 方面：

（1）选用可分码或不可分码。可分码译码时只需去掉校验位就得到信息位，因此十分方便，而且系统可以在校验的同时并行使用原始数据；不可分码则在数据提供使用前先要完成译码过程。不过在有些应用中，编码可与发送数据同时进行，译码可与接收数据同时进行，从而减少编码、译码对速度的影响。这方面的例子如循环码，它被广泛应用于数据串行传送的场合。

（2）要求检错还是纠错或二者兼有。这取决于具体应用。对于可允许暂时性错误结果的应用，一般采用需要系统重组的主动冗余（动态冗余），这时只要求检错码，然后由出错信号启动重组。对于不允许暂时性错误结果的应用，一般采用被动冗余（静态冗余）掩蔽故障，这就要求纠错码。

（3）要求检测或纠正多少位错。这主要取决于应用。例如，对于串行通信系统，一个故障会影响连续许多位，因此要求对多位错进行检测。而对于存储器来说，发生 1 位错的可能性最大，因此可以仅考虑 1 位错。

2.7.3.3 时间冗余

前面介绍的硬件冗余及信息冗余均需要大量冗余硬件，而时间冗余技术可以用冗余的时间来减少冗余的硬件。在许多应用中时间资源比较充分，而硬件资源由于受重量、体积、功耗及成本的限制而相对短缺。这时，时间冗余就有吸引力了。但也有许多应用不能容忍增加冗余时间，这时不宜采用时间冗余。

时间冗余的基本思想是重复进行计算以检测故障。按照重复计算是在指令级还是在程序段级，时间冗余可分为指令复执及程序卷回。下面介绍用时间冗余检测瞬时故障及永久故障。

1. 瞬时故障检测

图 2.46 所示是采用时间冗余检测瞬时故障的原理。相同的计算重复进行两次或更多次，并比较结果以检测是否有差错。如检测到差错，可再计算一次看是否仍有差错。这种方法对检测由瞬时故障造成的差错很有效，且在瞬时故障消失后可得到正确结果。但它无法检测由永久故障造成的差错。

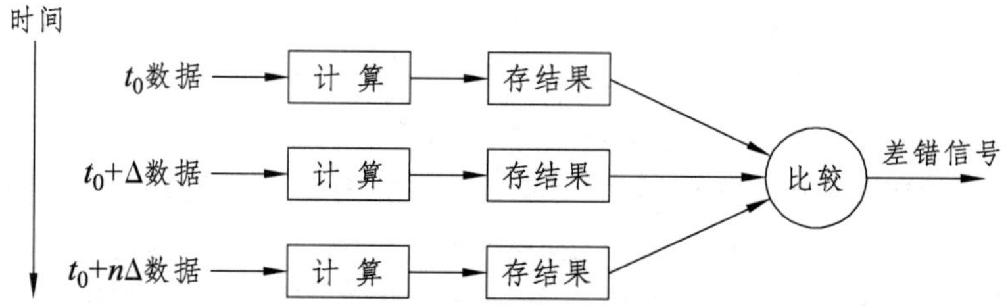

图 2.46 重复计算检测瞬时故障

可将时间冗余与信息冗余结合起来，如先由检错码检测差错，然后可用重复计算来区分差错是由永久性故障造成的还是由瞬时故障造成的。

2. 永久故障检测

若配以少量的附加硬件，时间冗余也可用来检测永久故障，基本思想如图 2.47 所示。

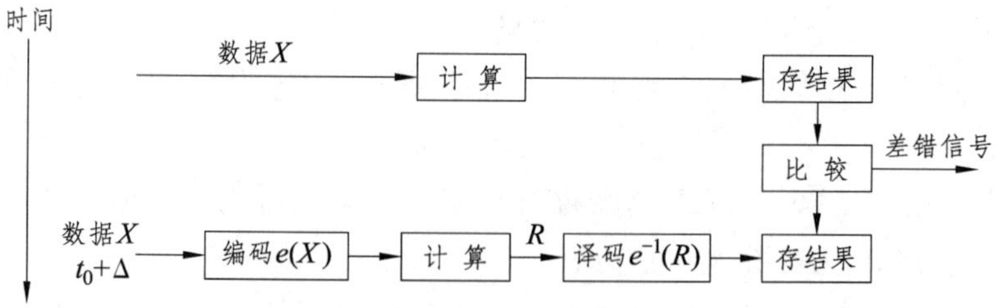

图 2.47 时间冗余检测永久故障

假如第一次计算或数据传送，数据为 X，将结果存储起来。在进行第二次计算或数据传送之前，数据用编码函数 e 进行编码，成为 $e(X)$。然后对 $e(X)$进行第二次计算或传递，其结果经译码与第一次结果进行比较。编码函数 $e(X)$应选择为能检测硬件永久故障。

3. 重算纠错

若重算次数为三次或更多次，时间冗余也可提供纠错能力。对于逻辑运算，采用移位重算三次。就可以纠正由于一个位片故障造成的出错。图 2.48 给出了一个例子。但这种方法不适用于算术运算。因为在算术运算中相邻位是不独立的，一个位片故障会使结果中的多位出错。

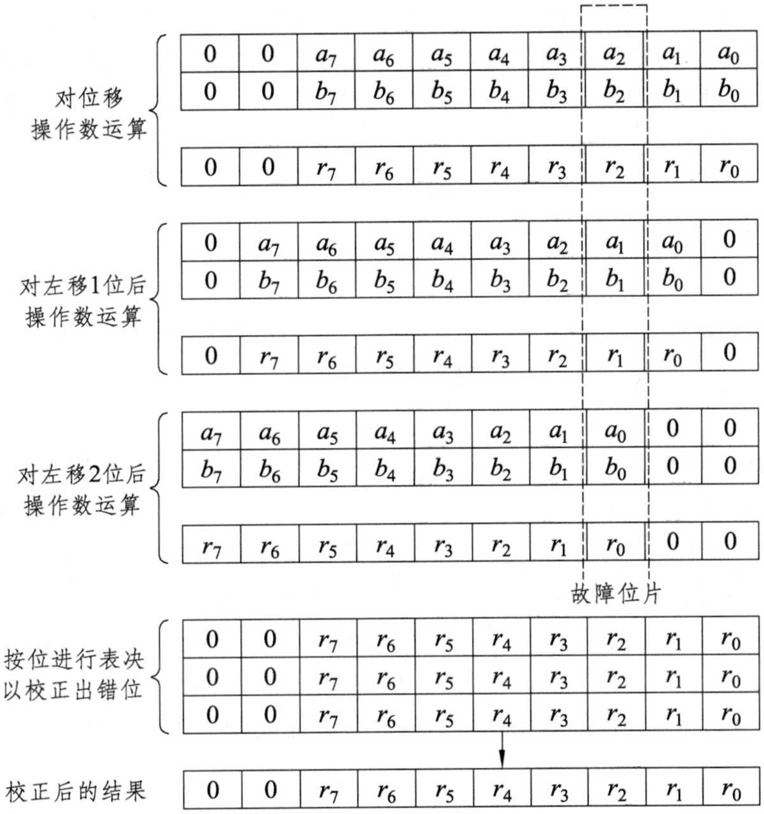

图 2.48　重复纠错

2.7.3.4　软件冗余

在计算机容错系统中，许多故障检测及容错技术可用软件来实现。这时冗余的硬件可减至最少，而冗余的软件成为主要手段。按照检测与容忍的故障类型可将软件冗余分为两大类。第一类是用冗余的软件来检测与容忍硬件故障；第二类是用冗余的软件来检测与容忍软件故障。这里主要介绍第一类软件冗余方法。

1. 一致性校验

一致性校验应用事前知道的信息特征来检验信息的正确性。例如，有些应用中事先知道某个数字信号绝不会超过某个值，假如该信号超过了这个值，说明存在差错。

一致性校验可有如下几种类型：

（1）信息越界检查。用一个子程序来检查被处理的信息及处理的结果是否超过已知的范围。若超过说明发生了差错。

（2）非法指令检查。在执行指令前先对指令操作码及地址码进行检查，以确定是否合法。这类校验一般用硬件实现。

（3）系统性能与预期性能比较。这种形式的一致性校验将系统性能与预期的性能比较，如发现有较大偏差，则说明存在故障。这种校验对于某个动态系统的控制应用特别有用。首先为动态系统建模，然后用软件实现该模型以得到预期的性能，最后测量系统的实际性能，并与模型预测的性能进行比较。这些均可用软件实现。

（4）字计数溢出校验。适用于在总线上传送的数据。数据以信息包的形式传送，每个信息包有指定的字数，并在信息包头部予以指明。若接收到的字数与信息包头部指明的字数不同，则说明发生了差错。字数计算与比较可用软件实现。

2. 能力校验

能力校验用来证实系统具有预期的能力。能力可以指存储器是否完整，多处理机中正确工作的处理机数量，ALU 工作是否正常等。

能力校验可有如下几种形式：

（1）存储器测试。用一个测试程序对存储器的某存储单元读写指定模式的数据，以验证存储器存储数据是否正确。

（2）算术逻辑部件测试。处理机周期性地对特定数据进行指定的运算，并将结果与存在 ROM 中的预期结果进行比较。这种能力校验不仅能校验算术逻辑部件的能力，同时也校验了存储器的能力，被执行的运算包括加法、乘法、逻辑运算及数据传送等。

（3）多处理机系统中处理机间通信测试。包括周期性地从一个处理机向另一个处理机传送特定值，以证明它们有能力通过共享存储器与其他处理机通信。

2.8 网络安全和数据安全传输技术

2.8.1 网络安全

1. 网络安全的定义

国际标准化组织（ISO）将计算机安全定义为“为数据处理系统建立和采取的技术及管理的安全保护，保护计算机硬件、软件数据不因偶然和恶意的原因而遭到破坏、更改和泄露。”我国自己的定义是“计算机系统的硬件、软件、数据受到保护，不因偶然的或者恶意的原因而遭到破坏、更改、泄露，系统能连续可靠地正常运作、网络服务不中断。”因此，所谓网络安全就是指基于网络的互联互通和运作而涉及的物理线路和连接的安全、网络系统的安全、操作系统的安全、应用服务的安全和人员管理的安全等几个方面。

2. 网络安全的特征

（1）保密性：信息不泄露给非授权的用户、实体或过程，或供其利用的特性。

（2）完整性：数据未经授权不能改变的特性，信息在存储或传输过程中保持不被修改、不被破坏或丢失的特性。

（3）可用性：可被授权实体访问并按需求使用的特性，即当需要时能存取所需的信息。网络环境下拒绝服务、破坏网络和有关系统的正常运行都属于对可用性的攻击。

（4）可控性：对信息的传播及内容有控制能力。

3. 网络安全的主要手段

迄今为止，还没有一种技术可以完全消除网络安全的漏洞。网络的安全是理想中的安全策略和实际执行之间的一个平衡。从广泛的网络安全意义范围来看，网络安全不仅是技术问题，更是一个管理问题，它包含管理机构、法律、技术和经济各方面。从本质上来讲，网络安全就是网络的信息安全，凡是涉及网络上信息的保密性、完整性、可用性和真实性，以及与可用性、真实性和可控性的相关技术和理论都属于网络安全研究的领域。通常影响网络安全的因素有以下几个方面：

1）网络物理环境因素

网络通过有线链路或无线链路连接不同地域的计算机或终端，线路中经常有信息传送，恶劣的自然环境会对网络产生不良影响。

（1）温度、湿度等因素。温、湿度等不在技术要求范围内会导致可靠性降低或寿命缩短，从而影响网络的安全性。

（2）清洁度与采光照明等因素。灰尘对触点的接触阻抗有影响，会使键盘的输入不正常，还会使磁记录的表面不正常，足够的照度可以保证操作准确性和提高工作效率，减少视觉疲劳。

（3）强电、电磁干扰及噪声等因素。这些因素会破坏信息载体上的信息，雷电能轻易地穿透电缆，损坏网络中的计算机，使网络瘫痪。

（4）防火、防水及防震等因素。

2）技术因素

因特网是全球最大的信息超级市场，促进了人类从工业社会向信息社会的转变，人们可以传递和共享信息，网络的共享性和开放性使得它在安全方面存在先天不足，其赖以生存的 TCP/IP 协议也缺乏相应的安全机制，随着软件系统的规模不断增大，系统中的安全漏洞或“后门”也不可避免地存在。可以说任何一个软件系统都可能因为程序员的一个疏忽，设计中的一个缺陷而产生漏洞，这也是影响网络安全的因素之一。

3）数据通信

计算机网络以数据通信方式交换信息，这些信息通过物理线路、无线电波与电子设备进行传输，信息在传输过程中容易遭到窃听或破坏。

4）网络病毒

计算机网络资源共享的特点使得一旦共享的资源感染病毒，网络各节点间的信息频繁传送就把病毒传到所共享的机器上，形成共享资源的交叉感染。病毒的传播、再生、发作将造成比单机病毒更大的危害。

5）黑客攻击

黑客攻击的目的主要有窃取信息、获取口令、控制中间站点、获得超级用户的权限。一般按确定目标、搜集与攻击目标相关的信息并找出系统的安全漏洞、实施攻击三个阶段完成。黑客攻击一般采用的手段为使用扫描器、利用监听程序、利用网络工具进行侦察等。

目前从技术角度论述，保护网络安全的主要手段有用户认证和资源访问许可权、病毒防护、防火墙的启用、网络漏洞扫描、数据加密技术。

4. 铁路信号系统中的网络安全

铁路信号远动系统是重要的行车设备，直接涉及行车安全，需采用相关的网络安全系统及相应的管理措施，以有效地防止“黑客”侵入造成的网络瘫痪及设备损坏，防止重点列车运行信息泄露。主要包括下列内容：

（1）TDCS 系统在国铁集团中心与路局中心、路局中心与车站之间，采用防火墙和入侵检测系统，实现对于 TDCS 系统的系统访问控制、资源访问控制以及入侵监测。

（2）不同的信息系统之间的接口，应采用专用的接口及协议，以保证接口间的安全隔离。

（3）网络安全系统本身应要具有高可靠性，有较强的管理机制和安全控制手段，具备热备份、事故监控和网络安全保密等技术措施，在系统出现单点故障时既能保证系统的安全又不影响系统的正常工作。

（4）应通过严格的机房管理、交接班管理、技术培训措施来保证设备的物理安全性，使非信任人员不能接近网络设备、线路和相关的基础设施（如电力、空调系统），杜绝人为因素导致的网络故障、网络中断、网络管理的漏洞。

（5）应通过口令管理，来保证路由器控制台登录和远程 Telnet 登录的安全。

（6）防止口令及用户认证信息在网络中明文传输。在网络设备中设置 SYSLOG，产生完善的系统信息，防止通过破解口令攻击路由器等网络设备。

2.8.2 数据安全传输技术

调度工作是铁路运输生产的中心环节，凡与铁路运输有关的各部门各工种都必须在运输调度的统一组织指挥下进行各项活动。它根据所掌握的列车运行计划及运行作业的实时信息，及时指挥列车的运行和作业，以实现铁路运输计划。目前，中国铁路装备系统复杂而且庞大，必须考虑信息的安全传输问题，即信息传输的故障导向安全问题。

1. 信息传输的主要安全威胁

各个调度系统的数据主要在调度中心局域网内和广域数据传输网内传输，其数据通信网络都是采用开放通信协议的闭环数据通信系统，系统信息安全传输的威胁主要有以下几个方面：

（1）重复。调度系统中传输的信息都是实时的，信息或信息的一部分被拷贝并在错误的时刻重复发送。这属于不能被忽略的系统威胁。

（2）删除。调度系统传输的信息或信息的一部分，由于各种各样的事件或错误被删除，例如通信过程中检测到失真通常会导致删除。这是不能被忽略的最普通的威胁类型。

（3）插入。发送的调度系统信息或信息的一部分，由于接收机错误收到其他地址的接收机的额外信息。相对地，这种威胁出现的可能性比较低。

（4）顺序错。顺序错通常发生于信息被分组或通过两条路径从发送者向接收者传输，当某一组数据包慢于另一组数据包或一条路径慢于另一条路径的时候，由于破坏了原来的信息协议，使信息失去了原有含义。相对地，这种威胁出现的可能性比较低。

（5）失真。调度系统传输的信息由于各种各样的事件、错误或电磁干扰而导致其1位或多位变化而产生。这是不能被忽略的最普通的威胁类型。

（6）延迟。由于各种各样的事件或错误导致信息的延迟传输。属于不能被忽略的系统威胁。

（7）伪装。指接收到恶意未授权的信息。相对而言，这种威胁出现的可能性很低。

2. 数据安全传输的主要方法

由于上述威胁将使数据通信错误从而导致危险，所以对这些安全隐患采取措施是很重必要的。有很多方法可将威胁减小到一个可以接受的水平。一般来说，一种方法对减少一种或几种威胁是适合的，但不会对所有威胁都有效。因此减少威胁通常综合使用以下几种方法。

（1）安全码。该方法把校验码加入信息。最简单的码是奇偶校验，其他校验是校验和与循环冗余校验 CRC。最有效的是 CRC，CRC 的效力取决于信息长度和 CRC 码长度。CRC-32 就可满足许多应用。

（2）反馈信息（确认或应答）。接收一个信息后，模块发送一个肯定或否定的确认；

或者接收一个信息后模块发送整个信息或校验和回执。反馈信息的使用通过多种途径提高过程的安全性：

① 通过提供对合法及时信息接收的确认。

② 通过提供对失真信息接收的确认。

③ 通过确认接收设备身份的确认。

④ 通过帮助发送和接收设备时钟同步。

⑤ 通过帮助部件之间动态检查流程。

（3）变换信息。即信息能够以预先确定的方式改变。一个简单的方法是翻转每个信息。在更复杂的系统中，容许从预先确定的表中摘选伪序列或进行伪随机序列加扰。

（4）序列号。每个信息都有一个连续号码，最简单的情况是信息只包括一个触发位。该方法减少了信息重复、丢失、插入和以不正确序列发送信息产生的威胁。

（5）时间戳。在错误时间发送的信息会变得无用，在某些情形下更会对用户造成危险。每个信息都设置描述发送时间的时间码，可以代替或与序列号联合使用。该方法减少了信息重复和以不正确序列、太迟、太早或传输时间变化太多发送信息所产生的威胁。

（6）定时溢出（如看门狗）。接收器只在信息及时或在预先确定的时间窗内到达时接收。通常对迟来信息做安全处理。

（7）源和目的标识符。每个信息包含源/目标地址或其他标识码。信息中包含源标识符确保信息用户确认信息来自合法源，信息中包含目的标识符确保信息用户确认信息是送给它们的。

（8）时间触发结构。信息按时间调度，频繁程度由系统设计者预先确定。该方法减少了信息重复、丢失和以不正确序列、太迟、太早或传输时间变化太多发送信息所产生的威胁。

（9）加密技术。使用加密码作用于信息使其免受恶意攻击。加密意味着有密钥和算法，有效程度取决于算法实力和密钥的保密，密钥的保密取决于其长度和管理。

（10）复制。信息即使其内容不变化也周期传送，信息内容可以复制，通信子系统冗余设置，安全信息只有接收到几次时才实用。复制可以只覆盖信息的一部分内容。

调度系统信息主要在调度中心局域网和广域数据传输网中传输，上述数据通信网络都是采用开放通信协议的闭环数据通信系统，其通信协议一般遵守国际标准化组织（ISO）提出的开放系统互连参考模型（OSI/RM）。为了实现信息的安全传输，应该综合使用各种对抗措施来减少或消除上述安全传输威胁。

由于调度系统属于闭环数据通信系统，信息传输安全威胁中插入、顺序错、伪装出现的可能很低，可以不考虑。调度中心局域网的数据信息一般采用以太网传输，由于其基于竞争协议不能实现时间触发结构，不过其他对抗措施可弥补其功能，在调度系统广域数据传输网中，则非常容易实现自动应答制等时间触发结构。反馈消息、定时溢出，复制等功能可由数据通信软件协议实现。

2.9 铁路专用全球移动通信系统 GSM-R

通信系统是铁路运营的基础设施。在高速铁路对地面信号依赖逐渐减少的情况下，列车安全运行更需要高质量的通信设施，来满足列车调度、列车控制、司机和运营指挥中心车站管理和线路维护人员之间的话务通信。这样，一个可靠的铁路通信系统就显得越发重要。

2.9.1 GSM-R 的由来

全球移动通信系统（Global System for Mobile Communication）起始于 1982 年。1992 年，GSM 网络标准开始公开。自此以后，其应用范围不断扩大。

20 世纪 90 年代，欧洲铁路通信多采用电缆和模拟无线技术，共有 30 多个不同平台。在欧洲经济一体化的趋势下，国际铁路联盟（UIC）旨在为不间断的过境运输提供一个标准铁路通信系统，进行了统一铁路通信的研究，其中包括无线频带的确定以及通信系统的选取等内容。1995 年，选定了 900 MHz 的频段。1997 年开始在法国、德国和意大利建立了试验网，再与 Tetra（Terrestrial Trunked Radio）针对高速铁路的需要，决定在全球移动通信系统（GSM）平台上，开发具有铁路专用功能的移动通信系统（Global System for Mobile Communication-Railway）。

2.9.2 GSM-R 的特点

GSM-R 基于标准的 GSM 技术，具备为铁路运营量身订制的特点。由于接口中引入了语音广播呼叫、语音通话组呼叫和用户优先级等功能，GSM-R 可以实现调度员与司机间的通信、调车作业通信、远程遥控传输、车站和维修段的地区通信、旅客服务通信，也可实现与公网的互联互通。为何 GSM-R 能实现那么多的功能呢？GSM-R 采用“时分多路复用”技术，使实现不同功能的多路信号分时段轮流占用同一个公共传输信道，有多少路信号就划分出相同数量的时间间隙，每路信号占用一个固定编号的时间间隙，从而实现在同一个公共传输信道上以时间分割方式进行多路传输。如图 2.49 所示，GSM-R 针对铁路应用有下述几个方面：

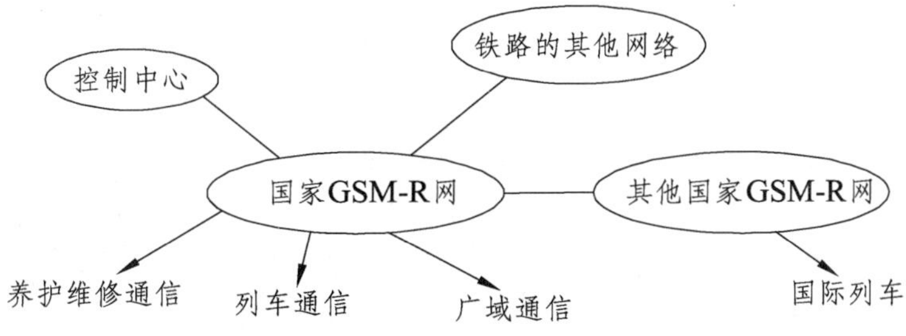

图 2.49　GSM-R 针对铁路应用方面

（1）列车自动控制。在列车和列车控制中心之间，持续进行列车位置信息和运行授权信息的通信，保证列车在没有驾驶员控制的情况下安全可靠地自动行驶。

（2）列车无线通信。通过地址相关访问、语音组呼叫服务和语音广播服务等高性能和高安全度的先进语音服务，支持调度员与司机和司机与司机之间的通信。

（3）调车组通信系统。利用 GSM-R 提供的语音组服务、语音广播服务、紧急区域广播和优先呼叫抢占等先进的通信服务，可实现调车机车在列车尾部推进时，接收前端列车的信号，从而进行排列列车编组。

（4）本地服务组通信。在车站的某个地点，为一定范围的员工（如车站值班员和司机之间以及轨道旁的维修员工之间）提供语音通信。

GSM-R 还为今后的铁路通信增值服务开辟了广阔的前景，如可实现联机信息服务、车内娱乐和通信等，目前正积极探索先进的客户应用服务。

GSM-R 在欧洲使用的频率是 900 MHz，但预留上行频率 876 ~ 880 MHz，下行频率 921 ~ 925 MHz。GSM-R 的频段为 876 ~ 915 MHz 和 921 ~ 960 MHz。欧洲铁路标准化组织选择这段频率主要基于如下考虑：其一，这段频率与 GSM 的 900 MHz 频率相交叠，硬件和软件的修改很少，成本较低；其二，基站的间距为 5 ~ 10 km，这个间距能保证高速运行时的通信质量，能满足最大速度 500 km/h 的高速列车运行中的通信和列车控制；其三，在隧道内的传播性能好，特别是在新建的混凝土或钢结构的隧道中，比 450 MHz 和 1 800 MHz 好。铁路电气化对 900 MHz 附近的通信频段几乎没有干扰。

GSM-R 沿轨道方向设定天线，形成椭圆状的小蜂区，覆盖轨道两侧 100 ~ 200 m 的范围；在车站地区，通信量大，但速度要求低，多采用扇形覆盖方式。这种铁路专用通信网具有接续功能。它采用了较高的冗余技术和可靠性技术，移动话务呼叫的时间不超过 2 s，是普通移动电话的一半。通信蜂区覆盖铁路沿线和车站，每个蜂区有一个或多个用于传输和接收数据的基站。一个基站响应几个蜂区的访问，亦与移动交换中心相连线，移动交换中心承担与其他网络的接转任务。

GSM-R 适应了欧洲高速铁路网迅速增长需求，非常适于铁路运输的需要。欧洲铁路运输管理系统（ERTMS）中，GSM-R 作为通信系统平台，在欧洲列车控制 ETCS2 级和 3 级中传输列车控制命令，实现车-地之间的双向通信，是实现泛欧洲路网可互操作的重要环节。

2.9.3 青藏铁路 GSM-R 通信网络结构及其功能

在我国的铁路建设中，青藏线率先安装了 GSM-R，是亚洲第一条采用 GSM-R 无线通信系统的铁路。GSM-R 系统在青藏线的应用，为我国铁路通信信号技术的发展提供了一个成功的范例。下面对青藏铁路 GSM-R 的通信网络结构及其功能做简单介绍。

1. 青藏铁路 GSM-R 通信网络结构

青藏铁路 GSM-R 通信网络结构如图 2.50 所示。

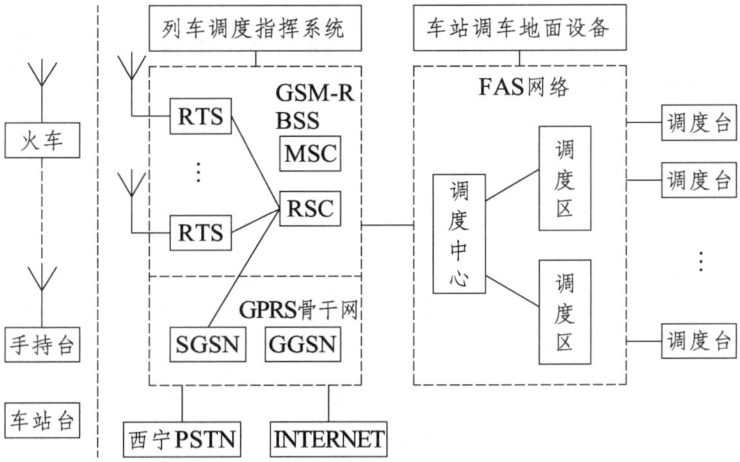

图 2.50　青藏铁路 GSM-R 通信网络结构

2. GSM-R 通信网络功能

（1）GSM 业务：包括电信终端业务、电信承载业务和补充业务。

（2）语音调度业务。

（3）铁路基本业务。

区间移动通信——满足紧急救援、应急抢险通信指挥的需要，同时实现区间作业人员的移动通信。

尾部风压检测——尾部风压状态由车尾装置移动设备获得，通过 GSM-R 网络传输数据信息，机车司机随时可以查询、反馈车尾工作状态。这种方式的优点是在复线区段或临线，追踪列车之间不会相互干扰，在隧道内也能传输。

列车自动控制——车-地之间信息传输的通道是采用双向的无线通道。地面控制中心或基站所发出的信号由列车上的天线接收。基于 GSM-R 传输平台，提供车-地之间双向安全数据传输通道。

旅客业务——增加旅客乘车的舒适性，满足旅客的需求。

本章小结

本章主要介绍了与远动系统相关的一些基本知识，如远动系统的网络结构、信息传输、差错控制、电码结构、可靠性及容错技术、网络安全及数据安全传输技术等。由于目前的远动系统是以数据通信为基础构成的计算机通信网，因此，本章还介绍了有关硬件设备、总线技术、计算机网络、网络通信协议等方面的内容。并在最后一节中介绍了在铁路远动系统中有广泛应用前景的 GSM-R 技术。

远动系统的网络结构，从总体上来说，和计算机网络的拓扑结构基本相同，也有星形、总线形、环形、树形等。但就铁路信号远动系统来说，最常见的网络连接形式是1对 N 的多站网络式结构。

远动系统的数据传输与一般的数据传输系统一样，要解决传输信道及多路复用、信息交换技术、通信线路的工作方式、信道分配策略、同步等问题。除此之外，铁路信号远动系统还有其自身的特殊要求，主要表现在：

（1）对信息传输的实时性及可靠性要求较高。

（2）通信双方的关系比较复杂。

（3）要求传输系统要不间断、连续工作。

远动信息的编码是远动系统需要研究的一个很重要的内容。把一些码字组合起来构成一个整体代表一定的含义，称为远动系统的电码结构。电码的长短、组成、编码方式等要视具体情况而定。差错控制编码是为提高信息传输的可靠性而设置的，一般均采用检、纠错编码来实现。铁路信号远动系统中最常用的检、纠错编码为CRC（循环冗余校验）和 BCH 码。提高信息传输的可靠性除采用差错控制编码外，还可采用一些差错控制方式，如FEC（前向纠错）、ARQ（检错重传）、HEC（混合纠错）、IRQ（反馈重传）等。

现代的远动系统都是具有专门用途的计算机通信网。因此，作为远动系统的基础知识，必须掌握关于网络的分层结构、网络协议、网络传输介质和连接设备等方面的内容，关于通信的现场总线技术、数据的安全传输等。在铁路信号远动系统中使用最多的是TCP/IP协议和X.25网。

可靠性是远动系统十分关心的问题。分别从硬件和软件两个方面讲了提高可靠性的方法，尤其是对提高可靠性的最好办法，也就是容错技术做了重点讲述。容错技术主要包括硬件冗余、软件冗余、信息冗余和时间冗余。根据系统的具体情况合理使用容错技术，将在很大程度上提高系统的可靠性。

远动系统中的数据通信网络采用的是开放通信协议的闭环数据通信系统，数据存在安全威胁，就网络安全和数据传输的安全，介绍了远动系统中为保证网络安全和数据正确传输的常用方法。

在本章的最后介绍了铁路专用全球移动通信系统GSM-R，一个可靠的铁路通信系统在铁路远动系统中对确保行车安全有很大的贡献，我国在青藏线首次使用 GSM-R系统，在未来线路的建设中GSM-R将有更多的考虑和应用，功能也将不断完善。

思考题

1. 微机化远动系统与计算机网络有何异同点？
2. 远程控制系统与一般的自动控制系统的区别在哪里？

3. 常见的铁路信号远动系统的网络结构有哪几种？各有何特点？

4. 何谓信道？信道如何分类？信道多路复用有哪几种形式？各有何特点？

5. 信道分配策略主要研究何问题？常见的有哪几种方法？铁路信号远动系统中采用的是哪几种线路控制方法？

6. 何谓同步？有哪几种同步方式？为何说数字通信中同步问题是一个重要问题？

7. 为何常用巴格码作帧同步码？

8. 何谓电码结构？铁路信号远动系统中使用的电码结构由哪几部分组成？

9. 举出几种检、纠错编码，说明他们的检纠错能力。

本章数字资源

第3章 调度集中（CTC）系统及其应用

3.1 调度集中系统的发展历程与现状

调度集中是调度中心（调度员）对管辖区段范围内的信号设备进行集中控制，对列车运行直接指挥、管理的技术装备。自从 1927 年 7 月在美国纽约中央铁路斯坦利—伯威克（Stanley-Berwick）开通世界上第一套调度集中设备以来，调度集中技术在世界各国得到了迅速发展，并且在城市轻轨、地铁、高速铁路均得到了广泛应用。

随着现代通信和计算机技术的发展，调度集中的控制范围也日益扩大。日本调度集中营业里程达 2.6 万千米，占总营业里程的近 90%；美国 BNSF 铁路公司（Burlington Northern Santa Fe Corporation，伯灵顿北方圣太菲铁路公司）的调度中心可控制 7.2 万千米范围以内铁路网上所有列车的运行，具有很高的劳动生产率；法国高速铁路、加拿大和北美的重载运输，已经全部实现了综合调度指挥；印度和韩国也有 70% ~ 80% 的铁路实现了调度集中控制。世界各国铁路的实践证明，调度集中系统是提高铁路运输效率，降低运营成本的重要技术装备。

目前，世界上较先进的调度集中系统有日本新干线的综合调度系统 COSMOS、德国的 CTC-DB 和 BZ2000 系统、西班牙的 DAVINCI 系统、美国的 UTC 系统，其中比较成熟的调度集中系统有日本新干线的综合调度系统 COSMOS 和德国的 CTC-DB，它们在一定程度上也代表了调度集中的发展方向——综合调度。

我国的调度集中系统从 1958 年开发和应用的频率制调度集中起步，先后研制了极性频率制调度集中、电子式调度集中、计算机化调度集中。

但是由于种种原因，我国铁路的调度集中发展缓慢，安装里程只占总运营里程的很少一部分，调度集中在我国铁路未得到真正的发展和普及。究其原因主要有以下几点：一是前期研制的产品，受当时元器件质量和工艺水平影响，在稳定性、抗干扰能力等性能指标上不尽如人意；二是受我国国情的限制，原来我国公路运输不发达，因而很大部分短途运输要靠铁路完成，从而使铁路沿线众多小站的零担摘挂作业量大，造成采用了调度集中的区段，调度员控制权频繁下放，削弱了它的优越性；三是调度集中使用人员对设备操作不习惯，维护水平不高，从而加大了设备的不稳定；四是调度集中投入少，产出多的优越性未被充分认识。

我国铁路面对列车高速度、高密度、高质量的市场化要求，迫切需要现代化的调度指挥系统。加快铁路信息化建设，发展调度集中，实现运输指挥现代化，是实施铁路和谐发展的战略构想。随着我国计算机技术、网络通信技术和现代控制技术的迅速发展，以及 TDCS 系统的迅速发展和成熟，传统的“遥控型”调度集中系统已远远不能满足现代铁路运输的要求，必须开拓新的思路，紧紧围绕我国铁路运输的特点与需求，按照适应生产力布局调整、行车组织改革的思路研究新一代调度集中系统。

2003 年 6 月，铁道部正式提出“积极发展新一代调度集中系统——分散自律调度集中系统”，至此分散自律调度集中系统在我国宣告诞生，为我国调度集中的发展开创了一条崭新的途径。

我国铁路具有路网分布范围广、客货运混跑、行车密度大、作业复杂等特点，新一代调度集中系统必须能够适应我国铁路的运营特点。

（1）在实现列车进路集中控制的基础上，进一步实现调车进路的集中控制，适应我国铁路客货混跑、不能完全取消调车作业的运输特点。

（2）采用“分散自律”技术，使调度集中系统的列车和调车进路自动、可靠隔离，解决频繁放权的弊端，提高系统的可靠性。

（3）根据列车到发早晚点、加开、停运等变化情况，自动调整运行图，自动排列进路，实现智能化控制。

（4）采用冗余技术，具备完善的自诊断功能，实现系统的可靠性。

（5）在调度集中区段，要合理调整既有行车调度指挥模式和管理范围，实现列车运行集中控制和减员增效。

目前，我国铁路广泛采用分散自律调度集中系统，这些系统主要包括卡斯柯信号有限公司的 FZk-CTC、北京交通大学微联科技有限公司的 FZj-CTC、中国铁路通信信号集团公司研究设计院（简称通号设计院）的 FZt-CTC、河南辉煌科技股份有限公司的 FZh-CTC 和中国铁道科学研究院（简称铁科院）通信信号研究所的 FZy-CTC。其中，卡斯柯信号有限公司研制的 FZk-CTC 是国内第一套新一代 CTC 系统，于 2003 年 11 月 26 日在兰州铁路局西宁分局西宁—哈尔盖区段 17 站、全长 173 km 的青藏铁路投入试运行，并于 2004 年 4 月 27 日，在兰州铁路局西宁分局通过了由铁道部科技司、运输局组织的技术审查，正式开通运行。

分散自律调度集中系统在青藏线西—哈段的成功应用，为发展 CTC 提供了实际的运行经验。此后分散自律调度集中系统又在陇海线郑徐段、浙赣线、胶济线等繁忙干线开通使用，标志着我国分散自律调度集中系统已经日趋成熟。根据铁道部提出的 2008《中长期铁路网规划》，我国已开始规划建设省会城市及大中城市间的快速客运通道，建设客运专线 1.6 万千米以上。规划建设“四纵四横”铁路快速客运通道以及三个城际快速客运系统。这些客运专线和城际铁路均选用分散自律调度集中系统作为行车指挥系统。

3.2 调度集中系统的基本概念

铁路运输系统中的调度集中系统，是运用远动技术的基本原理，结合铁路运输的特点和具体要求而构成的遥控、遥信系统。在讲述调度集中系统原理以前，先介绍一下调度集中的基本概念。

3.2.1 调度集中的目的及用途

调度集中能使调度员通过其遥控设备直接控制所辖区段内各车站上的道岔和信号设备、办理列车进路、组织和指挥列车运行并通过其遥信设备使调度员在调度中心内及时了解现场道岔和信号设备的状况及列车运行情况。因此调度集中就是列车运行集中控制的设备，是一种远动系统。

根据国外运用调度集中的几十年历史和我国装设调度集中设备以来的运用经验，证明了调度集中是提高运输效率、改善劳动条件、实现行车指挥自动化、遥控化的重要信号设备之一。

提高运输效率，主要反映在提高通过能力和提高旅行速度上。调度员直接办理列车进路，明显缩短了列车会让时间和同方向列车的间隔时间，调度员从显示屏上直接了解列车运行情况，能及时调整列车运行计划，使区段内的通过能力得到提高。由于列车停靠站时间缩短，从而提高了旅行速度。

装设调度集中后，车站值班员平时仅监视车站内的列车运行情况，只是在调度员将指挥权下放办理站控（车站值班员办理进路）时才能操纵电气集中设备。这样使车站值班员和调度员之间的联系业务明显减少，使通话次数显著下降，提高了运输的可靠性，在高原、高寒等环境恶劣的地方可以减少车站值班人员，甚至实现无人化。

装设调度集中后，一方面调度员亲自指挥列车运行，减少了中间差错；另一方面调度员能及时了解管辖区段内列车全貌，发现问题能及时、妥善处理，所以提高了行车的安全性、可靠性。特别是在运行图被打乱后可以迅速地恢复列车运行秩序。

调度集中是铁路运输自动化、遥控化的基础设备，要实现行车指挥自动化离不开调度集中设备，利用它把计算机和信号基础设备——电气集中和区间设备联系起来。

3.2.2 调度集中系统的基本要求

调度集中既然是铁路运输的行车指挥系统，因此在研究和设计时必须结合运输和技术、经济等因素综合考虑。对调度集中系统的基本要求有以下几点：

（1）具有实时性：保证调度员在调度中心迅速、可靠地控制所辖区段内的信号和道岔；能及时、准确地了解列车分布情况及道岔和信号的状态，使系统真正成为行车指挥控制系统。

（2）具有技术先进性和经济合理性：从实际需要出发，系统设计既要技术先进，又要经济合理，还要留有一定的发展余地。

（3）具有安全可靠性：系统工作可靠性高，故障便于发现，易于维修，要符合故障导向安全的原则。

（4）具有通用性和可维护性：系统设计要通用化、系统化、灵活性大。调度集中、大站遥控、枢纽表示中心等设备均属于远动系统，因而硬件和软件的设计均应采用模块化、结构化，便于移植、扩展和维修。

3.2.3 调度集中设备概况

调度集中的控制中心在调度中心，被控制对象是沿铁路线的各个车站，所以调度集中属于分散型的远动系统。

调度集中设备布置概况如图 3.1 所示，分为调度中心设备和车站设备两部分，这两部分通过传输线相连。

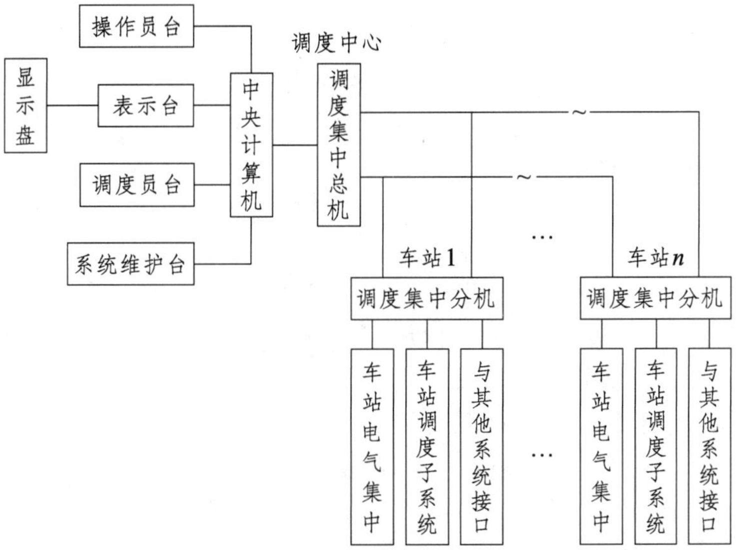

图 3.1　调度集中设备布置

调度中心设备主要包括调度集中总机、中央计算机、调度员台、操作员台及大屏幕显示盘、系统维护台等。目前，调度中心各设备均采用高性能微机，各设备间以局域网的形式互相连接。

各部分的功能如下：

（1）调度集中总机：接收中央计算机发出来的控制命令并向分机发送；接收各分机送来的表示信息并送往中央计算机。由调度集中总机、分机实现调度中心与所辖车站间的数据传输和信息传递。

（2）中央计算机：中央计算机是整个系统的中心环节，它处理调度集中总机、显示屏、操作员台、系统维护台的各种信息，完成整个系统功能并提供系统维护所需的信息。

（3）操作员台：供操作员办理发送至现场的各种控制命令。操作员可通过键盘或鼠标按需要随时调出有关的站场显示。并采用与 6502 电气集中一致的操作方式实现对管辖区段内各站的控制。

（4）调度员台：供调度员指挥列车运行。调度员调看各站的实际显示，也可显示计划及实际运行图，并可实现 3 h 阶段计划的人工编制，同时还可实现车次号管理、描绘实际运行图及打印有关运行报告等功能。

（5）调度集中显示盘：由发光二极管为显示器件制成显示盘或由若干个彩色显示器构成的显示屏，可显示管辖区段内各车站及相邻区段车站的进路排列、信号机的开放、进路占用、车次号跟踪及站控、局控、试排、封锁等有关表示对象的状态。

（6）系统维护台：供系统维护用。可调看系统各设备的工作状态、各站输入码位状态，记录系统各种操作命令的执行时间及系统、电气集中各种告警的发生和复原时间等运行信息。

车站设备主要包括调度集中分机、车站电气集中、车站调度子系统以及与其他系统（如微机联锁、微机监测等）的接口。车站子系统一般有两种结构可选用：局域网结构和串行通信网结构。

车站设备各部分功能如下：

（1）调度集中分机：接收总机发来的控制命令以动作车站的被控对象，将采集到的车站和区间有关表示信息发送至总机。

（2）车站电气集中与区间闭塞设备，是调度集中系统的监视与控制对象。

（3）车站调度子系统：完成 3 h 阶段计划的显示和下达，3 h 阶段计划的修改，相邻车站的站场显示，车次号输入等。

（4）与其他系统的接口：实现调度集中车站子系统与其他信号基础设备如微机联锁、微机监测及 ATP 系统等的联系。

3.2.4 传统调度集中系统的主要功能

如前所述，调度集中系统具有对所辖区段内的车站信号和区间信号进行控制和监督的两大基本功能。因此，常把控制部分叫调度集中，而把监督部分称为调度监督。一般所说的调度集中系统均包含调度监督部分，它不能离开调度监督而独立存在。另外，由于目前的行车调度管理系统一般均包含 CAD（Computer Aided Dispatch，计算机辅助调度）系统和调度集中系统，故又把调度集中系统称为基本级，它是相对于 CAD 级而言的。

3.2.4.1 基本级调度监督功能

1. 站场表示

站场表示内容有接、发车信号的开放，进路的开通锁闭及占用，区间开通运行方向，区间闭塞分区的占用，车次号显示，分机故障表示，电气集中挤岔，灯丝断丝及自动闭塞灯丝断丝，报警信息等。

2. 车次号跟踪

当列车由编组站、区段站、端站等站始发时，车站值班员用车次号输入设备输入或由调度员直接输入车次号后，随着列车的行进，自动跟踪列车车次号。

3. 车次号管理

调度员使用键盘或鼠标可编制及修改各站接发车顺序的列车车次表，并在任何时间可对系统中所有车次窗进行编辑，实现写入、删除和修改，还可移动车次号。

4. 列车记点

列车在经过车站时，系统根据车站电气集中轨道电路占用情况，自动记录列车的到达时刻、出发时间或通过时刻。调度员可在显示的实际运行图上了解列车运行时刻。

5. 实际运行图显示

系统根据车次号跟踪及列车记点，在调度员台的显示器上连续显示当前时刻以前3 h 内的实际运行图，显示的实际运行图列车运行线以颜色区分，如客车用红线，货车用绿线。

6. 实际运行图输出

系统保存 24 ~ 48 h 实际运行图的数据，需要时可通过打印机输出。

7. 运行报告输出

系统保存 24 ~ 48 h 班计划运行图与实际运行图的数据，需要时可由调度员操作打印机，输出系统保存数据范围内任意时间长度的列车始发正点率、运行正点率及货车旅行速度等运行报告。

3.2.4.2 基本级调度集中功能

1. 进路的试排

在遥控或局控模式下，当咽喉区没有建立任何进路或进路未占用时，调度集中操作员可办理进入试排状态，对试排区进行排路，但不开放信号。

进入试排状态，系统自动抑制该站存储进路命令的发出。车站某一咽喉进入试排状态，另一咽喉区可正常进行接发列车作业。

2. 进路储存控制

进路储存模式下，调度集中操作员根据列车运行情况，可预先办理列车进路所需的控制命令，系统根据列车运行情况按储存进路命令的先后顺序，自动发送储存进路命令。系统首先检查储存进路命令的发送时机，发送时机满足，则系统检查该进路命令的联锁条件，联锁条件满足，进路命令即发至现场执行。每个方向可储存若干条命令，视具体情况而定。当系统进入 CAD 控制模式或站控模式时，原储存的进路命令自动取消。

3. 进路调度控制

调度集中操作员直接办理所辖区段内各车站的进路、取消进路，重复开放信号，自动通过和站控、局控的授、受权手续，以及同意调度集中区段发车等作业；操作员办理的各种命令均在操作合法性及联锁条件检查满足后发至现场执行。检查若不满足条件，则给出告警提示。

4. 进路车站控制

车站控制（站控）分为正常站控和非正常站控两种：正常站控是经调度员与车站值班员共同办理授、受权手续后，该站的控制权由调度控制转为车站值班员控制；非常站控是当调度集中设备故障或车站发现有危及行车安全等情况时，车站值班员可破封使用非正常站控按钮，强行进行车站控制。

无论正常站控或非正常站控均须办理上交手续，才能恢复调度控制。

5. 局部进路车站控制

局部控制（局控）是由于车站作业等需要，车站的局部经调度员同意并办理授、受权手续后，能转成车站值班员控制，其余部分为调度控制。局控完成后，经办理上交手续方可恢复调度控制。

3.2.5 调度集中与电气集中结合电路说明

调度集中系统的控制和表示对象主要为车站电气集中设备，因此，设计符合系统功能要求的两系统的结合电路是调度集中必须完成的任务。

1. 结合电路设计原则

（1）调度集中是非故障-安全系统，整个系统的故障安全由电气集中来保证。

（2）责任分明，控制权明确。当车站全部或局部由调度中心转入车站控制，或车站控制转入调度中心控制，必须办理授、受权手续，车站强行控制必须破封按压有关按钮。

（3）当整个车站分为调度中心控制和车站局部控制两个区域时，必须将车站分为两个彻底隔开的作业区域。各自的作业及操作不得动作另一区域的电气集中设备。

（4）调度集中控制时必须考虑有关防护，如股道、区间的封锁，道岔区段解锁防护，道岔电机的保护等。

（5）以下作业必须由车站控制办理：

① 引导信号的开放；② 区段人工解锁；③ 人工办理闭塞；④ 其他涉及行车安全的直接控制。

2. 结合电路主要内容

（1）在调度中心控制时进路的办理和取消；重复开放信号；自动通过的办理和取消。

（2）调度中心控制和正常车站控制，局部车站控制的授、受权；车站强行控制的非常车站控制。

（3）使调度中心控制区域和局部车站控制区域具有独立性，互不干扰。

① 通过授、受权手续的办理，将两区分割的分割线道岔带至定位并锁闭于隔开位置，使车站成为两个彻底隔开的作业区域。

② 车站值班员按压调度中心控制区域的列车按钮或单独操纵、单独锁闭调度中心控制区域的道岔均应失效，调度中心控制区域进路延时解锁时不受车站控制区域作业的影响。

③ 调度集中设备进路命令错误发送，不能动作车站控制区域的电气集中设备。

（4）安排调度中心控制区域进入办理试排模式和取消试排模式，办理或取消试排进路。

① 试排仅在调度中心控制区域有效；② 试排是排路锁闭进路，但不开放信号。

（5）在调度监督车站向调度集中区段发车时办理发车申请同意手续。

（6）执行股道和区间的封锁。车站值班员因施工等原因破封按压有关按钮，将该股道或区间封锁，电气集中不得开通与该封锁对象有关的进路。

（7）设置道岔区段解锁防护。调度集中有进路储存功能（储存控制及计算机辅助调度控制时），为确保安全，调度中心控制范围内列车进路上的道岔区段再另行增加了延时解锁，车站控制范围内不再增加延时而保持原技术条件。

（8）设置道岔电机保护。调度集中控制时道岔受阻，不能转换到底，为避免烧毁电机增设道岔电机保护电路。

3.3 传统调度集中系统结构

调度集中系统由于控制规模、功能的完备程度、技术实现及技术背景的不同，存在多种结构。

以控制规模来讲，如果调度集中系统所辖区段的车站数较少，或车站规模较小，被控对象的数目少，在这种情况下，系统结构就可以简单些；如果车站规模大，被控对象多，则要完成调度集中的基本功能所需要的系统结构就会相应复杂一些。

以功能的完备程度而言，功能越完善，结构也就越复杂。调度集中系统（包括调度监督）一般应完成控制、表示、管理、显示、报警、打印等基本任务，同时还存在着与其他系统的联系，如联锁设备的监测系统、CAD 系统、ATP 系统、TDCS 系统等。要把上述功能全部集中到一台微机上来完成是很难做到的，因此将这些功能适当地分配给几个微机来承担可能更合适。若将不同的任务由不同的微机来承担，由于不同的任务对于微机的可靠性和安全性的要求并不一样，那么可对各个微机采用不同的容错技术。另外，多微机系统对于设计、生产维护和功能扩充都有它的优越性。由于上述种种原因，调度集中系统一般采用多微机的系统结构。

从技术实现和技术背景方面而言，调度集中系统所用技术方案及选用的机型、器件不同，系统结构也就有所区别。同时，由于系统的功能划分方法并非唯一的，而各微机之间的联系方式（通信方式）也是多样的，因此目前的调度集中系统存在着多种结构。归纳起来，常见的主要有两种结构，下面分别介绍。

3.3.1 分布式多微机调度集中系统结构

分布式多微机调度集中系统结构如图 3.2 所示，分为调度中心设备和车站设备两部分。

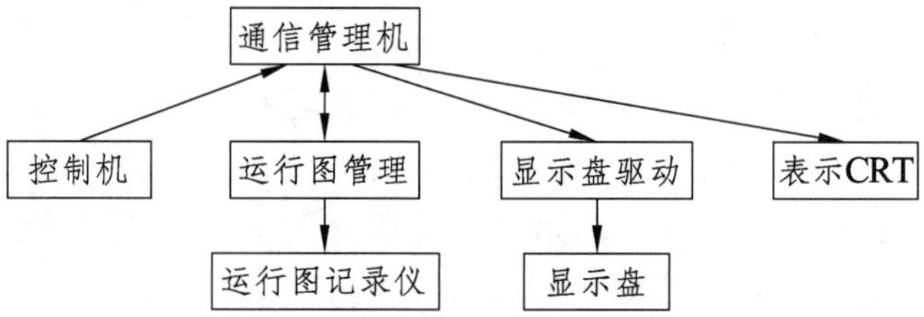

（a）调度中心设备

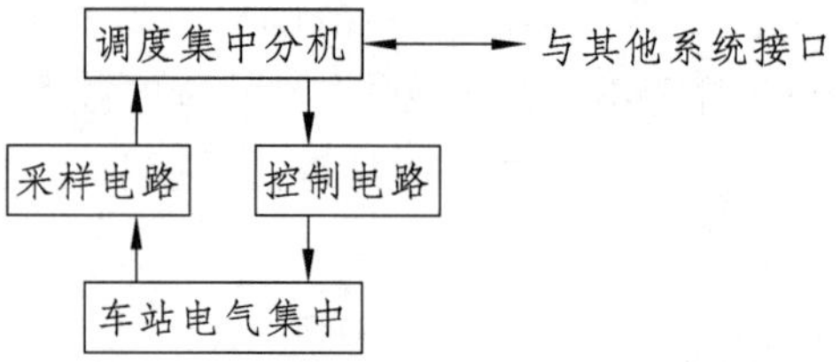

（b）车站设备

图 3.2　分布式多微机调度集中系统结构

图 3.2（a）中，将系统功能分散到多个微机上实现：通信管理机用于和系统中其他微机及各分机之间的通信；控制机用于下达操作命令及命令的编码、形成等；运行图管理机主要实现实际运行图的记录和运行图的修改；显示盘驱动机用于驱动大型显示盘；表示 CRT 用来向调度员或操作员提供现场信息的显示等。在该结构中，通信管理机和控制机两部分是系统的核心部分，故都采用双机热备，其余都是单机，每部分是独立的计算机系统，用高速串行口互相连接起来。

图 3.2（b）为调度集中的车站设备结构。该结构中，调度集中分机完成车站子系统的全部任务，故一般也采用双机热备结构。车站子系统与其他系统的接口用串行总线完成。

传统结构中调度中心设备和车站设备之间一般采用模拟通信方式，即采用载波信道、频移键控方式，通信双方以调制解调器为通信设备。

分布式结构设计的优点是功能分散，故障造成的影响小、易于扩展。但这种结构由于各微机间采用串行总线连接，故存在着传输速率低，实时性较差等缺陷。

3.3.2 网络化调度集中系统结构

随着计算机网络技术和数据通信技术的迅速发展，调度集中的系统结构也由分布式结构向网络化结构发展。原来以串行总线相连接的多个微机改由局域网代替，车站设备也将其他相关设备合在一起构成车站局域网。车站局域网与调度中心局域网之间根据联系方式不同又有不同的方案，如广域网方案、数字通信方案和模拟通信方案等。图 3.3 至图 3.7 分别表示上述方案的结构。

调度中心设备和车站设备采用局域网结构，具有数据传输量大、可靠性高、网络软硬件通用性强、易于连接和扩展等特点。系统采用路由器或终端服务器或其他专用通信前置机，可方便地与远程终端和其他调度集中系统及 TDCS 系统连接。

调度中心局域网是根据调度区段的实际情况来配置的，如图 3.3 所示。一般应配置一至两套调度员台设备和一至两套操作员台设备，一台用于绘制运行图的彩色绘图仪。调度员台和操作员台设备采用多媒体计算机，以提供声音和文字显示的报警。总调度台是为了便于总调度员了解现场状态的，而统计台用于进行统计分析，计划台用于给 CAD 系统输入数据和日班计划的编制等。系统维护台是为维修人员提供的。两台双机热备的调度集中的中央处理机（CTCA、CTCB）完成调度集中和调度监督基本级的所有功能。调度中心局域网一般采用客户机/服务器策略，CATA、CTCB 为两个服务器，而其他微机为客户机。

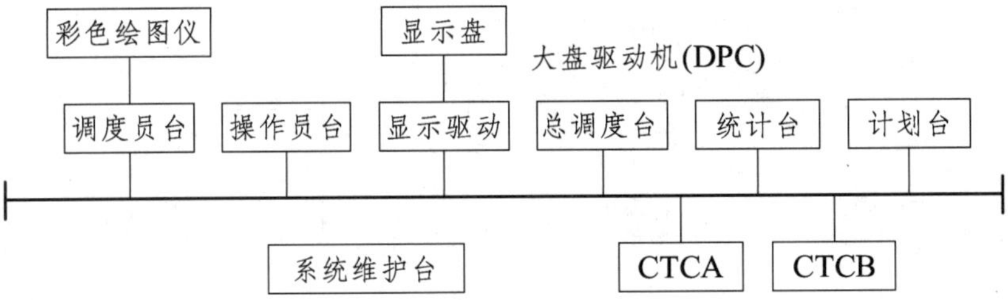

图 3.3 调度中心局域网结构

车站局域网设备主要有调度集中分机、车站 PC、局域网设备及与微机联锁、微机监测、ATP 系统和区间闭塞系统等的联网接口。其中，调度集中分机完成信息的采集，控制命令的输出以及与总机系统间的数据传输；车站 PC 用于完成车站调度子系统的功能；局域网设备除完成本站内各种设备之间的通信外，还完成与其他系统的接口，如图 3.4 所示。

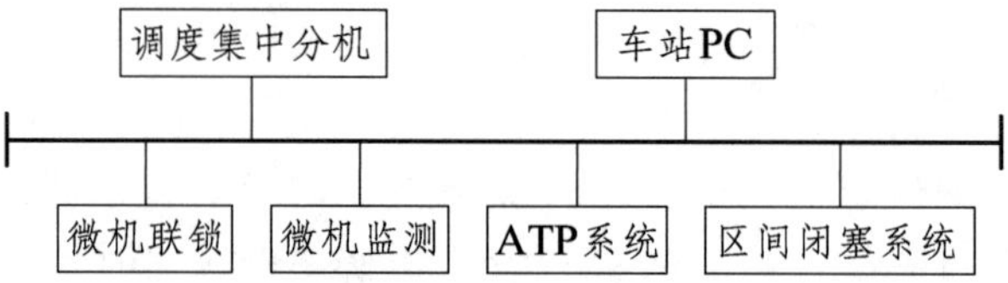

图 3.4　车站局域网结构

调度中心局域网与车站局域网之间的联系方式有三种，分别是广域网通信方案、共线迂回数字通信方案及共线迂回模拟通信方案，分别如图 3.5、图 3.6 及图 3.7 所示。

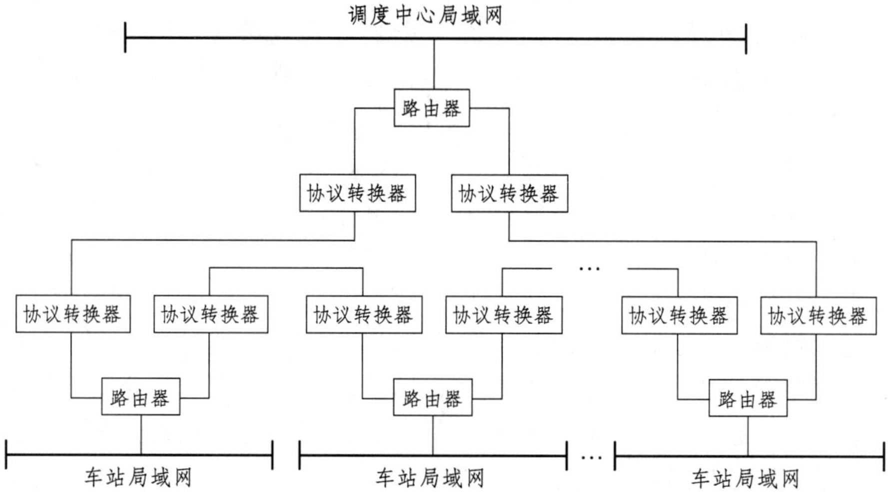

图 3.5　广域网通信方案

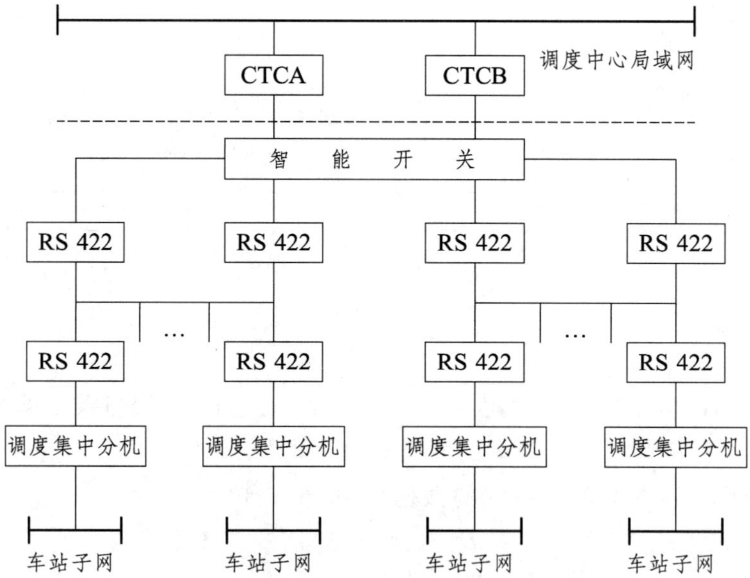

图 3.6　共线迂回数字通信方案

图 3.5 所示为广域网通信方案，在此数传系统中，所有的车站子网与调度中心局域网网络互相构成一个广域网，实现点对点双向通信。该通信方式的特点是通信速率高，站间传输透明，通信管理程序的通用性强。广域网的通信介质可以是光缆，也可以是同轴电缆。

图 3.6 所示为共线迂回数字通信方案，在此数传系统中，每个车站子系统以共线的方式连接在大通道上，与每站开口的 PCM（脉码调制）电路的一个基本话路接口，采用 RS 422/RS 232 数字通信接口。传输速率可达 64 Kbps。

图 3.7 所示为共线迂回模拟通信方案，在此数传系统中，每个车站以并联的方式连接在大通道上。线路传输速率在 2 400 ~ 6 400 bps，视实回线的质量而做调整，采用模拟通信接口，使用一点对多点的 MODEM。

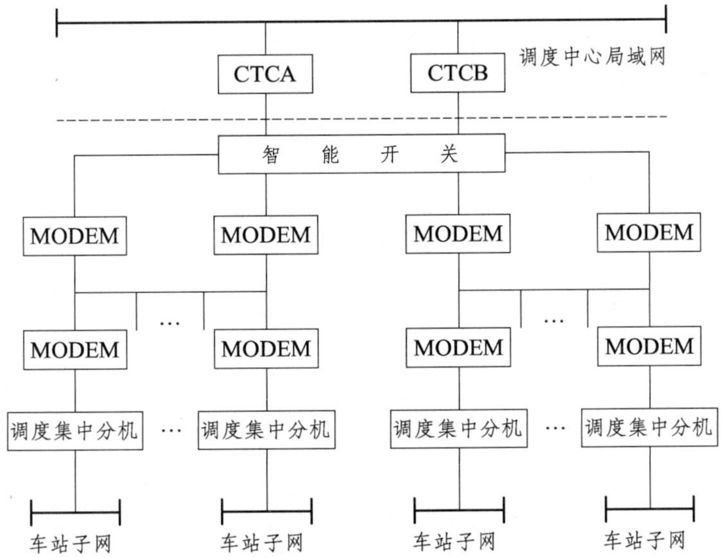

图 3.7　共线迂回模拟通信方案

另外，调度集中系统还可通过多口路由器和 MODEM 与远程终端进行通信，远程终端可以是局调或电务维修终端等。通过路由器或集线器也可以与其他调度集中系统以及 TDCS 系统进行接口，如图 3.8 所示。

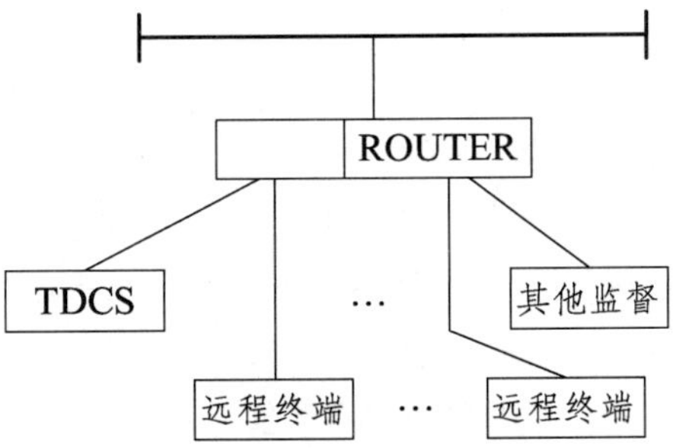

图 3.8　调度集中与其他系统的连接

以上简要介绍了调度集中系统的两种常见的结构及系统的数据传输方案。从上述介绍可以看出，网络技术及数据传输技术已成为铁路行车指挥控制系统的技术基础。

3.4 传统调度集中系统设计

调度集中系统是遥控遥信系统，在进行系统设计时一定要根据实际情况，从满足实际技术要求（铁路运输的特点和要求）出发，综合考虑经济、技术等指标。一般需了解以下几个内容：

1. 了解现场的实际情况

（1）对象的分布情况和对象的数量。对象的分布可分为集中型、分散型、集中分散型三类。对象的分布决定系统采用的控制和表示方式。集中型传输距离短，可以采用集中控制和表示，节省设备，电码结构也可以简单；分散型或集中分散型传输距离长，设计时必须考虑控制信息和表示信息的远距离传输问题和信道分配策略等问题，因此，设备相对要复杂些。

对象的数量直接决定系统所应有的容量，决定电码结构的设计及设备的复杂程度。

（2）系统的安全可靠性。系统的安全可靠程度直接决定经济和技术的比例关系。安全程度要求高的系统，就必须使用先进技术，不惜增加经济成本来实现。对于一般安全程度的系统，就必须兼顾经济和技术两个方面。调度集中是行车指挥系统，不像电气集中、自动闭塞那样直接危及行车安全，但系统的稳定可靠与否直接影响行车效率。因而调度集中系统一般采用检错码，对关键的硬件采用冗余设备。

（3）信道质量。信道是产生干扰和畸变的主要来源，信道的质量决定整个系统的稳定程度。系统设计时，必须了解可供使用的传输线路及其周围的干扰，确定系统所允许的误码率，一般误码率要求达到 $10^{-2} \sim 10^{-7}$。

（4）可能提供的机型和器件。微型计算机的飞速发展，为我们提供了各种规格、不同容量的机型，应结合系统的需要综合分析、择优选用。其他如继电器、集成电路、接口板等可根据元件的寿命和经济指标来考虑。

（5）对系统的特殊要求。使用单位应结合具体任务、发展对系统提出具体要求，研究设计单位在经济投资允许的情况下应尽量满足对系统的特殊要求。

以上是进行系统设计前必须掌握的内容。另外还应考虑与其他系统（设备）的接口、电源、气候条件、使用地点附近的干扰源等，在此不一一列举。

系统设计的主要依据是满足控制命令和表示信息的容量，同时选择适当的信息传输速度，不造成信息的积压与丢失。归纳起来，系统设计要完成选择信息传输速度，决定发送信息的动作方式，确定数据传输体制，以及同步方式、电码结构、差错控制技术、信道网络、可靠性、接口等多方面的任务。

2. 系统的容量、传输速度和电码结构

一个调度集中系统一般可管理 10 ~ 20 个车站的行车指挥任务。每站的命令多者有好几十条，各站的表示信息可能高达几百条。因此，在系统设计时，首先必须了解系统信息传输的最大容量（考虑一定的富余量）；然后，根据该信息容量选择系统的传输速度，以保证对控制命令和表示信息传输的实时性；最后，根据系统的容量和传输速度选择合理的电码结构。

调度集中系统属于多对象系统，其信道划分多采用时分制。在这种情况下，控制命令的发送一般采用随时起动式，即当需要发送信息时，发送设备才进入工作状态。这种方式传送信息及时，延迟少，设备动作次数也少。而各站表示信息的发送则采用周期扫描式，即设备本身按时间顺序自动发送信息。扫描式的最大优点是循环发送电码。如果前一次出现错码，那么下一次发送时能够校正过来，从而起到校核作用。但这种方式设备动作次数多，传输过程延时大。为保证不丢失任何一个对象的状态信息（表示），则表示检查周期应小于任何一个对象的状态信息存在的最短时间。

铁路信号系统中，最短的状态信息就是最短列车以高速通过最短道岔区段，列车占用此段轨道电路的时间。该时间我们用 $T_{占}$表示，检查周期用 T 表示，则要求 $T<T_{占}$，$T_{占}$可用下式计算：

$$T_{占} = (L1 + L2) / v$$

式中 $L1$——最短列车长度；

$L2$——最短轨道电路区段长度；

v——列车最高速度。

即系统中全部对象的表示信息发送一次的时间受 T 的限制。

设系统的容量为 M，系统的信息传输速度为 U，则有

$$M = U \cdot T$$

从上式可以看出：当 M 和 T 都固定好后，唯一能选择的因素就是信息传输速度 U；而当 T 确定后，U 越大（传输速度越高），则其传输的信息容量也就越大。

系统的电码结构与系统容量、传输速度有着直接的关系。在电码结构设计时，必须依据系统的容量和传输速度进行。特别是当表示部分采用周期扫描式时，表示电码长度的设计必须保证循环一周的时间小于表示检查周期。当传输速度确定后，表示检查周期也就为定值，这时若表示内容增多（如复线区段），则仅靠增加码元、延长电码结构的长度，通常很难满足表示检查周期的要求。为此就要仔细分析各种表示信息的内容、对行车指挥的影响、产生信息后维持的时间，采取分类传送的方法。信息存在时间短，直接与行车指挥有关的表示内容就要快速向总机发送，如轨道区段占用、信号开放等。对于一些经常处于某一种状态的表示对象，就没有必要每次都发送它的状态，仅在其状态发生变化以后，再发送也可以，即采用变化检出方式。这种分类发送、

变化检出的扫描方式可以大大缩短了表示电码的长度，从而满足表示检查周期的要求。当然，这种方法是在传输速度较低情况下的补救措施。如果采用高的传输速度，虽然信息量大，但表示检查周期还是可以压缩的。

3. 信道的网络形式

上一章已经介绍了远动系统的网络形式。一个系统的信道网络形式，主要取决于对象的实际分布情况。选择具体的信道网络结构还要兼顾现有通信线路的实际铺设情况。一般，远动系统都是借用已有的通信线路来构成自己的专用信道。在系统设计时，要分析各种网络形式占用通信线路的长度，实测各条线路的传输特性（衰耗、延时），尽量选择最短的路径。根据通信部门的规定，为了减少线间的串音干扰，发送到通信线路上的电平都有明确的规定，它直接关系到调度集中总机与分机之间最远的传输距离。调度集中系统的实际控制距离一般为 100 ~ 200 km。为此就要设置中继器，保证在发送规定电平的前提下，接收端的接收灵敏度满足设备正常工作的条件。

中继的方式有两种：直放式中继和再生式中继。直放式中继器就是一个放大器，设备简单，但信号与噪声是同倍数放大，造成噪声积累，影响解调质量。再生式中继器把接收信号解调后，还原成基带信号的原始形式，再重新调制，放大发送出去。这种方式不积累噪声，但增加了系统的传输延迟，设备也相对复杂些。

调度集中设备直接指挥行车，必须日夜连续工作，因此信道故障不能中断信息的传输，但是，任何通信线路都可能发生故障。为了提高系统可靠性，除了主信道以外，都设有备用信道。备用信道可以铺设电缆，也可使用无线方式。调度集中系统中一般都用连接总机和最远分机的载波信道为备用信道，也称迂回信道，如图 3.9 所示。

图 3.9　迂回信道

当信道故障时，总机与故障点之间的分机还可使用原来的主信道，总机与故障点之后的分机，则借助迂回信道和后半段主信道，完成传输任务。

目前，传统的调度集中系统采用全双工站—站中继带迂回的信道连接方式，如图 3.10 所示。当信道工作正常时采用主信道，主信道有故障时，故障点之后的分机与总机间的通信采用迂回信道。

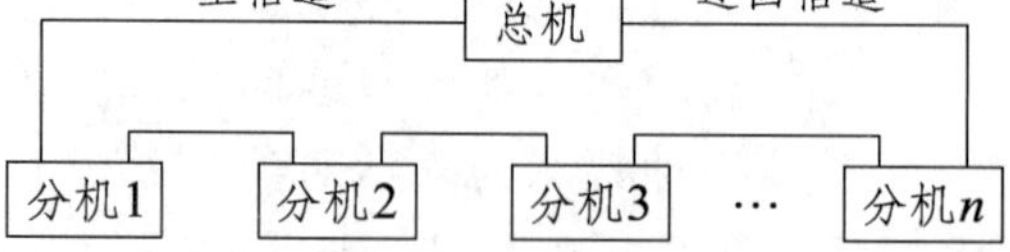

图 3.10　站—站中继迂回信道

4. 调制解调方式

调度集中系统的控制范围一般都比较远，发送的信息必须经过外线进行传输。传统的线路一般均为模拟信道，频带为 300 ~ 3 400 Hz。调度集中所发送的控制码和表示码均由计算机内部产生，属于数字信号，该信号要在模拟信道上传输，必须要经过调制和解调。

如何选择调制方式呢？在选择调制方式时大体上要根据传输速度、响应时间、传输时的误码率、经济成本等来考虑。

首先掌握信道的噪声。目前使用的信道都属于模拟信道，主要是白噪声干扰。白噪声干扰对各种调制方式的影响，已有很多通信系统和数据传输方面的书籍做了详细介绍，在此不再详述。除了白噪声外还有脉冲干扰。分析各种制式的抗干扰能力，其次序分别为调相制、调频制、调幅制。

其次要了解信道的衰耗特性和时延畸变。特别是非线性相移，它将引起各种频谱分量的相对比例发生变化，造成传输的波形中各频谱分量的相对相移，使接收端无法正确解调。非线性响应还会造成各频谱分量的相移时延，使前后码发生部分重叠，造成码间干扰。为此，在要求高质量传输时不但要解决信道的衰耗问题，还要对信道进行均衡，使信道的频率特性接近理想的特性。

铁路部门使用较多的是调频制和调相制。调频制在主信道和迂回信道传输时，主要问题是衰耗大小不同，但可利用接收放大器的接收灵敏度来调整差别，故设备简单，成本较低。而调相制因主信道和迂回信道长度不同，相移特性有差别，相移的均衡网络就必须增多。信道的入口不同，相移均衡网络就要改变，这势必使设备增多，成本提高。因此，如果调度集中系统采用调相制，则为保证迂回信道的工作条件，分机的类型就会增多，给生产和维修带来不方便。故调度集中系统一般都使用调频制。

5. 同步方式

铁路信号远动系统的信息传输是连续的、不间断的，这是与一般的数据传输系统的区别。一般的数据传输系统只有在传送数据时，系统才进入工作状态，因此对群同步、字同步、位同步的要求是非常严格的。

调度集中系统经常处于工作状态，这是铁路运输不能间断的必然结果。换言之，一旦调度集中、调度监督投入正式运营以后，就要求 24 h 连续工作。系统的总机与分机之间在同步建立好以后，每次传送信息只是起检查和监督的作用，验证一下在一组信息中，同步码的位置是否收到同步信号。这与数据传输系统每次都要建立同步关系有很大区别。

鉴于上述工作特点，调度集中系统一般都采用启止同步的方式，利用特殊码组（如巴格码）作为群同步信号，收到此特殊码组，就判断为开始进入同步工作。位同步依靠高稳定度的晶体振荡器来保证。

特殊码组选定以后，具体产生、发送的方式，接收、判别的方法都在选择好系统结构以后，利用具体的技术方案（硬件电路或软件判别）来实现。

6. 系统的结构与选择

系统的结构与系统的功能密切相关。一般远动系统都要考虑下面几项内容：

（1）传输体制与传输网络。

（2）同步方式。

（3）逻辑功能（编码、译码、执行）。

（4）差错控制技术。

（5）容错方案。

（6）管理功能。

（7）故障诊断、报警、显示。

（8）扩展性能、方式。

实现上述功能的不同方案，应该在系统设计时进行比较，最后择优选出最理想的方案。系统结构设计时，首先要明确选用的元器件，它直接影响结构方案。目前的远动系统一般均采用全微机化、网络化设计，故首先应明确硬件设备的选型及组网方案、网络结构及相关的通信协议。其次，还应该选择适当的软件开发平台及程序设计语言。

7. 可靠性设计

系统可靠性设计是方案论证阶段的重要内容之一。系统可靠性设计的基本内容是确定、预测和分配系统的可靠性指标，同时提出和分析实现可靠性指标要求的系统设计方案。

调度集中系统连续工作时间长是最大的特点，因此必须以此为出发点，分析系统的可靠性和维修性指标。针对连续运行的特点，调度集中系统的平均无故障时间是一个重要的可靠性指标；而平均修复时间是一个重要的维修性指标。

可靠性指标能否实现，首先取决于系统的技术方案。论证技术方案时必须提出多种方案进行比较。要通过方案论证和可靠性分析，选择既满足系统的性能、功能要求又能满足可靠性要求的最佳方案。

要分析系统的可靠性，必须建立系统的可靠性模型，绘制可靠性框图。可靠性框图是在系统工作原理框图的基础上做出来的，原理框图中表示功能单元的方框图，也就是可靠性框图中的组成单元。一个功能框图可以表示复杂的子系统，也可表示某些具体的电路，因此功能单元方框的复杂性是相对的，可靠性框图中的单元复杂性也具有相对意义。随着系统性能的不断提高和完善，系统日趋复杂化，从而使可靠性将面临威胁，因此在系统方案上，性能和可靠性兼容体制的选择是系统可靠性设计的一个准则。

简化系统设计既可减少设备量，又能提高可靠性，是可靠性中既好又省的技术设计方案。简化系统设计主要在系统设计阶段来完成。具体说，可从以下几方面进行：

（1）开发软件功能减少硬件设备。

（2）采用高集成度的标准器件。

（3）压缩电源品种和数量。

除此之外，大幅度提高系统可靠性的有效措施就是采用冗余设计，即容错技术。在调度集中系统中采用双机热备方案是目前的主要方法。

3.5 分散自律调度集中系统的提出

3.5.1 传统调度集中的主要问题

1. 不适应沿线调车作业

我国铁路的特点是沿线车站密度大，零散货物运输占有较大比例。因此，沿线调车作业多而分散。传统遥信遥控的调度集中系统，是以列车运行指挥控制为对象，不能解决沿线车站的调车作业，调车作业只能由调度中心下放控制权。我国以往的调度集中为解决这一问题，将车站划分为若干控制区，以便做到灵活放权。这种方式不但没有提高运输效率、精简生产组织，反而因交放权手续繁杂，带来诸多的麻烦。频繁的交放权严重影响了运输部门对调度集中系统的使用热情，制约了调度集中的发展。

2. 智能化、自动化程度不高

传统的调度集中仅仅是车站的进路办理方式转移到调度中心，车站值班员的操作转为调度员的操作。但车站值班员仍要时刻监视列车的运行状况，随时准备参与控制，工作强度并未减轻。调度员仍需依靠电话、铅笔、尺子等传统工作方式，承担车站值班员的工作，责任进一步加大。调度集中并未给运输组织变革、生产力布局调整创造条件，反而进一步复杂化。

3. 车次号技术不完善

列车车次号是调度指挥、列车追踪、自动选排进路以及实现智能化、自动化控制的重要基础信息。传统调度集中不具备车次号自动校核功能，只依据列车运行车次号逻辑追踪，经常出现车次号丢失和出错现象。这就要求调度员或车站值班员不断进行人工校验车次号，既增加了工作内容，又影响了系统正常可靠的运用。

4. 无线列调大三角通信功能欠缺

调度集中是调度中心调度员直接指挥控制列车运行的运输组织方式，必须保证调度员与司机之间的通信畅通，才能确保运输组织良好运转。无线列调大三角通信存在盲区，调度员不能及时与司机通信。调度命令、非正常情况的行车命令仍需人工交接，运输组织模式只能维持传统的调度员—车站值班员—司机指挥方式。

5. 设备可靠性低

传统调度集中基于当时的技术水平，系统技术落后，器件质量不高，系统冗余热备措施不完善。又因信号基础设备运用质量问题，造成系统整体故障多发，系统停用。一旦系统停用，又要采用调度员—车站值班员—司机的行车指挥方式，这也是车站人员难以精简的重要原因之一。

3.5.2 分散自律调度集中系统的优势

新一代分散自律调度集中系统，较传统调度集中具有明显的优势。由于采用计算机分布式网络控制技术、信息化处理技术，使调度集中控制范围内所有列车作业纳入列车运行调整计划自动管理，具备列车进路自动选排功能和部分非正常条件下接发列车功能以及降级处理措施。系统根据不同区间、不同列车的运行时分，按照不同车站开放进出站信号的时机，远程控制车站电气集中设备进行接发列车进路的排列和信号的开放等。系统还解决了列车作业与调车作业在时间与空间上的冲突，实现了列车和调车作业的统一控制。进行调车作业时，不需要控制权转换，调车作业进路的排列和信号开放的时机，由车站自律机根据机车乘务员的请求自动安排。司机室安装的调度命令无线传输系统，专门设有供机车乘务员使用的调车进路要道请求按钮，可利用列车运行空档自动办理，并可为进路指令的执行做好准备。系统具备人工试排进路功能。同时，调度指挥中心可向车站、机务段调度、乘务室等部门和机车乘务员下达调度命令（含许可证、调车作业通知单等）。系统还实现了自我诊断、维护智能化、运行日志保存、查询和打印等功能，可以对所有的人工操作进行完整地记录、查询、回放和打印。系统实时监控电源状态，停电时应自动保存列车、调车作业等重要信息。在保证网络安全的条件下可与其他相关系统联网，实现数据资源共享。分散自律型调度集中，以 TDCS 为平台，以调度集中为核心，实现运输指挥现代化。适用于不同牵引动力、运行速度、运量、线路类型的区段与枢纽地区，可解决车站无行车作业人员时的运输需求。采用分散自律技术，使列车进路和调车进路自动、可靠隔离，实现列车和调车作业控制权协调统一，从根本上解决频繁放权问题，提高系统的可用性。加之系统严格的互控条件，减少了人工作业条件下的作业误差，更加提高了系统的安全性。

3.6 分散自律调度集中系统的基本概念

3.6.1 分散自律调度集中系统概念

分散自律概念最初源自日本东京圈城市铁路控制系统。由于日本是地震多发国家，为了使控制中心在遭受地震袭击瘫痪后，车站还能在一定时间内正常接发列车，日本东京圈城市铁路控制系统特别在车站设立了自律计算机，通过接收控制中心下达的运行计划，在与中心通信中断后自行接发列车。

为了解决行车和调车相互干扰的问题，必须实现在不影响列车运行的原则下，允许控制中心和车站通过调度集中系统自主进行调车的功能。这对于调度集中系统来讲是一种功能的分散，不同于传统意义上调度集中系统的集中控制，而是出现了分布式控制的功能。因此，如果通过在车站设立自律机来完成按照列车运行计划和《车站行车工作细则》(简称《站细》)正常接发列车以及协调列车、调车冲突的功能，将完全可以实现列车和调车作业的统一控制。这一原则叫作“分散自律”控制原则。因此，分散自律概念和日本铁路控制系统既相近，又有很大不同。

由此可见，分散自律调度集中系统是综合了计算机技术、网络通信技术和现代控制技术，采用智能化分散自律设计原则，以列车运行调整计划控制为中心，兼顾列车与调车作业的高度自动化的调度指挥系统。分散自律调度集中系统采用计算机分布式网络控制技术、信息化处理技术，将列车运行调整计划下传到各个车站自律机中自主自动执行；在列车运行调整计划的基础上，解决列车作业与调车作业在时间与空间上的冲突，实现列车和调车作业的统一控制。

分散自律调度集中系统具备了调车进路远程控制和智能化控制的功能，有效地解决了车站与调度中心频繁交换控制权进行调车控制的问题，非常适合我国铁路客货列车混跑、调车作业量大的运输特点，在我国具有广阔的发展前景。

分散自律调度集中系统应具备以下基本功能：

(1)实时监视站场信号设备和列车运行状态，实现站间和区段透明显示。

(2)追踪列车运行位置和到发时刻，自动描绘列车实际运行图。

(3)利用计算机辅助编制和调整列车运行计划，实现调度指挥计算机化。

(4)通过系统网络向车站下达计划和调度命令。

(5)通过系统网络和无线通信向机车下达调度命令、调车作业单、行车凭证和进路预报等信息。

(6)自动编制车站行车日志，生成运统二、运统三报表。

(7)追踪列车编组状态。

(8)遥控所有联锁设备按钮，具备列车、调车和非正常作业人工遥控功能。

(9)按照列车运行计划和车站《站细》，由自律机自动自主控制列车进路。

(10)按照调车作业计划，由自律机根据机车请求和列车运行状况，自动自主控制调车进路并对调车状况进行监控和报警。

(11)实现维修作业的综合管理和远程登、销记。

(12)具有完备的网络安全防护功能。

(13)实现 TMIS 和 TDCS 的结合和信息交换。

分散自律调度集中系统采用分布式计算机控制技术，最突出的特点是整个系统的目标和任务事先按一定的方式分配给子系统，然后由子系统间通过数据通信进行信息交换和相互协调，独立完成目标或任务。分布式系统可以有效降低整个系统的风险，在对子系统设备要求不高时，可以降低整个系统的造价，但如果对子系统设备性能和可靠性有过高要求，将有可能大大增加系统的造价。分布式系统的子系统容易实现通用化与系列化，系统的扩充也很方便，还可以对系统进行重构，实时地动态分配与管理系统，以适应不同的环境和用户的要求。分布式系统的实时性能很好，响应速度快，这主要得益于子系统只处理本系统的信息，通常不受传输延迟的影响。

但是，分布式系统中各子系统的硬件和软件方面都有一些特殊问题需要处理，系统总体的调度、协调和优化更是极为复杂，增加了整个系统的复杂程度，处理不好有可能降低整个系统的可靠性。分布式系统数据通信量非常大，对通信设备的可靠性和安全性有很高要求，子系统间通道或子系统本身的故障会严重影响其他子系统的工作，从这一点说也会降低系统的可靠性。

3.6.2 分散自律调度集中系统功能概述

在 TDCS 的基础上，分散自律调度集中系统还具备列车进路和调车进路的自动/人工控制，从而实现了行车指挥自动化。

1. 用户登录及交接班登录

（1）用户登录。调度员（车站值班员）必须进行登录，输入动态密码，确认身份与密码后方可进入系统。

（2）交接班登录。当调度员交接班时，可以退出系统重新登录，也可以直接选择交接班退出操作状态。

2. 调度集中信息显示

（1）信号设备状态表示。

（2）列车运行位置及车次号显示。分散自律调度集中系统中，车次号的来源有① 无线车次号；② 车站值班员输入；③ 行车调度员输入。一旦出现丢车次或假车次时，系统能够在调度员工作站和车站值班员工作站上报警。

（3）基本图的编辑、修改和显示。

（4）班计划的编辑、修改和显示。

（5）列车运行计划（阶段计划和控制执行计划）。它是行车调度员以班计划为依据安排的列车实际运行计划，包括开行列车的车次，到发点、中停车站、停靠股道、作业时间及会让时间等。它是列车运行的依据，也是分散自律调度集中系统列车进路自动排路的数据来源。

分散自律调度集中系统的控制执行计划编制，在 TDCS 基础上增加了：

① 严格的、精确的股道分配，除了要考虑行车作业的方便和运输的习惯外，还要考虑《行车组织规则》（简称《行规》）、《铁路技术管理规程》（简称《技规》）及车站《站细》中的各项规定。

② 对超限列车，除了根据车次号进行识别，还要增加人工设置的手段。

③ 当车站与中心通信中断且未转入非常站控前，调度员不得更改本站已下发的行车计划。

④ 在下达阶段控制计划时，可进行合法性、时效性和无冲突性检查。

⑤ 更加丰富的报警等。

（6）实际运行图的自动生成和描绘。

3. 调度命令下达

（1）调度中心各工种之间的调度命令。主要指值班主任、计划调度员给行车调度员下达的调度命令，如施工命令和班计划命令等。

（2）行车调度员给车站值班员/机务段值班员/乘务室值班员的调度命令。这是调度命令的主要形式。

（3）行车调度员/车站值班员给机车司机的调度命令。分散自律调度集中系统通过车—地无线传输系统，将此类调度命令直接传输到机车的接收设备上，并可打印输出，代替传统的停车取命令的方式。

（4）车站值班员给行车调度员的调度命令请求。当车站请求施工时，车站值班员将施工申请以调度命令请求的形式发送给行车调度员。

4. 列车编组和速报

（1）列车编组。分散自律调度集中系统与 TMIS 系统联网，从 TMIS 系统中取得列车编组信息，作为调度员安排甩挂作业和调车作业的依据。列车编组内容包括车次号、发报时间和发报站、总重、辆数、长度、车号、品名、到站等。列车的编组和列车运行线实现绑定，点击运行线可查询列车编组信息，并可从编组信息中提取列车速报信息。

（2）列车速报。通过无线车次校核设备获取列车小编组。

5. 安排中间站甩挂作业

列车调度员根据列车编组单和车站存车情况，结合作业列车运行的具体情况，安排列车在中间站的甩挂作业，形成甩挂作业计划，通过网络下达到车站。车站值班员根据该计划安排站内调车作业，制定调车作业通知单。车站的甩挂作业结束后，车站值班员将新的编组发送到调度中心，系统自动更新，以便安排前方站的甩挂作业。

分散自律调度集中系统可以处理无行车人员的车站的甩挂调车作业。此时由助理调度员根据甩挂作业计划，制定这类车站的调车作业通知单，组织车站的调车作业。

6. 车站站存车信息管理

中间车站的站存车由车站值班员在车务终端上输入该站当前的存车情况，发送到调度中心，供各工种查询。亦可由行车调度员电话收听，手工输入。无人站的站存车由助理调度员输入维护。

车站站存车的信息内容包括：

（1）车站名。
（2）存车线名称。
（3）存车类型，重车或空车，重车分车种，空车分去向。
（4）存车数量。
（5）存车的说明信息，如企业自备车。
（6）存车更新时刻。
站存车的管理功能：
（1）按车种进行统计。
（2）提供单站存车显示和多站存车显示。
（3）站存车的打印输出。

7. 车站行车日志及车站运行图的生成

自动生成车站运统二、运统三报表，显示本站相关的阶段计划列车运行图。

8. 车站站间透明

分散自律调度集中的车站子系统，能够提供本站以及相邻各两站的车站站场平面显示，可显示包括相邻车站的计划和实际运行图。车站值班员和信号工作人员可以了解到邻站的信号设备状态，进路排列情况，列车运行位置等信息，实现站间透明，提高本站的接发车作业和调车作业的效率。

9. 运输指标统计

进行列车运行早晚点、列车运行和旅行速度等运输指标统计。

3.6.3 系统控制模式的分类

分散自律调度集中系统具有两种控制模式：分散自律控制模式和非常站控模式。分散自律控制模式下，从进路控制方式角度出发，定义了两种进路控制方式：计划控制方式和人工按钮控制方式。

1. 分散自律控制模式

分散自律控制的基本模式是用列车运行调整计划自动控制列车运行进路。同时在分散自律条件下，调度中心具备人工办理列车、调车进路，车站具备人工办理调车进路的功能。

（1）计划控制方式。计划控制状态可由人工激活或禁止。它是指自律机是否将收到的列车运行计划作为检查进路合理性的依据，并根据计划产生控制进路。计划控制状态是本系统正常的进路控制状态。

（2）人工按钮控制方式。由操作员在操作员台或助理调度员台进行控制，或者由车站值班员在车务终端操作按钮进行控制。人工办理进路时，自律机根据这个计划进行进路的办理和列车计划的冲突检测，如果有冲突，系统会弹出对话框告警，询问是否强行办理。

2. 非常站控模式

当分散自律调度集中系统故障或其他紧急情况时，车站值班员可以按下 6502 控制台上的紧急站控按钮，切断分散自律调度集中系统控制输出继电器的电源，直接通过控制台按钮的方式进行控制。在计算机联锁车站，则是在计算机联锁系统的操作界面上，进入非常站控，此时计算机联锁系统不再执行任何 CTC 的控制指令，由操作员操作按钮进行控制。

3.6.4 列车/调车计划和列车/调车进路的控制

3.6.4.1 列车计划和列车进路控制

分散自律调度集中系统的进路控制功能，包括列车进路控制和调车进路控制，其中列车进路的控制又分为自动按图排列进路和人工排列进路。

1. 自动按图排列进路

当系统处于自控状态时，即自动按图排列进路状态，自律机能按阶段计划自动排列列车进路。列车在车站的运行计划内容包括：车次号、股道号、车站号、到达时刻、出发时刻、作业时间（最小停站时间）。运行径路包括：始发终止标志、连接关系、列车属性，如是否为电力机车、客货车是否超限及车列长度等。

当计划中的接车股道安排不当时，自律机能够给出报警，由人工修改。当接发车存在变更进路时，自律机选基本进路。当接车进路有延续时，自律机自动选排延续进路。人工可修改计划中的股道安排。

2. 人工排列进路

人工直接用鼠标点击始端及终端按钮（延续按钮）办理进路，自律机进行联锁逻辑判断和车站《站细》检测后输出。点击取消进路按钮和始端按钮直接取消进路。

3.6.4.2 调车计划和调车进路控制

调车计划的制订和调车进路的控制纳入调度集中系统，是新一代分散自律调度集中系统的特点之一。

1. 调车计划的制订

调度中心的助理调度员负责编制无人车站的调车作业计划，包括：

（1）由本务机车或小运转机车担当的甩挂调车作业。

（2）由本务机车或小运转机车担当的取送车作业。

（3）无客货运业务中间站的甩挂故障车作业和路用车调车作业。

有专用调车机车站的调车计划由车站的站调负责编制，也可由调度中心的助理调度员负责编制，由车站值班员输入分散自律调度集中系统。

（1）调车作业通知单。调车计划是以调车作业通知单的形式体现。无人车站的调车作业通知单能够发送到机车上，由司机打印后转交（移动）调车组人员；有人车站的调车作业通知单能够发送到车站值班员，由车站打印后转交调车组人员。由本务机执行的调车作业通知单必须附有站场示意图。

（2）调车进路的选路。分为人工完成和智能辅助生成两种方式。一是在人工编写调车作业通知单后，人工生成该次调车作业所需的进路按钮指令序列，下达至该站的自律机中，以备触发办理；二是由人工在办理调车进路时，根据调车作业通知单，实时选路并排列进路。

2. 调车进路的控制

（1）调车进路排列和列车计划的冲突检测。与列车计划可能会有冲突的调车进路包括：穿越正线的调车进路、占用到发线的调车进路、不占用到发线但影响接发车的调车进路。

在车站处于分散自律控制状态时，系统检测调车进路的办理与列车计划的冲突，一旦检测有冲突，弹出对话框报警，并询问是否继续办理。车站直接办理上述有冲突的调车进路时，必须输入预计进路占用时分。如果调车进路没有在预计的时间解锁，则报警。

冲突检测的方法有：

① 根据车站《站细》规定，列车到达前若干时间内停止与到发线有关的调车作业。

② 系统估算（亦可人工输入）切割正线调车作业的进路占用时间，与经过正线列车的计划相比较。

（2）调车计划的自动调整功能。本务机担当的甩挂作业会随本务机到站时刻的变化而变化；某一条调车进路开始办理的时刻能够随列车计划的变化而自动调整，并以避让进路的形式体现出来。

（3）调车自动排列进路。调车进路可以由自律机自动触发，如本务机担当的甩挂作业第 1 钩进路、调车机掉头进路等。自动触发的条件如下：

① 本次调车作业的作业单已发到机车并收到回执。

② 列车计划自律计算出的调车时间已到。

③ 已收到司机向自律机发送的无线调车进路排列申请信息。

④ 调车人工排列进路。人工直接用鼠标点击始端按钮、终端按钮办理进路，自律机进行联锁逻辑判断、按车站《站细》和列车运行计划要求检测后输出。点击取消进路按钮、始端按钮直接取消进路。

3.6.5 CTC 显示及控制功能

3.6.5.1 CTC 的显示

（1）车站信号设备信息。列车信号机（包括区间信号机）开放与关闭；调车信号机开放与关闭；进路的空闲、锁闭、占用；股道的空闲、锁闭、占用；接近、离去区段空闲、占用；闭塞分区的空闲、占用；道岔定反位、单锁；进路/区段延时解锁表示；进路排列灯；车次号；按钮灯光；半自动闭塞表示灯。

信号设备报警状态（控制台上的报警表示灯）：挤岔报警、灯丝报警、熔丝报警以及其他需要的各种报警。

（2）CTC 状态信息。模式表示灯（遥控、非常站控模式）；自动办理闭塞/到达复原；其他需要的各种表示灯；允许遥控灯。

（3）车站联锁操作按钮。原则上现有 6502 电气集中控制台上的按钮在 CTC 操作界面上要全部保留。其中包括：进路建立按钮、取消进路按钮（总取消按钮）、引导按钮（操作要有密码确认）、引导总锁按钮（密码）、道岔的总定和总反按钮、总人解按钮（密码）、道岔的单锁按钮（车站）、道岔解锁按钮（密码）和功能按钮（办理其他单溜、非进路调车、闭塞操作、接发车请求/应答等）。

（4）CTC 控制按钮。执行命令、上电解锁、自动办理闭塞/解锁复原、股道封锁、区间封锁等按钮。

（5）信息提示窗口。在信息提示窗口中显示的内容是根据计划要办理的列车进路及办理时间。

3.6.5.2 CTC 的控制

1. 正常情况下的 CTC 控制

分散自律调度集中按钮操作的一般原则：模拟 6502 的操作方法或设置相应的功能按钮。首先，选择需要操作的命令按钮，再选择要操作的信号设备。如果操作能顺利执行，输出相应的命令序列，否则给调度员/值班员一个明显的无效命令操作提示。其次，如果操作命令需要密码，则应显示密码输入窗口，让调度员输入正确的操作密码。

（1）建立进路。顺序按下进路的始端按钮和终端按钮。在办理调车进路时，进路按钮可以是调车按钮，也可以是信号机的灯位。CTC 在检查进路的有效性后输出相应的进路命令。如果所选择的进路无效，在信息提示窗中给出相应的提示。进路的有效性检查包括所选择进路的区段空闲、敌对信号未开放、超限检查、照查条件、与阶段计划的冲突等。

（2）取消进路。在选择“取消进路”按钮后，再按进路的始端按钮，可以取消已建立或正在建立的进路。

（3）重复开放。此命令的任务是当信号开放后由于轨道电路瞬时分路或其他原因而关闭，若开放信号的条件又满足（进路完整锁闭、空闲、没有敌对信号开放等），按压相应进路的始端按钮，信号可以重新开放。

（4）引导按钮（密码）。该命令的任务是当进站信号机（或进路信号机）因故不能正常开放时，可开放引导信号。办理引导进路前，首先通过单独操纵道岔或进路控制的方式把道岔操作到位。办理引导进路应该检查的条件包括进路道岔位置正确、股道空闲等。引导进路的解锁是选中“总人解”，再按下相应引导进路的列车始端按钮。如果进站信号内方第一区段故障，办理引导进路时，在站场界面上应该有引导按钮。

（5）引导总锁（密码）。先选中“引导总锁”命令框，再按某咽喉的引导总锁按钮（操作图中，下方的 X 引导总锁和 Y 引导总锁）。在得不到道岔表示，或向不是接车进路的编组线上接车时，只能用引导总锁的方式引导接车。这时由车站值班员保证行车安全。每个咽喉都设置一个独立的非自复式引导总锁按钮，再次办理就取消引导总锁。

（6）道岔总定和总反按钮。选中“道岔反操”或“道岔定操”按钮，再点击有关道岔的名称。在道岔未锁闭（包括进路锁闭、引导总锁闭和单锁）时，可进行道岔的单独操纵。总定和总反是自复式按钮。

（7）总人解按钮。选中“总人解”命令框，再按相应区段名称或者信号的始端按钮。当需要解锁接近锁闭的进路、引导进路和区段单独解锁时，可用到此命令。具体操作是选中总人解命令按钮，如要解锁接近锁闭的进路或引导进路，则再按相应信号机的始端按钮。当开机或由于某种原因使轨道区段不能解锁时，应分段按故障方式使其解锁。解锁条件是该区段未被进路占用，而且该区段空闲。具体操作是选中总人解命令框后，再点击该区段名称即可（也可以是点击区段的线段）。总人解为自复式按钮。

（8）道岔单锁/解锁按钮（解锁要有密码）。该操作无条件地单独锁闭/解锁道岔。具体操作是选中“道岔单锁”或者“道岔解锁”命令框，单击相关道岔的名称。道岔在单锁后，其名称在站场图上要有区别显示，红色闪光。道岔单锁/解锁为自复式按钮。

（9）区段/区间封锁按钮（解锁要有密码）。点击需要办理封锁的股道、区间，被封锁后的信号设备要有明显的显示。如需解除封锁，则需要点击相应的解除封锁按钮。

（10）功能按钮。把所有特殊联锁的操作都归到“功能按钮”命令框内。特殊联锁包括单溜、非进路调车、闭塞操作、坡道按钮、接发车请求/同意等。需要办理这些操作时，首先选中“功能按钮”，再选择相应的信号设备按钮。

2. 非正常情况下的 CTC 控制（重点是无人车站）

（1）接车作业。进路锁闭状态下，进站信号机因故不能开放时，系统应能及时报警（语音和文字提示），由调度员人工办理接车作业。由于轨道区段故障导致进路无法建立，由调度员在判明轨道电路故障条件下，人工开放引导信号。道岔无表示时，必须现场人工确认并采取相关安全措施，由调度员办理引导总锁闭，开放引导信号；经现场人工确认列车整列到达后，取消引导总锁闭或转为非常站控模式后，由车站办理引导接车。如果进站信号机内方第一区段故障，由调度员办理引导接车，引导信号应保持开放，列车头部越过故障区段后自动关闭引导信号。

（2）发车作业。发车进路因故无法排列时，系统应自动报警，由调度员人工办理非正常发车作业。

（3）非正常解锁。由于轨道电路故障导致进路中的轨道区段不能正常解锁，分三种情况。

① 接车进路：调度员和司机确认列车整列到达或通过后，调度员人工解锁遗留接车进路。

② 发车进路：调度员和司机确认列车整列出站后，调度员人工解锁遗留发车进路。

③ 调车进路：原则上由办理调车进路的人员，负责人工解锁该调车进路的遗留进路。调度中心、车站均应具备在分散自律控制模式下的调车进路人工解锁手段。轨道电路停电恢复时，在人工确认机车停稳后，由调度员（或车站值班员）按压轨道电路停电恢复按钮，分咽喉一次性解锁。系统在分散自律控制模式下，车站的操作不得解锁调度中心办理的列车进路或关闭列车信号，调度中心的操作不得解锁车站办理的调车进路或关闭调车信号。进路正常情况下，系统在列车整列进入股道后，在分散自律控制模式下人工实施引导进路解锁。区段故障情况下，经调度员和司机确认列车整列到达后，调度员人工实施引导进路解锁。

（4）非正常办理。当区间为自动站间闭塞且区间故障不能正常复原时，需调度员人工确认区间空闲后，调度中心人工办理事故复原操作。当自动站间闭塞区间检查设备为计轴设备，出现轴数不符且计轴设备处于区间占用状态，或者计轴设备检修及停电复原时，需调度员人工确认区间空闲后，中心人工办理计轴复零操作。

在自动站间闭塞区段的区间空闲检查设备故障停用时，调度员通过列车运行调整计划以及实际运行图，并与列车司机无线通信联系，人工确认列车整列到达、区间空闲后，人工办理闭塞行车。

（5）系统故障降级处理措施。当车站自律机与中心子系统网络通信中断后（以下简称通信中断），系统应立即自动报警。

对于双线自动闭塞区段无人车站，在通信中断且未转为非常站控模式前，调度员不得改变该站来车方向列车运行调整计划设定的车序，由车站自律机按已收到的列车运行调整计划和列车实际运行情况继续自动执行。列车运行调整计划执行完毕后，通信仍未恢复正常时，系统应将该站设置为自动通过状态。

对于单线自动闭塞区段无人车站，在站间自动闭塞正常工作情况下，通信中断且未转为非常站控模式前，调度员不得改变该站来车方向列车运行调整计划设定的车序，由车站自律机按已收到的列车运行调整计划和列车实际运行情况继续自动执行，直到列车运行调整计划执行完毕。

对于有人车站，在通信中断后，可参照上述条款执行，也可及时转为非常站控模式组织接发列车。

3.7 分散自律调度集中系统结构

3.7.1 系统硬件结构设计

3.7.1.1 调度中心系统硬件结构

分散自律调度集中系统控制中心一般设在局调度中心，负责控制整个调度区段列车的运行。中心系统硬件结构如图 3.11 所示，控制中心主要由数据库服务器、CTC 服务器（双机热备）、通信前置服务器、大屏幕显示系统、行调工作站、助理调度员工作站、综合维修工作站、CTC 维护工作站、网管工作站、打印设备、远程维护接入、TMIS 接口计算机、局域网等设备组成。

数据库服务器一般是由两台高性能的 64 位 RISC 服务器和磁盘阵列构成，并安装有集群软件和商业数据库。所有数据全部写在共享磁盘阵列中，保证双机切换时的数据完整和一致。CTC 服务器一般是由两台高性能 PC 服务器构成，两台服务器互为热备，为系统的稳定运行提供保障。CTC 服务器是整个分散自律调度集中系统的核心，负责整个系统的数据收发、数据处理以及数据储存等工作。通信前置服务器一般是由两台高性能 PC 服务器构成，两台服务器互为热备，用于调度中心和车站子系统之间的数据交换。

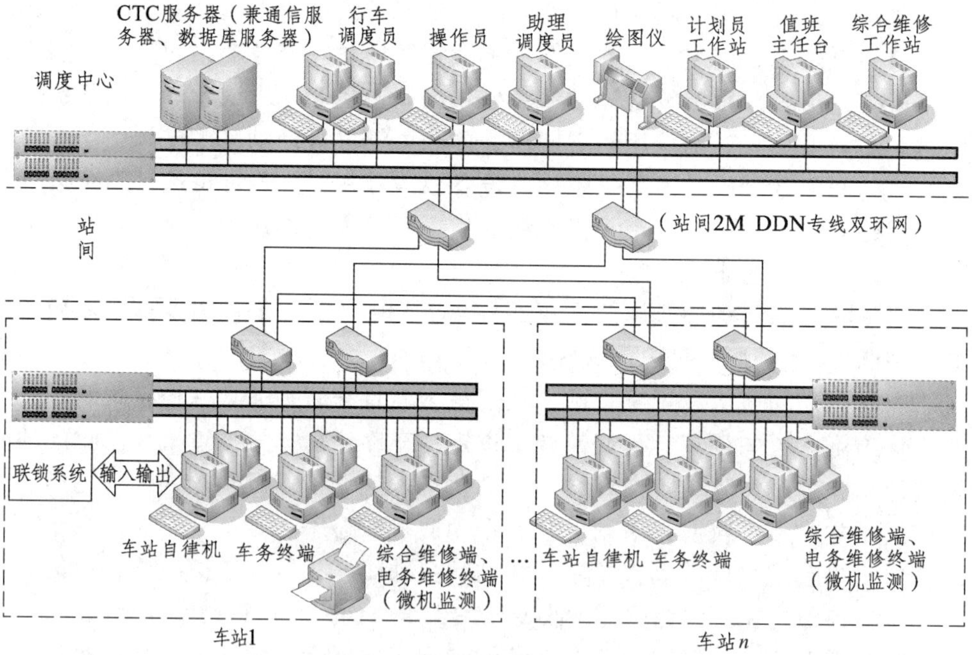

图 3.11 中心系统硬件结构

行调工作站一般是由两台安装了多屏卡的工作站构成，主要完成显现监控管辖区段范围内列车运行位置、指挥列车运行的功能（人工编制和调整列车运行计划、调度命令的下达、与相邻区段行调台交换信息），为 CTC 系统提供详细的列车会让方案，是分散自律调度集中系统完成自动控制功能的主要依据。

助理调度员工作站一般是由高性能 PC 工作站构成，主要实现调度中心人工进路操作控制、闭塞办理、区段解锁、非常处理等功能。同时，还可实现无人车站调车作业计划的编制、调整、指挥以及在自律约束条件下的调车进路人工办理等调车相关功能。

CTC 维护台一般是由高性能 PC 工作站构成，主要用于系统设置、调试和技术支持。在授权的情况下，具有远程维护与技术支持功能。同时具有监视系统运行状况的功能，对系统、现场设备运用情况、操作命令、报警信息进行记录、分析、回放、输出和打印。

综合维修工作站是由高性能 PC 工作站构成，主要用于设备日常维护、“天窗”修、施工以及故障处理方面的登、销记手续办理，并具有设置临时限速，区间、股道封锁等功能。

大屏幕显示系统是由高性能工业控制计算机、多串口卡、驱动卡、驱动分机构成，用于显示车站站场作业情况和区间列车运行情况等信息。通过观察大屏幕，行车调度指挥人员可以清晰地掌握各自负责的调度区段内列车或车列的运行情况。

TMIS 接口计算机是由 PC 工作站构成，通过 USB 接口与机房中的 TMIS 终端交换数据。

网络设备主要包括两台高性能路由器、两台高性能交换机、网络协议转换器和网络防火墙。

电源设备主要包括可以转换两路电源的电源屏和两台构成双机热备的 10 kVA 不间断电源。

3.7.1.2　车站子系统硬件结构

车站系统主要设备包括车站自律机、车务终端、打印机、综合维修终端、电务维护终端、网络设备、电源设备、防雷设备、联锁系统接口设备和无线系统接口设备等。车站系统硬件结构如图 3.12 所示。

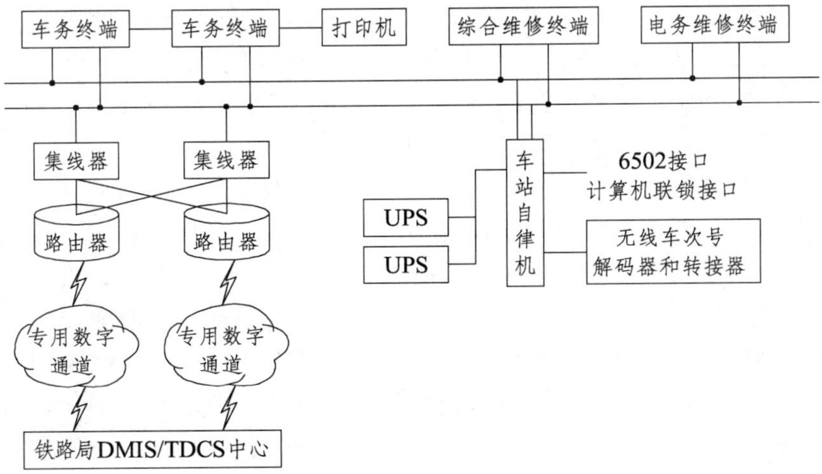

图 3.12　车站系统硬件结构

车务终端采用两台双机热备的低功耗工业控制计算机，主要完成运统报表的生成、站间透明的显示、车站调车作业计划的编制、调车进路的办理及其他控制操作。

综合维修终端和电务维护终端（微机监测）采用低功耗工业控制机。

网络设备一般包括两台路由器、两台集线器、两台网络协议（如 G703/V.35 等）转换器。

电源设备一般包括两台在线式不间断电源，为车务终端和车站自律机供电。

车站自律机一般由具有高可靠性的专用计算机和采控设备组成，并通过串口和无线车次号解码器、无线调度命令转接器进行连接。车站自律机主要完成列车自动进路控制以及按照列车控制执行计划、车站《站细》、《行规》及《技规》对列车进路和调车进路进行可靠分离控制。

车站电源系统一般由电源防雷、UPS 不间断电源、各电源模块及汇流排组成。首先从电源屏给出一个独立的电源，送至电源防雷箱，然后根据需要分成几路，其中一路送至 UPS，经过 UPS 的净化后送至机柜，再经过总开关送至各层电源模块进行工作。电源系统如图 3.13 所示。

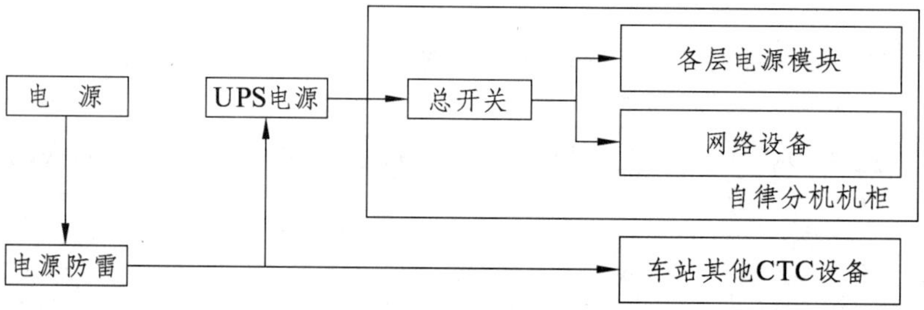

图 3.13　电源系统简图

3.7.1.3　车站自律分机结构

车站自律分机系统一般要求为双机热备制式，A 机和 B 机互为热备，各自有一套独立的主机、驱动及采集系统，双套系统对现场的信息处理互不干扰，并且自动切换。A、B 分机通过采集系统及网络连接设备进行联络，以确定对方的工作状态。当只有一套机笼工作时，该机笼会自动处于主机工作状态。

分机中的两个自律主机通过双网卡、双集线器、双路由器等与调度中心相连接，成为整个广域网中的两个节点，接收调度中心的控制命令、回送控制命令执行的结果及采集控制台的表示信息送至调度中心。另外，为了实现信息共享，自律分机采集的表示信息可以通过网络或串口传送给其他系统，如微机监测，同时自律分机又与车务终端进行联系，保证车务终端在遥控状态下可进行调车作业。采集系统中的采集板应具有自诊断功能，在程序运行后能自动识别该板的好坏。驱动系统中的输出板在发出某位命令时，也应具备自诊断功能，若该位出现故障主机板也同样能识别，从而提高了系统的可靠性、安全性、可维护性及可用性。

自律主机是各分机的核心，一般采用高可靠的专用计算机，自律主机主要完成信息的处理、命令的发送、通信及自律逻辑分析处理等。车站自律分机结构如图 3.14 所示。

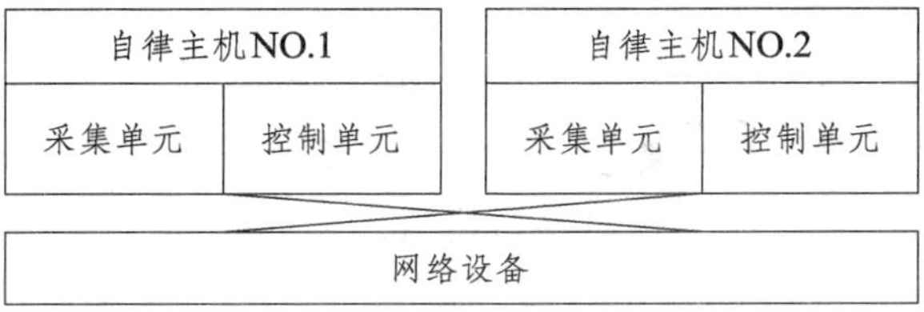

图 3.14　车站自律分机结构

3.7.1.4　通信网络一般结构

1. 中心局域网网络体系结构及其可靠性

分散自律调度集中的路局局域网一般采用 10 ~ 100 Mbps 自适应以太网，根据规模也可采用千兆以太网。为了保证网络工作的可靠性，通常采用双以太网的冗余结构，当网络出现单点故障时不影响设备的正常运行。路局调度中心的所有服务器和工作站都配有两块网卡，分别连接到两台交换机上，组成两个局域网。

中心局域网的网络体系结构通常采用交叉连接的星形结构，具有很高的可靠性，当网络出现单点故障时，不影响系统的正常运行。

2. 广域网网络体系及其可靠性

分散自律调度集中系统的广域网络结构，通常如图 3.15 所示。控制中心的两台交换机通过网络防火墙，分别连接到两台路由器上，再与到车站的广域网相接。调度中心到车站的通道和车站间的通道可采用不同介质，如同轴电缆或光纤，目前一般采用 64 Kbps 或 2 Mbps 光通道。

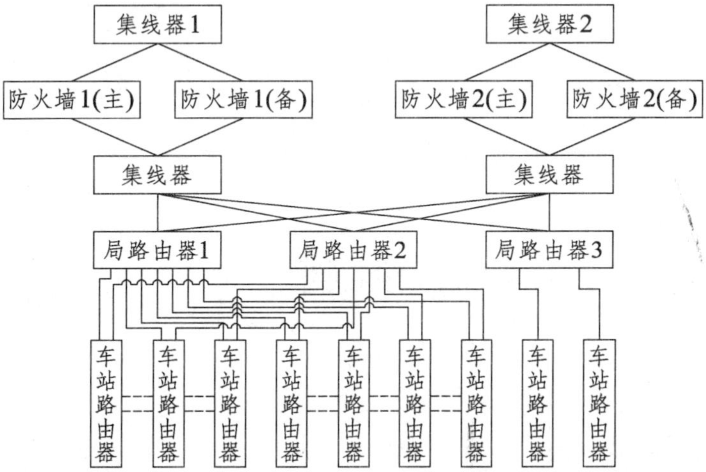

图 3.15　分散自律调度集中系统的广域网络结构

每两个车站之间都有两条通道连通，每个车站都有两台路由器，再组成两套由几个环构成的网络，中间没有任何的物理接口，可以说它们是两个完全独立的网络。

车站设备与调度中心设备通过广域网进行数据交换时，根据两个广域网的通信质量选择路径，保持广域网中的传输负载平衡。

车站通信网络系统一般由外界光缆、转换器、路由器（Router）、集线器（HUB）或交换机、各分机网卡、网络连接设备等组成。系统网络拓扑如图 3.16 所示。信息通过外界光缆的双通道，经过四个转换器转换后，经两路路由器分别到达两路集线器，形成双套共享式以太网连接的网络结构，两套网络之间为无缝切换方式。各分机与 HUB 之间的网络介质，采用高可靠的 AMP 双绞线机 AMP 连接器，提高了网段的可靠性和抗干扰能力。由于系统采用双网结构，所以任一节点的一个网卡故障时，都不会影响系统的正常工作。采用两台独立的共享式以太网集线器，分别连接各分机各节点的每个网络端口，使得一台集线器或路由器等故障时，不影响网络传输。另外，集线器的每个端口都有网络隔离功能，因此，接到各节点的网络电缆发生诸如短路、断线、混线、接地、网络干扰等故障时，均不会影响其他端口的网络传输，确保了系统之间、系统信息与调度中心之间数据的可靠、安全传输。

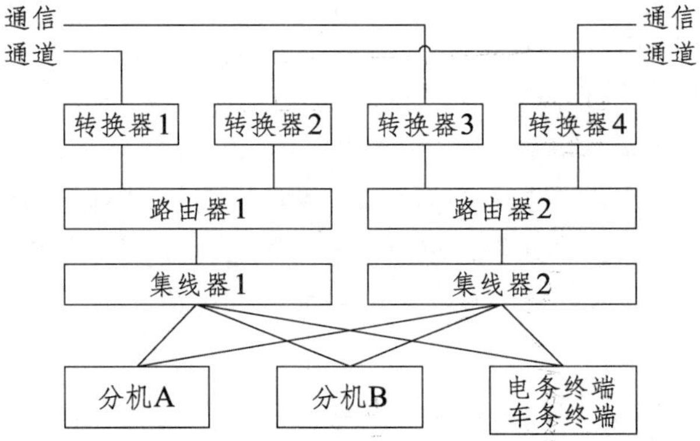

图 3.16　车站系统网络拓扑图

3.7.2　系统软件结构设计

3.7.2.1 系统软件结构组成

分散自律调度集中系统的软件主要包括：

（1）通信服务子系统。

（2）自律控制子系统。

（3）控制计划编制子系统。

（4）列车进路控制子系统。

（5）调车进路控制子系统。

（6）综合维修子系统。
（7）车务终端子系统以及网络安全防护子系统。
（8）车地信息传输系统等。

3.7.2.2 系统软件模块数据协议

系统软件模块数据协议主要包括：
（1）自律机与 TDCS 采集系统之间的通信协议。
（2）自律机与无线调度命令之间的通信协议。
（3）自律机与无线车次校核之间的通信协议。
（4）自律机与无线调车机车信号之间的通信协议。
（5）自律机与驱动模块之间的通信协议。
（6）自律机与计算机联锁之间的通信协议。
（7）中心与车站、车站与车站之间的通信协议。
（8）与其他系统的接口协议。

3.8 分散自律调度集中主要子系统设计

3.8.1 自律控制子系统的设计

3.8.1.1 自律模块的分布

自律控制系统是整个分散自律调度集中系统的核心模块，运行在调度集中服务器上，它根据各列车的实际运行情况，将调度员下达的控制计划转化为对车站联锁设备的控制命令，从而实现运输指挥的高效和自动。自律控制子系统在整个软件系统中的位置如图 3.17 所示。

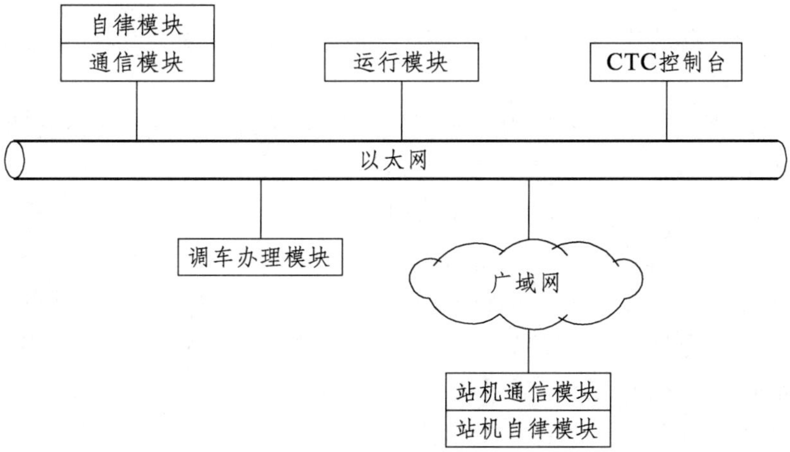

图 3.17 自律控制子系统在整个软件系统中的位置

自律控制系统分布在两个位置：控制中心和车站。控制中心是中央自律控制子系统，车站是车站自律控制子系统。中央自律和车站自律互为备用。正常情况下，系统工作在车站自律状态下，只有在车站自律失效或调试时，中央自律控制才起作用。中央和车站的自律控制同时接受从调度台和调车控制模块发来的阶段计划和调车计划，但只有车站自律控制子系统发出进路办理命令。

3.8.1.2 自律控制系统的基本功能

分散自律控制的基本模式是自律控制子系统按照列车运行调整计划和车站《站细》自动自主控制列车进路。同时在分散自律条件下人工办理的列车、调车进路也必须受自律条件的约束。

自律控制的主要功能：

（1）接收并标记所收到的控制计划，根据控制计划、车站《站细》、站场实际情况及列车实际位置选择相应的进路。

（2）判断进路的办理时机及进路联锁条件是否满足，满足时办理列车进路。

（3）根据调车计划，跟踪调车过程，判断每钩进路是否符合自律条件，符合时办理调车进路。

（4）对人工列车进路命令进行自律条件判断。

（5）对人工调车进路命令进行自律条件判断。在车站和调度中心通信中断时，由车站自律机按原已收到的列车运行调整计划和列车实际运行情况继续自动执行。列车运行调整计划执行完毕后，通信仍未恢复正常时，系统将该站设置为自动通过状态（双线自动闭塞区段）。办理调车进路，自律控制依据列车运行调整计划在时间与空间上（进路预计占用时间、避让车次、相关联锁条件、车站《站细》规定等）对列车和调车进路进行检查，无冲突后方可排列。

3.8.1.3 自律控制流程

为保证整个程序的实时响应时间，自律程序采用循环方式，每 1 ~ 2 s 执行一次，每次循环流程如图 3.18 所示。

（1）首先检查是否有新下达的控制计划，如接收到新计划，则根据计划进路的联锁表，重新计算每个站对应于此计划的进路占用时间和空间表。

（2）跟踪所有列车车次，记录列车实时位置。

（3）遍历等待执行的进路序列，查看每条进路所对应的列车位置。根据车站《站细》，如发车进路条件满足，则发送进路命令，办理进路，并将此进路插入历史进路序列。

（4）遍历历史进路序列，如果进路未办出，报警。检查列车的实际运行情况，如果与进路相关的接车、发车或列车通过执行完毕，刷新历史进路列表。

（5）对于手工办理的列车进路，自律程序在进行相关检查后会将命令直接发送到站机执行。

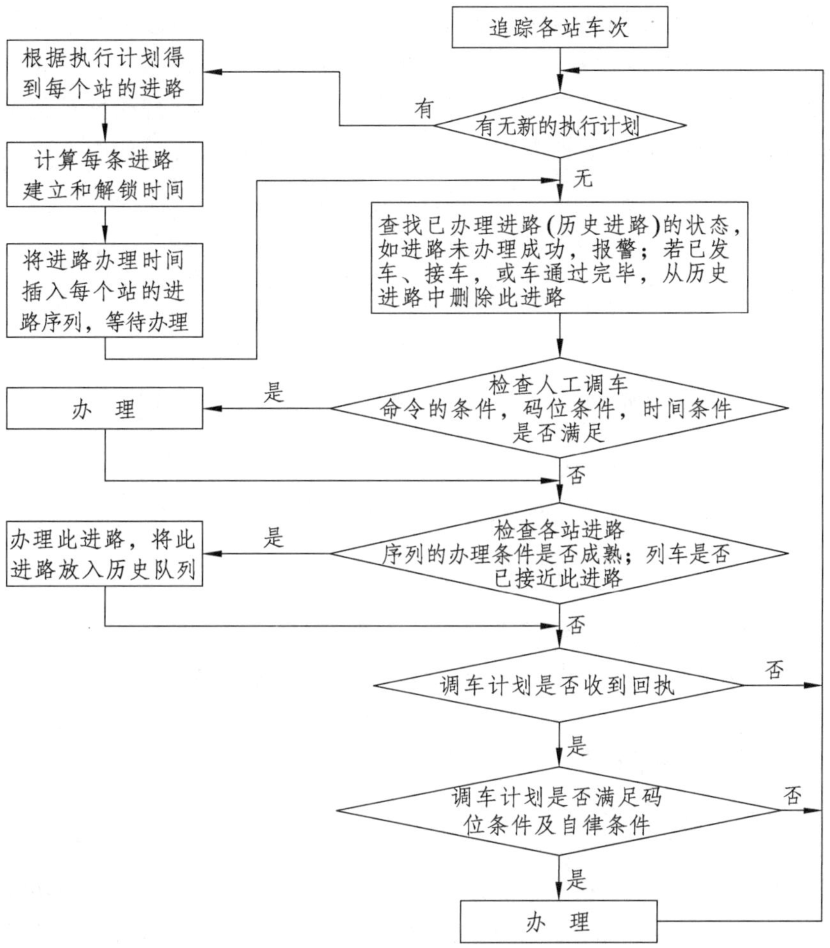

图 3.18　自律控制过程

（6）对于手工办理的调车进路，自律程序会查此进路中所有元素的占用表及车站《站细》，看此进路是否满足自律条件，如满足，发送命令给站机办理，如不满足，不予办理。

（7）对于调车计划，如果有收到机车回执，将此调车计划进路插入活动调车表。

（8）遍历活动调车表，自律程序会查此调车进路中所有元素的占用表及车站《站细》，看此进路是否满足自律条件。如满足自律条件，时间到便开始办理。

3.8.1.4　调车自律控制的基本过程

调车自律控制允许中心通过助理调度员终端办理无人车站的调车作业；对于有人车站，也允许车站通过车站调车控制终端办理本站调车作业。办理调车作业通常有两种方式：

（1）人工手动办理。

（2）输入调车作业计划由自律机自动办理。人工办理调车进路要求在按压始终端按钮后，必须输入钩作业时分，在经车站自律计算机允许后方能办理。自动办理需要助理调度员通过助理调度员终端输入调车作业计划，在传送到自律计算机后，才能由自律计算机自动办理。通过助理调度员终端自动办理调车的流程如图 3.19 所示。

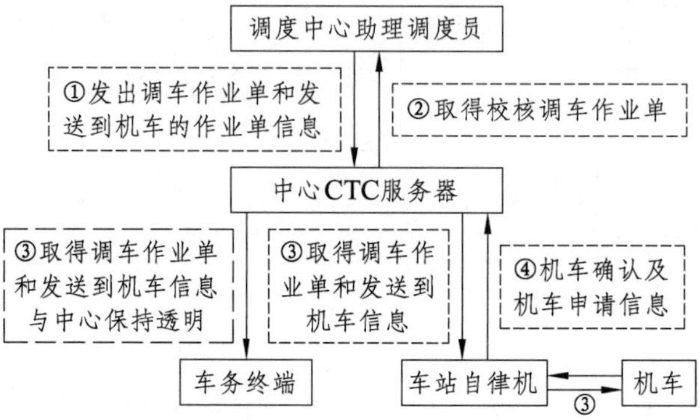

图 3.19　助理调度员终端自动办理调车的流程

首先助理调度员在中心调车控制终端（助理调度员终端）输入调车作业单，确认车次、调车机号及进路正确无误后，发送到中心 CTC 服务器。中心 CTC 服务器收到后，向中心调车控制终端返回调车作业单进行校核。在准备向机车发送调车作业单信息时，由助理调度员启动发送，被发送机车的作业单信息将由中心 CTC 服务器转发到车站自律计算机，由车站自律计算机发送到机车。这时，车站调车控制终端通过中心 CTC 服务器取得调车作业单信息和中心保持透明。车站自律计算机在机车确认信息后，通过判断车次和调车机确认返回信息是否有效，如果有效则激活调车作业单，并进行监控，同时转发回中心 CTC 服务器。此后，车站自律计算机不断跟踪机车调车进路请求信息，按照自律算法控制调车进路的执行时机，最终实现调车进路的自动办理。

通过车站调车控制终端（车务终端）自动办理调车的流程如图 3.20 所示。

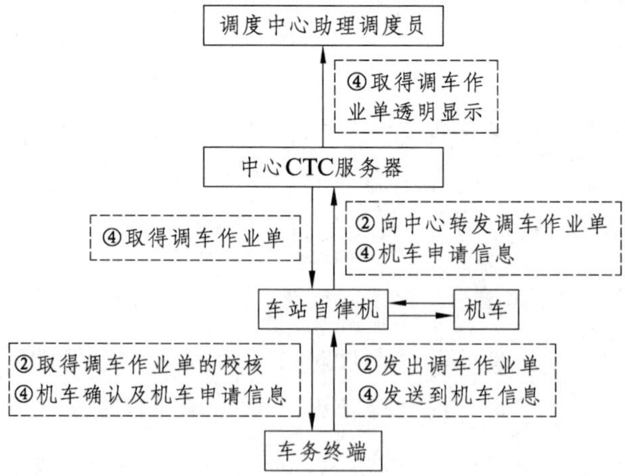

图 3.20　通过车站调车控制终端（车务终端）自动办理调车的流程

首先车站值班员在车务终端输入调车作业单，确认车次、调车机号及进路正确无误后，发送到车站自律专用计算机。车站自律专用计算机收到后，向车务终端返回调车作业单进行校核，并转发到中心 CTC 服务器。在准备向机车发送调车作业单信息时，由车站值班员启动发送，被发送机车的作业单信息将由车站自律计算机发送到机车。这时，调度中心助理调度员终端通过中心 CTC 服务器取得调车作业单信息和车站保持透明。车站自律计算机在机车确认信息后，通过判断车次和调车机确认返回信息是否有效，如果有效则激活调车作业单并进行监控，同时转发回中心 CTC 服务器。此后，车站自律计算机不断跟踪机车调车进路请求信息，按照自律算法控制调车进路的执行时机，最终实现调车进路的自动办理。

3.8.1.5 自律控制信息的交换

1. 中心自律子系统和车站自律子系统信息的交换

1）通信过程

车站自律系统与控制中心系统通过远程网相连，使用 TCP/IP 协议通信。调度中心作为通信的服务端，站机作为通信的客户端，通信具体过程如下：

客户端（车站自律系统）：① 连接服务端。② 发送逻辑帧。③ 接收应答帧。在规定的时间收到正确的应答帧转④，否则转⑤。④ 收到服务端信息，发送应答帧，否则向服务端发送站机信息；若在规定的时间没有要发送的信息，则发送联络帧，转③。⑤ 关闭连接，转①。

服务端（控制中心）：① 侦听并接受客户端连接。② 接收逻辑帧，在规定的时间收到正确的逻辑帧转③，否则转⑥。③ 发送应答帧。④ 收到客户端信息，发送应答帧，否则向客户端发送命令。⑤ 若在规定的时间没有收到客户端信息，转⑥，否则转④。⑥ 关闭连接，转①。

通信帧的格式为：帧头（1B）+ 帧类型（1B）+ 帧长度（2B）+ 帧发送序号（1B）+ 帧应答序号（1B）+ 数据。其中，帧头（1B）为 0xff；帧类型（1B）中：0x01 为逻辑帧；0x02 为应答帧；0x03 为数据帧；0x04 为联络帧；0x05 为命令帧。帧序号为从 1 到 200，每次递增 1，到 200 后循环到 1。0 为无效序号，任何帧都可兼作应答帧，只要相应的帧应答序号有效即可。

2）信息传输内容

车站自律系统向中心系统传送的信息包括站场表示信息、车次追踪及校核信息、上报的列车编组信息、车站站存车上报信息、调车进路请求信息、调度命令请求信息、控制报警信息、设备维护状态信息和应答或回执信息等。

中心系统向车站自律系统传输的信息包括列车控制计划、调车作业计划、联锁控制命令、行车凭证和进路预报信息、控制报警信息、调度命令、列车编组顺序表和设备控制命令等。

2. 车站自律子系统间信息的交换

分散自律调度集中车站自律系统间的信息交换十分复杂，通常有“点点互通”和“中心中转”两种方式。“点点互通”的方式是指车站自律系统间直接通过网络链路进行交换。由于分散自律调度集中系统要求每个车站必须要保持和相邻至少两个车站信息的透明，因此，系统通信链路呈网状分布，结构十分复杂，通信管理和协调也十分困难。车站自律系统间交换的内容如下：

发送的主要信息：本站车次追踪、本站站场表示、本站发往邻站的进路控制命令、车次变更命令、列车到发修正、联络或回执信息等。

接收的主要信息：发往本站的车次追踪；发往本站的站场表示；发往本站的进路控制命令；发往本站的车次变更命令；联络或回执信息等。

“中心中转”的方式是通过中心系统的通信服务器向各车站转发相应的信息。由于铁路调度指挥的方式是集中指挥，因此，即使是分散的系统也不可避免有一个信息中心，即控制中心必须掌握所有车站自律系统的相关信息，供调度员和维护人员进行宏观决策。因此，如果通过控制中心的通信服务器向各个车站中转信息，将可以大大简化通信的复杂程度，通信的可靠性也将大大改善。

“点点互通”和“中心中转”两种通信方式各有千秋，但“中心中转”更符合调度系统本身的特点并且更便于调试和系统的稳定。因此，“中心中转”方式应该更为合理。

3.8.2 分散自律调度集中系统中控制计划编制子系统的设计

控制计划编制是基于 TDCS 的列车运行调整系统的分散自律调度集中实现自动控制的前提。列车运行调整是行车指挥自动化的重要内容，但在分散自律调度集中系统中，计划的编制和调整考虑因素更多、更加细致。控制计划的编制是否合理准确，将直接影响列车进路的自动控制和列车运行的效率和安全。

3.8.2.1 控制计划编制的功能概述

列车运行调整系统协助行车调度员完成日常运输指挥工作，它是日常运输组织的指挥中枢。在分散自律调度集中系统中，行调台协助调度员完成的日常行车指挥工作有自动控制计划编制、自动控制计划下达、自动控制执行过程中自动报警以及无线调度命令下达。

自动控制计划：列车运行计划。

自动控制计划下达：将自动控制计划传送到中心和自律服务器。

自动报警：对自控计划执行过程中出现的异常情况进行文字和语音报警。

无线调度命令下达：向机车发送的调度命令通过网络传送。

3.8.2.2 控制计划编制的设计原理

1. 界面设计

根据调度实际工作，系统要完成的功能可以划分为部分图形信息和文字信息。行调台系统界面也主要划分为部分计划调整窗口和综合信息窗口。

在计划调整窗口中可以以运行图的方式完成自动控制计划编制、下达，计划执行状况表示，车站状态表示等功能。

在综合信息窗口中显示自动报警、无线调度命令等文字信息，还能够实现文字信息的编辑、修改、保存、查询、打印等一系列的管理功能。

2. 功能设计

1）自动控制计划的编制

自动控制计划主要包括列车会让计划和列车股道运用计划。

（1）系统设计时，生成一个列车会让计划将考虑以下因素，如图 3.21 所示。

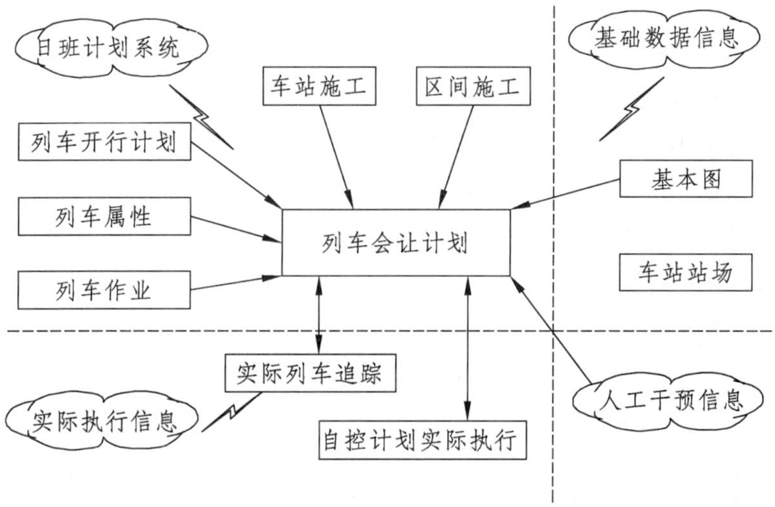

图 3.21 编制列车会让计划

基础数据信息：给会让计划提供站场、基本图等相对固定的信息。

日班计划信息：给会让计划提供当日列车的开行计划，区间车站的施工计划等限制性信息。

实际执行信息：给会让计划提供列车追踪到的实际运行状态、自控计划实际执行状况等实时变化信息。

人工干预信息：给会让计划提供诸如停运、加开列车、强制停车等人为调整信息。

（2）系统设计时，生成一个列车股道运用计划将考虑以下因素，如图 3.22 所示。

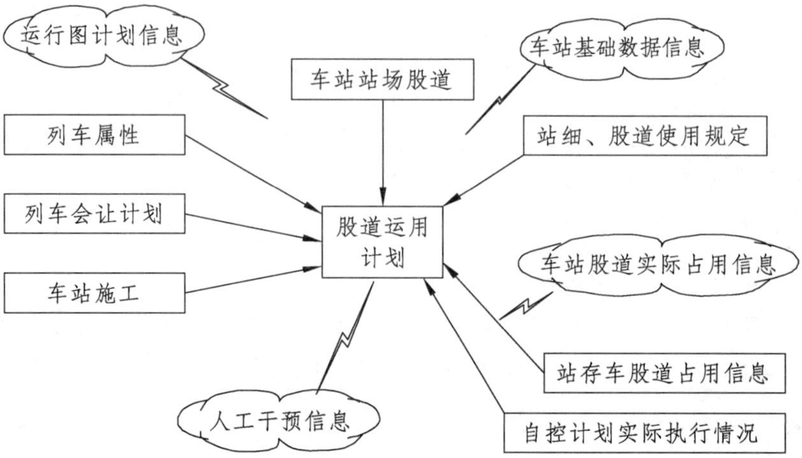

图 3.22　列车股道运用计划

车站基础数据信息：给股道运用计划提供站场股道、车站《站细》、股道运用等相对固定的信息。

运行图计划信息：给股道运用计划提供特定车站列车具体到开计划、车站的施工、特定列车属性等限制性信息。

车站股道实际占用信息：给股道运用计划提供实际车站股道占用状态、自控计划实际办理进路情况等实时变化信息。

人工干预信息：给股道运用计划提供特定列车在特定车站使用特定股道的人为调整信息。

2）自动控制计划的执行

自动控制计划的执行是一个计划与执行双方面交互的过程，如图 3.23 所示，这一过程包括：

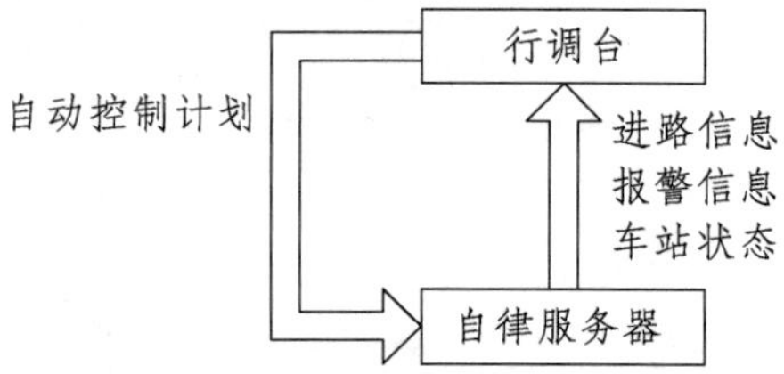

图 3.23　自动控制计划执行

（1）自动控制计划传送到自律服务器。在这一过程中，调度员可以灵活设置所要发送计划的时间范围、设置车站控制状态。系统能够实现定时自动发送，也给调度员提供手工发送等简便灵活的发送方式。

（2）自动控制执行过程中自动报警。在这一过程中，行调台实时从自律服务器获取自控计划执行情况，并实时显示给调度员。同时行调台从自律服务器实时获取各站自控状态、通信状态、进路信号状态的变化，并将不正常状况以文字报警和语音报警形式提示调度员。

（3）行调台根据从自律服务器获取的自控执行信息、报警信息，实时调整列车会让计划和股道运用计划，并将自控计划的这种变化提示给调度员。

自动控制计划的执行是一个从计划到执行、从执行再到计划的闭环系统。在这个闭环系统中，系统具有自我监测、自我报警、自我调整的功能。

3）无线调度命令下达

在调度集中系统中，某些车站取消了车站值班员，行调台应实现调度中心对调度命令、行车凭证的编制，并通过网络直接向机车下达的功能，以及命令由司机阅读签认后，回执信息即时显示的功能。无线调度命令在网络中的传送过程如图 3.24 所示。

（1）行调台无线调度命令具有对调度命令、行车凭证的编制功能，以及对接收命令的车次、机车、车站指定、修改等功能。

（2）调度命令是调度员指挥行车的重要文字凭证，所以调度命令在网络发送过程中必须具有安全性和可监控性。这就要求系统在传送调度命令的过程中，其所传送的状态必须实时反馈给调度员，以便其掌握。调度命令在传送过程中，都会将相应的状态信息发送回调度中心行调台，由行调台以图形信息、文字信息或对话框的形式提示给调度员，以保证调度命令传送过程中的可控性，调度命令的传送过程是一个双向传送过程。

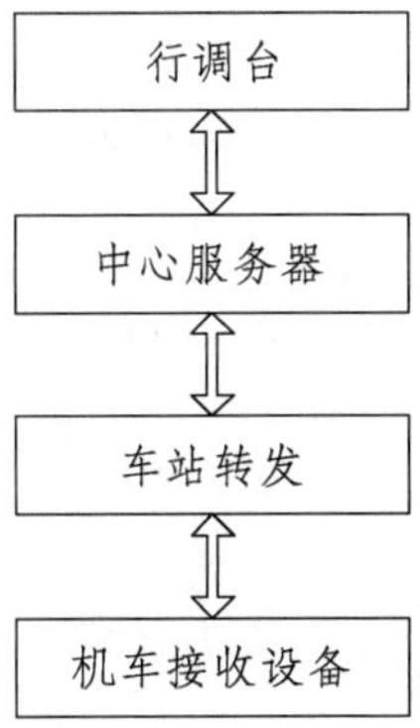

图 3.24　无线调度命令在网络中传送过程

3.8.3　进路控制子系统的设计

3.8.3.1　控制命令的执行过程

（1）人工命令的执行过程。中心和车站均可发布人工控制命令，一般有联锁控制和进路控制两种类型。进路控制命令的执行过程如图 3.25 所示。

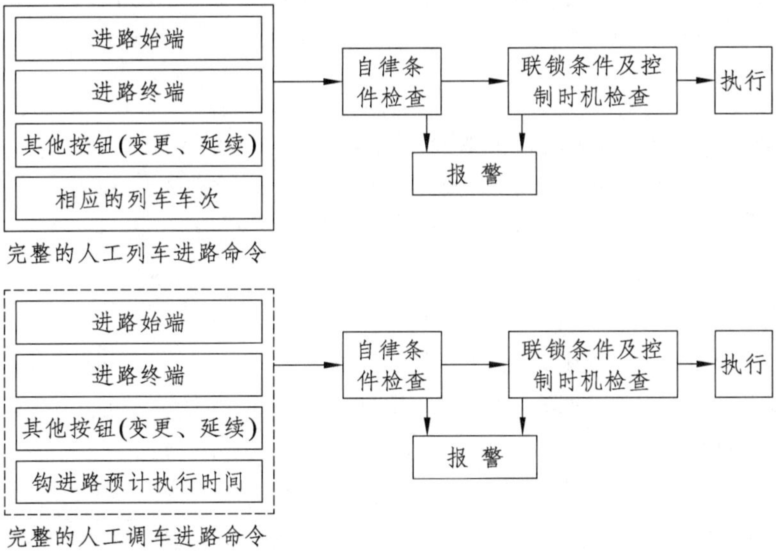

图 3.25　进路控制命令的执行过程

人工列车进路命令除了要求按压进路始终端命令按钮之外，还要求输入相关的列车车次号。人工调车进路命令则要求输入相应的钩执行时间。

当自律分机接到人工控制命令后，对于进路命令需要首先检查自律条件，再转换成驱动命令，在适当的时刻向相应的端口输出，以驱动联锁按钮动作，执行后回送信息。

（2）自动命令只包括进路命令，由自律机自动产生并发送到联锁系统执行。

3.8.3.2 与计算机联锁的接口方式

1. 连接方式

计算机联锁系统独立构成一个封闭的控制局域网，为不影响联锁系统的正常工作，采用串行通信与联锁系统连接。联锁机一般为双套，采集和运算的结果信息也均为双套。控显机收到的信息为当前使用的信息，并且联锁的控制指令也是从控显机发出的，所以自律机从联锁控显机获得信息，并将完整的进路操作指令传送给控显机，由控显机将此指令转换为联锁机能识别的控制命令，如图 3.26 所示。

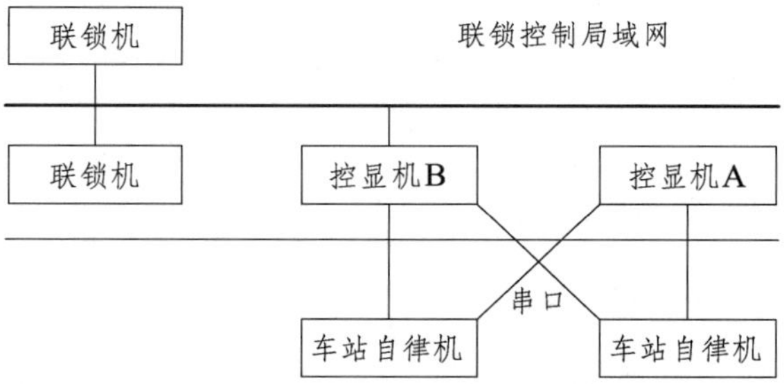

图 3.26 计算机联锁系统接口方案

双控显机与双自律机通过 2 个串行口互联，联锁硬/软件要进行较大改动，需要考虑双机信息的同步和一致性检查，这样，系统的可靠性会有较大提高。

2. 输入信息内容

由联锁系统送给 CTC 自律机的各种表示信息：

进站信号机——绿、黄、绿黄、双黄、黄闪黄、引导、红、断丝。

进路信号机——绿、黄、绿黄、黄闪黄、引导、红、白、断丝。

出站信号机——绿、绿绿、黄、绿黄、红、白、白闪、断丝。

调车信号机——白、白闪、蓝、断丝。

轨道区段——锁闭、占用、空闲。

道岔——定表、反表、四开、单锁、单解、单封、解封、总锁。

闭塞——各种表示灯。

区间——轨道占用、出清、红、绿、黄。

其他——熔丝、主灯丝等各类报警灯、股道封锁、区间封锁及联锁设备运行状态表示。

3. 输出信息内容

由自律机送给联锁系统，CTC 自律机向联锁系统发送一条完整的进路控制命令，以编码形式实现。例如，选路——选路代码 + 始端 + (变更) + 终端；取消——总取消 + 始端；定位操作——总定 + 道岔。

控制命令类型归纳如下：选路、取消进路、人工解锁、重复开放、道岔定位、道岔反位、道岔单锁、道岔单解、引导进路、区段解锁、道岔封闭、道岔解封、按钮单封、按钮解封、坡道解锁、引导总锁闭、轨道电路停电恢复、溜放功能等。

3.8.3.3 与 6502 继电联锁结合方式

分散自律调度集中系统和 6502 继电联锁采用结合电路方式，通过设计继电结合电路，完成调度集中系统对 6502 信息的采集和按钮继电器的励磁控制。举例说明如下：

采集调车按钮表示灯用作按钮操作指示。使用 YKJF 的一组前接点驱动按钮继电器实现遥控。结合电路如图 3.27 所示。

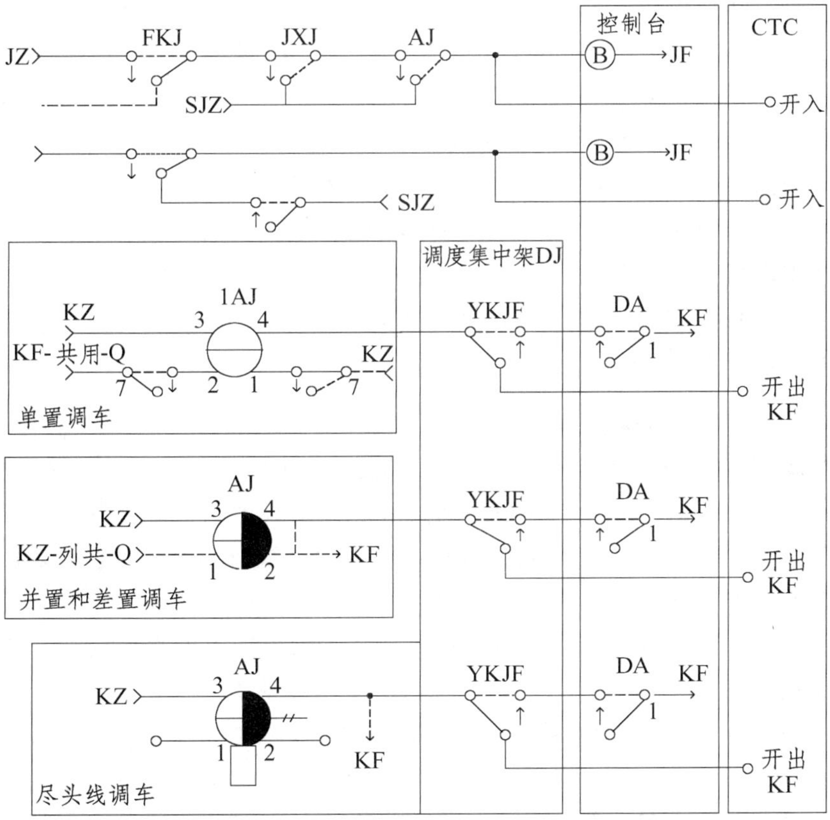

图 3.27 与 6502 继电联锁结合电路

由图 3.27 可见，调度集中系统对 6502 信息的采集，一般是在 6502 电路的适当位置，将采集条件 JF 电源引入调度集中系统。不过在条件位置的选择上，应考虑信息采集的故障-安全原则。

调度集中系统对 6502 的控制，一般是向 6502 按钮继电器输出励磁电源。为确保输出的安全，在输出电路上应进行特殊设计，也可考虑采用动态输出的方式确保安全。

3.8.4 其他子系统的设计

3.8.4.1 身份认证系统

身份认证属于整个系统网络安全范围的内容，在分散自律调度集中系统可以采用网络安全防护 SafeWord 动态口令身份认证系统，该系统是一套由 Secure Computing 公司提供的商业应用软件，是一个对企业内部系统及网络设备的各种访问进行统一认证、授权、审核的企业级认证平台，能够确保企业用户访问各种资源的安全性，全面实施和贯彻用户制订的资源访问策略。

SafeWord 的核心内容是通过动态口令来管理用户的身份认证。动态口令不同于一般的记忆密码，认证用户不能选择或共享 1 个动态口令，因为它每个时刻都可以是不同的，并且每个口令只能使用一次。

SafeWord系统还能够提供更加安全的认证方式——挑战应答模式。在这种模式下，不但其口令具有动态口令的所有特征，甚至口令本身都不会在网络上被传输，为用户提供一种极其安全的认证环境。此外，SafeWord 系统还提供基于数字证书等多种形式的认证方式，提供内建 CA（Certificate Authority）模块，能够完全负责证书的颁发、撤销和管理等工作。

根据 TDCS/CTC 系统网络安全需求及 SafeWord 软件特点，提出动态口令身份认证系统的解决方案如下。

1. 动态口令身份认证系统服务器部署

在 TDCS/CTC 系统网络环境中、路局 TDCS/CTC 系统中心，分别部署 1 台认证服务器，安装 SafeWord Server，形成多台远程相互镜像的认证服务器，用以实现冗余备份及负载分担。同时，启用 SafeWord Server 内置的 Radius Server，用来处理拨号访问用户的认证请求和基于 Radius 网络设备的身份认证请求。将来根据实际需要，启用其中的 Web Login Server 或 CA 组件，以实现基于数字证书的身份认证，同时提供基于 web 业务应用的访问控制。

如图 3.28 所示，整体上由认证服务器提供对整个网络系统的认证、授权、审核以及用户管理。多台认证服务器之间自动进行同步数据复制，确保数据的整体完整和协调一致。当用户需求增加，多台服务器已经不能满足大量的认证请求，或需要考虑远程的高可靠灾难备份时，SafeWord 系统能够简单、迅速地增加镜像服务器的数量，在异地近乎无限地扩充认证的支持数目，确保用户的投资得到保护。

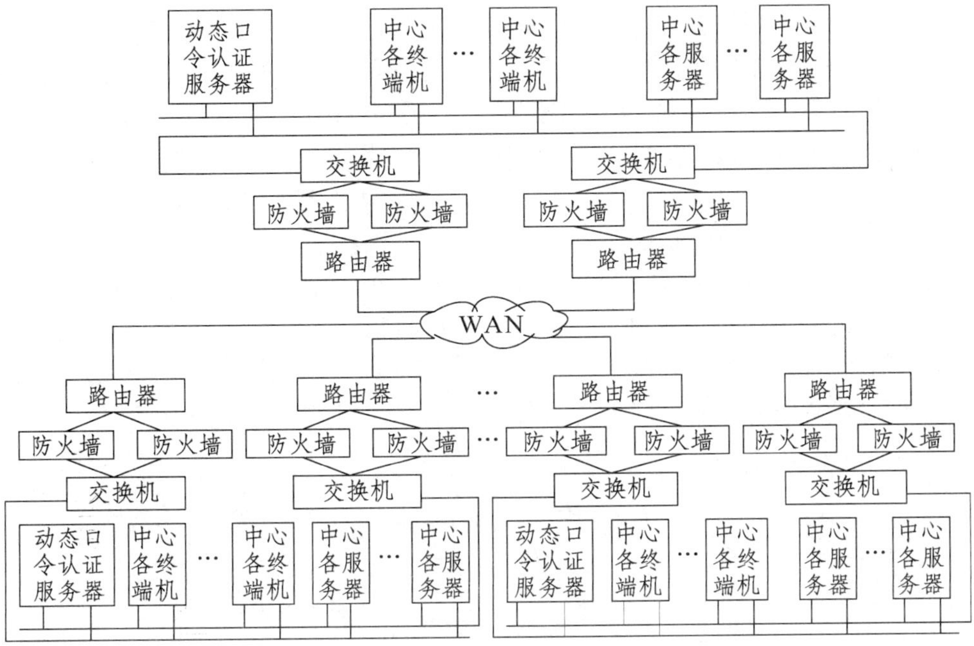

路　局　中　心

图 3.28　TDCS/CTC 系统动态口令身份认证系统部署

正常工作状态下,客户端的请求按照配置的比例被自动分配到多台认证服务器上，用以降低单台服务器的工作负载，从而提高系统的运转性能。当某台认证服务器出现故障时，另外一台零间隙、无延时地自动接管原故障服务器的认证服务，直到故障服务器恢复正常。无论在正常工作状态下，还是发生单机故障时，SafeWord 系统的每台服务器均可以独立完成全部的系统管理任务，真正实现动态口令身份认证系统的高可用性。

2. 网络设备访问的身份认证

TDCS/CTC 系统的网络中心机房配置有很多重要网络设备，如骨干路由器、中心交换机、远程拨号接入服务器等，这些网络设备也存在着网络身份认证的要求。传统的固定密码认证方式迫使网络管理员记忆大量复杂密码,或者所有设备用同一个密码，显然这种方式要么增加了系统管理人员的工作强度，要么降低了系统安全性。由于工作需要，系统管理人员经常要通过 Telnet 等方式远程连接到网络设备进行调试，而对 Telnet 连接，输入的静态密码在网络中是明文传播的，极易被窃听并被非法利用，很不安全。

在需要保护的骨干路由器、中心交换机、远程拨号接入服务器等网络设备中，配置使用 Radius 验证，将 Radius 服务器指向 SafeWord 内置的 Radius Server，从而为网络设备的访问提供身份认证。

由于网络管理人员需对多台网络设备进行管理，并且可能在不同的地点、场合访问网络设备，因此为网络管理员配置动态口令牌。它具有便携性好，保护功能强大等特点。金卡 3000 可以同时满足上述要求，并可配置使用事件同步口令或异步口令（挑战-应答），支持多个独立 SafeWord 动态口令身份认证系统。

不同的网络设备通过标准的 Radius 协议，使用 SafeWord 服务器进行身份认证。由于 SafeWord 系统动态口令的优势，网络管理员可以利用令牌卡进行远程登录，即使密码在传输过程中被窃听，但由于动态密码的一次性特性，杜绝了非法使用。

在使用基于挑战-应答的异步密码方式时，由于密码根本不在传输过程中出现，从而可以彻底避免密码在网络中明文传输和泄漏的问题。同时，由于使用同一硬件令牌登录不同网络设备，能够实现统一认证，无须记忆多个设备的静态密码，从而在加强网络设备管理安全性的同时，降低了管理员的工作强度，如图 3.29 所示。

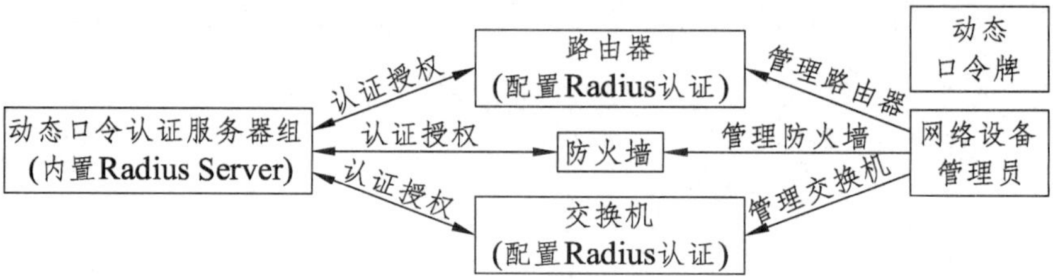

图 3.29　网络设备身份认证功能示意

3. 主机系统访问的身份认证

网络中心系统管理员管理着许多 TDCS/CTC 系统核心主机，承担很大的安全风险，特别是应用系统主机经常成为不法分子的最好目标，因此，加强 TDCS/CTC 系统中核心主机的安全十分重要。实际上，传统密码很不适合用于核心主机系统管理，网络中传输的明码极易泄漏，存储在主机中的口令文件也容易被他人获取，通过密码破解程序得到口令。

SafeWord 可以为本地控制台、远程 Telnet 等登录方式提供基于动态口令的身份认证。

SafeWord 动态口令身份认证系统通过使用基于挑战—应答方式的异步口令技术，或基于事件同步的动态口令来鉴别发起认证请求用户的身份。通过在主机上安装主机登录代理软件（Sid Ⅱ），每次用户想要登录主机时都要通过 SafeWord 的身份认证，其流程如下：

系统管理员通过本地控制台或者 Telnet 连接到网络中某台主机上。系统将在终端窗口给出 1 个挑战值，用户需将该挑战值输入到动态口令牌中，并生成应答值，添入到终端窗口中，点击确认，用户名和密码传输到服务器登录代理上面。代理通过加密方式将其传送到 SafeWord 服务器，经该服务器比较代理送来的用户名和动态密码是否和 SafeWord 服务器中的用户名及生成的动态密码相一致，从而确认用户的身份是否正确，并将认证结果（是或否）返回给代理程序，同时将认证过程记录于 SafeWord 系统日志中。主机收到 SafeWord 服务器返回的认证结果，根据其认证成功与否决定是否允许用户登录。

在不影响原有应用的前提下，通过在业务系统主机中安装 SafeWord 认证代理软件，给主机管理人员配备动态口令牌进行身份认证，避免了记忆多个口令的问题，也不用担心密码会泄漏，并且可以安全地进行远程系统管理，如图 3.30 所示。

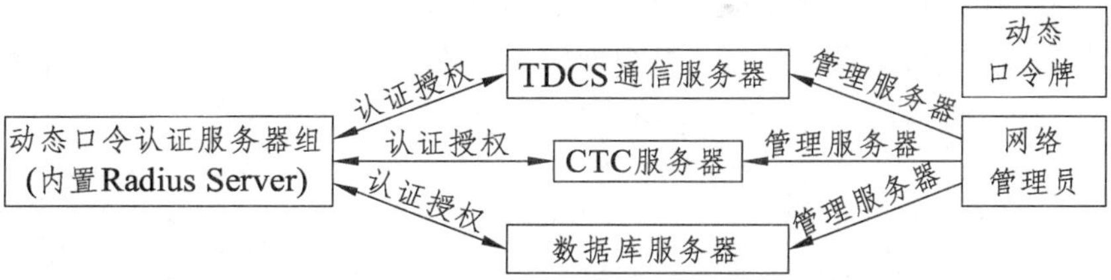

图 3.30 主机系统身份认证功能示意图

4. TDCS/CTC 系统应用程序中的身份认证

如图 3.31 所示，TDCS/CTC 应用系统是基于 C/S 结构的独立系统，要实现与 SafeWord 的结合，可以利用 SafeWord 提供的 SDK，针对基于动态口令的 Agent，安装在通信服务器上。当用户登录 TDCS/CTC 系统时，由 SafeWord 来完成对用户的身份认证，并将用户信息返回应用服务器，以进行下一步处理工作。动态口令的实施，有效地保护了用户的密码安全，为 TDCS/CTC 应用系统提供了高质量的身份认证措施，避免了因密码泄漏给系统带来的安全隐患。

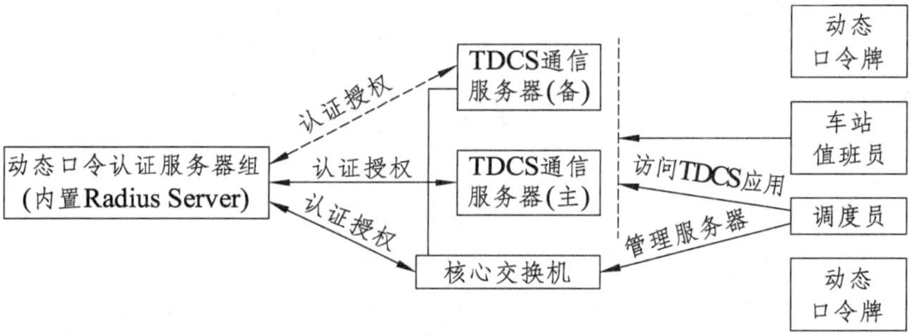

图 3.31 应用系统身份认证功能示意

5. 可用性配置

在 TDCS/CTC 系统中，SafeWord 担负着用户访问 TDCS/CTC 系统应用、远程接入、网络设备、核心主机等几乎全部的身份认证工作。如果 SafeWord 由于流量过大或者意外断电等不可预测的原因死机，那么网络中的用户将面临不能正常访问 TDCS/CTC 系统应用或者网络中心各设备面临危险。为此 SafeWord 提供了一套保障动态口令身份认证系统高可用性的解决方案。SafeWord 动态口令身份认证系统支持完全的冗余备份和负载分担，配置 2 台或多台 SafeWord 认证服务器，在服务器之间通过数据库自动进行实时的目录复制，确保认证服务器集群拥有同样的、保持实时同步的后台数据库，达到实现冗余备份和负载分担的必要前提——数据同步。然后根据TDCS/CTC系统中各部分用户的访问量，通过在路由设备或认证保护的其他资源处，配置SafeWord服务器的冗余备份和负载分担，确保不同时期、不同用户认证请求流量的可靠性和稳定性。

SafeWord系统在发生单点故障和实现负载分担时，不存在切换过程和延迟时间，能够完全无缝地提供热备份能力，实现零时间接管，确保用户应用能够完全透明地实现身份认证。整个过程由SafeWord动态口令身份认证系统自动完成，无须人工干预。

3.8.4.2 调度命令无线传输系统

调度命令无线传输系统是分散自律调度集中的重要配套系统。该系统可以通过既有的无线列调系统把调度命令、行车凭证、调车作业单、进路预告信息传输到机车，自动地完成原来车站值班员、调度员人工完成的工作，减轻了劳动强度，提高了生产效率，并为分散自律集中区段的无人化创造了必要条件。

1. 系统设备组成

调度命令系统由TDCS设备、无线列调设备、TDCS无线车次号车站接收解码器、机车运行安全监控记录装置（以下简称监控装置）、TDCS无线车次号数据采集编码器（以下简称车次号编码器）、调度命令车站转接器（以下简称车站转接器）、调度命令机车装置（以下简称机车装置）等构成。

调度中心设备利用铁路局既有TDCS设备；车站设备利用车站既有TDCS设备及无线列调车站台、TDCS无线车次号车站接收解码器，增加车站转接器；机车设备利用既有无线列调机车台及监控装置、车次号编码器，增加机车装置。

2. 系统主要功能

（1）调度员向辖区内的运行列车发送调度命令，并在CTC区段发送行车凭证。

（2）车站值班员向辖区内的运行列车发送行车凭证。

（3）TDCS可自动向辖区内的运行列车发送列车进路预告信息。

（4）列车接收调度命令后，能自动确认和手动确认，并将确认信息送发送方显示。

（5）调度命令发送方未收到自动确认，可以自动重发，自动重发后仍未收到自动确认，应提示调度命令发送方发送失败。

（6）机车装置判断是发给本次列车的调度命令后，将此调度命令在显示操作终端上显示。

（7）机车装置提示司机手动确认调度命令，司机根据需要选择打印。

（8）TDCS设备和机车装置应存储调度命令，并记录操作过程。

（9）机车装置收不到来自监控装置的机车号和车次号时，应显示所有接收到的调度命令，但不发送自动确认信息。

（10）系统中各终端的提示应具有语音提示功能，对各种命令的提示音应有区分。
（11）机车装置可向车站发送调车请求。

3.9 分散自律调度集中系统举例

3.9.1 FZk-CTC 型分散自律调度集中系统简介

新一代调度集中系统 FZk-CTC，是在铁路跨越式发展的新形势下，在计算机技术、通信技术、信号技术高度发达以及 TDCS 系统成功实施的基础上提出来的一种新型的行车指挥和信号控制设备，同时也将带来一种新的高效的运输组织管理模式。

新一代调度集中系统 FZk-CTC 对运输组织管理模式将进行结构重组、职能重划、分工重调、岗位重定，在没有客货作业的中间站可实现行车指挥无人化。中间站行车指挥有关岗位取消后，按照专业相近、作业关联、管理直接、设置合理的原则，对原有岗位、职能和作业方式重新进行调整和划分。

新一代调度集中系统吸取传统 CTC 的经验和教训，充分考虑中国铁路客货混跑、调车作业多的实际情况，采用“分散自律”的理论，将调车控制纳入 CTC 功能中来，系统无须切换控制模式即可实现行车作业和调车作业的协调办理，并且能够进行无人值守车站的调车作业，从而将调度集中的优势彻底发挥出来。

建设新一代 CTC 本着“以 TDCS 为平台，以 CTC 为核心”的原则来进行。CTC 系统包含了 TDCS 的所有功能，如列车运行监视，车次号自动跟踪，到发点自动采集，实际运行图自动生成、阶段计划的自动调整，调度命令的网络下达，车站行车日志自动生成等，在此基础上进一步实现了车站信号设备的集中控制，列车进路的按图排路和调车控制。在软件、硬件设备及网络传输通道上，FZk-CTC 系统将最大限度地利用既有 TDCS 系统的资源，以节省投资。

3.9.2 FZk-CTC 型分散自律调度集中系统结构

新型调度集中系统由调度中心系统、车站系统、网络传输系统三部分构成，如图 3.32 所示。

1. 调度中心系统

1）调度中心应用系统

（1）列车调度员工作站。列车调度员台工作站配备带 3～4 台大屏幕显示器，主要功能是实时监控管辖范围内列车运行状态，制定、调整和下达列车阶段计划，查阅实际运行图，下达调度命令以及与相邻区段列车调度员交换信息。每个调度区段配备一套备用设备，当主用设备故障时，可取代故障设备，保证系统的正常工作。

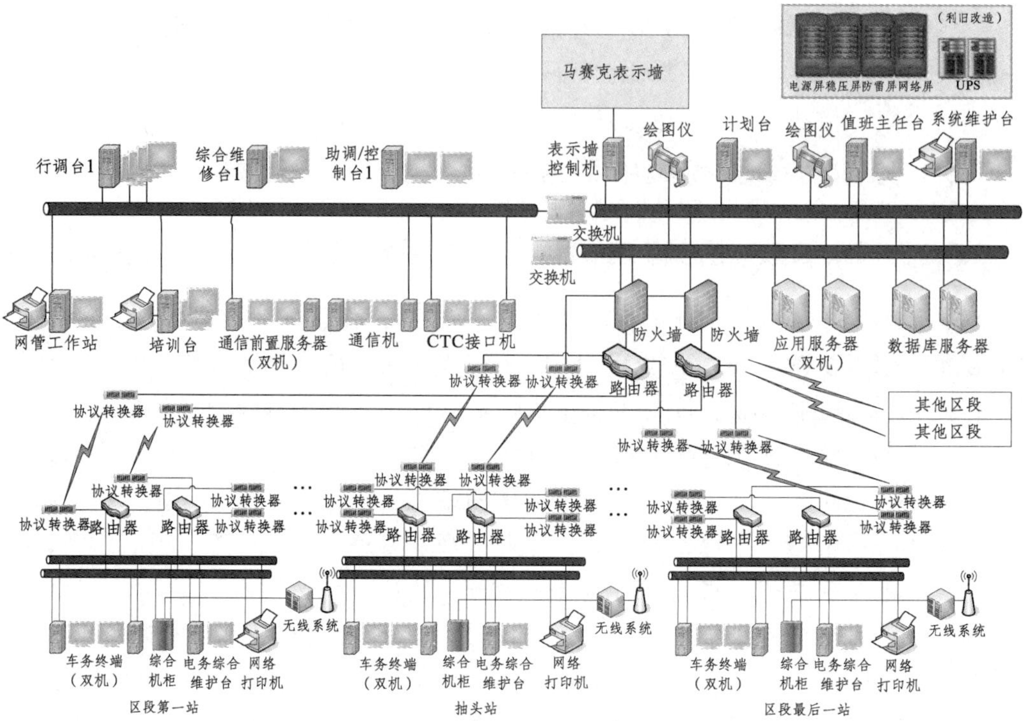

图 3.32　FZk-CTC 型分散自律调度集中系统结构

（2）助理调度员工作站。助理调度员工作站一般配备 1 ~ 2 台大屏幕显示器，主要功能是无行车人员车站的调车作业计划的编制、调整以及调车工作的领导工作；同时，可以根据阶段计划和调度员的口头指令进行车站的调车进路的排列。每个调度区段配备一套备用设备（采用 $N+1$ 备份，同列车调度员台合用备用设备），当主用设备故障时，可取代故障设备，保证系统的正常工作。

（3）控制工作站。控制工作站一般配备 1 ~ 2 台大屏幕显示器，主要功能是提供车站的按钮操作界面，可以直接遥控车站的进路和其他信号设备。本工作站可以和助理调度员工作站合并。

（4）调度长工作站。调度长工作站一般配备 1 ~ 2 台显示器，让调度长掌握线路实际运营情况，组织生产和运输指挥。

（5）计划员工作站。计划员工作站一般配备 1 ~ 2 台显示器，提供站场显示和实际运行图显示，辅助计划调度完成日班计划的生成和下达。

（6）培训台工作站。培训台工作站配备带多显示器的计算机设备，可为调度中心各级行车指挥人员提供系统岗位技术培训。

（7）打印机和绘图仪。作为共享设备执行各工作台的绘图和打印命令。

2）总机房设备

（1）数据库服务器。双机热备配置，安装数据库管理系统 DBMS（DB2），主要功能是存储 TDCS/CTC 系统的基本图、日班计划、阶段计划、实绩运行图及其他各项数据等。

（2）应用服务器。双机热备配置，主要功能包括列车阶段计划的生成、调整、冲突检测和调车作业计划的生成等应用，是调度中心系统的核心处理设备。应用服务器可以和数据库服务器合并。

（3）通信前置机。双机热备配置，主要功能是完成中心系统与车站系统的数据交换和通信隔离。

（4）系统维护工作站。系统维护工作站一般配置 1 台大屏幕显示器，主要完成网络管理、设备运行状态监视、数据更新等维护功能。

（5）接口机。接口机分为 TMIS 系统接口机、分界口系统接口机等，实现与其他各相关系统间的数据交换和资源共享。

（6）试验分机。调度中心总机房设置一套试验分机用于车站分机设备的测试和系统的调试。

（7）电源系统。电源系统采用集中供电方式，由防雷屏、转换屏、稳压屏、UPS 电源等组成。

2. 车站系统

新一代调度集中系统 FZk-CTC 采用了分散自律的理念，即由车站系统完成进路选排、冲突检测、控制输出等核心功能，所以 FZk-CTC 的车站系统方案设计是极其关键的。

1）车站自律机

车站自律机是新一代分散自律型调度集中系统的车站核心设备，其硬件选用专用的工业级计算机设备，在可靠性、数据处理能力等方面有严格保证。车站自律机的操作系统则是特殊定制的实时多任务操作系统，在软件设计上保证高效、简洁、严密，且经过完整全面的测试。

车站自律机的功能主要包括：

（1）接收存储调度中心的列车运行计划、调车作业计划等，并可以自动按计划进行进路排列，驱动联锁系统执行。

（2）接收调度中心和本地值班员（信号员）的直接控制操作指令（按钮命令），经与列车计划以及联锁关系检查后，确认无冲突后驱动联锁系统执行。

（3）对信号设备的表示信息进行分析，确认进路的完整性和信号的正确性，并能对不正常情况进行处理。

（4）对车次号进行安全级管理。

（5）列车及调车作业的跟踪。

（6）接收邻站的实际和计划运行图。

（7）接收调度中心和本站值班员的进路人工干预，并调整内部处理流程。

（8）采集数据处理形成信号设备的图形表示信息。

（9）列车车次跟踪显示处理。

（10）向调度中心发送设备表示信息。

（11）形成本站的自动报点信息。

2）输入/输出板

对于6502继电集中联锁车站，需要设置输入/输出板，完成输入码位的采集和CTC控制指令的输出。输入/输出板包括信息采集板（DIB）和控制输出板（DOB）。

3）车站值班员工作站

值班员工作站设置于车站运转室内，一般采用双显示器，并采用双机热备模式。其功能主要包括：

（1）用户登录和权限管理。

（2）基本图、日计划、班计划、车站调车计划、阶段计划、调度命令的调阅与签收。

（3）调车进路的办理，相邻车站的站场显示，区间的运行状态显示。

（4）车次号的输入修改确认。

（5）行车日志的自动记录、存储、打印。

（6）列车编组和站存车的输入上报。

（7）调车计划的编制和打印。

4）电务维修终端

系统维护工作站设置于车站信号机械室内，通过CAN或其他现场通信技术与微机监测单元通信，获取信号设备的工作状态，供电务维修人员参考使用。

5）综合维修终端

综合维修工作站用于无行车值班人员的车站，电力、工务、桥隧等工种人员施工时，与调度中心联系进行施工申请，签收调度命令等。

3. 网络传输系统

调度中心采用两台高性能100 M交换机构成中心冗余局域网的主干，服务器、工作站等计算机设备均配备两块100 M冗余网卡与交换机连接；调度中心还采用两台中高端CISCO路由器与车站基层广域网连接，路由器应具备足够的带宽和高速端口以满足通信要求，同时为了保证中心局域网的安全，路由器和交换机之间应加装防火墙隔离设备。

车站系统采用两台高性能交换机或集线器构成车站局域网主干，车站调度集中自律机、值班员工作站、信号员工作站等设备均配备两个以太网口进行网络连接。车站系统也需要配备两台路由器和车站基层广域网连接。

车站基层广域网连接调度中心局域网和各车站局域网，应采用双环、迂回的高速专用数字通道，数字通道的带宽不应低于 2 Mbps，每个通道环的站数不应超过 8 个站。为了确保通信的可靠性，每个环应交叉连接到局域网两台路由器上。

网络通信协议采用通用的 TCP/IP 协议，可采用 CHAP 身份验证及 IPSEC 等安全保密技术。

电务维修系统的网络一般情况下和 CTC 网络隔离。

3.9.3　FZk-CTC 型分散自律调度集中系统的特点

FZk-CTC 型分散自律调度集中系统具有以下特点：

（1）系统关键单元的 1 + 1 防护，故障情况下无须人工干预的热备切换。

（2）分散自律的功能配置，在中央故障时仍可完成大部分自动控制功能。

（3）集中分布式的广域网结构设计，方便系统扩容需要。

（4）模块化的软件设计，灵活适应用户的需求。

（5）符合人机工程原理的标准化图形用户界面。

（6）完善的故障诊断功能，减少系统维护时间。

（7）与各种微机联锁、ATP、ATO 和车地通信系统的无缝集成。

（8）基于 UNIX、关系型数据库和面向对象技术的高可靠性设计，保证系统运行的稳定可靠。

（9）对恶意入侵的实时监测，保障系统的信息安全。

（10）全系统的时钟同步。

（11）传输系统采用数字传输通道，并提供标准的接口。

3.9.4　FZk-CTC 型分散自律调度集中系统的功能

FZk-CTC 型分散自律调度集中系统具有以下功能：

（1）调度指挥功能。

（2）基本图制定（TDCS）。

（3）日班计划制订（TDCS）。

（4）自动按图排路（CTC）。

（5）接车进路预告（CTC）。

（6）车次跟踪和实际运行图（TDCS）。

（7）中心列车运行实时监视（TDCS）。

（8）调度命令，行车凭证的下达（TDCS）。

（9）车站站间透明显示（TDCS）。

（10）车站行车日志的自动生成（TDCS）。

（11）车站运用车报表的编辑与传递。

（12）甩挂车计划下达和上报。
（13）列车速报的传递。
（14）统计报表。
（15）调车作业计划的制订。
（16）调车作业单。
（17）调车进路的自动选择。
（18）调车作业与列车作业的冲突。
（19）调车进路的排列。
（20）维护管理功能。
（21）数据回放功能。
（22）电务综合维修。
（23）操作记录。
（24）试验分机功能。
（25）远程诊断功能。
（26）培训功能。

3.10 调度集中系统外部接口

调度集中系统除了要与计算机联锁系统留有接口外，高速铁路 CTC 系统还需与列车控制系统的地面设备交换数据，确保列车安全高效地运行。其中，TCC（Train Control Center，列车控制中心）是 CTCS-2 级列控系统的核心地面设备；RBC（Radio Block Center，无线闭塞中心）和 TSRS（Temporary Speed Restriction Server，临时限速服务器）是 CTCS-2 和 CTCS-3 级列控系统的核心地面设备。另外，其他系统如 GSM-R、信号集中监测系统、既有线 TDCS 以及无线调车机车监控系统也需要与 CTC 系统互传数据。

3.10.1 调度集中与高速铁路列控系统的接口

1. 调度集中与列控中心（TCC）的接口

TCC 是 CTCS-2 级列控系统中直接关系列车运行安全的核心设备，也是 CTCS-3 级的后备冗余设备，它根据线路限速状况、列车位置和进路状态等信息，产生列车的行车许可命令，并通过轨道电路和有源应答器传输给车载子系统，保证其管辖范围内所有列车安全运行。

（1）接口原则。

① TCC 与 CTC 系统间采用 RS 422 电缆双通道交叉冗余连接，并采取隔离措施。

② TCC 与 CTC 间应采用 RSSP-I 铁路信号安全通信协议。

③ TCC 与 CTC 间按 500 ms 固定周期交互数据。

④ 仅本地设备的主系向外部设备的主、备系发送应用数据消息；本地设备的备系仅向外部设备发送通信检测数据（应用数据域可为全 0 或应用层信息包中规定的数据）。外部设备接收到对方备系数据仅用于判定通信连接状态。

⑤ TCC 和 CTC 间通信应包含接口版本校验功能，若接口版本信息校验不通过，则该数据包不可用，系统应输出报警。

（2）接口要求。

车站自律机和车站列控中心使用光电隔离器进行电气隔离，保证二者电气上的独立性。车站自律机和车站列控中心采用带交叉的四线连接，保证通信的可用性。

车站自律机和 TCC 都是车站的关键设备，采用双机热备的方式提高系统的可靠性，自律机与 TCC 间进行交叉连接，采用隔离的 RS 422 双通道交叉冗余连接实现数据的安全通信，接口协议符合铁路相关部门规定的接口标准和技术要求，如图 3.33 所示。

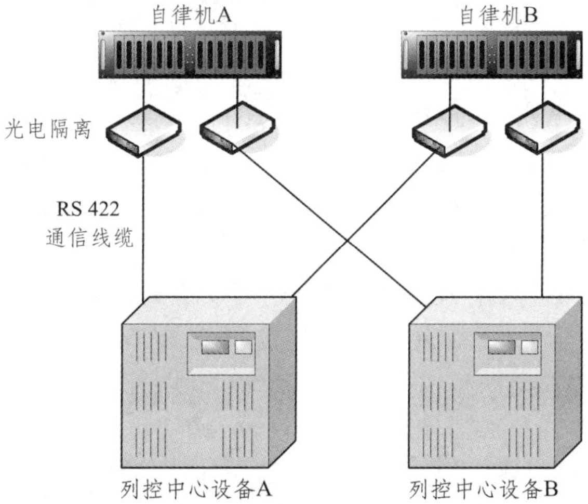

图 3.33　车站自律机和列控中心设备的接口

车站或无岔站 TCC 与 CTC 系统进行直接通信，而中继站 TCC 则通过其主管的车站 TCC 与 CTC 系统进行间接通信。

（3）C2 客专列控新特点。

① C2 客专增加了区间中继站，区间中继站设置列控中心（不设置 CTC 设备），列控中心站间进行了联网，区间中继站的信息通过车站列控中心传送给 CTC。

② CTC 与车站列控中心接口采用安全协议，保证信息的有效性、完整性和安全性。

③ CTC 区间中的闭塞分区占用/空闲、区间信号机表示等信息通过车站列控中心采集。

（4）CTC 与 TCC 间的交互信息。

CTC 发送到列控中心的信息：

① 区间占用逻辑检查控制指令：闭塞分区确认无车占用、区间逻辑状态总解锁、区间逻辑检查开启/关闭。

② 通信握手。

列控中心发送到 CTC 的信息：

① 闭塞分区占用、空闲，低频码。

② 区间信号机表示状态。

③ 区间运行方向。

2. 调度集中与无线闭塞中心（RBC）的接口

RBC 是基于铁路信号故障导向安全的计算机控制系统，属于 CTCS-3 级列控的核心部分。RBC 根据地面子系统或来自外部地面系统的信息，如轨道占用信息、进路状态、临时限速信息等生成行车许可，通过 GSM-R 无线通信系统将行车许可、线路参数、临时限速传输给 CTCS-3 级车载设备；同时，通过 GSM-R 无线通信系统接收车载设备发送的位置和列车数据等信息，从而保证其管辖范围内的列车安全运行。

（1）接口原则。

① RBC-CTC 间的接口是 CTCS-3 级列控系统中信号控制的重要组成部分，RBC 和 CTC 之间应具备数据交换的功能。

② RBC-CTC 之间信息交换应满足 CTCS-3 级列控系统的运用要求。

③ CTC 应显示和记录 CTCS-3 级列控系统车载设备传输的相关信息。

④ CTC 应向 RBC 提供时钟信息。

⑤ RBC-CTC 之间应采用 RSSP-II 铁路信号安全通信协议。

⑥ RBC-CTC 之间应采用专用的冗余传输通道，确保信息传输的安全性和可靠性。

（2）通信安全体系结构。

RBC 与 CTC 间的安全通信体系结构采用分层模型，如图 3.34 所示。RBC 与 CTC 间的安全通信体系结构包括应用层、安全功能层和通信功能层。

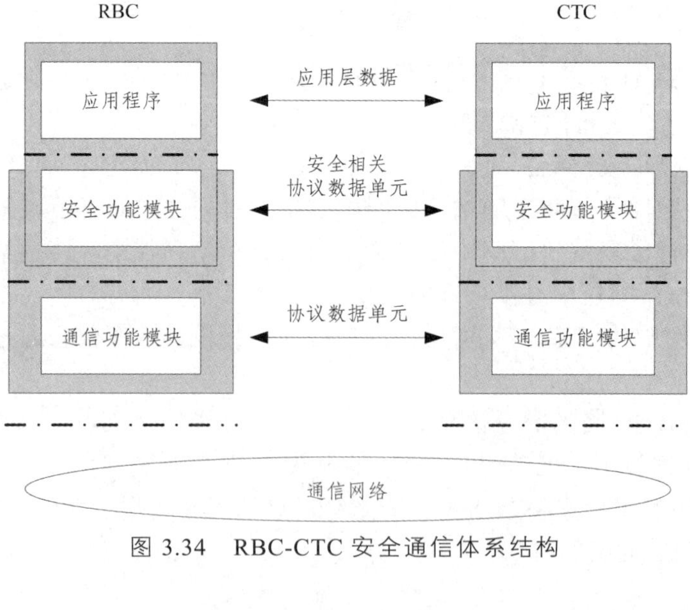

图 3.34 RBC-CTC 安全通信体系结构

（3）接口要求。

① RBC-CTC 接口协议采用分层结构，双方的协议层应保持在对等逻辑连接状态。

② RBC-CTC 接口任一层连接的建立应以其下一层的连接为基础。

③ CTC 系统应设置双套冗余的 RBC 接口服务器与 RBC 通信。

④ RBC-CTC 系统中的 RBC 接口服务器通信的底层采用以太网连接，宜采用 2 M 专用数字通道，距离较近（小于 200 m）时采用网络直连，物理接口应采用 RJ 45，如图 3.35 所示。

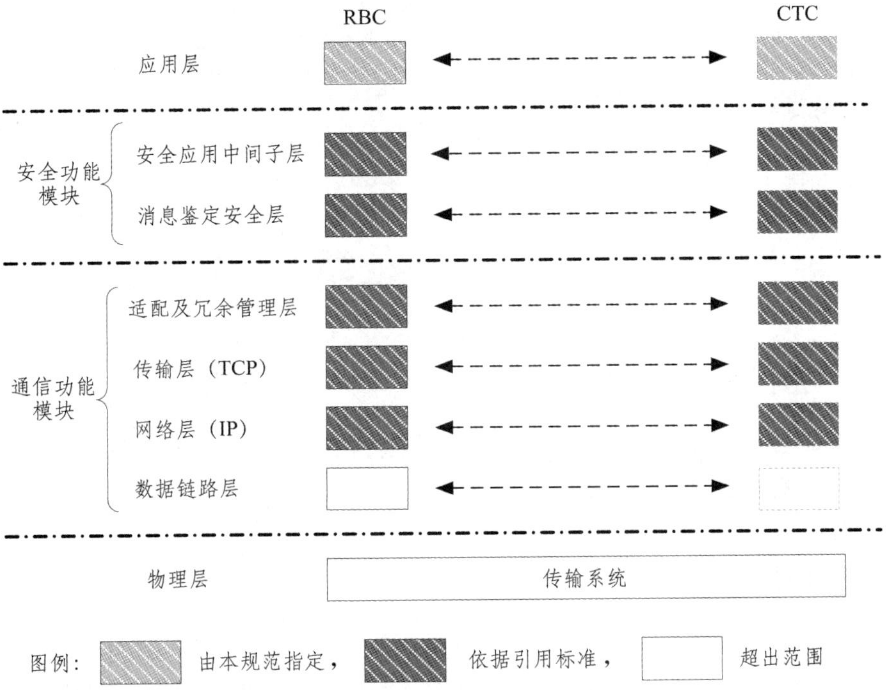

图 3.35　RBC-CTC 安全通信接口采用分层结构

（4）接口方式。

CTC 与无线闭塞中心（RBC）接口如图 3.36 所示。

（5）CTC 与 RBC 间的交互信息。

CTC 与 RBC 间的交互信息采用安全协议保证信息的有效性、完整性、安全性。

由 CTC 发送到 RBC 的信息：

① 紧急停车控制命令（预留）。

② 文本信息（预留）。

③ 时钟同步信息。

由 RBC 发送到 CTC 的信息：

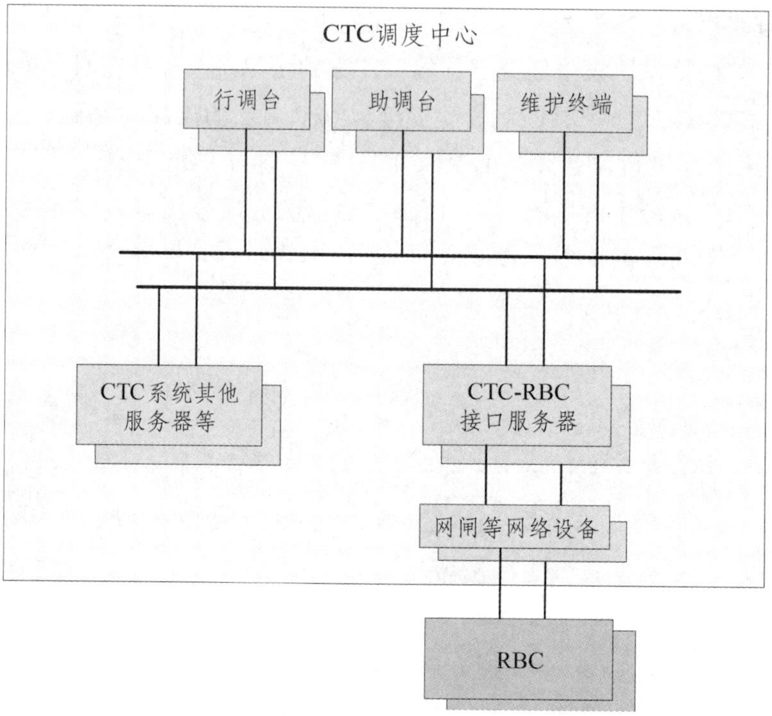

图 3.36　调度集中 CTC 与无线闭塞中心 RBC 的接口

① 列车位置、车次号、车载工作模式、速度信息等列车状态信息。

② 连接状态信息，包含 RBC 工作状态。

③ 报警信息。

④ 操作反馈信息。

3. 调度集中与临时限速服务器（TSRS）的接口

高速铁路 CTCS 为了统一管理临时限速，提高临时限速命令的安全性，增设了临时限速服务器 TSRS。TSRS 用于验证新设临时限速参数的正确性，并检查相关受令设备的临时限速执行情况。TSRS-CTC 间的接口是 CTCS-3 级列控系统中信号控制的重要组成部分。

（1）接口原则。

① TSRS-CTC 间的接口是 CTCS-3 级列控系统中信号控制的重要组成部分，TSRS 和 CTC 之间应具备数据交换的功能。

② TSRS-CTC 之间信息交换应满足 CTCS-3 级列控系统运用要求。

③ TSRS-CTC 之间安全协议应采用《RSSP-II 铁路信号安全通信协议》。

④ TSRS-CTC 之间应采用专用的冗余传输通道，确保信息传输的安全性和可靠性。

⑤ CTC 应向 TSRS 提供时钟信息。

（2）安全通信体系结构。

TSRS-CTC 的安全通信体系结构采用分层模型，如图 3.37 所示。

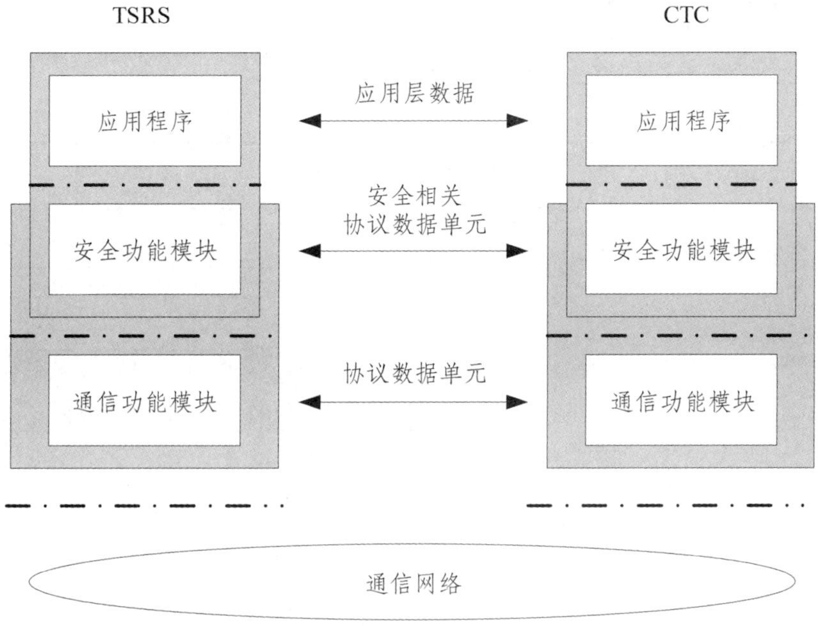

图 3.37　TSRS- CTC 安全通信体系结构

（3）接口要求。

① TSRS-CTC 接口协议采用分层结构，双方的协议层应保持在对等逻辑连接状态。

② TSRS-CTC 接口任一层连接的建立应以其下一层的连接为基础。

③ CTC 系统应设置双套冗余的 TSRS 接口服务器与 TSRS 通信。

④ CTC 应向 TSRS 提供 NTP 时钟信息。

⑤ TSRS-CTC 接口中所有交互数据均按大端字节序传输。

⑥ TSRS-CTC 之间的连接方式采用 2 M 专用数字通道，物理接口采用 RJ 45。

⑦ 主系统负责与外部设备建立通信安全连接并交互应用数据；备系仅作通道连接状态检测。

⑧ 当 TSRS 与 CTC 间通信中断时，TSRS 应将故障信息报告给信号集中监测系统 CSM；CTC 应给出故障报警并清除实时显示的限速状态。

CTC 与 TSRS 之间连接关系如图 3.38 所示，调度集中与临时限速服务器 TSRS 的接口如 3.39 所示。

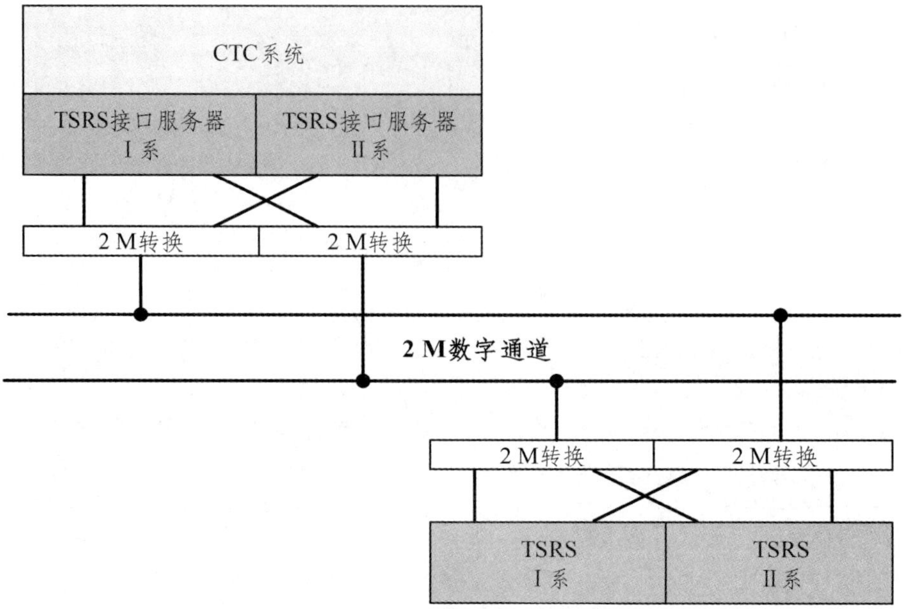

图 3.38　CTC 与 TSRS 之间连接关系

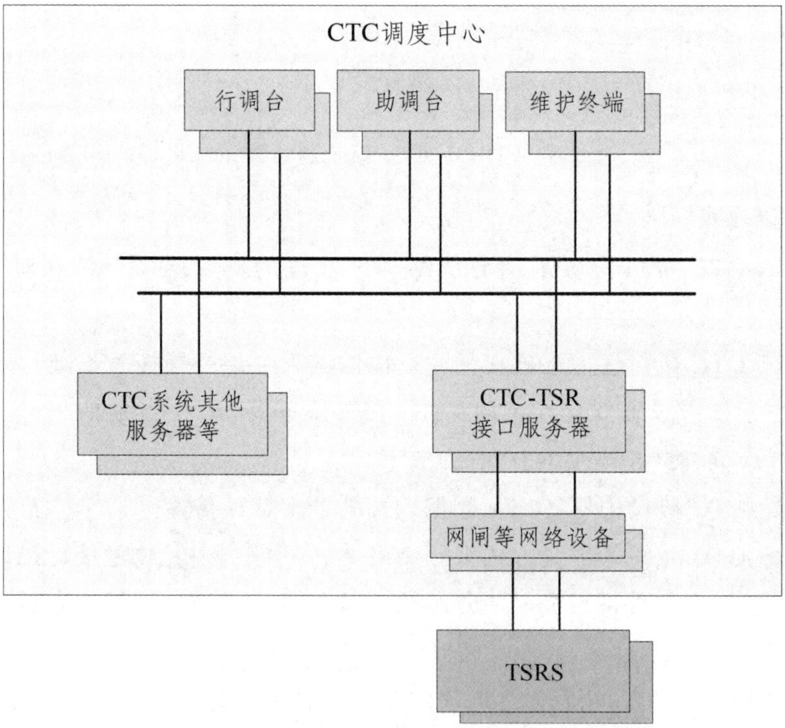

图 3.39　调度集中与临时限速服务器 TSRS 的接口

（4）CTC 与 TSRS 间的交互信息。

CTC 系统与 TSRS 交换的信息：

① TSRS 向 CTC 系统提供列控限速命令的存储、校验、拆分、删除、设置、取消等逻辑执行功能，并管理限速命令的执行历史记录。

② CTC 系统向 TSRS 提供限速命令（包括取消命令）的拟定、执行、存储显示、删除、TSRS 系统初始化、TSRS 提示信息显示、TSRS 报警信息显示、站场图限速、光带显示等界面功能。

3.10.2 调度集中与 GSM-R 的接口

GSM-R 无线移动通信系统的作用就是把分散自律调度集中（CTC）的调度命令、接车进路预告信息、调车作业通知单等可靠地传送到机车上；并将机车发送的无线车次号、调度命令（无线进路预告）回执等信息发送回分散自律 CTC 系统。

CTC 与 GSM-R 的接口如图 3.40 所示。

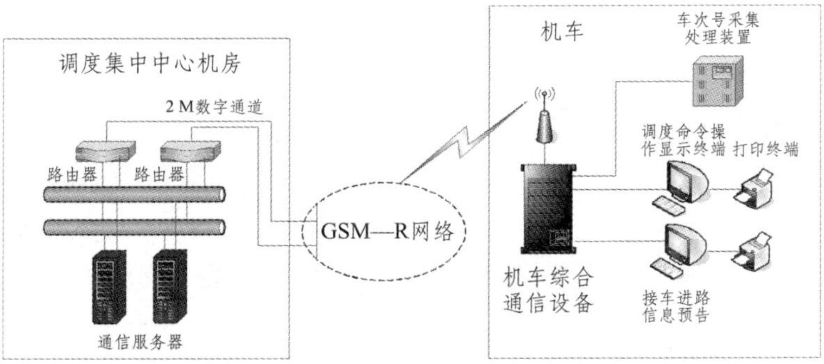

图 3.40 CTC 与 GSM-R 的接口

3.10.3 调度集中与 TDCS 的接口

1. CTC 与既有线 TDCS 的接口

CTC 以 TDCS 为平台，实现以日班计划图、列车运行阶段计划为主轴，将阶段计划下传到各个车站的分散自律机中自主执行列车和调车作业。除了完成 TDCS 的全部功能外，CTC 还可以完成管内车站信号设备的操控功能。

CTC 系统直接涉及行车安全，需自成体系，单独组网。CTC 系统在建成之后，其 CTC 中心局域网并入 TDCS 中心局域网中，如图 3.41 所示。

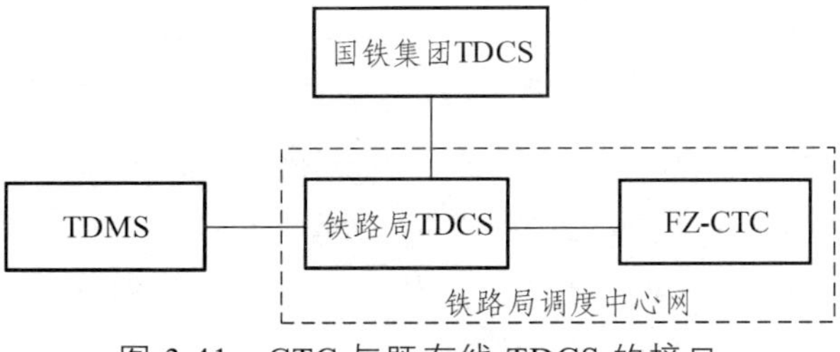

图 3.41 CTC 与既有线 TDCS 的接口

分散自律调度集中端设置两台接口服务器 CTC/TDCS 接口服务器 A 和 B，TDCS 端设置两台接口服务器 TDCS/CTC 接口服务器 A 和 B，四台接口服务器分别设置双网卡，分别连接到铁路局调度中心的主备局域网中，如图 3.42 所示。

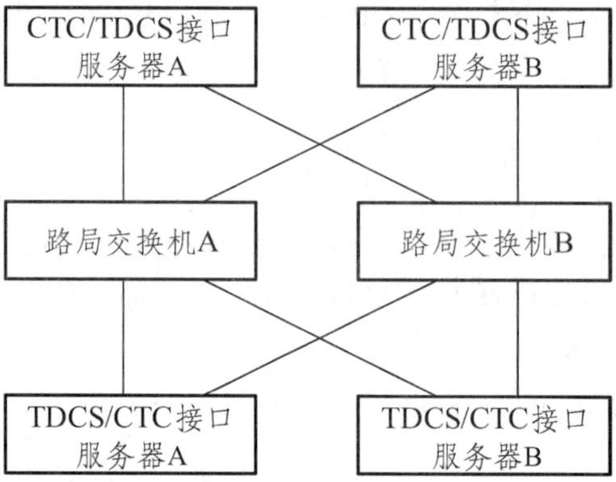

图 3.42 CTC 与既有线 TDCS 的接口

2. 高速铁路 CTC 与普速铁路 TDCS/CTC 的接口

高速铁路 CTC 系统与本局普速铁路 TDCS/CTC 系统接口主要解决枢纽地区列车计划衔接、列车转线运行衔接、信息集中查询等需求。接口方式是在高速铁路 CTC 中心和普速 TDCS/CTC 中心分别设置接口服务器，如图 3.43 所示。

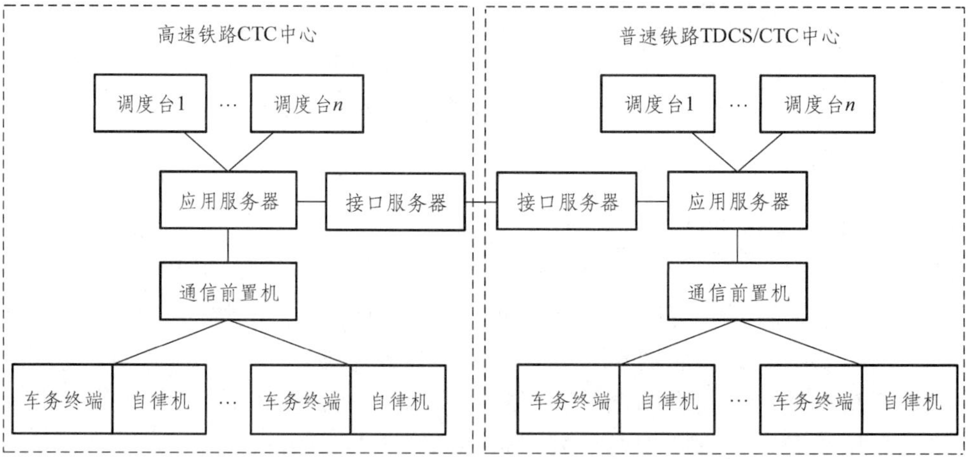

图 3.43 高速 CTC 与普速 TDCS/CTC 的接口

3. 相邻铁路局间高速铁路 CTC 中心的接口

相邻铁路局间由于存在列车跨线运行，因此相邻铁路局高速 CTC 中心之间也需要交换相关信息，这些信息包括列车运行计划、调度命令、站间透明信息、GSM-R 无线车次信息、临时限速黄色光带、RBC 信息转发共享等。它们之间的接口方式也是在各自的高速铁路 CTC 中心设置接口服务器来实现的，如图 3.44 所示。

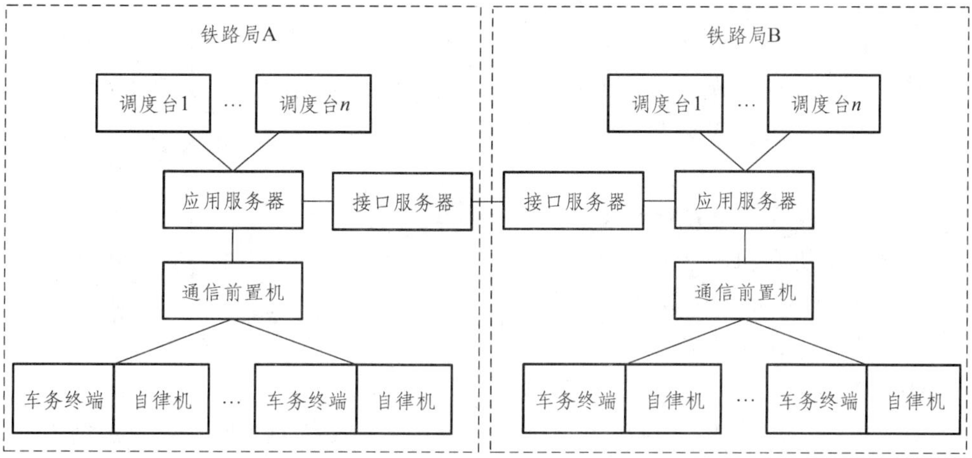

图 3.44 相邻局高速 CTC 中心间的接口

4. 铁路局高速铁路 CTC 与国铁集团 TDCS/CTC 的接口

铁路局高速铁路 CTC 中心与国铁集团 TDCS/CTC 中心接口以满足国铁集团对高速铁路列车运行的监督与指挥的需求。铁路局通过设置在高速铁路 CTC 中心的接口服务器来实现与国铁集团 TDCS/CTC 的接口，如图 3.45 所示。

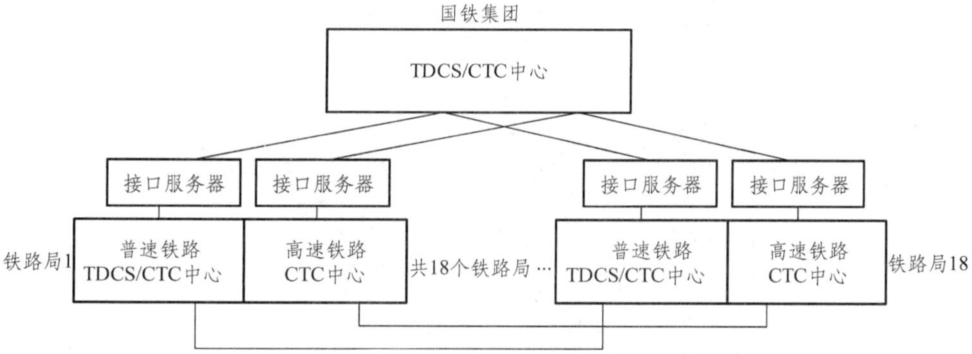

图 3.45 高速铁路 CTC 中心与国铁集团 TDCS/CTC 间的接口

3.10.4 调度集中与无线调车机车监控系统的接口

在安装 CTC 系统的调度区段，专用调车机车应安装无线调车机车信号和监控系统（简称调车监控系统）。CTC 系统与调车监控系统的通信接口由 CTC 系统车站自律机、调车监控地面主机，以及两者之间通信设备组成。双方各提供一个 RS 422 串口进行连接，双机配置的系统需先进行硬件切换，保证只有当前主机的串口有效，如图 3.46 所示。

CTC 系统与调车监控系统之间传送的信息：

（1）CTC 系统向调车监控系统发送的消息：站场表示信息、调车作业通知单信息、时钟信息等。

（2）调车监控系统向 CTC 系统发送的消息主要指司机在机车上进行的与调车作业有关的操作信息：调车申请、调车作业单回执信息、调车作业单发送机车情况的回执等。

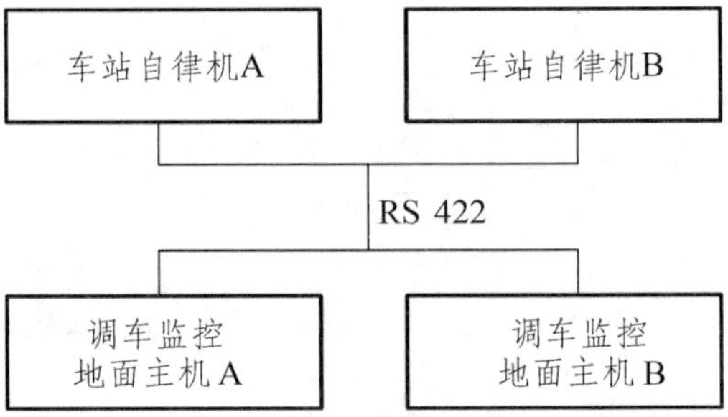

图 3.46　CTC 系统与调车监控系统接口硬件连接

（3）双方互发的消息：控制状态信息（即 CTC 系统与调车监控系统相互沟通运行状态的数据）、数据流向（即没有数据需要传送时，通信双方发送的心跳信息）等。

3.10.5　调度集中与信号集中监测（CSM）系统的接口

铁路信号集中监测（Centralized Signaling Monitoring，CSM）系统实现信号设备状态实时监测、指导现场维修、辅助处理信号设备故障等目的，是信号设备安全的“黑匣子”。CTC 系统与信号集中监测系统之间通过 CTC 车站子系统的电务维护终端与信号集中监测系统的站机实现互联。电务维护终端与集中监测站机之间，采用带光电隔离的 RS 422 串行接口，双绞四线制、异步全双工方式或采用 TCP/IP 的以太网络连接方式，如图 3.47 所示。

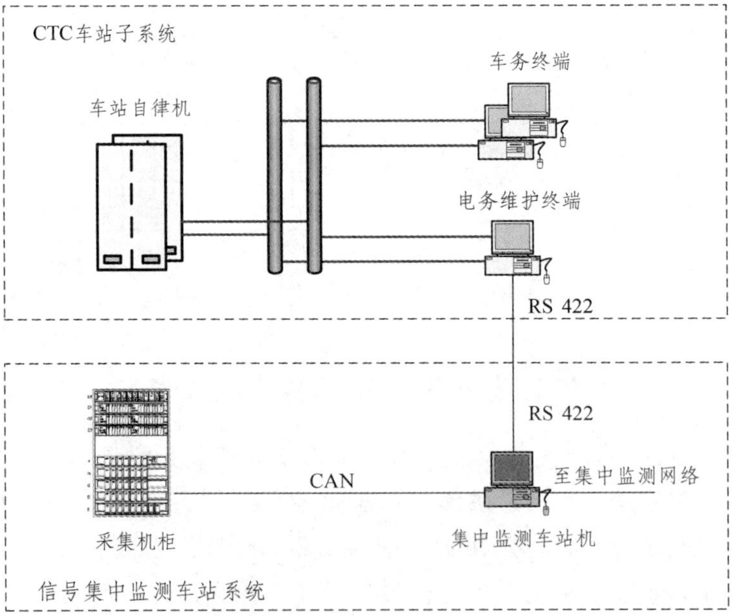

（a）RS 422 方式连接

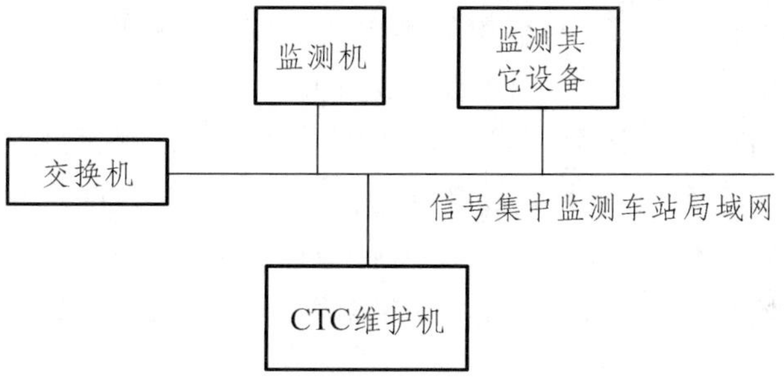

（b）以太网连接方式

图 3.47　CTC 与信号集中监测系统的接口

CTC 系统与信号集中监测系统间的信息传递是单向的，即仅 CTC 系统向信号集中监测系统提供信息，而集中监测系统不为 CTC 系统提供信息。

CTC 系统向信号微机监测系统提供的信息包括站场表示信息（包括信号状态、区段状态、道岔状态、按钮状态、表示灯状态、各类报警信息等）、CTC 系统工作状态、网络状态。集中监测站机每隔 1 min，向电务维护终端请求站场表示信息（可选），电务维护终端则把全部站场表示信息传输给综合监控车站机。两次请求之间，若站场表示信息变化，电务维护终端自动把当前变化的站场表示信息传输给综合监控车站机。

本章小结

本章主要介绍了传统和分散自律调度集中系统的基本概念、系统设计、系统结构、外部接口等内容，并结合目前比较实用的调度集中系统做了进一步的说明。

铁路运输系统的调度集中设备，是运用远动技术的理论基础，结合铁路运输的特点和具体要求而构成的遥控、遥信系统。采用调度集中，可以有效提高运输效率、改善劳动条件，为实现行车指挥自动化提供可靠保证。

传统调度集中系统的功能主要表现在对现场信号设备的集中控制和对现场信号设备状态的集中表示两大方面。其系统结构主要有两种，即分布式多微机结构和网络化结构。

随着社会的发展，我国铁路面对列车高速度、高密度、高质量的市场化要求，迫切需要现代化的调度指挥系统，传统的“遥控型”调度集中系统已远远不能满足现代铁路运输的要求，必须开拓新的思路，按照适应生产力布局调整行车组织改革的思路，研究新一代调度集中系统。

分散自律调度集中系统具备了调车进路远程控制和智能化控制的功能，有效地解决了车站与调度中心频繁交换控制权进行调车控制的问题，非常适合我国铁路客货列车混跑、调车作业量大的运输特点，在我国具有广阔的发展前景。

相对于传统调度集中系统来说，分散自律调度集中系统还具备列车进路和调车进路的自动/人工控制功能。其网络结构采用中心/车站局域网的交叉连接星形网络和双环迂回网间结合的广域网结构，因此具有很强的安全性能。

目前，我国铁路广泛采用分散自律调度集中系统，这些系统主要包括卡斯柯信号有限公司的 FZk-CTC、北京交大微联科技有限公司的 FZj-CTC、中国铁路通信信号集团公司研究设计院的 FZt-CTC、河南辉煌科技股份有限公司的 FZh-CTC 和中国铁道科学研究院通信信号研究所的 FZy-CTC。新建的客运专线及城际铁路均采用分散自律调度集中系统。

调度集中系统是铁路信号基层网建设的重要基础设备，其今后的发展方向就是智能化和集成综合化。借助大数据分析、人工智能学习、信息深度融合、无线专网通信等相关技术和手段，将打造更加安全、更加高效的下一代智能 CTC 系统。

思考题

1. 什么是调度集中？其用途是什么？
2. 简述传统调度集中设备概况。
3. 传统调度集中系统的主要功能有哪些？
4. 常见的传统调度集中系统结构有几种？简述它们的组成。
5. 简述传统调度集中存在的问题。
6. 叙述分散自律调度集中的系统结构和网络结构。
7. 结合分散自律调度集中主要模块的功能设计出分散自律调度集中的主要数据的流程。
8. 叙述分散自律调度集中怎样解决了传统调度集中存在的问题。
9. 调度集中系统的外部接口有哪些？
10. 调度集中与高速铁路列车控制系统的 TCC、RBC、TSRS 是如何接口的？

本章数字资源

第 4 章 铁路列车调度指挥系统（TDCS）

铁路列车调度指挥系统（Train operation Dispatching Command System，TDCS）原名铁路运输调度指挥管理信息系统（Dispatch Management Information System，DMIS）。TDCS 是实现铁路各级运输调度对列车运行的透明指挥、实时监督调整、覆盖全路的现代化铁路列车调度指挥系统。TDCS 是铁路运输调度指挥的基础设施，是铁路运输生产的重要技术装备，由国铁集团、铁路局、车站三级构成。TDCS 利用信息技术、网络技术、控制技术等现代科学技术手段取代传统落后的行车指挥手段，采用并结合先进的通信、信号、计算机网络、数据传输、多媒体技术等现代信息技术，在保证网络安全的前提下，与相关系统紧密结合、互联互通、信息共享，实现了铁路运输组织的科学化、现代化，增加了运能，提高了效率，减轻了调度人员的劳动强度，改善了调度指挥的工作环境。

以 TDCS 为平台，组建分散自律、智能化、高安全、高可靠的新一代调度集中系统，是实现铁路提速、高速以及减员增效的根本保证。根据国铁集团信息化建设的总体思路，我国铁路是以 TDCS 为平台，以调度集中（CTC）为核心，构建铁路现代化的调度指挥系统，以现代运输的理念大力推动铁路运输调度指挥系统建设。

4.1 TDCS 概述

4.1.1 发展历程

随着铁路运输事业的发展，无论是铁路营业里程、行车密度还是列车运行速度都有了很大提高，尤其是代表其高新技术的通信、信号领域就更为显著。但是，作为铁路运输调度指挥系统的手段和设备却一直维持在极其落后的状态，基本上沿用过去“老四样”，即一部电话、一支笔、一把尺、一张图的传统手工方式，信息量少，实时性、可靠性差，各级调度人员在繁忙、紧张、疲劳的状态下被动指挥，其后果是对非常事件的处理、应变能力不足，影响铁路运输能力的充分发挥。为了改变这一落后面貌，提高铁路运输管理水平和运输能力，改善服务质量，原铁道部决定，在全路建设以铁道部调度大楼为核心的 DMIS。

1996 年 1 月 18 日，部长办公会上通过了 DMIS 工程实施可行性报告，决定在全路组织建设以铁道部全路运输调度为核心的 DMIS 工程。

1996 年 10 月 3 日，铁道部以铁计营〔1996〕137 号文下达了《关于铁路运输调度指挥管理信息系统工程总体方案的批复》。根据批复，总体设计组开始了 DMIS 一期工程初步设计工作。1997 年 6 月 11 日，在 TDCS 工程专题会议上确定了 DMIS 一期工程范围。1998 年 3 月 26 日，铁道部以铁电务〔1998〕33 号文下达了《关于加快 DMIS 一期工程建设的通知》，对全面启动 DMIS 工程做出了具体部署，明确了工期要求，工程实施正式起步。

2000 年 4、6、8 月，铁道部运输局基础部分别在北京和南京召开了无线车次号校核系统技术和工程实施的会议，对技术方案的确定、工程实施的步骤、产品生产的进度等进行了具体的安排，并决定在京沪线南京分局管内组织实施，在总体组和有关工厂、铁通公司、机务、电务的共同努力下，使无线车次号校核系统按期完成，为 DMIS 实现全部功能奠定了坚实的基础。

2001 年，铁道部在全路信息化工作会议上做出决定，要求 DMIS 一期工程抓紧收尾，全面进行 DMIS 二期工程建设。

2001 年 10 月底，由通号设计院创立的“南京模式”在南京通过了铁道部组织的技术鉴定，为全路推广创造了条件。抓住南京分局模式这个典型，运输局基础部在南京多次召开现场会，向全路推广南京分局经验，由此带动了 DMIS 工程建设的新高潮。

2002 年 5 月至 2003 年 11 月，经过参建单位的奋力拼搏、苦干实干，兰州铁路局仅仅用了一年多的时间，在全路率先建成并开通了覆盖全局所有干线及主要支线的 DMIS，实现了“五全”，即“全局全覆盖、功能全实现、系统全脱图、DMIS 加调度集中（青藏线西宁—哈尔盖段）全开通、维护管理全到位”的目标，真正达到了高运输效率，减轻调度员和值班员劳动强度，提高运输调度指挥自动化水平，减员增效的目的。同时，在西宁铁路分局（现青藏铁路公司）实现了（铁路运输管理信息系统 Transportation Management Information Systems，TMIS）和 DMIS 结合，建成了运输综合调度指挥管理系统。

2003 年底，在京沪全线全面实现了 DMIS 功能，上海铁路局上海、南京分局，北京铁路局北京、天津分局，济南铁路局济南、徐州分局全部或部分调度台已实现“甩图”，全线 100 多个车站全部实现车站值班员用计算机接收阶段计划、调度命令、生成行车日志等功能，为繁忙干线 DMIS 建设积累了经验。

2005 年，根据铁路信息化总体规划，DMIS 更名为 TDCS。运输局基础部提出了以 TDCS 为平台，CTC 为核心，构建我国铁路现代化的调度指挥系统，力争在 2006 年前在全路所有繁忙干线和干线装备 TDCS 的建设目标，从而实现我国行车调度指挥现代化的历史性突破。2005 年 3 月，铁道部决定撤消铁路分局，由铁路局直管站段，在经历了调度台搬迁、调度台合并整合工作后，铁路局调度员管辖范围大了，TDCS

透明指挥的优势充分体现出来，为此各铁路局加大了对 TDCS 的投资力度，使 TDCS 迅速发展起来。到 2005 年年底，全路有 138 个行调台、3 012 个车站、30 580 km 线路完成了 TDCS 建设，一个适用于现代化铁路运输的行车指挥模式已经形成。

2013 年 3 月，中国铁路总公司正式成立，随即在 2013 年 11 月发布了《铁路列车调度指挥系统 3.0 技术条件》(TDCS3.0)。TDCS3.0 充分继承原 TDCS 系统功能，吸纳高速铁路 CTC 的相关经验，结合当今前沿信息技术，对原 TDCS 系统硬件平台、软件功能进行了全面提升，增强了系统结构的冗余度和可靠性，并增加了查询、仿真测试、维护支持和应急保障系统，完善了信息安全机制。2019 年 6 月，经国务院批准同意，中国铁路总公司改制成立中国国家铁路集团有限公司，简称国铁集团。

此外，在既有 TDCS 的功能基础上，TDCS3.0 增加了运行图操作卡控、调度命令格式化输入、进路错办报警、行车作业流程监督、非正常行车作业辅助、车站行车信息综合查询、施工登销记管理等功能，完善了行车数据维护和设备维护功能，从而更好地保障行车作业安全。

4.1.2 总体目标

TDCS 工程的总体目标是，至 2006 年底，建成覆盖国铁集团、18 个铁路局、全路 70 条繁忙干线和主要干线共 4 400 多个车站的 TDCS，为实现全路运输调度的集中管理、透明指挥、实时监视、自动调整，达到提高运输效率、保证行车安全、减员增效打下坚实的基础。

TDCS 是从现代运输管理的角度构造全新的现代化调度指挥系统。TDCS 实现对列车在车站和区间运行的实时监视、动态调整、自动生成列车运行 3 h 阶段计划，实现列车调度命令的自动下达和实际运行图的自动描绘；实现分界口交接列车数、列车运行正点率、行车密度、早晚点原因、重点列车跟踪等实时宏观统计分析，并形成相关统计报表显示铁路路网、沿线线路、车站、救援列车分布等主要技术资料和气象资料，为铁路事故救援、灾害抢险、防洪等提供决策参考。

TDCS 的建成，将实现由保障安全、提高效率向提高运输效能转变，由单一功能向综合功能转变，由模拟传输向数字传输转变，由人工控制向智能控制转变；将建立一个融先进的通信、信号、计算机网络、数据传输、多媒体技术为一体的现代信息系统；将为调度人员和有关领导及时提供丰富可靠的信息、决策依据和各种实时动态宏观显示；将为调度人员提供先进的调度指挥和处理手段，提高应变和处理能力，减少调度人员通话和手工制表数量，并改善调度人员的工作条件和环境，从而提高服务质量，适应经济新形势的需要。

随着 TDCS3.0 的实施，TDCS 系统的性能得到了进一步的提升，铁路运输调度指挥系统的行车指挥效率和安全保障措施更加完善。

4.1.3 技术特点

TDCS 改变了传统铁路信号的观念，用网络的观点对现有铁路信号专业技术门类进行改造，把传统的区间、车站、编组站三段式信号组织方式改造为国铁集团、铁路局等两级调度指挥中心的控制结构，由国铁集团调度指挥中心局域网、铁路局调度指挥中心局域网、基层网等三层网络结构实现。整个系统具有以下特点：

1. 先进性

系统设计具有高起点，在研制中采用最先进并具有发展前景的技术，如计算机技术、信息技术、智能决策技术、地理信息技术、远程控制技术、网络技术、数据传输技术、多媒体技术等，同时吸收采纳了国外新技术，采用了国际标准及国内外最新产品，使系统整体在一定时期内保持技术领先性。

2. 实时性

TDCS 是实时过程控制和实时信息处理系统，列车在运行过程中对铁路沿线的各种信号灯、道岔、轨道等信号设备的状态显示及位置产生大量的变化信息。这些信息主要是通过基层网的列车运行系统自动采集的，必须及时、准确地向上传递给铁路局、国铁集团的各级调度人员。按照国铁集团信号专业相关标准，在信息高峰的情况下，这一过程延时时间不能超过 4 s；在两级三层的任何一台信息处理机上，这些信息必须实时、有序地进行处理，既不能定时处理，也不能批处理。

3. 安全性

TDCS 是一个闭环系统，采用闭环网络设计，使之从信息采集、传输、处理、方案制订、计划调整、控制决策、命令传输、校核到设备动作循环，不间断地执行，整个系统达到“自成体系，安全运行”，确保系统连续稳定运行。

TDCS 国铁集团、铁路局调度指挥中心局域网中均配置了网络防火墙及入侵检测系统、防病毒软件、动态口令等安全防范子系统，确保各级调度指挥中心 TDCS 的安全性，防止黑客攻击、破坏或者窃取有关信息。

4. 可靠性

TDCS 是一个行车调度指挥系统，重点是行车调度指挥和管理，它的应用和工作性质决定了它的系统必须是高可靠和高安全的，而且必须保证 24 h 无间断正常运转。作为一套行车设备，一旦系统中断或故障，将会直接影响整个调度指挥的正常工作。因此，网络及关键设备采用双套冗余设计以及双电源，提供系统容错机制，保证系统连续不间断地稳定运行，保证数据信息的安全性和正确性。同时，系统对网络及设备的运行具有监控和管理能力，对非法用户或计算机病毒入侵具有抵御能力。另外，系统提供可靠的数据后备和恢复手段，提供系统故障恢复功能，在系统故障时尽可能减少数据丢失。

5. 开放性

TDCS 是一个庞大的综合性系统，这样的系统需要集成大量的计算机设备、网络设备、打印设备、存储设备、显示设备，同时在集成化的环境下还得依靠软件支撑平台开发大量的动、静态数据处理、实时信息处理、智能分析计算统计、界面显示程序，因此系统采用了符合国际标准和工业标准的开放式系统平台。同时，TDCS 工程是在吸收国内外先进经验的基础上结合我国铁路的实际情况开发的现代化管理系统，开发的过程同时也是一个摸索、学习的过程，其间难免会遇到新的问题和需求，因此有了开放环境，便于今后系统扩展。

6. 可维护性

TDCS 工程涵盖了国铁集团、各铁路局及基层的车站，集成了大量的硬件设备和软件。大量的硬件设备都需要及时进行日常维护、保修，适当的时候也应该进行更新换代工作；铁路每年都有大量的站场改造、大修、运行图调整等工作，相关的静态基础数据需要及时进行更新，而且用户在使用过程中也会不断地提出新的需求，需要对软件进行适当的修改升级，因此 TDCS 提供方便的维护手段，便于维护和维修。另外，考虑到 TDCS 是一个 24 h 不间断运行的实时系统，尤其在铁路局和车站层要通过它来直接对行车进行调度指挥，因此要有足够的技术措施保证维护工作不会导致整体系统停机或中断。

7. 互操作性

TDCS 是一个两级三层的系统，由于牵涉的范围广、地域宽，其工程由通号设计院、铁科院、卡斯柯公司三家单位在 TDCS 技术总体组的协调下共同承担。由于各铁路局、车站所管辖范围内的线路、车站、调度强度都有很大的差异，不可能对所有铁路局、车站采用同样的软硬件平台，因此，技术总体组规范了各铁路局、车站的软硬件平台的标准配置，也组织各建设单位共同形成了网络间的数据传输和交换的格式标准。各单位在 TDCS 设计中考虑了与异种机、异种网的互联，按照统一的规范标准，保证国铁集团和铁路局之间能够方便地进行数据传输和交换，分布式数据库系统便于访问和维护管理。同时，TDCS 作为运输调度指挥管理信息系统，在保证信息安全的前提下，充分考虑与铁路其他系统之间交换数据的功能，以更好地发挥为铁路运输服务的作用。

8. 可扩展性

铁路每年都要进行不同规模的大修、新建，TDCS 设计的范围和规模将会不断扩大，因此，系统设计中充分考虑到今后升级、扩展的能力。同时，由于 TDCS 大量采用了计算机技术、智能决策技术、地理信息技术、远程控制技术、网络技术、数据传输技术、多媒体技术等现代信息技术，这些技术现在也处于高速发展期，需要不断地进行淘汰、更新换代工作。系统按照国际标准和规范进行设计，预留今后方便地进行 CPU、内存、磁盘容量升级和扩展的能力。

9. 友好性

TDCS 作为行车调度指挥的重要装备，所面对的最直接的用户就是铁路的各级调度。调度直接参与铁路行车组织，劳动强度大，而原先的“老四件”的工作方式异常落后，使他们精神高度紧张。现代化的 TDCS 就是要彻底解放他们，使他们的工作重心从不停地打电话询问行车情况，然后调整、绘制运行图，转移到对 TDCS 自动实时处理的行车信息及绘制的运行图进行分析，提出更加有效的调度方案，进一步挖掘线路的运输能力，为铁路创造更多的效益。因此，TDCS 应用系统设计从方便用户的角度出发，提供了友好的人-机界面和方便灵活的使用方法，最大限度地满足了用户需求。

10. 节约性

全路有 TDCS、TDMS（铁路运输调度管理系统）等诸多的管理信息系统，不同的系统有不同的职能和工作范围，TDCS 作为其中的一个系统，它的侧重点在于行车调度指挥上，与其他的系统构成了整个铁路信息现代化的基础。TDCS 严格按照国铁集团对各管理信息系统功能和范围的界定，遵循不重复建设、不重复投资的原则，充分利用现有设备，并在设计中预留与其他系统的接口，实现与其他系统的信息共享。

4.2 TDCS 结构

我国铁路调度指挥管理是以行车调度为核心，以站、段为基础，实行国铁集团和铁路局两级调度指挥管理的体制。TDCS 由国铁集团 TDCS 中心、铁路局 TDCS 中心和车站 TDCS 三部分及连接它们的通信网络构成，TDCS 结构如图 4.1 所示。

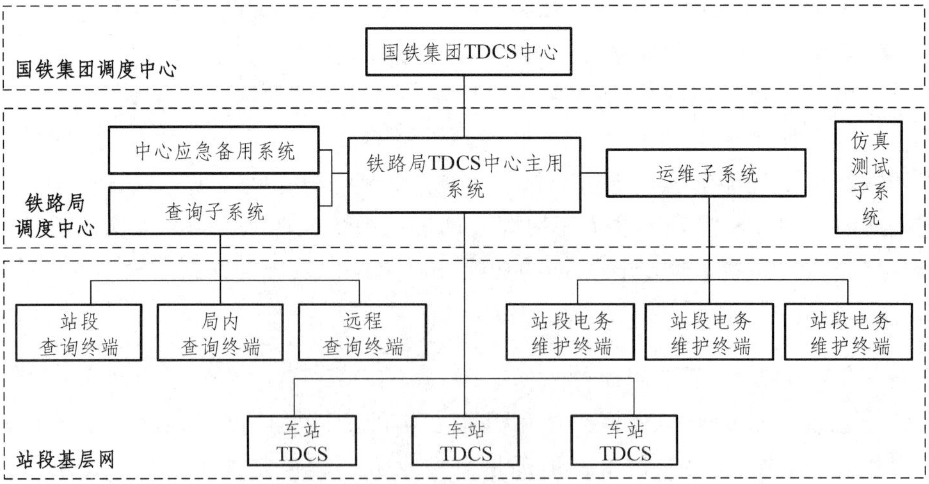

图 4.1　TDCS 结构

TDCS 是实现各级行车调度的集中管理、统一指挥和实时监督，覆盖全路的铁路列车调度指挥系统。因此，对 TDCS 提出了如下要求：

（1）TDCS 应能实时自动采集列车运行及现场信号设备状态信息，并传送到铁路局调度所和国铁集团调度指挥中心，完成列车运行实时追踪、自动报点、列车实际运行图自动绘制、阶段计划调整及下达、行车调度命令下达、站间透明、行车日志自动生成、车站作业流程监督及错办报警等功能，实现各级行车调度的集中管理、统一指挥和实时监督。

（2）TDCS 应采用成熟可靠的软件和硬件平台，采用符合国际、国内和行业标准的网络体系结构，关键通道、设备采用冗余配置。

（3）TDCS 应采用统一数据通信规程，实现全路 TDCS 联网和互联互通。

（4）TDCS 应实现与车站联锁、区间闭塞、信号集中监测、调度集中、列控系统（包括 TSRS、TCC、RBC）、编组站综合自动化等相关信号系统及运输信息集成平台、无线通信系统等系统接口。

（5）TDCS 应采用信息安全技术，在与其他系统交换信息时，应采用安全可靠的网络隔离设备和措施，确保 TDCS 网络安全和信息安全。

（6）TDCS 在车站采集信号设备状态时，不得影响车站联锁和区间闭塞等相关设备的正常工作。

（7）TDCS 的 IP 地址由国铁集团统一规划，铁路局在管辖范围内进行合理分配和管理。

（8）在保证信息安全的基础上，TDCS 应符合国铁集团信息共享有关规定。

（9）TDCS 应设置时间源，并为其他接口信号设备提供时间校核信息。在具备条件时，可自铁路时间同步系统在国铁集团调度指挥中心、铁路局调度所两级时间节点接引统一的时间同步基准信号源。

（10）普速 TDCS/CTC、高铁 CTC 应分别组网，独立运行，通过各层的系统接口完成信息交互；国铁集团 TDCS 和铁路局 TDCS 局域网应预留发展容量，可以通过设备升级、改造或扩容接入新建（普速）线路；TDCS 通道应使用通信传输网。

4.2.1　国铁集团 TDCS 结构

国铁集团 TDCS 中心系统主要设备包括数据库服务器、应用服务器、通信前置服务器、复示终端查询服务器、运维服务器、对外信息提供服务器、接口服务器、网络通信设备、网络安全设备、通信质量监督设备、时钟校核设备、电源设备、防雷设备、网管工作站、系统维护工作站、调度员工作站、机房综合监控设备，以及根据需要设置的大屏幕投影系统和为其他调度台设置的显示终端等。

数据库服务器用于存储各种数据信息。数据库服务器应采用小型机服务器并配置为双机并行工作方式。正常情况下，两台主机同时提供数据库服务，以此来均衡负载；当其中一台出现故障时，由另一台继续提供服务，以保证系统的连续运行。

应用服务器用于国铁集团中心的信息逻辑处理、统计分析、信息交换、缓存及存储。应用服务器应采用小型机服务器并配置为双机热备方式。

通信前置服务器用于国铁集团 TDCS 中心系统和铁路局 TDCS 中心系统之间的信息交换。通信前置服务器应采用 PC 服务器并配置为双机热备方式。

复示终端查询服务器负责向所有复示查询终端提供行车表示信息、计划信息、施工计划信息等。复示终端查询服务器应采用小型机服务器并配置为双机热备方式。

运维服务器用于系统运行情况的监督、分析、存储与报警。运维服务器应采用 PC 服务器并配置为双机热备方式。

对外信息提供服务器负责对外信息交换的数据存储和通信中间件管理。对外信息提供服务器应采用双机热备方式的小型机服务器，并配置共享磁盘阵列。

接口服务器用于与运输信息集成平台等外部系统的信息交互，配置为双机热备方式。

网管工作站应采用 PC 工作站，具有网络诊断报警功能，能提供网络拓扑图状态、通道信息流量和网络连接等信息。

系统维护工作站应采用 PC 工作站，具有监视系统运行状况功能。

调度员工作站应采用图形 PC 工作站，主要实现对全路列车运行实施总体调度指挥、监督、分析和指导。

另外，国铁集团 TDCS 中心还应设置双套冗余的 GPS/北斗授时原子钟；其网络通信设备应满足 TDCS 组网相关要求，网络安全设备应满足 TDCS 信息安全相关要求；同时，应配置通信质量监督设备和电源、防雷、环境监控设备，满足 TDCS 对机房环境的要求。

4.2.2 铁路局 TDCS 结构

铁路局 TDCS 中心是调度指挥业务处理核心，包括铁路局 TDCS 中心主用系统以及查询子系统、运维子系统、仿真测试子系统等配套系统。铁路局 TDCS 中心主用系统实现调度指挥核心功能；查询子系统为其他生产岗位提供信息查询服务；仿真测试子系统提供软件、数据测试验证以及培训平台；运维子系统提供设备管理和维护功能。系统应配置备用设备，在具备条件时设置应急备用系统，中心应急备用系统提供在主用系统故障情况下的备用功能，铁路局 TDCS 中心结构如图 4.2 所示。

TDCS 主用系统设备包括数据库服务器、应用服务器、通信前置服务器、接口服务器、对外信息提供服务器、对外时钟服务器等服务器设备；包括调度员工作站、值班主任工作站、计划员工作站、调度维护工作站等用户终端设备；另外还包括卫星授时、网络通信、网络安全、通信质量监督、电源、防雷等配套设备，以及根据需要设置的大屏幕投影系统和绘图仪设备。

查询子系统主要设备包括查询数据库服务器、查询应用服务器、隔离通信机、查询终端以及相关网络设备。

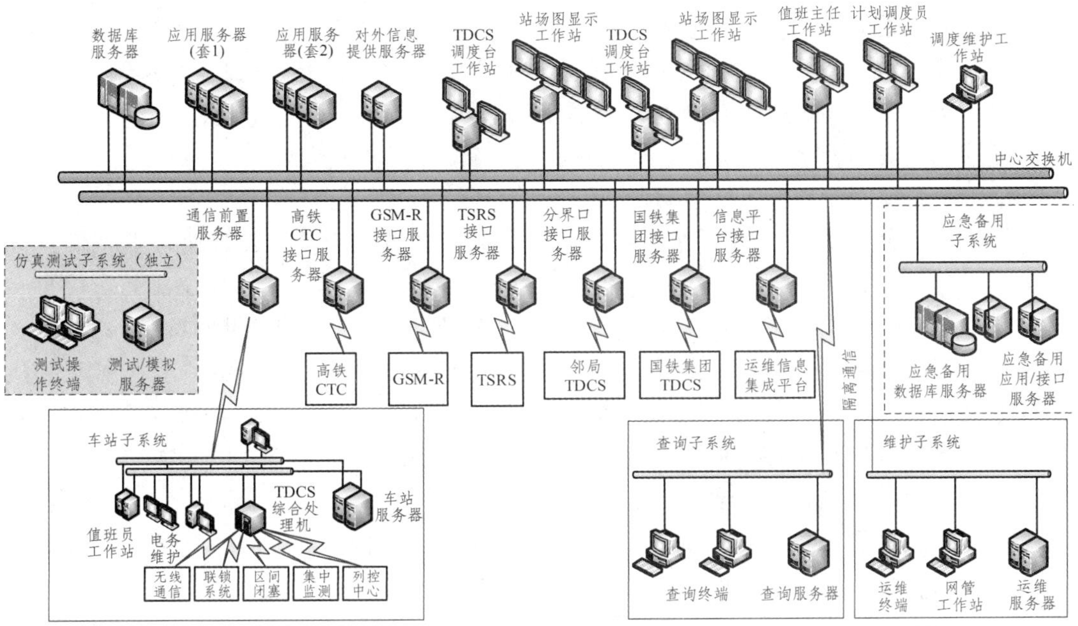

图 4.2　铁路局 TDCS 中心结构

运维子系统主要设备包括软件数据管理服务器、运维综合服务器、监测设备、网管工作站、中心维护工作站、站段维护终端以及相关网络设备。

仿真测试子系统主要设备包括数据库服务器、应用服务器、数据模拟服务器、培训终端、维护工作站、车站综合处理机柜、网络设备以及其他实际需要的设备。

TDCS 备用设备包括备用数据库服务器以及主要设备的 $N+1$ 备份。

TDCS 可按照需求设置中心应急备用系统，用以当中心机房全面故障时，启用备用系统接管，维持调度指挥基本功能运行。应急备用中心系统的逻辑结构与主用系统基本一致，由数据库服务器、应用服务器、通信服务器、接口服务器等设备构成。

1. 主用系统设备配置

（1）数据库服务器。

数据库服务器负责 TDCS 各种运行数据的可靠集中存储。一个调度所设置一套主用数据库服务器，处理能力和存储能力预留全局容量；数据库服务器均应采用企业级高性能设备，双机并行工作，并且应配置双套冗余磁盘阵列和数据备份设备。

（2）应用服务器。

应用服务器负责 TDCS 业务逻辑处理和信息分发。应用服务器应按照业务、区域范围分开设置，满足故障隔离原则。调度所中心宜分别设置实时数据处理服务器、运行图和调度命令处理服务器、综合信息处理服务器三类应用服务器。设备数量应按照铁路局的调度台和车站数量确定，一套应用服务器原则上处理范围不超过 3 个调度台。每套应用服务器均应双机热备。

（3）通信前置服务器。

通信前置服务器负责调度所与车站基层网之间的数据交换。通信服务器应按不同线别或区域分别设置，并且每套通信前置服务器处理车站原则上不超过 64 个；每套通信服务器均应双机热备。

（4）接口服务器。

接口服务器负责 TDCS 与外部系统的信息共享和数据交换。接口服务器按照不同的接口对象分别设置；一个调度所应设置一套与高铁 CTC 中心接口服务器、对应每一个 TSRS 服务器设置一套 TSRS 接口服务器、设置一套与信息平台接口服务器、设置一套与 GSM-R 接口服务器、设置一套与投影系统接口服务器、设置一套国铁集团接口服务器、按相邻铁路局分别设置对应的分界口接口服务器、按需要和有关规定设置与其他系统的接口服务器。接口服务器均应双机热备。

（5）对外信息提供服务器。

对外信息提供服务器负责对外信息交换的数据存储和通信中间件管理。对外信息提供服务器设置一套，双机热备，并配置共享磁盘阵列。

（6）对外时钟服务器。

对外时钟服务器向信号集中监测等外部系统提供时钟同步服务。对外时钟服务器设置一套，双机热备。

（7）列车调度台工作站。

列车调度台工作站为调度员提供运行图、调度命令、站场监视等各种调度指挥操作界面。每个调度台配置一套双屏列车调度员工作站、配置一套多屏站场显示工作站，并按照需要配置音箱和打印设备。

（8）值班主任工作站。

值班主任工作站为值班主任提供调度实时信息查询和调度命令审核、发布功能。每个值班（副）主任台设置一套工作站。

（9）计划调度员工作站。

计划调度员工作站为计划调度员提供调度实时信息查询功能。每个计划调度台设置一套。

（10）调度维护工作站。

调度维护工作站辅助运输管理人员完成 TDCS 所需运输数据的输入、修改和日常维护。调度维护工作站设置一套，并按照需要配置音箱和打印设备。

（11）授时设备。

授时设备为整个系统提供准确时间。授时设备应双套设置，具备 GPS/北斗双模授时，内置高精度原子钟。

2. 查询子系统设备配置

（1）查询子系统应单独组网，同一个铁路局调度所的 TDCS 和 CTC 可共用查询系统。

（2）询子系统通过接口通信机和专用单向传输协议和铁路局 TDCS 中心主用系统接口，并且在查询系统汇聚路由器的边界处设置信息安全设备。

（3）查询系统数据库服务器存储相关数据，一个调度所设置一套查询系统数据库服务器，双机热备，并且配置磁盘阵列。

（4）查询系统应用服务器对 TDCS/CTC 实时数据进行二次处理，形成符合查询终端需求的各种实时信息，并驱动查询终端的显示；一个调度所应至少设置一套查询系统应用服务器，双机热备。当查询终端总数量超过 64 个时，应相应增设。

（5）隔离通信机功能是以专用单向传输协议完成查询系统和铁路局 TDCS 中心主用系统之间的数据转发和数据同步，应满足网络协议隔离、单向传输、数据传输速率要求。铁路局 TDCS 中心设置一对隔离通信机。

（6）查询终端是为车务段（直属站）、机务段、电务段等单位调度指挥中心相关岗位提供 TDCS 基本信息查询功能，数量可按照实际需要配置。系统应为调度所从事生产、分析、管理等主要岗位配备查询终端，数量可按照实际需要配置。

（7）查询系统应配置查询网中心交换机、中心汇聚路由器、站段接入路由器、站段接入交换机等网络设备，并配置相应信息安全设备。

3. 仿真测试子系统设备配置

（1）仿真测试子系统应独立组网，不应与在用的 TDCS、CTC 或其他在用生产系统连接。仿真测试子系统设备配置相比 TDCS 同等设备较低，具体数量按照铁路局的实际需求确定。

（2）设置一套仿真测试数据库服务器负责存储模拟仿真数据，配置磁盘阵列。

（3）仿真测试应用服务器承载模拟系统应用服务软件，按实际需求设置。

（4）仿真测试通信服务器承载模拟系统通信前置服务和接口服务器软件，按实际需求设置。

（5）数据模拟服务器自动产生各种模拟数据，按实际需求设置。

（6）测试操作终端提供仿真测试操作平台，包括调度台终端、车站终端、电务维护终端等，具体按实际需要设置。

（7）设置一套与在用车站 TDCS 设备完全一致的完整机柜，用于实际平台测试验证。

（8）仿真测试子系统应设置完整的网络设备，含交换机、路由器等，具体按实际需要设置。

4. 应急备用系统设备配置

（1）备用数据库服务器。

调度所中心机房应配置备用数据库服务器；正常情况下，TDCS 应用服务器将业务数据同时写入两套数据库（或采取数据库同步方式），以主用数据库支撑生产业务；在主用数据库故障时切换至备用数据库。备用数据库的建设应完全独立于主用数据库，不共用任何设备。备用数据库服务器的配置标准相对主用数据库可降低，数据存储需满足 3 个月的运行数据存储要求。

（2）关键设备的 $N+1$ 备份。

应针对应用服务器、通信服务器、接口服务器、调度台工作站、交换机、路由器等关键设备配置 $N+1$ 备份设备。备份设备应按在用设备同等性能要求配置，安装位置可在所备用目标机器范围附近的机柜内，电源、网线均应完整配套。

（3）应急备用中心。

TDCS 的应急备用中心应满足以下要求：

① TDCS 可按照需求设置应急备用中心，用以当中心机房故障，无法支持计划编制、计划下达、调度命令编制和调度命令下达等基本行车指挥功能时，启用备用系统接管，维持调度指挥基本功能运行。

② 应急备用中心必须完全独立于主用系统建设，具体包括供电、网络、机柜、主机等。在条件允许的情况下，应考虑设立独立机房，确保主用系统的故障不会对应急备用中心造成影响。

③ 应急备用中心的逻辑结构与主用系统基本一致；应急备用中心由数据库服务器、应用服务器、通信服务器、接口服务器等设备构成，但在设备配置档次、设备容量、设备数量等方面可合理缩减。

④ 应急备用中心的数据应和主用系统实时同步；主用系统正常时，主用数据库中的数据实时向应急备用中心同步。

⑤ 调度台安装应急调度终端；应急调度终端在正常情况下处于关机状态，不参与生产运营。应急调度终端应设置专用电源和网线。

4.2.3 车站 TDCS 结构

车站 TDCS 包括 TDCS 综合处理机、TDCS 车站服务器、值班员终端、信号员终端、车务管理和维护终端、电务维护终端、网络设备、电源设备、防雷设备、接口设备等设备。车站 TDCS 采用双网结构，如图 4.3 所示。

1. 主要设备配置

（1）TDCS 综合处理机。

TDCS 综合处理机是车站系统的核心处理设备，主要功能为信号设备状态采集、外部系统接口、站场表示处理、列车计划处理、车次跟踪和校核处理、进路状态识别和错办报警提示。TDCS 综合处理机每个车站设置一套，双机热备，应采用工业专用硬件平台，并配置开关量采集设备。

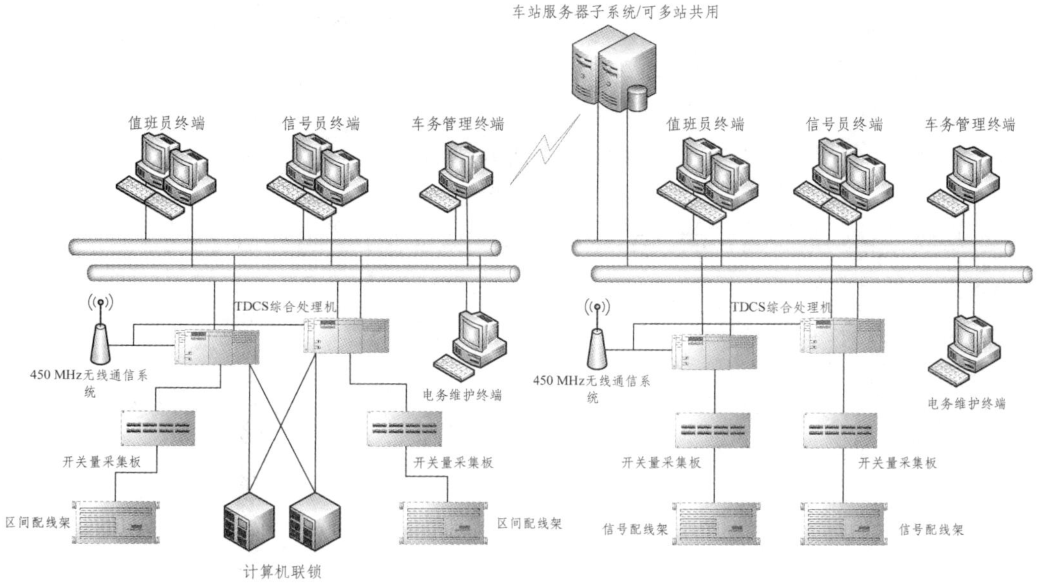

图 4.3　车站 TDCS 结构

（2）TDCS 车站服务器。

TDCS 车站服务器集中存储管辖范围内车站的行车数据，行车数据包括行车日志、调度命令、施工登记、行车事件报警日志以及相关规章、资料等，并提供统计、分析和查询功能。一个直属站或车务段的多个车站共用一套 TDCS 车站服务器，车站个数不宜超过 15 个，双机热备，安装于信号机房。TDCS 车站服务器应配置大容量的网络存储器，网络存储器容量应满足所管辖车站不少于一年数据存储需要。

（3）值班员终端。

值班员终端功能是为车站值班员提供操作平台，具体包括行车日志、阶段计划和调度命令签收、站间透明显示以及作业流程控制以及错办语音提示等功能。每个车站（场）设置一套，双机双屏，配备音箱和打印设备，主机可采用机架式安装于信号机房，显示器及键盘鼠标安装于行车室。

（4）信号员终端。

信号员终端功能是为车站信号员提供操作平台，具体包括阶段计划显示、站间透明显示、作业流程控制以及错办语音提示等功能。信号员终端按照岗位进行设置，对于设置信号员岗位的大型车站需设置信号员终端，双机双屏，配备音箱，主机可采用机架式安装于信号机房，显示器及键盘鼠标安装于行车室。

（5）车务管理终端。

车务管理终端功能是为车务管理人员提供操作平台，具体包括施工登销记、行车作业监控、流程监督、车站运输管理数据输入、资料信息维护等功能。每个车站设置一套。

（6）电务维护终端。

电务维护终端功能是为车站的电务维护人员提供操作平台，具体包括设备状态监控、日志记录和查询、相关数据输入维护等。每个车站设置一套。

（7）其他车站终端。

在具备条件时，可设置站调终端和助理值班员终端，为站调和助理值班员提供行车实时信息查询和显示等功能。按照实际情况设置。

（8）网络设备。

车站应设置网络设备，满足 TDCS 组网要求。

（9）信息安全设备。

TDCS 车站系统应配置信息安全设备。

（10）通信质量监督设备。

车站系统应配置通信质量监督设备，具备应用流量采集、通信质量数据采集等功能，满足列车调度指挥运维数据采集要求。

（11）电源、防雷设备。

车站系统应配置电源、防雷设备，满足 TDCS 对机房环境的要求。

2. 车站信息采集

（1）TDCS 车站系统应通过车站联锁、区间闭塞等设备采集 TDCS 所需信息。

（2）TDCS 车站系统需要采集的信息包括：

① 信号机状态：绿、黄、绿黄、双黄、双绿、黄闪黄、红白、红、蓝、白、白闪、红闪、黄闪、绿闪、断丝、开关灯状态。

② 道岔状态：定表、反表、挤岔、单锁、单封。

③ 区段状态：占用、锁闭、空闲。

④ 按钮状态：非自复式按钮的抬起和按下状态、单封。

⑤ 表示灯状态：按钮表示、延时表示、区间闭塞、非进路、机务段、场间联系、驼峰联系等结合电路表示灯的稳定和闪烁显示等。

⑥ 各类报警信息：继电设备的报警信息、计算机联锁设备的报警信息，联锁系统的报警信息应当包括轨道停电、熔丝报警、灯丝报警、信号故障关闭等。

4.2.4 TDCS 通信网络

TDCS 通信网络由生产核心网、查询网、运维网、仿真网组成。其中，生产核心网是国铁集团调度中心、铁路局调度所、车站之间的互连网络；查询网是连接各查询终端的网络；运维网是连接各维护终端的网络；仿真网是连接各仿真设备的网络，单独组网。

TDCS 生产核心网具体包括国铁集团局域网、调度所局域网、车站局域网及广域网。其中，广域网由国铁集团调度中心与铁路局调度所（包括普速 TDCS/CTC、高铁 CTC）之间的广域网、相邻铁路局调度所之间的广域网、铁路局调度所与本局高铁 CTC 中心之间的广域网、调度所与车站之间的广域网以及车站与车站之间的广域网构成。TDCS 查询网是由调度所查询中心局域网、查询中心至各查询终端之间的局域网或者广域网组成。TDCS 电务运维网由运维中心局域网、运维中心至各维护终端之间的广域网、运维中心至车站之间的广域网组成。

1. TDCS 生产核心网

国铁集团中心局域网由核心交换机、楼层交换机、列头交换机、核心路由器等网络设备组成，采用冗余双网结构，中心局域网的计算机设备均配置双网卡，分别通过独立网线连接；网络设备之间通过独立光纤或网线连接；中心局域网内的交换机均支持三层交换功能。

调度所中心局域网由核心交换机、楼层交换机、列头交换机、基层网接入交换机、基层网接入路由器、局间互联路由器等网络设备组成，采用冗余双网结构，中心局域网的计算机设备均配置双网卡，分别通过独立网线连接；网络设备之间通过独立光纤或网线连接；中心局域网内的交换机均支持三层交换功能。

车站局域网由车站交换机和车站路由器组成，采用冗余双网结构；车站局域网的计算机设备均配置双网卡，分别通过独立网线连接。

2. 广域网

国铁集团调度中心与铁路局调度所（包括普速 TDCS/CTC，高铁 CTC）之间、相邻铁路局调度所之间、铁路局调度所与本局高铁 CTC 中心之间、铁路局调度所与车站之间、车站与车站之间的广域网均采用双通道连接。并且双通道分别接入互为冗余的不同的两套网络设备。

车站广域网应采用环形通道，环内首尾端站连接至调度所中心不同的路由设备，每个环车站数不超过 10 个。环与环之间相对独立，仅通过中心进行路由交换，如图 4.4 所示。

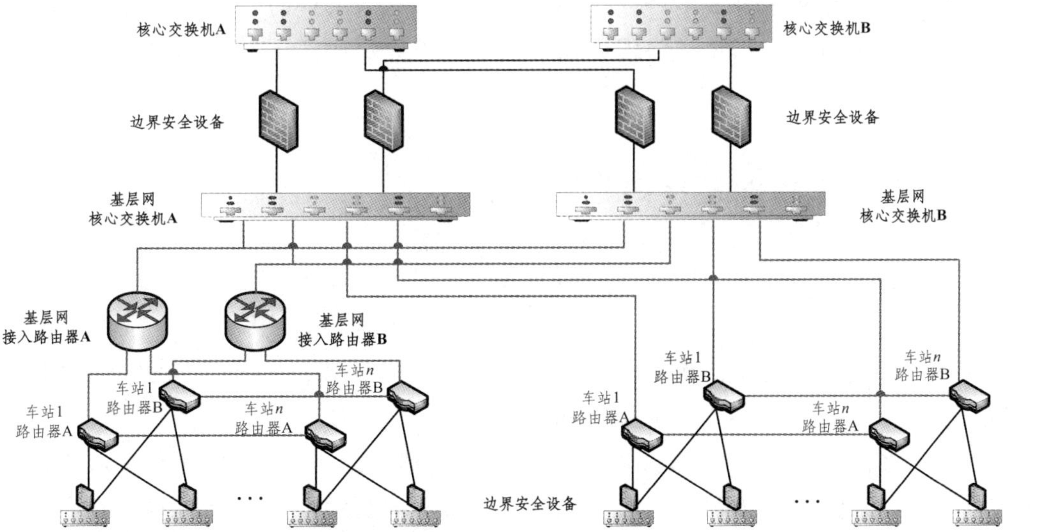

图 4.4 车站广域网组网结构

铁路局中心与车站之间、车站与车站（含中继站、配套 TDCS 车站）之间组网根据传输通道的不同，按以下优先级顺序组网：

（1）不同物理路径单独光纤的独立专网组网方案。

（2）不同物理路径专用传输链路的组网方案。

（3）单线铁路车站可采用不同专用传输链路的组网方案。

当采用专用传输链路组网方案时，应符合下列要求：

（1）通道传输带宽不低于 2 Mbit/s，误码率小于 1×10^{-6}，端到端传输延时小于 200 ms；

（2）广域网通道接入方式采用以太网（FE）方式接入，也可采用 E1/G.703 方式接入；

（3）通信机房至信号机房应采用光纤通道和光接口设备连接，不宜采用协议转换器等中间转换设备。

3. TDCS 查询网

查询子系统在调度所设置独立的查询系统中心局域网，设置双套交换机，同时设置汇聚路由器和位于各站段的接入路由器；查询系统中心局域网和各站段之间通过专用传输通道连接；段（站）设置一台小型交换机，用于就近连接同一段（站）内的多个查询终端。通常，查询系统与生产核心网络之间没有 TCP/IP 网络协议连通。

4. TDCS 运维网

运维子系统在调度所设置独立的运维汇聚路由器和位于各级维护单位的运维接入路由器；调度所运维子系统和各级维护单位之间通过专用运维通道连接；运维子系统通过安全区域边界和 TDCS 生产核心网络连接；在具备条件时，车站基层网环首尾车站设置专用运维通道连接至运维汇聚路由器，运维通道应是不低于 2 Mbit/s 的专用数字通道。

4.3 TDCS 功能及接口

随着 TDCS 的不断发展，新一代的 TDCS 充分继承原 TDCS 功能，吸纳高速铁路 CTC 的相关经验，结合当今前沿信息技术，对原 TDCS 系统硬件平台、软件功能进行了全面提升，增强了系统结构的冗余度和可靠性，并增加了查询、仿真测试、维护支持和应急保障系统，完善了信息安全机制。

此外，在既有 TDCS 的功能基础上，TDCS3.0 增加了运行图操作卡控、调度命令格式化输入、进路错办报警、行车作业流程监督、非正常行车作业辅助、车站行车信息综合查询、施工登销记管理等功能，完善了行车数据维护和设备维护功能，从而更好地保障行车作业安全。

4.3.1 国铁集团 TDCS 主要功能

国铁集团 TDCS 的功能归纳起来主要分为以下各部分，如图 4.5 所示。

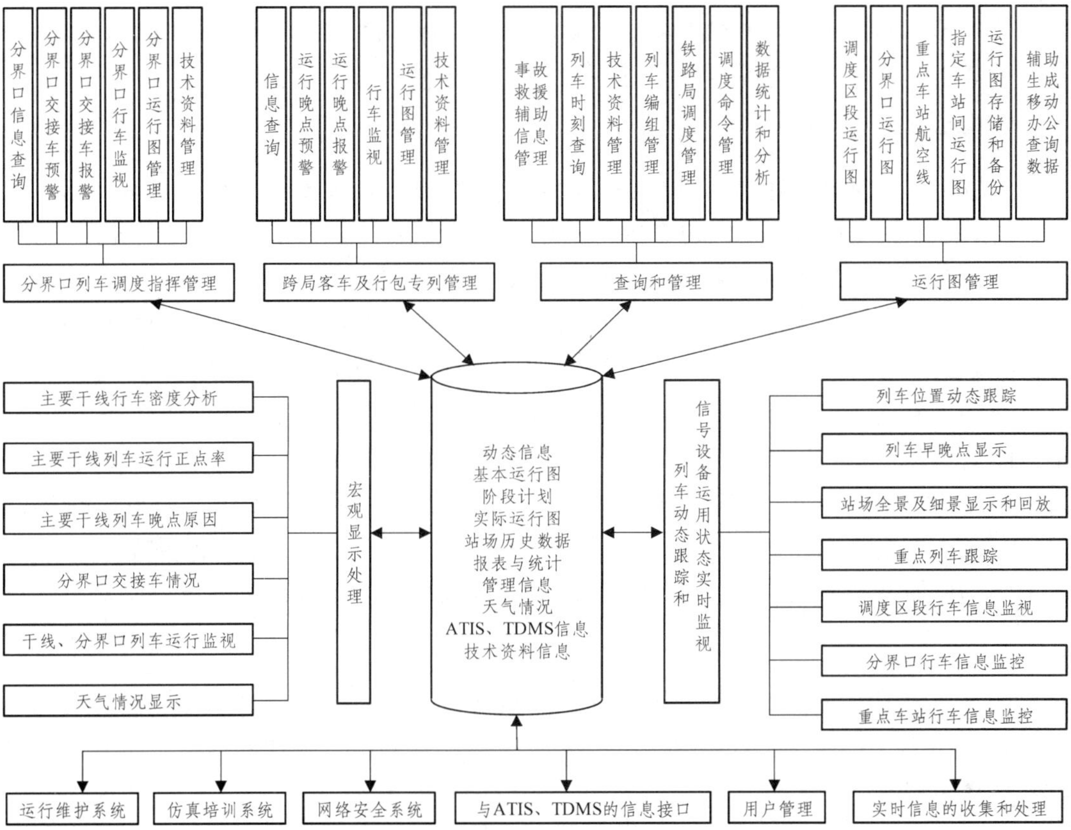

图 4.5　国铁集团 TDCS 功能构成图

1. 列车动态跟踪

系统根据铁路局 TDCS 现场采集的信号设备轨道电路的占用和出清状态判断列车的位置并跟踪，根据铁路局 TDCS 逻辑跟踪判断并采用无线车次号校核系统进行车次号自动校核获得列车车次号，从而自动进行列车位置的定位和动态实时跟踪。

列车动态跟踪功能提供全路列车运行方向、列车实际位置、车次号信息和列车早晚点信息显示。此外，国铁集团 TDCS 列车动态跟踪功能还可以进行 24 h 状态历史回放，调度人员可以根据需要选择对任一调度区段或者分界口过去 24 h 内任意时间的列车运行状况进行重新显示，用于运输组织分析和事故分析。

2. 信号设备运用状态实时监视

信号设备运用状态实时监视功能提供全路各车站站场的进路排列、信号显示、轨道电路实际占用以及列车车次号信息的显示，是 TDCS 的基本功能之一。

国铁集团 TDCS 通过 TDCS/CTC 的基层网系统完成对分界口、区段、枢纽的信号设备运用状态的动态数据采集，获得信号设备运用状态的实时信息。采集信息内容包括信号机的状态、股道的占用情况、区间的占用情况、进路的状态、车次号信息以及列车运行过程中的相关数据等信息。采集的方式是自动的、真实的、动态的和实时的。基层网信息经过铁路局 TDCS 传送到国铁集团的传输时间小于 10 s。

3. 列车运行宏观显示

国铁集团 TDCS 采用包含地理信息的电子地图方式宏观显示全路列车运行相关信息，包括分界口交接车、干线列车运行正点率、干线列车运行密度、早晚点原因统计、重点列车跟踪、事故列车、救援列车、事故附近在途列车等功能。

以电子地图形式为底图的列车运行宏观显示画面是调度人员工作时的主界面，缺省情况下显示各分界口的交接列车情况，并可由调度人员根据关注焦点，在电子地图上打开相关的列车运行信息显示、运行图查询显示或报表统计查询等界面。调度人员可以随意地以全国铁路或者某个或几个铁路局的铁路线路及其所含的相关车站、分界口为关注焦点，随意进行焦点切换，并可直接深入到车站站场的显示。同时，国铁集团 TDCS 支持宏观和微观相结合的干线显示方式，对于重点车站进行详细显示，而对于中间站则简化或省略显示，便于调度人员在有限的显示空间内进行有效的监视。

4. 列车运行时刻显示查询

国铁集团 TDCS 具备查询和显示指定调度区段基本图、日班计划、调整计划及实际运行图功能，并可以运行图或车次时刻表两种方式显示列车计划功能，所有图形及表格均可打印。

在调度员输入列车车次号、始发调度日（系统缺省提供当前调度日）和当前所在路局等信息后，系统自动搜索各路局传送的相关调度区段的基本图、阶段计划和实际图，查询该列车运行信息，并采用表格方式显示和打印。列车运行信息包括车次号、始发调度日、始发路局、始发车站、终到路局、终到车站、当前路局、当前位置、各站计划到发时刻和各站实际到发时刻等。

5. 运行图管理

列车运行图是全路组织列车运行的基础，它规定了各次列车占用区间的顺序，列车在每个车站的到达、出发和通过时刻，列车在区间的运行时间，列车在车站的停站时间等，是铁路运输工作的综合性计划，是全路列车运行工作的基础。列车运行图包括基本图、阶段计划和实际运行图等。

国铁集团 TDCS 接收铁路局 TDCS 提供的基本图、阶段计划和实际运行图等数据，提供全路各铁路局调度区段列车阶段计划的同步显示，以及列车基本图、实际运行图的查询显示，并按照国铁集团运输调度工作特殊需求，提供多种运行图显示手段。

6. 分界口列车调度指挥管理

为了满足国铁集团调度人员对分界口列车调度指挥进行有效的管理，系统提供分界口信息查询、分界口交接车预警和报警、行车监视、运行图管理和技术资料查询等功能，并突出和强化“预警和报警”功能。

国铁集团 TDCS 以全国地图和全路运营线路示意图合成为一幅电子地图底图，进行信息显示和查询。国铁集团 TDCS 实时统计分界口过车列数（旅客列车、货物列车、特快货物班列等）、分界口过车辆数（重车数、空车数），自动提供分界口信息查询、分界口交接车预警和报警、行车监视、运行图管理和技术资料查询等功能。

7. 调度命令管理

国铁集团 TDCS 具备对铁路局调度所行车调度命令查询功能和查询显示指定调度区段施工计划及施工揭示命令的功能。

8. 列车编组管理

国铁集团 TDCS 通过在调度指挥中心实现与 TDMS 的结合并辅以铁路局 TDCS 信息和 T/T 结合信息，获得列车编组顺序表信息（运统一），提供列车编组简单的管理功能，实现全路列车简单编组和列车确报信息的查询、显示和打印。在具备接口条件时，系统还应具备列车小编组、站存车信息查询功能，系统可显示列车编组、载客等附加信息。

当调度员需要了解指定列车的编组信息时，可通过键盘和鼠标输入车次号、所在铁路局名称，系统以列表的形式提供列车编组信息显示和打印。

9. CTCS-2 和 CTCS-3 相关功能

在 CTCS-2 级区段，系统应具备显示列车速度信息、临时限速命令执行状态、闭塞分区低频信息、闭塞分区失去分路和故障占用状态、区间逻辑检查功能开启/关闭状态、进出站信号机室外点灯和灭灯状态功能。

在 CTCS-3 级区段，除具备 CTCS-2 级区段显示内容外，系统还应具备显示列车移动授权（MA）、列车移动授权终点公里标信息、控制模式（车载设备工作模式）、列车速度信息功能。

10. 调度命令无线传送

国铁集团 TDCS 提供查询显示铁路局采用无线传输通道（无线列调或 GSM-R）向车站、列车及其他受令终端传送的调度命令信息的功能。

此外，国铁集团 TDCS 还提供网络管理、动态口令身份认证、防火墙、入侵检测、时钟校核、网络管理、系统维护、仿真培训、气象信息系统、大屏幕显示墙等功能。

11. 系统维护

国铁集团 TDCS 应满足 Q/CR 574—2017 的要求，并能提供仿真培训功能。

4.3.2 铁路局 TDCS 主要功能

铁路局 TDCS 主要实现站场信息管理、列车计划管理、车次追踪、自动采点、无线车次号自动校核、列车运行图管理、行车调度命令管理、列车紧跟踪报警和系统维护等功能。

1. 站场信息管理

铁路局 TDCS 应具备显示管辖范围内车站信号设备状态、列车运行状态、线路布局、临时限速命令执行状态等监视信息功能，并提供监视信息的历史回放。

信号设备状态包括进站、出站、进路、区间通过、调车等信号机显示，道岔位置及状态，轨道电路的空闲、锁闭、占用，接近、离去区段的空闲及占用；列车运行状态包括列车运行位置、列车车次、列车牵引类型、列车运行方向、列车运行早晚点、列车停稳状态、牵引的机车类型和机车号、司机姓名和工号；线路布局包括车站及线路所中心里程、进站信号机里程、车站高低站台、分相里程标、RBC 切换点。其他监视信息还包括电气化区段接触网供电状态、区间封锁、股道封锁、轨道区段 使用限制、分路不良状态。

2. 列车计划管理

铁路局 TDCS 应具备从运输信息集成平台接收基本图、日班计划和阶段调整计划的功能，并以运行图或车次时刻表方式显示，同时可查询历史接收情况；系统还应具备邻台计划传递和邻台（含局间）运行图复示功能；区间退行、区间折返、区间停车、机外停车、反方向运行、合并运行、分部运行、区间救援等作业标志设置功能；以及依照相关管理规定提供对超限列车、重点列车等特殊列车标记和施工标记功能。

3. 列车运行调整

铁路局 TDCS 应具备以基本图或日班计划为依据，生成列车运行调整计划功能。调度员可根据实际运行情况调整运行计划，系统实时进行合理性检测，经调度员调整确认后可下达到管辖范围内有关车站，并可查询历史下达情况。调整列车运行计划应遵循单一指挥、按图行车、确保重点等原则，应为调度员压缩停站时间、调整列车区间运行时分、变更越行站和会让站等提供操作方式。

列车运行调整计划的操作界面根据当前时刻线划分为 4 个区域：实际运行区、临近计划区、调整计划区、日班计划区，4 种区域以明显的标记区分显示，并且随着列车运行调整计划的执行以及调度员的人工操作而动态变化。

4. 车次追踪和自动采点

铁路局 TDCS 应具备列车车次号人工输入、自动校核以及人工校正等功能。

列车车次号以列车自动追踪为主，辅以列车运行调整计划和无线车次号校核信息。如不一致时，由调度员或车站值班员进行人工校正。系统应在列车车次号自动追踪的基础上，实现自动采点功能。对于列车到达，可采用列车完整进入股道时刻适当延后作为到达点；对于列车出发，可采用列车压过出站信号机时刻适当提前作为出发点；对于列车通过,可采用列车压入股道和列车压过出站信号机时刻的中间值作为通过点。

TDCS 从 450 MHz 无线通信系统或 GSM-R 系统实时接收无线车次号信息（车次号、机车号、公里标等），并将接收到的信息与系统中的列车车次号、位置信息进行核对。若不一致则产生报警，由调度员或车站值班员进行人工校正。

5. 列车实际运行图

铁路局 TDCS 应具备通过自动采点实现列车运行实迹的自动记录，自动生成列车实际运行图功能。遇设备故障、施工等特殊情况无法自动采点时，可按照相关规定由人工报点。铁路局间分界口车站报点信息应采用共享机制，即由分界口车站所属铁路局采点后向邻局传递。各铁路局应规范车次号的使用，保证车次号的一致性。同时，系统应按照相关规定严格限制列车运行实迹的人工修改。

6. 行车调度命令管理

行车调度命令格式遵从国铁集团和铁路局相关规范，系统应具备行车调度命令模板维护及通过模板生成行车调度命令功能。

铁路局 TDCS 应提供自由编辑和格式化输入两种模式进行行车调度命令的输入，两种模式可以进行切换，格式化输入模式下调度员应严格按模板要求输入车站、车次、线路、里程、时间等命令内容；系统还应具备根据有关规定进行行车调度命令号码管理、接收运输信息集成平台施工计划功能，以及行车调度命令查询、显示、统计和打印和行车调度命令邻台间、邻局间转发等功能。

调度员能通过有线或无线方式，向管辖区段的各受令单位以及在辖区内运行的列车进行行车调度命令下达。受令方接收到行车调度命令后，系统提示用户接收行车调度命令并给出自动回执，用户签收后，给出手动回执。调度台应显示行车调度命令的接收情况。

7. 紧跟踪报警

铁路局 TDCS 应具备列车紧跟踪报警功能。当系统检测到区间运行列车前方相邻区段占用且在指定时间内未出清时，则应在相关调度台和车站的终端上产生列车紧跟踪报警。

8. 系统维护

铁路局 TDCS 应满足 Q/CR 574—2017 的要求并提供模拟测试和仿真培训功能。

4.3.3 车站 TDCS 功能

车站 TDCS 的主要功能如下：

1. 站场信息管理

车站 TDCS 应具备本站和相邻各两个车站的信号设备状态、列车运行状态、线路布局等监视信息显示功能，并提供监视信息的历史回放。

信号设备状态包括进站、出站、区间通过、调车等信号机显示，道岔位置及状态，轨道电路的空闲、锁闭、占用，接近、离去区段的空闲及占用；列车运行状态包括列车运行位置、列车车次、列车牵引类型、列车运行方向、列车运行早晚点、列车停稳状态、牵引的机车类型、机车号、司机姓名和工号；线路布局包括车站及线路所中心里程、进站信号机里程、车站高低站台、分相里程标、RBC 切换点。其他监视信息包括电气化区段接触网供电、区间封锁、股道封锁、轨道区段使用限制、分路不良状态。

2. 车次号管理

车站 TDCS 应具备列车车次号人工输入、自动校核、人工校正及电力机车属性修改等功能。

3. 人工标记

车站 TDCS 应具备本站管辖范围内的区间封锁、股道封锁、轨道区段使用限制、列车停稳状态、接触网供电状态、轨道区段分路不良等状态人工标记功能。

4. 阶段计划管理

车站 TDCS 应具备调度所下达阶段计划的接收、签收、查询、打印功能。

5. 行车调度命令管理

车站 TDCS 应具备调度所下达行车调度命令的接收、签收、查询和打印功能，以及绿色许可证、红色许可证、路票等行车凭证编制、打印功能，并能够在具备调度命令无线传送系统的条件下，将行车凭证发送至机车，且显示回执。

6. 阶段记事管理

车站 TDCS 应具备调度所下达阶段记事信息的接收、签收、查询功能。

7. 辅助信息管理

车站 TDCS 应具备本站管辖范围内的速报和站存车信息编辑、查询、上报功能。

8. 施工登销记管理（可选）

车站 TDCS 应具备施工登记、施工请求、施工销记等功能，并形成完整的施工登销记记录。同时还应具备施工登记信息打印及天窗统计、施工作业模板维护等功能。

9. 紧跟踪报警

车站 TDCS 应具备与铁路局中心一致的列车紧跟踪报警功能。

10. 行车日志管理

车站 TDCS 能够自动产生列车的到站、出发时间，列车的车次、到发点、占用的股道显示在 TDCS 终端上。TDCS 终端根据日班计划和上述的信息实时自动生成车站行车日志（中间站为运统二，编组站、区段站为运统三），并提供存储、查询和打印功能。表格中其他一些无法自动生成的项目，值班员可以根据实际情况填写，但系统应按照规定严格限制对列车运行实迹的人工修改。另外，车站 TDCS 还具备站间预告功能。

11. 列车进路错办报警

车站 TDCS 应根据车站采集的站场表示、车次跟踪信息、列车调度员下达的阶段计划以及相关行车规章制度对车站值班员或信号员人工办理的列车接发车进路进行检查，对于违反约束条件的进路，系统应给予报警提示，以辅助车站值班员或信号员检查列车接发车进路的正确性。

同时，系统还应从股道条件、进路条件和交会条件三个方面对车站值班员或信号员人工办理的进路进行检查，遇到检查条件与相关行车规章规定不符时，根据相关行车规章规定条件进行配置。

12. 接发车作业流程管理

车站 TDCS 应根据相关安全规章和相关作业标准中规定的作业流程或标准提供对车站接发车作业流程的管理功能，以辅助车站行车作业人员进行接发列车作业。为了实现此功能，系统应提供接发车作业流程模板的设置、存储和查询功能，应按照实际行车作业需求提供针对不同列车车次设置不同的流程模板，同时使车务管理人员具有强制设置流程模板功能。

13. 占线板管理

车站 TDCS 应为信号员（内勤助理值班员）提供阶段计划视图和股道视图（占线板）的显示和操作功能；阶段计划视图可实时显示车站值班员签收的阶段计划和已安排的接发车股道；股道视图可显示接发车车次、股道状态（有电无电状态、占用锁闭状态、分路不良状态、防溜状态）、临时限速标记等信息。

14. 非正常行车作业辅助

车站 TDCS 应提供非正常条件下的作业辅助功能，以辅助车站行车人员完成非正常情况下的接发车作业。系统依据列车计划和站场信号设备数据，提供故障分析功能。通过选择相关故障设备，针对此故障设备结合阶段计划向车站值班员提供受影响的列车列表。在车站联锁系统故障或者停用检修时，系统应提供站场设备状态人工设置功能；人工可对当前站场显示状态进行快照保存，并可以在任何时候恢复重现。

15. 综合查询

车站 TDCS 应具备记录本车站的操作日志、接发车作业流程步骤以及本车站的接发列车、阶段计划、行车调度命令、站存车、速报、报点信息、站场表示等信息，并提供终端查询及相关的统计分析功能，以便车站管理人员对日常工作进行监督分析。

4.3.4 TDCS 接口

1. 铁路局间 TDCS 中心接口

相邻铁路局 TDCS 通过分界口接口服务器进行信息交换，应采用专用通道并设置信息安全设备。本局的 TDCS 应向邻局的 TDCS 传递分界口相关区域内属本局范围车站的站场表示、车次号（列车属性、小编组等）信息，并接收显示邻局 TDCS 发送过来的分界口相关区域内属邻局范围车站的站场表示、车次号（列车属性、小编组等）信息。

本局的 TDCS 应向邻局的 TDCS 传递分界口相关区域内属本局范围调度台的列车计划、报点、行车调度命令等信息，并接收显示邻局 TDCS 发送过来的分界口相关区域内属邻局范围调度台的列车计划、报点、行车调度命令等信息。

2. 国铁集团与铁路局 TDCS 中心及高铁 CTC 系统间的接口

铁路局 TDCS 中心、高铁 CTC 中心系统通过各自的国铁集团接口服务器与国铁集团 TDCS 进行信息交换，应采用专用通道并设置信息安全设备。

铁路局 TDCS 中心、高铁 CTC 中心系统向国铁集团传递本局管内站场表示、车次号（列车属性、小编组等）、运行计划、行车调度命令、站存车等信息。

3. 铁路局 TDCS 中心与高铁 CTC 中心系统接口

铁路局 TDCS 中心系统通过与高铁 CTC 接口服务器与本局高铁 CTC 中心系统进行信息交换，采用以太网连接，并设置信息安全设备。交互的信息包括台间车站的站场显示、车次号（列车属性、小编组等）、行车调度命令、阶段计划等。

4. 与车站联锁系统接口

对于计算机联锁，TDCS 车站综合处理机采用带光电隔离的 RS 422 串口与计算机联锁连接；对于继电联锁，则应采用专用开关量采集设备从控制台分线盘或室内信号组合架采集信息。TDCS 从联锁系统获取信号机显示状态、道岔位置和状态、区段状态、各种表示灯状态以及其他 TDCS 所需要的采集信息。

5. 与车站列控中心接口

TDCS 车站综合处理机采用带光电隔离的 RS 422 串口与车站列控中心连接。TDCS 向车站列控中心发送时间同步信息；车站列控中心向 TDCS 发送区间闭塞分区状态、区间逻辑检查状态信息。

6. 与 TSRS 接口

TDCS 通过设置在中心的（临时限速服务器 Temporary Speed Restriction Server，TSRS）接口服务器采用专用数字通道与 TSRS 系统交叉连接，同时应设置网闸隔离设备，一套 TSRS 接口服务器原则上只连接一套 TSRS。

7. 与区间闭塞设备接口

TDCS 车站综合处理机采用专用开关量采集设备从室内信号组合架采集区间信号设备状态信息。TDCS 从区间闭塞设备获取区间轨道电路状态、区间信号机显示状态以及其他 TDCS 所需要的采集信息。

8. 与信号集中监测系统接口

TDCS通过车站综合处理机或者电务维修机采用带光电隔离的RS 422串口与信号集中监测系统连接。TDCS 向信号集中监测系统提供信号设备状态信息、TDCS 内部状态和报警信息。

9. 与 GSM-R 系统接口

TDCS 通过设置在中心的 GSM-R 接口服务器采用专用数字通道或以太网与 GSM-R 系统连接，同时应设置网闸隔离设备。TDCS 向 GSM-R 发送无线调度命令、无线进路预告等信息；GSM-R 向 TDCS 发送无线车次校核信息以及调度命令、进路预告的接收、签收状态信息。

10. 与 450 MHz 无线通信系统接口

TDCS 通过车站综合处理机采用带光电隔离的 RS 422 串口与 450 MHz 无线通信系统连接。TDCS 向无线通信系统发送无线调度命令等信息；无线通信系统向 TDCS 发送无线车次校核信息以及调度命令的接收、签收状态信息。

11. 与运输信息集成平台接口

TDCS 通过信息平台接口服务器，采用建立信息共享数据库与 MQ 传输组合的方式，实现与运输信息集成平台的信息交换与共享，同时应设置网闸隔离设备。TDCS 提供行车相关基础数据字典、列车运行调整计划、列车实际运行图、列车实际到发时刻、行车调度命令等数据。TDCS 获取基本图、日班计划、施工计划等数据。双方还应交换国铁集团业务主管部门规定的满足通信协议的其他数据。

12. 与编组站综合自动化系统接口

TDCS 通过路局接口服务器，采用系统广域网或者以太网连接的方式，实现与编组站综合自动化的接口，同时应设置网闸隔离设备。互相传递接口车站的站场表示、车次号、报点、站间预告信息。TDCS 向编组站综合自动化下达阶段计划、行车调度命令信息。编组站综合自动化向 TDCS 发送计划、调令接收自动回执和人工回执信息。

4.4　无线车次号校核系统

4.4.1　系统概述

无线车次号校核系统用于实现由行进中的列车向调度中心可靠传送列车车次号、机车号、列车速度和位置等运行信息，是铁路移动无线数据传输在列车运行监控信息自动化领域中的实际应用，也是通信信号一体化的范例。

在没有解决列车车次号自动输入之前，我国调度集中系统依靠人工输入列车车次号，一般是在调度中心或编组站的出发场设置列车车次号输入设备，在列车进入调度区段时人工置入列车车次号，此后列车在一个调度区段运行时完全依靠逻辑推理追踪列车车次号。我国列车运行情况复杂，客货混运，多数车站有调车作业，车站停电或信号故障等都会增加逻辑推理追踪列车车次号的难度。

为解决上述问题，保证车次号的可靠跟踪，原铁道部电务局决定采用无线车次号校核系统方案，并于 1998 年 3 月成立了由铁道科学研究院通号所、济南铁路局电务处、通号公司研究设计院、天津通广公司、卡斯柯公司、株洲电力机车研究所等单位技术人员组成的“DMIS 工程无线车次号校核专题攻关组”，研制开发利用既有无线列调设备传送车次号的校核系统，实现 DMIS 工程无线车次号校核。

DMIS 工程无线车次号校核专题攻关组在铁道部电务局的领导下，在济南、上海等铁路局的支持下，由铁道科学研究院通号所主持，历经研究、开发、技术审查的试验阶段，铁道部鉴定、方案完善和工程推广阶段，无线车次号校核系统于 2001 年开始与 DMIS 一期、二期工程同步得到大规模的推广应用。在此期间，主要的工作有提出无线车次号校核系统方案、数据传输接口协议和技术要求；制定各种类型无线列调电台的改造方案及兼容试验；编制工程设计文件；开发系统设备并进行联机试验以及工程开通调试和技术问题的解决等。至 2005 年年底，无线车次号校核系统已在全路 30 580 km 主要干线上开通运用。

4.4.2　系统构成及功能

1. 系统构成

无线车次号校核系统由机车安全信息综合监测装置（TAX 箱）、机车数据采集编码器（含主机、连接电缆）、无线列调机车电台（改频受控发射）、车站数据接收解码器（含主机、天线、馈线、连接电缆）、车站 TDCS 分机和铁路局 TDCS 通信服务器等设备构成，如图 4.6 所示。其中，无线列调机车电台属于无线列调系统；车站 TDCS 分机和铁路局 TDCS 通信服务器属于 TDCS。

作为一个公用的信息平台，机车安全信息综合监测装置为 TDCS 无线车次号校核系统提供信息来源，通过 RS 485 接口周期地向机车数据采集编码器传送如车次号、机车号、列车种类、编组、速度、位置等信息。

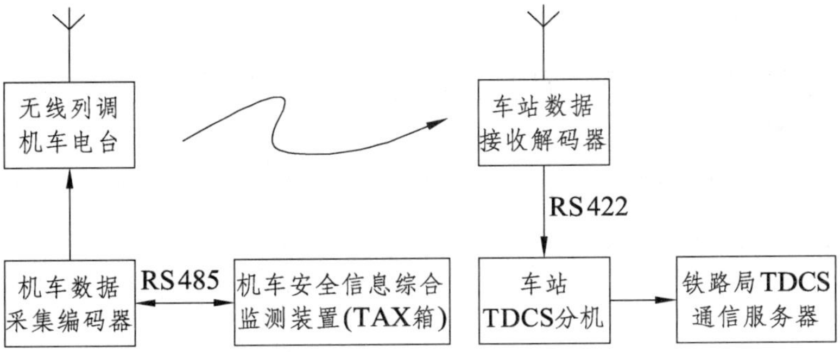

图 4.6 无线车次号校核系统

机车数据采集编码器随时读取上述信息，当根据信号机种类将该信息判为有效时，则按照 TDCS 车次号校核系统数据结构协议的规定进行信息数据的编码，包括纠错和检错编码、数据打包，调制并启动无线列调机车电台改变原有的工作频率，以原铁道部颁布的无线列调 2 组 f_4（457.55 MHz）频率发射。无线列调机车电台接收到数据采集编码器送来的 TDCS 控制发射信号（低电平有效）时，不管是否正在通话，均切断话音调制并在 350 ms 内在 2 组 f_4 信道建立发射，强行转为传送车次号信息数据，传送完成后（TDCS 控制发射信号由低电平转为高电平）恢复话音通信。如发生在 2 组 f_4 上长发的现象，则在发射 1.5 s 后自动切断发射并回到原机车电台的工作频率，以免影响无线列调的正常通信。

TAX 箱给出的信息决定车次号信息发送地点和条件。在 TAX 箱数据中，工作状态标志位表示机车安全信息综合监测装置的工作状态，分为“监控状态”和“非监控状态”两种，“非监控状态”又分为“降级运行状态”和“调车状态”。

在始发站内时，当 TAX 箱给出的信息中工作状态为“非监控状态”，机车（列车）运行速度又从 0 提升到 5 km/h 时，机车数据采集编码器启动无线列调机车电台发送车次信息，单向重复发送 3 次，每次间隔 3 s。此时，在数据信息中功能码增加编组站（始发车）发送状态，公里标位置填充“FF”。当 TAX 箱给出的工作状态从“非监控状态”（即“降级运行状态”或“调车状态”）变成“监控状态”（即对标点）时，机车数据采集编码器启动无线列调机车电台发送车次信息，单向重复发送 3 次，每次间隔 3 s。此时，在数据信息中功能码增加编组站发送状态，公里标位置填充所处实际公里标。当 TAX 箱给出的工作状态进入“监控状态”后，即进入正常工作状态，视为在正线运行。

机车在正线运行，每当经过车站进站和出站信号机两个位置时均连续、单向发送 2 次信息。第一次是在机车数据采集编码器判定有效后立即发送，第二次随机延时 3 ~ 5 s 后发送。

车站数据接收解码器以无线列调 2 组 f_4 的接收频率接收到车次号等信息，并进行数据纠错、检错解码，确认信息无误后读取位置信息进行公里标比较。经公里标比较确认为本站辖区列车传来的信息后，则把接收的信息重新打包通过 RS 422 接口送到本站车站 TDCS 分机，再由车站 TDCS 分机送给铁路局 TDCS 通信服务器。如果经列车位置公里标比较判为非本站辖区列车传来的信息时，则清除该信息。为了增加数据传输的可靠性，对每帧数据，车站数据接收解码器都向调度分机传送 3 次。

2. 系统功能

无线车次号校核系统用于从机车（列车）向地面（车站 TDCS 分机、铁路局 TDCS 通信服务器）方向可靠地传送机车（列车）的车次号、机车类型、机车号、所在公里标（位置）、速度、总重、换长和辆数等信息。

4.4.3 系统关键设备

1. 机车数据采集编码器

机车数据采集编码器由采集编码器主板和连接电缆组成。

在 TAX2 型机车安全信息综合监测装置的总线上不断地广播列车运行监控记录装置中的机车运行数据信息，当机车数据采集编码器捕获到进站、出站位置信息时，即将车次号、机车号、机车速度、机车位置、车重、计长等信息数据进行纠、检错编码，并控制无线列调机车电台转频发射，单向传给车站接收解码器。在进站、出站两个信号机处，无线列调机车电台向车站接收解码器分别连续传送 2 次。第一次是在收到车次号信息后立即发送，第二次延迟 3 ~ 5 s 后传送。

机车数据采集编码器的原理如图 4.7 所示。

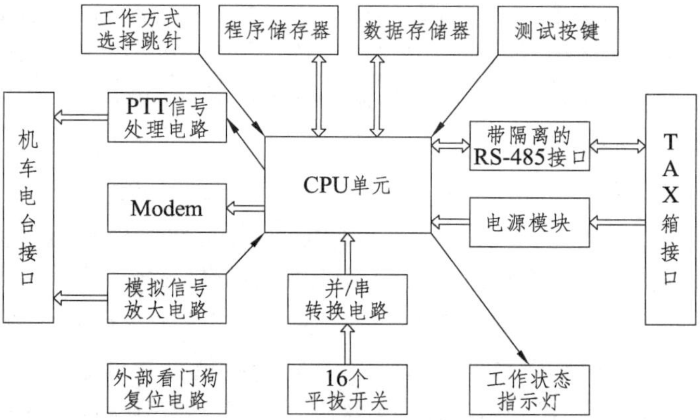

图 4.7 机车数据采集编码器原理

数据采集编码器中的电源模块将 TAX 箱提供的 15 V 直流电源转换为直流 5 V 的工作电源。带隔离的 RS 485 芯片 MAX1480 与 TAX 箱通信，采集 TAX 箱总线发出的机车运行数据。CPU 单元以总线方式与程序存储器、数据存储器通信，处理从 TAX 箱得到的机车运行数据。外部看门狗复位电路用于当数据采集编码器出现故障时将数据采集编码器复位到初始工作状态。数据采集编码器将需要保存的数据如设备参数等保存在 EPROM 中，使编码器掉电后仍不丢失数据。工作状态指示灯表示编码器当时所处的工作状态，以便维护人员监视工作状态。

由于 TAX 箱没有提供规范的机车类型，所以编码器通过并/串转换电路将平拨开关记录的机车类型读入到 CPU 进行编码发送。机车数据采集编码器通过工作方式选择跳针，选择正常工作方式或测试工作方式。测试工作方式时可完成一些测试功能。测试按键由维修人员测试时按下，使编码器能够将一帧测试数据发到机车电台。

CPU 对采集到的机车运行数据进行处理后发给 Modem，Modem 将数字信号转换为 FFSK（快速移频键控）模拟信号，此信号经模拟信号放大电路放大后送到机车电台调制输入端。FFSK 模拟信号电平值为 0～ －10 dBm，输出阻抗为低阻抗。

CPU 通过 PTT 信号处理电路发送 PTT 信号控制机车电台转频发射，PTT 信号低电平有效。每次在送出 PTT 有效低电平 350 ms 之后，机车数据采集编码器开始发送 FFSK 模拟信号。在不需要 FFSK 模拟信号时，机车数据采集编码器 CPU 通过电子开关断开 PTT 通道，以确保不干扰无线列调机车电台的正常工作。

2. 车站数据接收解码器

车站数据接收解码器由主机、连接电缆、天馈线、电源线和备用蓄电池组成。

当车站数据接收解码器收到无线列调机车电台改频发射信号（频率为 457.55 MHz）后，对数据进行纠错、检错处理，确认无误后再通过公里标比较认定是本站管辖范围内的机车电台送来的信息，然后把接收到的无线车次号校核信息送给车站 TDCS 分机。铁路局 TDCS 通信服务器收到车站 TDCS 分机送来的无线车次号校核信息并经处理后，将车次号显示在相应位置。

车站数据接收解码器原理如图 4.8 所示，主机由接收机单元、解码单元、电源单元、交直流转换单元、显示单元等部分组成。接收机单元采用 TK868G 信道机，将接收到的射频信号经放大、混频、鉴频后送出音频信号至解码单元进行处理。解码单元具有控制、检测、信号处理等功能，它将来自接收机单元的信号进行纠错、检错处理，确认无误并与公里标比较认定是本站管辖范围内的机车电台送来的信息，然后把信息送给车站 TDCS 分机。显示单元用于显示接收的机车电台的车次号，并在置入公里标时显示公里标的上界和下界。电源单元将交流 220 V 电源转换成 13.8 V 直流电源：一路供主机，另一路用于备用蓄电池充电。电源转换单元用于交流停电时自动转由蓄电池供电。

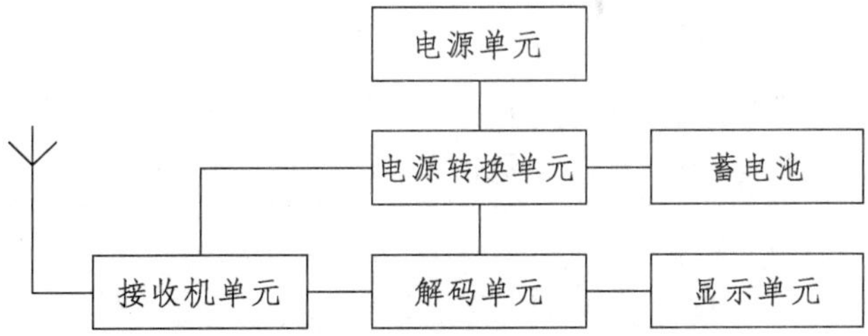

图 4.8　车站数据接收解码器原理

本章小结

本章主要介绍了铁路列车调度指挥系统（Train operation Dispatching Command System，TDCS）即原来的铁路运输调度指挥管理信息系统（Dispatch Management Information System，DMIS）的基本概念、系统结构、系统功能以及无线车次号校核系统。

铁路列车调度指挥系统 TDCS 是实现铁路各级运输调度对列车运行实行透明指挥、实时调整、集中控制的现代化信息系统。它用信息技术、网络技术、控制技术等现代科学技术手段取代了传统落后的行车指挥手段，结合先进的通信、信号、计算机网络、数据传输、多媒体等现代信息技术，在保证网络安全的前提下，与相关系统紧密结合、互联互通、信息共享，实现了铁路运输组织的科学化、现代化，增加了运能，提高了效率，改善了调度指挥的工作环境，减轻了调度人员的劳动强度。

我国铁路调度指挥管理是以行车调度为核心，以站、段为基础，实行国铁集团和铁路局两级调度指挥管理的体制。TDCS 由国铁集团调度指挥中心局域网、铁路局调度指挥中心局域网和基层网三层网络构成，是一个覆盖全路的现代化铁路运输调度指挥和控制系统。

TDCS 的功能与其结构相对应，分别体现在国铁集团、铁路局、基层网三个层。

国铁集团 TDCS 的功能主要包括列车动态跟踪、信号设备运用状态实时监视、列车运行宏观显示、列车运行时刻显示查询、运行图管理、分界口列车调度指挥管理、调度命令管理、列车编组管理以及调度命令无线传送等；铁路局 TDCS 的主要功能包括实现干线列车运行秩序的宏观监视、铁路局管内列车运行实时监视和历史查询、列车自动追踪、无线车次号自动校核、列车运行图管理、列车紧跟踪报警、车站自动报点、调度命令、与 TMIS 的接口等；基层网 TDCS 的主要功能包括信息的采集与传送、显示本站和邻站信息、调度命令的签收和打印、调度命令无线传送、阶段计划的签收和打印、行车日志管理、接发车作业流程管理、综合查询等。

无线车次号校核系统用于实现由行进中的列车向调度中心可靠传送列车车次号、机车号、列车速度和位置等运行信息，是铁路移动无线数据传输在列车运行监控信息自动化领域中的实际应用，也是通信信号一体化的范例。

以 TDCS 为平台，组建分散自律、智能化、高安全、高可靠的新一代调度集中系统是实现铁路提速、高速以及减员增效根本保证。根据国铁集团信息化建设的总体思路，以 TDCS 为平台，以调度集中（CTC）为核心，构建铁路现代化的调度指挥管理信息系统，以现代运输的理念大力推动铁路运输调度指挥系统建设。

思考题

1. 什么是 DMIS、TDCS，它们之间是什么关系？
2. 为什么要建设 TDCS？
3. 简述 TDCS 的技术特点。
4. 简述 TDCS 的系统结构。
5. 简述国铁集团 TDCS、铁路局 TDCS 以及基层网的设备概况。
6. 简述国铁集团 TDCS、铁路局 TDCS 以及基层网的主要功能。
7. 简述铁路局间分界口的 TDCS 构成及其功能。
8. 简述无线车次号校核系统的构成。
9. 叙述无线车次号校核系统功能的实现过程。
10. 结合所学说出你对 TDCS 的认识。

本章数字资源

第 5 章

铁路信号微机监测及其实用系统

信号微机监测是电务部门安全的“黑匣子”，是电务部门维修技术的重要突破，是电务设备实现状态修的必要手段，也是信号技术向高安全、高可靠和网络化、数字化、智能化发展的重要标志之一。

微机监测系统能实时动态、准确量化地反映信号设备的运用质量、设备状态，并具有状态信息储存、重放、查询和报警功能。当电气特性超标或违章作业进行局部接点封连时，监测系统均能按照等级及时报警，这对于防止违章作业，分析判断故障，特别是对瞬间发生的时好时坏的“疑难杂症”故障，或难以界定的复杂故障的分析，提供了重要的手段和依据。同时，由于对设备的运用状态能做到心中有数，超标报警，超前防范，防患于未然，能使设备运用质量始终处于受控状态，科学地指导现场合理维修，避免“过剩修”或漏检漏修。

5.1 应用信号微机监测系统的必要性

随着我国铁路运输事业的发展，列车运行速度的提高，密度的增大，对原有的信号系统将提出更新更高的要求。信号系统必须在设备的功能管理以及维修体制等方面进行改革，以适应铁路运输发展的需要。

维修体制的改革要求电务维修的管理部门掌握更多的信息，其中最重要的是信号设备在实际运行中的质量信息和告警信息，这些信息是确定信号设备运行状态好坏的依据，也是进行设备维修和调整的依据。这是因为铁路信号设备（如信号机、道岔、轨道电路及它们的控制电路等）是保证铁路行车安全的基础设备，这些设备能否正常运行以及它们的性能好坏，直接影响着整个铁路运输的效率和安全可靠性。

近年来，由于车站电气集中、车站信号微机联锁、编组站道岔自动集中、编组站车辆溜放半自动、全自动调速设备等先进设备的推广应用，大大提高了车站的通过能力和编组站的编解能力。然而运输能力的提高，必然增加现场设备的动作频度，继而增加了设备出现故障的可能性。据统计，先进的铁路信号设备的大面积应用，使得车务部门年故障率递减，而电务部门的年故障率递增。这给电务维修部门带来的压力越来越大。多年来，由于铁路信号设备实行定期维修方式，难免对某些寿命短的部件会产生“失修”情况，而对寿命长的部件又会造成“过剩修”。“失修”可能造成故障，“过剩修”则造成人力和物力的浪费。而且，以往获取这些信息的方式是通过现场维修人员利用仪表测量，或对发生故障的现象进行处理，基本是人工的，只有在测量或检查时才能得到必要的信息，在时间上是断续的，无法做到实时监测。因此，改革信号设备维修体制，借助先进的技术手段，日夜监视现场设备的运用状态，及时发现故障隐患，尽快排除，变设备定期维修为状态维修（根据设备的运行状态进行修理）是非常重要的。

信号微机监测系统正是随着铁路信号设备维修体制的改革而迅速发展起来的。计算机技术、网络技术、数据通信技术、检测技术等的发展也为微机监测系统的开发和应用提供了技术基础。

微机监测系统能够对各种信号设备的状态及性能进行全天候监视，还能够方便地记录有关设备的故障次数、动作次数、使用和操作过程，并能进行一定的逻辑判断，为科学地制订维修计划，提高设备的可用性及分析故障和判定操作失误等提供了可靠的依据，也为保证运输安全起到了积极作用。如果说，维修体制的改革要求根据信号设备实际运行的状态进行维修，那么，微机监测系统是必要的基础设备。

5.2 微机监测系统概述

5.2.1 微机监测系统的主要功能

信号维修微机监测系统的主要功能体现在以下几个方面：

1. 为信号设备状态修提供可靠的依据

应用监测设备，可以实现对使用中设备的故障进行超前判断，发现隐患，提醒维修人员及时处理，从而使设备经常处于稳定工作状态，延长设备的平均无故障时间，有效地保证了行车安全。实践证明，监测设备是信号设备实现状态维修的有效辅助设备。

2. 帮助维修人员缩短故障延时

以往有一些故障由于持续时间短，而且不定时出现，故障时的现象往往难以捕捉；又由于经常来不及查找或在查找中自动恢复，多以原因不明而告终，严重危及行车安全。采用微机监测系统，对信号设备进行日夜监视，任何设备的故障或短暂的动作均处于被监视的范围，因而，应用监测设备后就可以消除上述情况。对于一些复杂的组合故障，监测设备的效用尤为突出。实践证明，监测设备能够提供准确的故障现场信息，帮助维修人员准确地找出原因，排除故障，缩短故障延时，降低故障复现率，从而提高维修质量，是电务维修人员的帮手。

3. 有利于分清故障责任

由于监测系统可以准确地记录各种按钮的操作情况及设备的动作过程，因此，有利于分清责任，得到了电务人员和车务人员的普遍信任。使得在使用监测设备的站场，车务人员的责任心普遍有所提高，错误办理情况明显减少，扯皮现象基本消除，电务人员也减少了许多无用劳动。

4. 维修管理和信息共享

目前的微机监测系统基本上是三层次的网络结构，即由车站、领工区（车间）、电务段三级构成的计算机网络。电务段和领工区的管理人员可以通过微机监测网直接看到所辖各站信号设备和站场的运行状况。以往必须到现场处理的问题，现在可以在段内解决，并且更直接和更便捷，因此，增强了指挥和管理的透明度。管理人员可以在计算机网上获得有关统计数字，而不必要求现场填写各种报表，由于这些数字直接源于基础信号设备，因此，有较高的可靠性和真实性。

5. 使集中维修成为可能

微机监测网络还使集中维修成为可能。业务能力较高的维修人员可集中在领工区或中间大站上，撤销一些小站的信号工区。这样做无论从改善维修条件还是从提高维修质量上，都取得明显的经济技术效益。

6. 便于和其他专用系统结合

在一体化设计的基层综合信息网内，微机监测的信息采集设备可直接作为其他专业信息系统的信息源，提供有关列车运行过程的信息，在车站局域网内，其他专业信息系统也可共享微机数据库内的有用信息，从而大大降低系统的硬件成本。

综上所述，可以认为，监测设备为铁路信号设备实现科学维修提供了可靠依据，对实现设备状态维修，提高维修质量，保证运输安全起到了积极作用。

5.2.2 微机监测对象的选择原则及系统的总体设计

监测对象的选择要以保证维修、提高效率为依据，同时还要考虑重点突出，不能追求面面俱到，以免造成监测设备过于复杂。另外，还要考虑监测系统不仅要适用于电气集中，还应包括自动闭塞设备，以及正在推广使用的车站微机联锁设备等。监测对象的选择一般应遵循以下原则：

（1）易受外界影响并易发生故障的设备。

（2）发生故障后影响范围大的设备。

（3）有利于分析和判断故障。

（4）有利于实现状态修。

（5）有利于对使用及维护人员的主要操作实施实时监督。

微机监测系统设计时应遵循的最基本原则是选择和研究适应系统体系结构的设备，以有机地完成各项功能要求。具体来讲，主要有以下几点：

1. 总　体

从总体上看，微机监测系统是一个信号专用的遥测、遥信系统。在每一个车间机、段机都必须能清楚地获得所辖各站信号设备的电特性，各站的采集机是系统中最基础的原始信号源。因此，采集机所提供的有关信号设备的质量信息必须是精确的，告警信息是可靠的，运行状态的记录是完整的。在系统设计时，要重点研究并确保站机的可靠性和工作稳定性，并努力做到不因局部故障而影响系统整体工作。

2. 用户界面

根据功能要求，系统的监测项目繁多，但应使用户采用最简单的操作方法获取某一选择项或全部监测数据及曲线。因此用户界面必须做到操作简易方便而又符合信号人员的习惯，避免用户在操作时键入难以记住的命令。

3. 采集方法

在实施对信号设备测量和监督时，必须实现完善的电气隔离。当自身设备工作或故障时，不应影响信号设备的正常运行。被测设备为高压时，不能直接引入低压部件，以免发生设备及人身事故。

4. 运行方式

微机监测设备上电后应能自动投入运行，可 24 小时连续地自动完成测量。应能跟随随机动作的信号设备并在其动作时进行测量，对测量的数据自动甄别，确认其是否超出技术指标的规定。

5. 工程适用性

系统必须有较好的工程适用性，以满足不同监测要求和不同监测对象数量的要求。

6. 标准化

设备结构要实行标准化，设备间的接口标准化，采样方法标准化。

5.2.3　微机监测内容及实时性要求

5.2.3.1　监测内容

1. 开关量的监视内容

（1）控制台按钮电路类：列车、调车、通过、引导、引导总锁闭、总人工解锁、总取消、半自动闭塞、道岔单操、轨道区段故障、坡道解锁。

（2）控制台表示灯电路类：列车信号、调车信号、轨道区段光带、道岔位置、道岔总定（反）位、排列进路方向、列车调车人工解锁、挤岔、断灯丝、断熔丝、半自动闭塞接发车、主副电源、移频发送、电源故障。

（3）组合架继电器类：道岔启动 1DQJ 第 4 组后接点，锁闭 SJ 81-82 封连检查、轨道 DGJ 第 2 组后接点、移频 JMJ 第 4 组前接点、正线 ZXJ 第 3 组前接点、通过信号 TXJ 第 4 组前接点。

以上开关量的采集，囊括了控制台上所有操作及显示信息，微机以不大于 250 ms 的采样周期，时刻扫描着它的变化，由于每个按钮和表示灯电路均与 6502 网络电路动作情况相对应，故以它们为采集对象，能够反映出行车过程的全貌。在微机屏幕上，通过选择不同菜单，可查到每个开关量的实时状态和历史记录。也就是说，开关量在何时动作过，都能以秒级的记录显示出来。当设备使用过程出现异常时，可从各开关量动作时间、顺序、状态来协助分析判断原因。

2. 模拟量的测试内容

（1）电源屏电压：信号机点灯、道岔动作、轨道电路、继电器、控制台点灯、道岔表示、移频电源、25 Hz 相敏轨道电路、Ⅰ路电源输入、Ⅱ路电源输入、监测系统电源、闪光电源，各类输出电压均有实测表，日报表，月、年曲线表，测量精度 ± 2%。

（2）转辙机：动作电流、故障电流、动作时间，有实测表，日、月曲线表，测量精度 ± 3%。

（3）轨道电压：有实测表、日报表、月和年曲线表，测量精度 ± 2%。

（4）移频发送盒：上边频、下边频、中心频率、低频、输出电压、电流，有实测表、当日报表，月、年曲线表，测量精度 ± 2%。

（5）电缆绝缘：测室内至室外的每根电缆绝缘，有实测表，测量精度 ± 10%。

（6）电源对地漏流，测电源屏输出电源对地间的漏泄电流，有实测表，测量精度 ± 10%。

从上述项目中可以看出，主要电气特性已纳入微机监测范围，日常测试时可以打开微机屏幕，查看各项数据与《信号维护规则》要求是否相符，各类表格均可以打印存档，为规范电气特性管理创造了条件。

5.2.3.2 实时性要求

监测系统必须不间断地自动完成监督和测量，真实地反映出每一时刻的设备状态，所以，取得的数据必须有实时性要求。属于开关量性质的监督内容实时性要求更高，一般规定在不大于 250 ms 的周期内扫描所有监督对象的状态变化，否则有可能产生遗漏现象。

模拟量性质的监测对象有一个测量时间，实时性要求相对较低，如电压测量，可以按每秒一个对象的速率对全部对象进行周而复始的循环测量。对于正常范围内的数据，除了需要统计的数据之外，一般在新的测量数据来到时，前一轮的数据即可抹去。

对于随机动作的测量对象，要对其动作进行跟踪，如对转辙机动作电流曲线的测量，值班员在办理进路时，某一转辙机启动瞬间，检测设备应能随机跟踪，并且在它带动道岔的全部过程中，不断地采集测量数据，直到动作结束。如果在同一过程中分别有几台转辙机动作，则微机监测系统应能同时分别对它们跟踪测量。

5.2.4 对监测设备的基本要求

对监测设备的基本要求有以下几点：

1. 监测设备要重点突出

监测对象一定要按照上述选择原则来定，监测内容也应根据实际情况，选择那些有代表性的内容。如对车站电气集中设备进行监测时，由于电气集中继电器逻辑电路结构严谨，联锁、锁闭条件在多条网络线内反复校验，因而，继电电路内部的条件可不作为监测的内容，而只对继电电路的输入端（值班员控制台按钮操作过程）和输出端（信号机开放、进路锁闭、解锁过程）进行监测即可。

2. 要能进行电气参数测试

监测系统除了对开关量信息监测外，电气参数测试也很重要。通过对轨道电压、转辙机电流、电源系统电压、电缆绝缘电阻及信号主灯丝点燃状态等参数的测试，可以随时了解这些设备的性能，做到有问题及时发现，及时解决和处理。

3. 要能实时记录现场各项关键设备的动作情况

利用计算机的大容量存储空间和极高的运行速度，将值班员的操作过程和车辆运行过程中产生的数据实时采集、记录、保留下来，在电务维修和故障分析中为电务人员提供准确易查的数据。对采集到的设备动作情况，除了简单的按其动作的时间顺序进行实时记录外，还应进行较细分类，如按设备的作用分类，或按设备的位置分类等。这样，可掌握设备的动作规律及变化趋势，了解故障前后设备的动作情况及与相邻区段上设备的动作组合情况，对迅速缩小故障查找范围提供了有利条件。

4. 要能对记录信息进行逻辑分析

利用计算机的智能，将现场维修人员分析故障的一般方法和习惯由计算机来实现，并对现场设备进行随机分析，发现异态立即报警。利用这项功能，为及时发现故障、分析原因，采取相应措施提供方便。

5. 监测设备应当是独立的

监测设备既要与现场主体设备紧密相关，又要相对独立。在进行系统设计时，应当考虑无论出现什么情况，也不能因监测设备的存在而影响现场主体设备的正常使用，为此，在监测系统中不允许与其他电路公用接点；在电气参数测试电路中，要尽可能选用无接触式传感器件。另外，在接口电路的设计中，还要采取严格的隔离措施，以提高监测设备自身的稳定性。

6. 监测设备应具有自检功能和在线硬件检测功能

为了保证计算机按程序的要求工作，计算机内应设有自诊断程序，并配有相应的显示和音响报警。当计算机由于某种原因未能按程序的要求进行正常工作时，立即发出音响报警，同时在显示器上显示出程序中断的位置。

另外，计算机还应设有在线硬件监测功能。计算机在不停止监测工作的条件下，对部分硬件的工作状态进行调试检测，这样就能减少监测系统进行停机维修检测的时间。

7. 要有较好的工程适用性

监测设备应具备较好的工程适用性，以满足不同监测要求和不同监测对象数量的要求。

8. 标准化

设备结构实行标准化，设备间的接口标准化，采样方法实行标准化。

9. 操作简便易学

监测设备的操作应当简便，便于现场使用人员学习和掌握。监测设备的数据等全部采用现场所使用的代码进行记录、显示，其他一些特殊记录，也应采用形象易记忆的符号或字母进行记录和显示。

5.3 微机监测系统硬件结构设计

5.3.1 系统硬件设计原则

监测系统在硬件和软件上都应具有较强的通用性、可扩展性和互换性，以便进行移植、组装、扩充和修改。铁路站场千差万别，各站场规模又有大有小，监测设备必须灵活地与之相适应。另一方面，各现场的维修人员又有各自的维修经验和维修习惯，他们在选用监测设备时，常常会提出在监测的基本功能上增加一些监测对象和监测功能。作为为现场维修工作服务的监测设备，必须具备灵活的扩展能力。

在硬件设计时应考虑以下基本原则：

（1）考虑到监测对象的密集、采集量大，在硬件设计中应采用二次译码、矩阵方式等，用尽可能少的接口芯片，满足大量集中采集的要求。

（2）在硬件结构上，要采用开放式的设计，按模块化的结构组成系统，使其易维护、易扩充、适用于大中小站不同规模的信号设备监测。

（3）由于监测系统不仅要完成各种监测量的采集、处理、存储等功能，而且还要完成各种统计报表的显示、打印及各种报警提示，因此，从系统的任务划分和满足实时性要求出发，宜采用多微机处理形式，由采集机完成监测对象的采集、处理及信息的存储任务，而由上位机（主机）完成系统的管理和人机交互任务。

（4）在机型选择上，应考虑抗干扰性、安全性、可靠性及性能价格比，一般主机选用 PC 工控机，而采集机由于功能比较单一，信息存储量要求不高，从降低整个系统的成本角度出发，一般可选用单片机。

（5）监测系统设备和被监测设备间一定要有良好的电气隔离措施，在监测设备本身故障时，要保证不会影响信号设备的正常运行。同样，当信号设备发生故障或产生高电压时，系统要有较大的监测范围和防护能力，能确保在大量程范围内正确测量和不破坏。

（6）电务维修监测网络系统是微机监测系统发展的方向，因此，在系统硬件结构设计时，一定要考虑具有联网功能。

5.3.2 系统的网络结构设计

1. 基本结构

信号设备微机监测系统的硬件基本结构如图 5.1 所示，主要包括主机、监测量输入通道以及人-机对话设备三大部分。

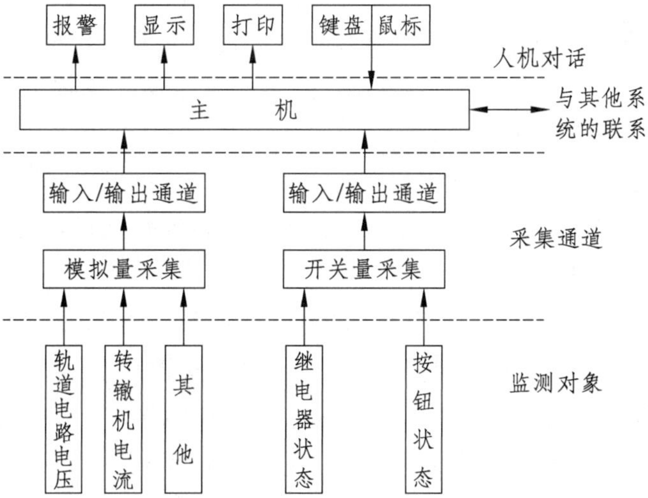

图 5.1　微机监测系统硬件基本结构

主机一般采用工业控制机或高档 PC 机，完成逻辑处理和人机对话功能。对于联锁系统的监测系统来说，对主机无须采取冗余措施，但是可靠度应是工业级水平。它的存储容量应能将主要信息保存 24 h 以上而不至于溢出。

检测量输入部分又包括模拟量采集和开关量采集两部分，这两类数据经它们各自的通道输入到主机之中。

人机对话设备主要由显示器、打印机、键盘/鼠标及用于报警的声光显示设备组成，完成监测信息及系统工作状态信息的显示、打印及报警。

从系统中各部分的连接方式来讲，一般有两种方式：

一种是采用总线插接的形式，即将检测量的采集和接口电路制作成印刷电路板或是采用一些标准插件板配以一定的采样电路，通过微机箱中的扩展插槽与主机相连。这时，各插件板与主机之间交换信息的方式一般为中断方式。

另外一种连接方式即采用多模块结构。在这种方式中，考虑到信号微机监测系统自身所具有的特殊性：监测对象密集、采集量大、多个对象同时并行工作，为此，把监测对象进行分类，分别由各自的微机来检测，这些微机并行独立工作。采集到的信息再通过串行总线送到主机（上位管理机）进行处理，这样一方面保证了系统的实时性，同时使得整个系统的结构清晰明了。

在系统设计时，考虑到采集机的任务比较单一，信息存储量的要求不高，从降低整个系统的成本角度出发，一般选用单片机完成。

目前，在微机监测系统中广泛采用的一种串行总线是 CAN（Controller Area Network）总线。CAN 总线属于现场总线（Field Bus）的范畴，它特别适用于工业控制系统，具有通信速率高、可靠性强、连接方便、性能价格比高等诸多特点。由此构成的控制器局域网（CAN）是一种有效支持分布式控制或实时控制的串行通信网络。

CAN 通信协议是在充分考虑了工业现场环境的背景下制定的，它采用了国际标准化组织的开放系统互连（ISO-OSI）模型中七层中的三层：物理层、数据链路层和应用层，是 OSI 的一种简化网络结构。

CAN 协议对数据通信提供如下保证：

（1）数据通信的可靠性：采用 CRC 校验以及独特的数据信号表示方式，并且有错误识别及自动重发功能；

（2）数据通信的实时性：采用面向数据块的通信方式，每帧数据量为 8 个字节，数据传输速率为 1 Mbps，优先级高的数据享有占用总线的优先权；

（3）数据通信的灵活性：采用多主站总线结构，支持多个 CPU 互连，各总线节点间可直接通信，通信介质可为双绞线、同轴电缆或光纤。

CAN 卓越的性能、极高的可靠性和独特的设计，特别适合于工业过程监控设备的互连，因此，越来越受到工业界的重视，并已公认为是最有前途的现场总线。

构成基于 CAN 总线的分布式控制系统，需要 CAN 控制器和 CAN 总线连接器，目前，许多电子器件生产厂家生产 CAN 总线芯片，如 Philips、Intel、Motorola、Siemens、NEC 等公司，在我国使用最广泛的要数 Philips 公司的 82C200（总线控制器）和 82C250（总线接口部件）。

有关 CAN 总线及其控制器的原理及使用方法可参见相关书籍或资料。图 5.2 为基于 CAN 总线的微机监测系统结构图。

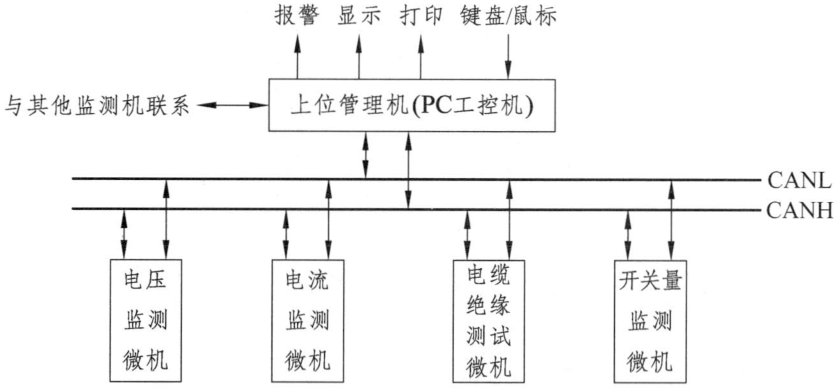

图 5.2　基于 CAN 总线的微机监测系统结构

在图 5.2 中，各采集机除具有为完成指定采集任务而设置的硬件模块外，都扩展有 CAN 控制器 82C200 和 CAN 总线接口芯片 82C250，已构成智能化的 CAN 网络节点。上位管理机采用 PC 工控机，主要完成数据的存储、处理、显示、打印、报警等功能。为了与各采集机通信，在上位管理机中设有 CAN 适配带，其主要器件仍是 82C200。这样，利用 CAN 总线就可以连接各网络节点，构成多主机控制器局域网。采用这种结构还便于多个系统的构造，构成微机监测网。

2. 输入通道

微机监测系统的输入通道有两种类型，开关量输入通道和模拟量输入通道。微机监测系统中的开关量主要有关键继电器状态、按钮状态、信号机灯丝状态等，模拟量主要有轨道电路接收端电压、转辙机动作电流、电缆绝缘电阻等。

1）开关量输入通道

开关量输入通道是将具有两态开关或高低形式的电平信号，变换成计算机能够接收的数字信号。通道一般应具有隔离、整形和消除因接点抖动而产生的错误信号的能力。当监测的开关数量较多时，可将消除抖动干扰的功能由软件完成。一般情况下，一个开关量对应接口中数据寄存器的一位（1 bit），在接点数量较大而且集中的情况下，如电气集中控制台按钮、关键继电器状态等，这时，可将这些开关量以矩阵方式连接，以达到节省电路的目的。形成电平信号的电路有多种方案，图 5.3 是用光电耦合器构成的信号形成电路。光电耦合器的输入侧由外部电源供电，被检测的节点串接在输入电路中以控制耦合器的发光二极管的导通和截止，从而使耦合器输出端电压发生高低变化。由于电—光—电的变换，一方面使外部电源与微机电源隔离开来，另一方面外部电路上的较弱的干扰信号不致在接点断开时激励二极管发光，从而起到抗干扰的作用。图中输入电路上接有 R_1 和 C，用于消除接点抖动所形成的错误信号。

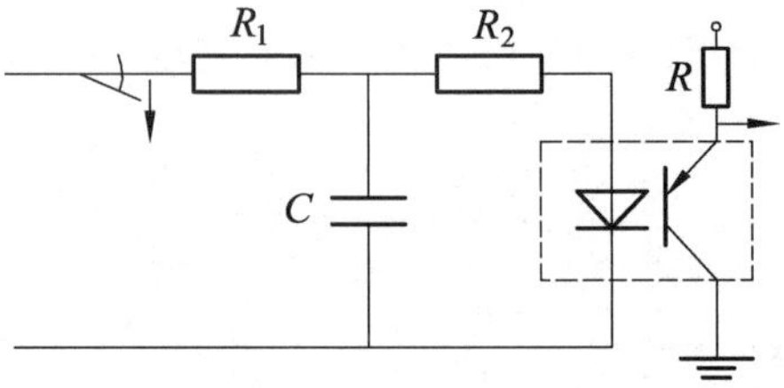

图 5.3 电平信号形成电路

当被检测的开关量很多时，为了节省接口电路，可采用多路开关按分时控制方式将多路通道共用一个接口的方法，图 5.4 就是一个例子。图中先将开关信号存到寄存器中，然后每个寄存器中的数据在多路开关的控制下分时送到接口电路中。

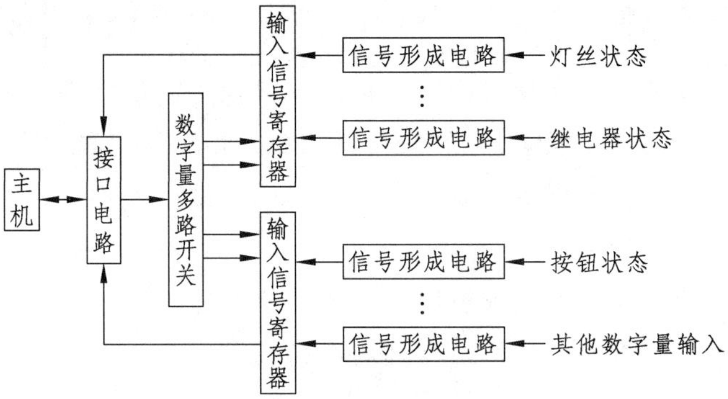

图 5.4 多通道接口电路

2）模拟量输入通道

微机监测系统中的模拟量一般为电量，如电压、电流、电阻等，若对一些非电的物理量进行监测时，首先必须采用相应的变换器件（传感器），把非电量变换成电量。之后，再对该电信号进行处理、采样、量化和编码，形成数字信号供计算机采用。图 5.5 所示就是一个典型的模拟量输入通道框图。其中包括信号处理、多路转换器、放大器、采样和模/数转换器 A/D 等。信号处理部分可能包括对模拟信号的放大、滤波、衰减、阻抗匹配、电平变换、非线性补偿以及电流/电压变换等。在一个具体系统中，根据实际情况需对上述内容进行选择。

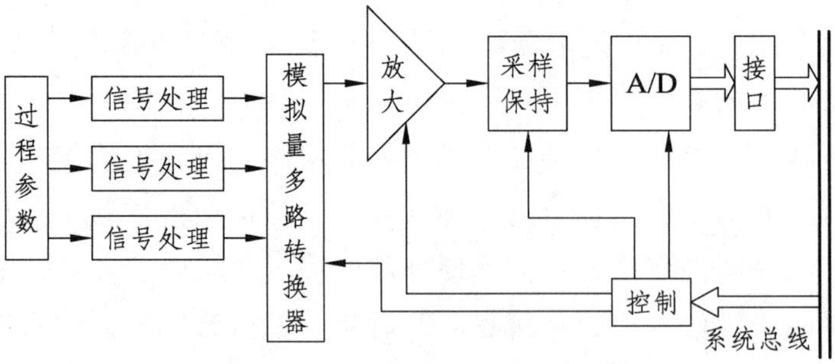

图 5.5 模拟量输入通道框图

在通道中设置多路转换器的目的是使多个模拟量信号源共用一个通道。为了保证模拟量输入通道的精度，对模拟量多路转换器的要求与开关量的多路转换器相比要高。理想的多路转换器应是开路电阻无限大，导通电阻无限小，而且切换速度快、噪声小、寿命长、工作稳定。对多路转换器可根据需要选用。

当信号源电平相差悬殊时，需将电平进行适当变换，以满足 A/D 转换器的输入要求。采用可编程放大器，调节放大器的放大倍数，使 A/D 转换器的信号满量程达到均一化，以提高信号采集的精度。

通道中采样保持器的作用是在 A/D 转换器完成一次转换的过程中，保持最大的信号幅度变化以满足误差的需要。当信号变化缓慢而 A/D 转换器的转换速度相对足够快时，可以不采用采样保持器。

通道中的 A/D 转换器是将模拟信号变成数字信号的主要部件。目前 A/D 转换器已形成集成电路，可根据 A/D 转换器的主要指标，如分辨率、量程、转换时间、输入逻辑电平、工作温度范围及基准电压等选择。对于这些指标在此就不一一解释了。

3. 微机监测系统的网络化结构

随着铁路信号朝着信息化和网络化方向发展，铁路信号的微机监测系统也具有网络功能。根据管理、维修和工程的需求，目前的微机监测系统在结构上分三个层次，即电务段层、领工区层（车间层）和车站层，这三个层次在地域上按铁路线路和车站的位置分布，通常在几十公里至几百公里范围内。图 5.6 所示是一个网络化微机监测系统结构。

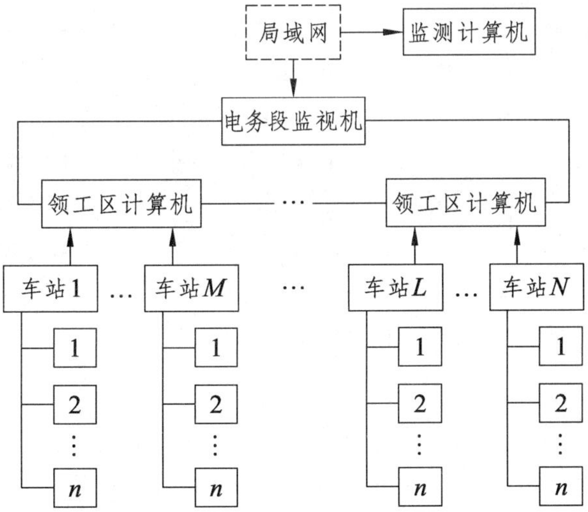

图 5.6　网络化微机监测系统结构示意

从该图可以看出，微机监测系统是一个远程信息系统，它由电务段的计算机设备、领工区（车间）计算机、车站计算机和信息采集机以及连接它们的通信和网络设备组成。

电务段层监视计算机为信号调度管理和网络管理服务。另设一台监测计算机，为信号实验室掌握现场设备状态及指导现场维修时使用。必要时监视计算机还可通过段内局域网增加计算机终端，或者通过其他远程网络为局或更高层传输信息。监视计算机可对所辖各站发布控制命令，如在某一时刻校准所有车站计算机的时钟，以达到网络内时间统一。

领工区层（车间层）设计算机一台，在硬件上和本站计算机共用，它通过网络接收各站的监测数据和告警信息，根据需要向电务段转发；接收段监视机的控制命令，并向各站发布控制命令，如输入并修改站机的基准参数等。

车站层在车站设一台计算机和多台信息采集机，多台信息采集机通常集中安装在一个采集机框中，信息采集机按功能分，由独立的微处理器控制，通电后即能自动投入运行。从技术上讲，每台采集机都是特殊设计的多对象的微处理智能测量系统。车站层自动完成从信息采集到处理、显示等的全过程。

微机监测网的电务段层的监视机应具有与上层网联网的功能。监视机与监测机之间采用局域网连接。电务段管理机至车间机的连接采用高速 Modem 通过专用通道连接，满足实时传递信息或调用信息的需要。车间（领工区）机与所辖各站机间采用星形方式连接，由于采用了星形组网方案，当通道某一处故障时并不影响微机监测系统的运行，大大提高了系统的可靠性。站机与所辖各采集机之间采用 CAN 总线方式连接，在 CAN 方式下，采用多主方式与各采集机建立正确的通信关系，完成实时数据传输。这种方式能大大提高采集机与站机间的传输速率和抗干扰能力。

微机监测系统网络化不仅使得信号设备实现了集中维修和集中管理，而且更重要的是它为实现基层综合信息网奠定了良好的技术基础。按照我国目前的路局运输指挥管理系统，是以行车指挥为核心，站、段为基础，实行站、段，路局两级运输管理的体制。基层综合信息网正是运输指挥管理系统中作为基础的站、段信息网络。显然，这个网络中必须综合包括微机监测系统在内的各种专业系统。

总之，微机监测系统包括了测量、传感、信息处理、数据传输及网络等多种应用技术，是一个以信息自动采集到远程利用的完整的信息系统，是实现信号维修体制改革所必需的基础设备。随着我国铁路运输事业的发展，它的作用越来越明显地体现出来。

5.4 微机监测系统软件结构设计

5.4.1 系统数据层次结构

早期的监测系统有两种典型的结构，一种是站机—终端结构，另一种是站机—车间机—段服务器—终端结构。第一种结构简单，站机既作数据采集又作数据服务，但难于扩充终端数量，适应性差；第二种结构与铁路现行管理体制相一致，但数据层层转发，不仅效率低下，稳定性差，而且数据的一致性难以保证。新型系统逻辑上为三层结构，包括数据生产层、数据管理层和数据消费层，如图 5.7 所示。

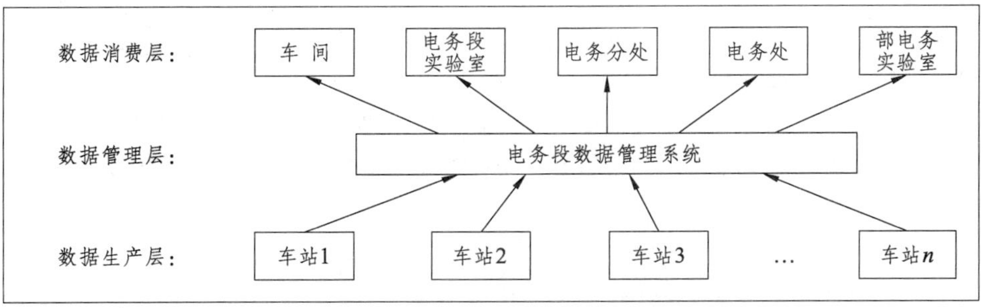

图 5.7　信号微机监测系统的层次结构

数据生产层：包括站机和采集机，负责数据的采集、分类和处理。

数据管理层：包括段服务器和管理终端，汇总所辖车站的数据，同时为上层终端提供数据查询服务。

数据消费层：包括所有用户终端。铁路局和铁道部作为上层网络，以数据终端的方式在电务段服务器上登录，联至段微机监测网。终端可以专线和拨号两种方式随时联网。终端可配打印机，并具有和段监视机同样的功能，进行人机操作，网络维护管理、查看站场和车站实时数据并作报表汇总等。

信号微机监测系统简明的三个层次结构具有以下优点：

（1）系统结构简单、各部分功能定位明确、易于实现系统的工作稳定。

（2）系统自采集至终端经过的中间环节少，数据传输效率高。

（3）采集数据有站机和服务器 2 个拷贝，数据的安全性高。

（4）除站机和段服务器外，其余各级领导管理机构的设备均为终端设备，无须 24 h 开机，仅在使用时入网，适合铁路现场条件。

（5）电务段拥有所辖车站所有数据，便于进行汇总和统一处理。

5.4.2　车站采集系统通信协议

采集机通信协议分为物理层、数据链路层、传输层和应用层。其中物理层和数据链路层采用 CAN 总线协议，通信速率为 250 Kbps。传输层采用专用的数据包传输协议，在 CAN 总线标准的基础上，规定 ID 域的定义，实现分机的地址标识，划分帧类型，定义各种长度的命令和数据格式。在应用层详细规定了监测命令、数据格式、应用程序接口。

采集分机协议的特点为：

（1）协议可适应今后系统扩充需要，分机数量和数据类型有预留空间。

（2）采集机作为 I/O 处理机，只负责数据采集，数据以状态加序号的形式向主机提供，格式规范。

（3）根据数据类型，数据包采用相应的格式，但数据内容由主机根据静态配置文件解释，适应性强。

1. ID 定义

（1）DIR——方向位：

当方向位为“0”时，地址域是目标地址（主机到采集机）。方向位为“1”时，地址域是源地址（采集机到主机）。从节点也可使用地址滤波技术从而减少需处理的网络信息量。

（2）M/S——帧性质，“0”自主帧，“1”应答帧。

（3）G——优先级，“0”高级，“1”低级。

（4）address——采集机地址（0231）。

（5）TYPE——帧类型：

7	6	5	帧类型
1	0	0	自主单帧
0	0	0	应答单帧
0	1	1	非结束多帧
0	1	0	结束多帧

（6）DLC——每帧字节数（028）。

（7）index——索引字节（从 0 开始递增）。

（8）lbytes，hbytes——多帧信息包长度。

（9）data——数据。

2. 协议性能

（1）主从应答、主动数据发布 2 种数据交换模式；

（2）数据包缓冲、数据队列 2 种数据接收方式；

（3）协议容纳 1 台主机、32 台从机共 33 个节点；

（4）命令长度为 8 字节，种类 256；

（5）应答数据包最长 64 K 字节（实际受限于缓冲区），种类 256；

（6）自主数据包长度为 8 字节，种类 256；

（7）数据接收使用硬件滤波，但兼收从机数据的从机须使用软件滤波；

（8）每类数据具有 2 个优先级，据此，可扩充为双主机通信模式。

5.4.3 系统数据交换与服务

监测系统中数据采集系统、站机、服务器和终端间的数据交换和服务方式不仅影响通信效率，同时影响程序效率和系统工作的稳定可靠。其中，站机和服务器间的数据交换和工作方式尤为典型和重要。

设计站机和服务器间的数据交换和工作方式需要考虑以下问题：

（1）客户和服务器确定。

（2）主从还是自主工作方式。

（3）交换状态数据还是状态变化数据。

（4）数据如何解析。

确定上述问题的解决方法需要考虑系统的下列要求和限制：

（1）通道十分紧张，在最不利情况下，各站将共享一对电话通道，数据传输速率在 28.8 Kbps 左右，合理分配和减少数据流量十分需要。

（2）系统应尽可能实时工作，减少站机至服务器数据传输的时延，特别是站场显示和报警要实时。

（3）系统 24 h 工作，车站可能无人值守，电务段服务器也仅在上班时间有人值守。系统需要自恢复功能，并记录自身工作状态，以供追踪和分析。

（4）通道可能因施工而中断，系统能及时发现，并在正常后自动恢复通信。

综上所述，系统的自恢复及在满足实时要求的前提下减少通信数据量是系统设计的关键。

系统采用客户和服务器工作方式，电务段服务器既是广域网络服务器，又是监测服务器。站机作为客户自动连接服务器，并在连接中断后，定时探测，可在通信正常后自动恢复连接。交换数据采用状态量和变化量相结合的方式，数据采用附带类型码的状态加序号约定格式，数据由全局统一的配置文件解析。配置文件由服务器统一管理，并在客户机初始化时下载。状态数据在不借助历史数据的情况下便可完整表示被测系统的状态，数据量较大，为此采用位紧缩方式表示，采用主从方式或长定时自主方式发送。状态变化数据采用状态加序号格式，在状态变化时立即发送。两者结合可在低速率通道上实现系统的实时要求。其余各类数据主要采用主从方式按需或长定时传输，车站每天的汇总数据在夜间传输。

监测数据由站机和服务器存储并管理，其中站机管理本站的所有数据，服务器管理全段所辖所有车站的数据。所有数据以专用格式存储，不能修改，只能由信号监测专用程序读取。监测系统站机、服务器、终端间的数据交换流程如图 5.8 所示。

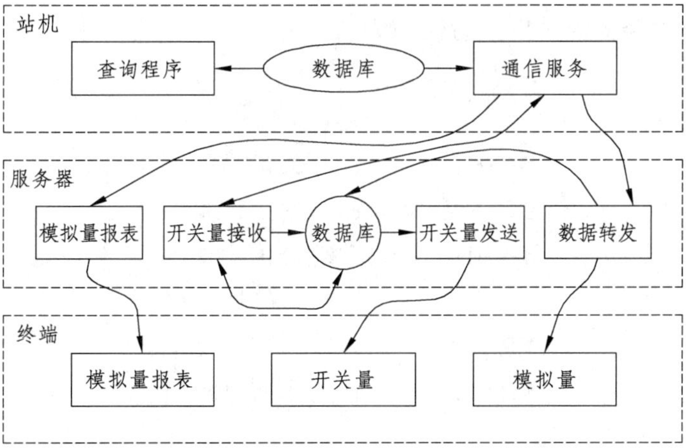

图 5.8　信号微机监测系统数据服务流程

5.4.4　系统软件组态技术

监测对象和硬件配置的不同导致了监测软件的多样性,为此采用了软件组态技术。由数据文件描述监测对象和系统结构配置,由程序解释数据文件,实时执行监测任务,保持程序的独立性和统一性。为方便用户使用数据文件，文件用 Windows 系统的 INI 文本格式，既可以用任何文本编辑器直接打开修改，也可用专用的编辑程序以图形的方式直观显示和修改。

1. 站场描述及动态显示

车站行调控制台以图形的方式动态显示了列车进路和列车运行状态等站场信息，值班员操作控制台按钮办理或关闭进路。实时显示站场状态是信号监测系统不可缺少的内容，站场描述文件包含了实现站场显示需要的所有信息。

图 5.9 显示了站场描述文件包含的内容及相互关系，内容采用结构化的数据行方式表达。

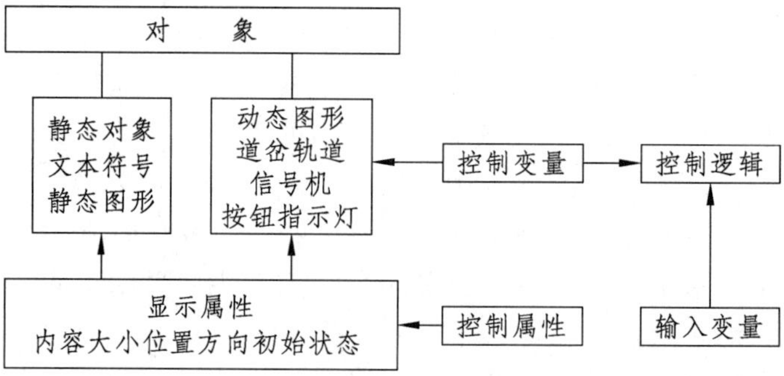

图 5.9　站场描述文件结构

2. 对象描述文件

监测系统包含众多的对象，为使用方便，每一类对象用一个数据文件描述。描述文件内容结构如下：

描述文件集 = {

DIGIT. INI	；开关量描述文件
DC. INI	；道岔描述文件
ZH. INI	；综合描述文件
GD. INI	；轨道描述文件
YP. INI	；区间移频描述文件
XHJ . INI	；列车信号机描述文件

}

开关量描述文件 = {

文件头　　；总体描述

开关量　　；个体描述

}

个体描述 = {

名称　　；开关量标识

序号　　；在分机中的位置

类型　　；开关量属性

极性标志　　；有效状态

报警状态　　；报警值

分机　　；分机地址码

其他　　；扩充区

}

3. 系统配置及网络描述文件

系统配置及网络描述文件 = {

系统配置　　；硬软件数据

网络配置　　；网络数据

}

系统配置 = {

声卡、打印机、安装目录、硬盘、其他

}

网络配置 = {

站码、类型、IP 地址、其他

}

5.5 实用微机监测系统举例

5.5.1 TJWX-2000 型信号微机监测系统

5.5.1.1 TJWX-2000 型信号微机监测系统介绍

1. TJWX-2000 型信号微机监测系统的产生

当今，高速和重载已成为铁路发展的两大方向，提高运输效率和保障行车安全，必须依靠科学技术，依靠技术装备水平的提高，信号微机监测网络系统正是在全路信号专家、研制人员和铁路现场使用人员的共同努力之下，为适应这一安全要求而产生的。信号微机监测网络系统从无到有已经经历了二十多年的发展。早期的微机监测系统由于受到技术、经济等各方面的限制，技术陈旧，可靠性及精度都较差，系统管理和维护不便，移植升级麻烦，组网能力差，而且界面风格不一，使用烦琐，不利于推广运用。后来，全路从事信号微机监测系统研究的专家汇聚一堂，组成攻关组，联合攻关。这次攻关不仅制定了微机监测基本技术原则，而且整个系统采用了当前世界最新的技术和设备，将系统的定位提高了档次，为将来微机监测的大发展打下了坚实的基础，是微机监测系统发展的里程碑。

2. TJWX-2000 型信号微机监测系统简介

1）监测系统的对象与性能指标

信号微机监测系统所要监测的基本对象是车站的联锁设备、动力设备及电源系统，大体上可分为模拟量和开关量两部分。模拟量部分主要包括电源屏电压、道岔动作电流、轨道电路电压、电缆绝缘电阻和电源对地漏泄电流等。开关量部分主要包括继电器状态、控制台按钮与表示灯状态、熔丝状态、灯丝状态和道岔表示缺口等。

信号微机监测系统实际上是一个实时数据采集处理的计算机网络系统，它涉及多方面的技术，是计算机技术、测量技术、传输技术及通信网络技术的综合应用。从系统构成的自身内部要求，还有从使用者实际使用对系统的外部要求这两个不同的角度出发，系统的测量精度、可靠性、网络实时性成为对信号微机监测系统最根本、最重要的要求。任意一项的要求不满足，对于系统而言都是致命的，都没有存在的价值。

信号微机监测网络系统的主要性能指标如下：

（1）测量精度。是评判监测系统最重要的指标之一。一个数据精度不满足要求的系统，其所采集的数据就缺乏可信度，就会出现有警不报和误告警的情况。这样的系统不但不能提高信号系统的安全性和可靠性，反而会起增加隐患和故障的负面作用。这样的系统没有任何存在的价值和理由，是绝不应该投入运行使用的。测量精度的准确性直接决定于前端的采集硬件及采集点的位置。

（2）可靠性。可靠性指标是信号微机监测系统的另一重要指标。作为监督铁路信号设备运用质量的重要设备，由于信号设备的工作条件恶劣，影响监测系统可靠性的因素除了气候、环境外，还包括空间电磁干扰和传导干扰等。因此监测对象对系统的可靠性提出了很高的要求。监测系统的可靠性指标主要表现在电磁兼容性、环境条件、MTBF（系统平均故障间隔时间）和通信传输的可靠性等方面。

（3）网络实时性。微机监测系统是实时的网络系统，只有满足了实时性和联网的要求，才能及时进行监测数据的传送，迅速执行监测命令，使信号维护人员及时掌握信号设备的运用状态。系统应按照标准的广域网络模型进行组网，采用国际上通用的TCP/IP 通信协议进行网络互连，以满足实时性和联网的要求。

2）系统功能

为了便于对系统进行介绍，现以已应用的 TJWX-2000 型信号微机监测网络系统为例进行阐述。TJWX-2000 型信号微机监测网络系统是为铁路车站信号设备维修管理服务的系统设备。对电务段管内各个车站的信号设备状态进行实时监督、检测、存储、智能判断及预警，为维修决策提供科学依据。

系统主要包含以下功能：

（1）测试功能。包括电源屏监测、转辙机监测、轨道电路监测、电缆绝缘监测、电源对地漏泄电流监测、区间自动闭塞监测、站内电码化监测。

（2）监督告警功能。包括外电网波动、断电报警，三相电源断相、错序报警，道岔位置与道岔表示不一致报警，道岔挤岔报警，道岔表示缺口报警，SJ 第 8 组接点封连报警，信号非正常关闭报警，区间信号点故障报警，灯丝断丝报警，熔丝断丝报警。

（3）统计、报表与打印功能。包括控制台按钮使用次数统计（包括破封、列车、调车按钮等），列车信号、调车信号使用次数统计，道岔动作次数统计，股道占用次数统计，区段运用次数统计，模拟量测试超标汇总，模拟量日报表、月曲线、年曲线。

（4）系统管理功能。包括操作日志、服务器运行记录、站机运行记录、分机运行记录、电子地图、网络拓扑管理、远程诊断功能。

（5）其他重要功能。如站场显示与回放、车站办理进路记录、列车进路追踪、区间小循环系统的接口、系统自诊断与网络自适应功能、故障判断与事故追忆功能等。

3. TJWX-2000 型信号微机监测系统结构

考虑到现有电务系统的维修体制并兼顾监测系统发展的灵活性，目前监测系统采用三层汇接网络，即由电务段管理层、车间（领工区）管理层和远端车站采集子系统组成，如图 5.10 所示。车站采集子系统是由 1 台监测主机和若干采集分机组成，构成分布式控制系统。电务段管理层由 1 台数据库服务器、1 台调度终端和若干维修终端组成。车间管理层设 1 台维修终端。

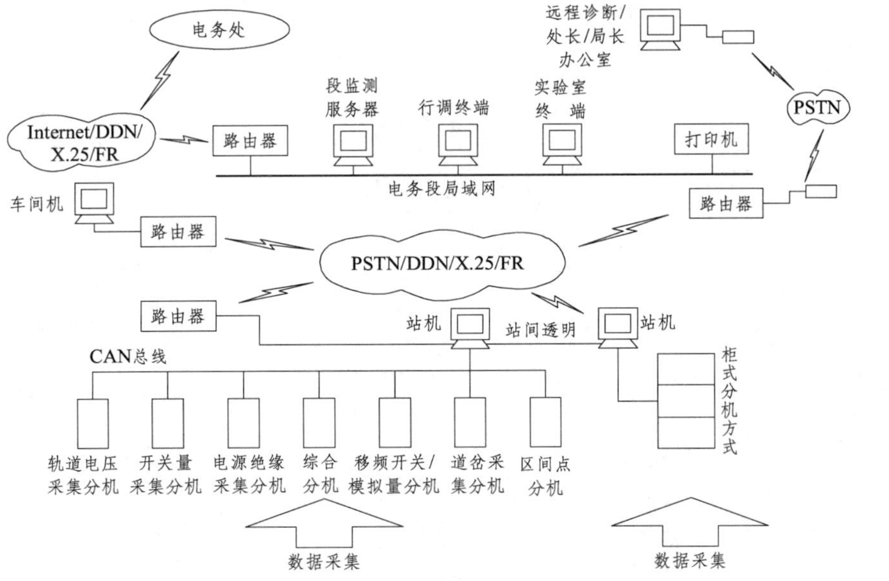

图 5.10　层次型广域网体系结构

每个车站按照局域网架构、广域网通信选用多协议路由器，与上级管理网互联。

由此可见，微机监测网络系统是层次型的计算机广域网络系统，以多级监测管理层自下而上地逐级汇接而成。而每个层次的监控中心则以辐射方式与下一层次的若干个监控中心联网，组成一对多的“树”形网络结构。

信号微机监测网络系统具有以下技术特点：

（1）技术先进，客户/服务器模式，计算机远程访问，软件远程下载，硬件多级隔离，系统自诊断、自恢复等。

（2）实用性好，分散、灵活、轻便的监测分机（为施工、维护提供方便），全图形、中文界面（操作方便，易学易用），架构电务系统 INTRANET（企业内部网）。

（3）可维护性强，体现在告警信息实时传递，可视可闻（保证设备故障和告警及时发现并排除），智能判断、故障定位与事故追忆，远程软件在线下载和升级，远程诊断与维修（方便维护人员通过电话网远程访问监测系统，查看各种数据）等。

（4）兼容性完全按照国铁集团已审查通过的信号微机监测技术条件。

（5）支持多种传输方式，采用树形网络拓扑，选用多协议路由器作为广域网互联设备，具有灵活多样的组网方式（如 PSTN 拨号方式、路由器环方式、专线方式、DDN/X.25/FR 方式等）。有极强的适应能力，可根据用户的需要，为用户提供灵活适用的网络解决方案，而且网络设备不会因升级而被淘汰（见图 5.11 ~ 图 5.13）。

（6）扩展性方面选用具有良好开放性的 TCP/IP 网络协议和 NT 平台，易于网络的扩充和升级；软、硬件模块化，升级、维护方便，扩展功能强。

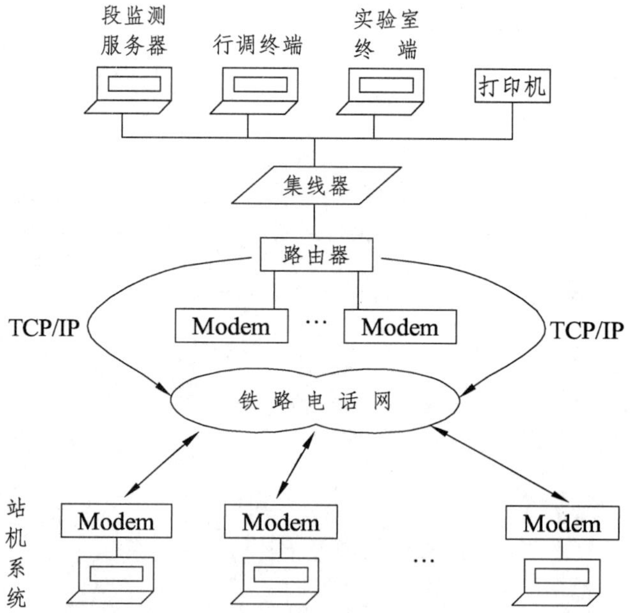

图 5.11　系统联网方案一：拨号方式

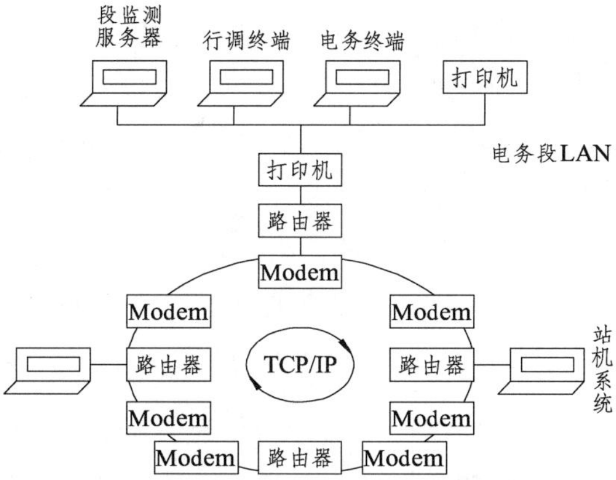

图 5.12　系统联网方案二：环形方式

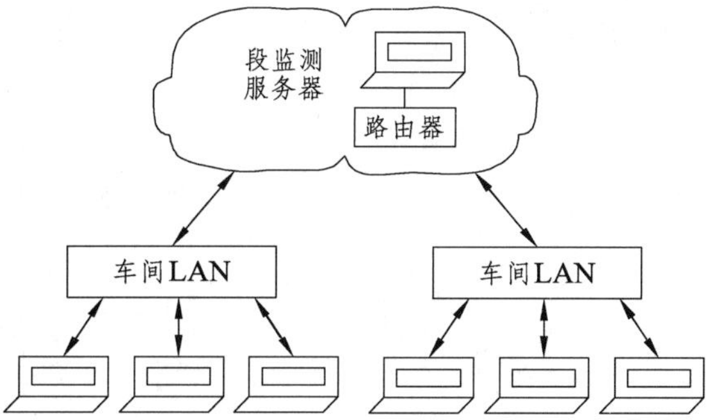

图 5.13　系统联网方案三：树形方式

5.5.1.2　TJWX-2000 型信号微机监测系统的车站采集系统

1. 采集系统特点

车站采集系统是微机监测网络最基本的单元，主要由监测主机、采集分机和隔离采集模块（传感器）组成，如图 5.14 所示。

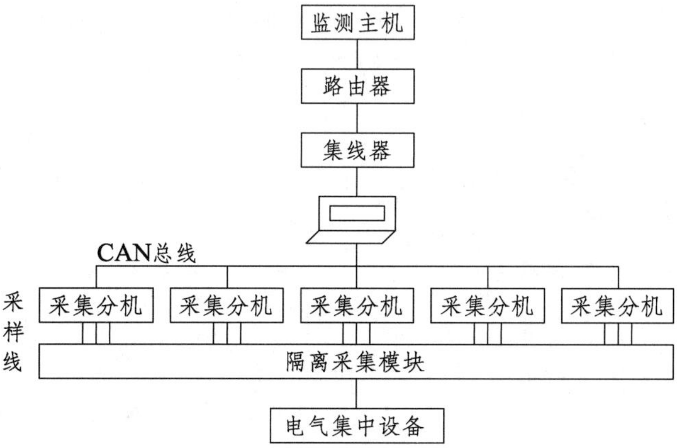

图 5.14　车站采集子系统结构示意

采集分机和监测主机之间通过 CAN 现场总线网络连接。在每一采集点，用隔离模块采集模拟量或开关量。车站的采集分机设备可以对传感器送来的电信号进行处理，形成表征各监测对象的数据参量，再上报车站主机。采集分机按对象划分为开关量、道岔、轨道、电缆、综合、区间等分机，各采集分机彼此独立。分机的特点如下：

（1）分布式、模块化设计，安装方便，配置灵活。TJWX-2000 系统的各种分机既可分散安装于组合柜或组合架上，也可集中安装。对所测对象就近隔离采集和处理后传输至监测主机，减少了配线，提高了整体的可靠性。采集分机通过 CAN 网组网，可挂接 32 个分机，监测容量足够富余。系统容量的扩充可通过采集模块的增加来实现，功能扩充可通过增加分机来实现。车站系统的配置可由多种分机模块任意组合构成，可适应用户的各种不同配置要求。

（2）可扩展性。软件采用面向对象的设计方法，数据库采用独特的对象结构，可方便地实现扩容。

（3）先进性。采集分机采用子母板结构，内置开关式稳压电源，抗干扰能力强。选用的设备、器件均为印制板专业化布线设计，并对所有硬件进行完善的测试，保证产品质量。

（4）准确性。采用高速 A/D 转换芯片，采样速度快，精度高，独特的软件补偿设计，无须人工调节，避免了较多的误差产生环节，保证了监测的准确性。

2. 道岔位置校核方案举例

道岔、信号机、轨道电路称为信号设备的三大件，是维修工作的重点，也是信号监测设备重点监测的对象。例如，对电动转辙机动作电流的测试，是通过观察电流-时间特性曲线波形和数值的变化，判断转辙机工作是否正常或进行故障定位和分析。目前，6502 电气集中大多数是采用四线制道岔控制电路，但四线制道岔控制电路本身仍有不可克服的缺点存在。因此，在维修接错线或人为违章时，仍会出现问题。采用道岔位置校核方案后，若出现道岔位置室外与室内不一致时，可立即报警，引起操纵人员的注意，防止事故发生。

1）硬　件

（1）开关量采样：对每组道岔控制电路中的 1DQJ、2DQJ、DBJ、FBJ 采样，其中 2DQJ 是一个有极继电器，对它的采样用光电探头的方法。

（2）模拟量采样：对电动转辙机动作电流测试。道岔控制电路中，二启动继电器 2DQJ 是一个有极继电器，只有在操纵道岔时才会变位，而它的位置正是反映了道岔应该转换的位置，同样也确定了应该使定位或反位表示继电器吸起。所以在方案中硬件上多了一个 2DQJ 的开关量采样点，这样，计算机可以用 3 种数据判断道岔位置室外、室内是否一致。

2）软　件

软件的检测程序流程框图如图 5.15 所示。

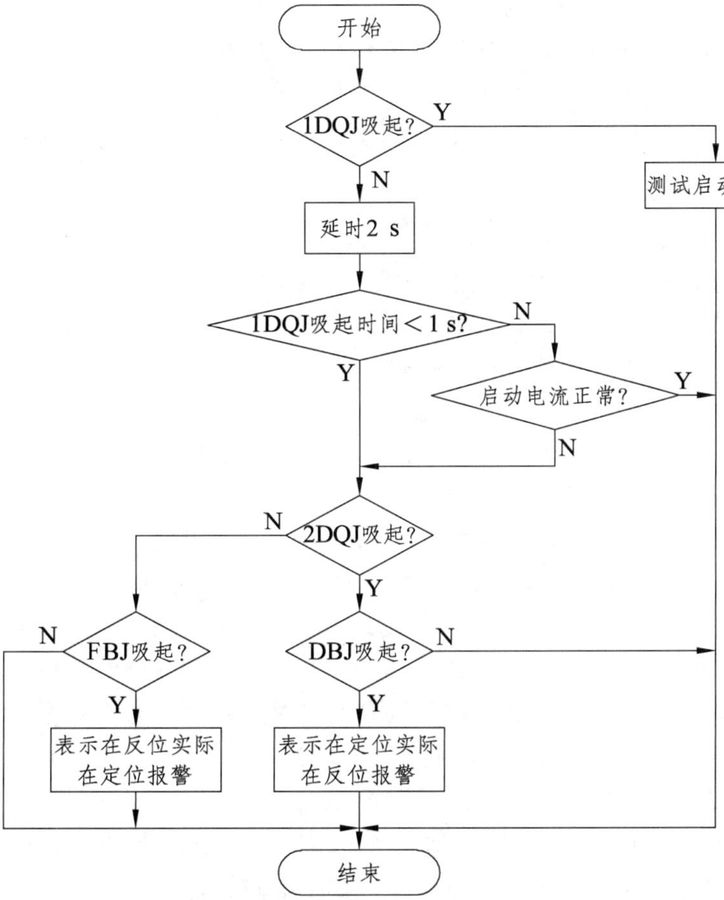

图 5.15　软件检测程序流程框图

在微机监测系统中，对道岔的监测能够做到：

（1）对转辙机动作电流的测试，并画出电流-时间特性曲线。

（2）对室内道岔表示继电器进行开关量监视。

对转辙机动作电流的测试，通过其曲线形状和数据的分析，判定转辙机动作是否正常。对道岔表示继电器开关量的监视，证实道岔所在的位置。正常情况下可以确认室外与室内道岔位置的一致性，但是在某些特殊情况出现时（如连线错误或人为违章），仅有这两种数据，计算机仍无法确认室外、室内道岔位置是否一致。对于计算机来说，道岔电流数据只能判断道岔是否转换，不能判断道岔是否按照操纵者要求转换。同样，道岔表示继电器的吸起，也只能判断室外道岔已经到位，不能判断道岔现在的位置是否按照操纵者要求转换到位。因此，利用计算机软件来判断道岔是否处在应该转换的位置，是本方案的核心。

软件流程中第 1 个框图是判断 1DQJ 是否吸起，若是则设置初始信息，开始测动作电流。第 2 个框图则是判断道岔位置室外、室内是否一致，这个流程内首先判断启动电流测试是否结束，若是则延时 2 s 后再判断 1DQJ 动作时间，因为通过 1DQJ 的吸起时间可以判断道岔是否动作，如果 1DQJ 动作时间很短，说明道岔应该转换而没有转换，然后再根据 2DQJ 的位置去判断应该吸起的表示继电器是否吸起，如果是吸起，则可以判断为室外与室内道岔位置不一致，立即发出报警信息，报警方式可以利用声、光等方法。

3）优越性

（1）在已有联网的监测设备系统中，硬件上只需在每一组道岔增加一个 2DQJ 的开关量采样点，软件增加一个道岔报警检测子程序，使监测设备增加一个逻辑判断功能。如无监测设备，可以按照前述的硬件进行采样，再用一个单片机加以控制，既可实现监测设备中对道岔监测的功能，亦可实现道岔功能报警。

（2）适用于各种电动控制的道岔。目前在电气集中所用 ZD6 四线制道岔控制电路和干线上的 S700K 提速道岔的五线制道岔控制电路均适用。

（3）报警系统准确率高。从目前的室内和室外实验结果看，短时间内还没有发生过误报和错报的现象。但在现场较长时间的试验中，发现有很多误报，查其原因有二：一是现场维修道岔过程中有误报；二是 2DQJ 光电探头没有调整好。目前，改进的方法是① 必须将 2DQJ 光电探头调整到正确的地方；② 在软件判断上只对排列进路时发生的不一致，计算机才报警，而在单独操纵道岔时，只做记录，不报警。这样就克服了上述误报的现象。

需要特别注意的是，此方案对下列情况不能检测：当电缆线 X1、X2 与电缆盒的 1、2 端子错误连接，而且转辙机内部的二极管方向也接反时，所发生的室外与室内道岔位置不一致的情况，用软件是判断不出的，也不能报警。

5.5.1.3 TJWX-2000 型信号微机监测系统的安全性技术

1. 监测系统的安全

（1）保障运输的安全。监测系统通过实现进路追踪与保护、道岔位置校核、供电系统监视、控制台非法操作记录等功能，监视设备运行状态和监督维修人员的违规操作等，防患于未然，使电务维修向状态修、少维修及无维修方向发展，减少事故发生率，确保行车安全。

（2）监测系统自身的安全。包括不影响信号设备的安全运行和系统的安全管理。

（3）安全监督技术。包括① 道岔位置校核，监督道岔位置与表示是否一致；② 锁闭继电器接点检查；③ 供电系统监督（电网波动、断电，三相电源断相、错序）；④ 防止错误办理进路监督。

（4）系统安全性技术。包括① 全隔离采样，即开关量和模拟量的采样均采用穿心感应式、光电式等隔离模块，实现了监测系统和电气集中设备完全的电气隔离；② 微功率采样，除电源屏电压采样和表示灯采样模块需要吸收微量电流外，其他涉及联锁的设备，如道岔动作电流测试、轨道电压和开关量状态的采样等，均采用穿心感应式模块，不消耗电气集中设备的功率，保障信号设备的安全运行；③ 所有采样模块在采样点就近安装，在实际应用中做到采样引线短、信号损失小、隔离性能好，方便施工，从而达到节省投资和保证安全的双重效果。

2. 监测系统的可靠性技术

（1）多级隔离。提高系统可靠性的主要措施就是隔离。通过采样点、接口板、通道等的多级隔离设计，各模块独立工作，使车站主机、采集分机、通信线及电气集中设备互不影响，大大提高了系统运行的可靠性和稳定性。

（2）现场通信网络（CAN 网）。站内的数据传输是微机监测的关键技术，系统根据车站现场的特点，以及对站内通信网可靠性和实时性的特殊要求，通信方案选用国际流行的 CAN 现场总线。CAN 网是用于最底层的现场设备互连的通信网络，是现场通信网络与控制系统集成的现场总线。它是为分布式系统在强电流干扰、恶劣工作环境下能可靠工作而研发的网络技术，且具有很高的实时处理能力。

（3）工业级产品。采集分机、站主机、车间机、段监视机及通信设备均采用能连续可靠工作的工业级产品。

（4）高精度测量。采用最新的高速 A/D 转换芯片，具有更高的采样速度，精度也更高。采用独特的软件补偿设计，其软件补偿程序无须人工调节，避免了较多的误差产生环节，达到了准确性与适用性的要求。

（5）软、硬件模块化设计。软件模块化、多线程设计，采用看门狗、自校核及自启动恢复技术，防止系统死机。真正实现程序与数据分离，提高软件运行的可靠性。硬件模块化设计将系统划分为多个分机模块，各分机内置开关稳压电源，变集中供电为分散供电，功能独立，互不影响，有利于提高硬件系统的可靠性，也便于实现车站规模和功能的扩展。

3. 监测系统的标准化

随着微机监测的推广应用，监测系统的标准化工作越来越重要。标准化工作应包含以下两方面内容：① 通信协议的标准化；② 接口的标准化。

4. 锁闭继电器接点检查方案举例

在排列进路后，道岔是否确实锁闭，是一个有关行车安全的重大问题。也就是在进路锁闭的情况下，进路上有关的锁闭继电器 SJ 已经落下，此时进路上各有关道岔已被锁闭，即道岔控制电路中，由于 SJ 第 8 组前接点断开，一启动继电器 1DQJ 的 3、4 线圈断电，1DQJ 在 SJ 吸起前，不可能再动作，所以道岔确定是在锁闭状态。但在某些特殊情况时（如人为违章或混电），在 SJ 接点 82 与 1DQJ 线圈 3 端子之间存在

KZ 电源，说明该道岔实际上未被锁闭，如不及时查出就会危及行车安全。

为了避免上述情况产生，拟在微机监测系统中，对道岔控制电路中的 SJ 第 8 组接点进行监测，以确认道岔实际锁闭的情况，具体方案如下。

1）方案一

如图 5.16 所示，虚线为微机监测系统的采样点，A 点是在 SJ 接点 82 与 1DQJ 线圈 3 端子之间，B 点是 SJ 接点 73，另在 SJ 接点 71 处接一个电源 KF。将两线作为光电隔离器的输入，而光电隔离器的输出端，一根线接至开关量分机，作为信息输出线，一根线接一个 5 V 正电源（由同一个开关量分机供出），每组道岔（双动道岔算 1 组）单独设一个光电隔离器。

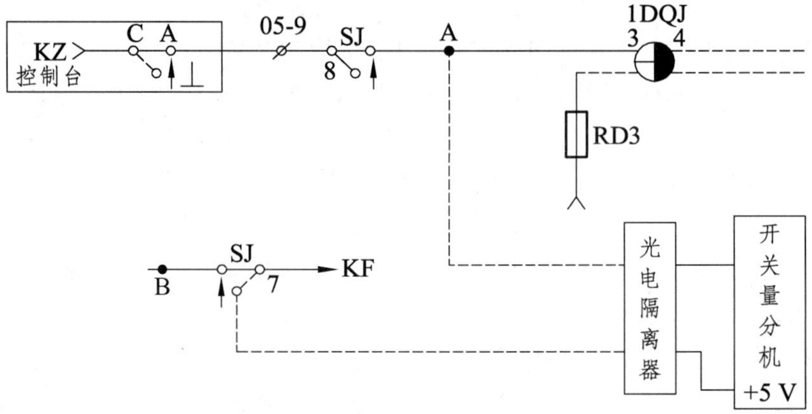

图 5.16　方案一：单动道岔采样

平时，SJ 吸起，道岔处于解锁状态，A 点有 KZ 电源，但 B 点无 KF 电源，光电隔离器的输入端是断开的，因此光电隔离器无输出，不影响道岔的正常动作。而当道岔处在被锁闭状态时，由于 SJ 的第 8 组前接点断开，A 点无 KZ 电源，在 B 点有 KF 电源，光电隔离器的输入端仍然是断开的，输出端仍然没有输出，所以也不影响道岔的锁闭状态。

但在出现特殊情况时，例如与该道岔有关的 SJ 已经落下，但该道岔控制电路 A 点有 KZ 电源（无论什么原因），而 B 点由于 SJ 落下，KF 电源存在，此时对光电隔离器的输入端构成回路，因此光电隔离器输出端有信息输出送至开关量分机，开关量分机检测到这个信息后，说明该信息是道岔应被锁闭，但实际未锁闭的一个报警信息，系统应立即报警。

此方案用 SJ 第 7 组后接点来证明该道岔是在锁闭或解锁的状态，用 SJ 第 8 组前接点检测道岔的锁闭状态。

根据锁闭继电器的定型分配，第 7 组接点是专门作为 6502 的联系电路用（如非进路调车，0.16% 长大下坡道的延续进路等）。如果该站无联系电路或有联系电路但不用 SJ 接点时，该组接点就是空接点，完全可以利用。

该方案的主要优点：① 每组道岔只增加 1 个采样点；② 每组道岔都是独立采样，光电隔离器也是独立的，每组道岔各设 1 个，排除了各个道岔相互干扰的可能性；③ 就地采样，长距离传输是信息线，这也是抗干扰的一种措施；④ 既不影响道岔的正常动作，又能正确检查道岔是否被锁闭。

主要缺点：当 SJ 第 7 组接点被 6502 的联系电路占用时此方案就不能用了。若为双动道岔如图 5.17 所示，A 点放在 2SJ 第 8 组接点和 1DQJ 线圈 3 端子之间，B 点是将 1SJ 和 2SJ 接点 73 并联后接出，同时，两个 SJ 接点 71 并联后接 KF 电源。其动作原理与单动相同。

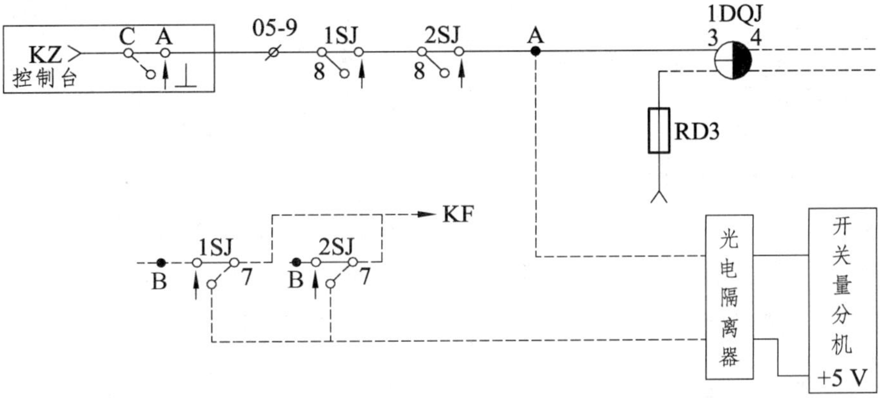

图 5.17　方案一：双动道岔采样

2）方案二

这个方案是方案一的补充方案，如图 5.18 所示。如果 SJ 第 7 组接点被占用，可以用 SJ 的第 4 组接点，其动作方法与第一方案完全一样，但采用这个方案时要注意，如果 SJ 第 4 组后接点已被调车终端继电器 ZJ 或列车终端继电器 LZJ 的自闭电路用了，则此方案亦不能采用。所以这种方案适用范围较小。双动道岔采样如图 5.19 所示。

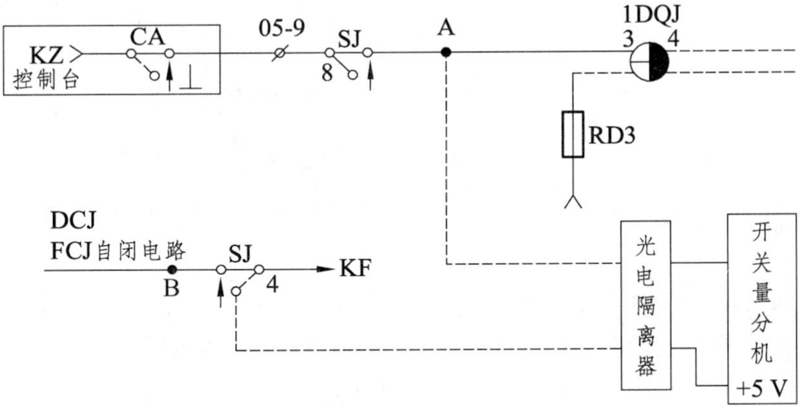

图 5.18　方案二：单动道岔采样

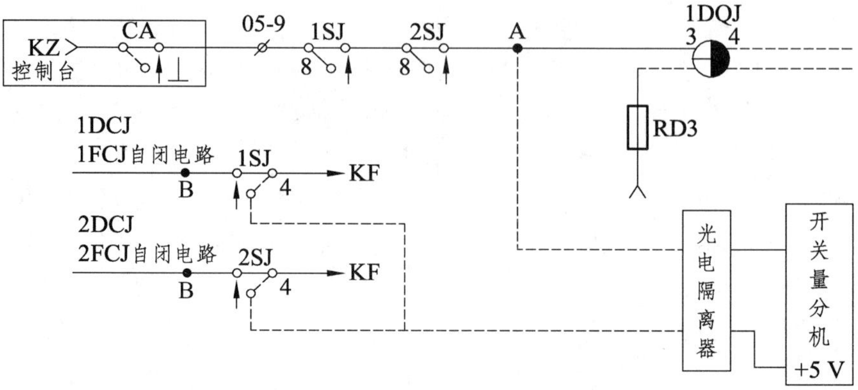

图 5.19　方案二：双动道岔采样

3）方案三

如果上述两种方案均不能做到时，可以采用方案三。它的采样方法如图 5.20 所示。

虚线为采样点，A 点接入光电隔离器，光电隔离器输出送入开关量分机，B 点是 12 网络线中 SJ 第 5 组的 51、52 接点，利用开关量采集器就地采样，开关量采集器的信息输出线直接送入开关量分机，然后利用软件来进行判断。

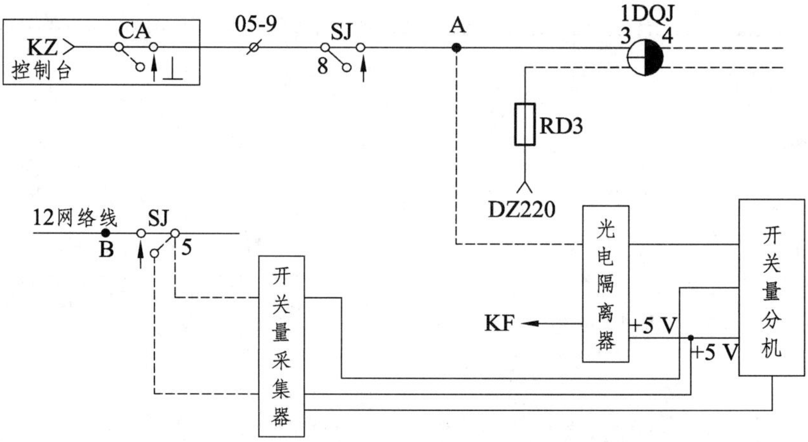

图 5.20　方案三：单动道岔采样

当分机收到相同的两个信息时（都是高电平或都是低电平），说明该道岔已被锁闭。当 A 点为高电平，B 点为低电平时，说明该道岔应被锁闭而实际未锁闭，系统应立即发出报警信息。

这种方案与前述两种方案比较，一是每组道岔要有 2 个采样点，双动道岔要有 3 个采样点，二是软件较为复杂。但它的优点是使用范围不受限制，同样可以做到每组道岔独立采样，互不干扰，以及既不影响道岔的动作，又能正确检查道岔是否锁闭。双动道岔采样如图 5.21 所示。

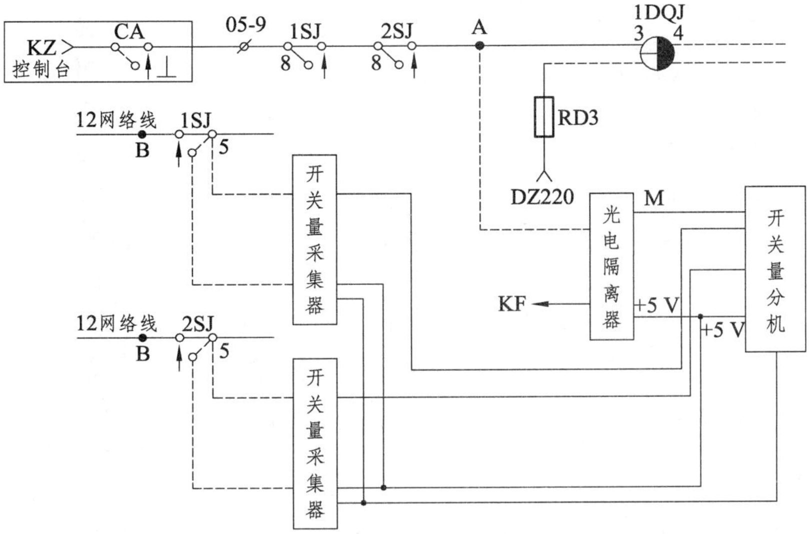

图 5.21　方案三：双动道岔采样

以上三个方案结合使用，可实现各种站场情况下对道岔锁闭继电器第 8 组接点的检查。

5.5.2　TFJC-99 型驼峰信号微机监测系统

以往的铁路驼峰信号微机监测系统很多采用 DOS 操作系统，人机界面很难实现图形化，系统的可靠性和稳定性不高。为此，设计开发出 TFJC-99 型驼峰信号微机监测系统。

5.5.2.1　监测范围

（1）站场状态实时监测。使操作人员直观明了地观察当前站场的状态，将站场状态存储于文件中，并可实现 60 h 以内的站场状态再现，为故障分析提供客观有效的依据。

（2）模拟量监测。对驼峰站场的模拟量进行实时监测，包括电源屏电压、轨道电流、道岔启动电流、电缆绝缘等，数据准确、详尽，并形成各种报表，减少了人工测试的巨大工作量，避免了人工测试带来的各种问题。根据模拟量的监测数据，可以绘制各种曲线和趋势图，有助于尽早发现事故隐患，及时进行设备的检测及维修，避免事故的发生。

（3）时间量监测。对道岔动作时间、道岔恢复时间、轨道继电器落下时间等进行实时监测，给出超标报警信息，同时生成各种报表。

5.5.2.2　主要功能

（1）控制台状态实时记录。

（2）电源屏电压检测记录（根据 TB/T 24672—1993），测试误差为 ± 2%。

（3）电源屏二路电源断相实时记录。

（4）驼峰轨道电路工作电流的检测（根据 TB/T 24672—1993），测试误差为 ± 2%。
（5）电缆绝缘测试，测试误差为 ± 5%。
（6）道岔动作时间实时检测并记录，超标报警，测试误差为 ± 2%。
（7）道岔恢复时间自动测试并记录，测试误差为 ± 2%。
（8）道岔动作电流及故障电流测试（根据 TB/T 24672—1993），测试误差为 ± 2%。
（9）轨道继电器落下时间检测，测试误差为 ± 2%。
（10）其他重要控制台信息监测。
（11）故障—安全性。监测系统工作或故障时，均不影响被测设备的正常工作。
（12）抗干扰能力。各路输入信号互不影响，与被测系统间互不产生电磁干扰。
（13）系统工作环境。环境温度：0 ~ 40 °C；环境相对湿度：40% ~ 90%；大气压力：86 ~ 106 kPa。

另外，系统在功能上预留如下项目：针对 ZK3 型电空转辙机，增加电空转辙机工作电压的监测；站场动力系统的风压监测及报警；风动减速器的测试；可通过专线实现长线传输站场状况；驼峰半自动系统的监测；驼峰推峰速度测试；在线设置模拟量的上、下限；实时校准时钟；口令设置；报表、曲线的存储、打印等。

5.5.2.3　组成及设计

系统的组成如图 5.22 所示。

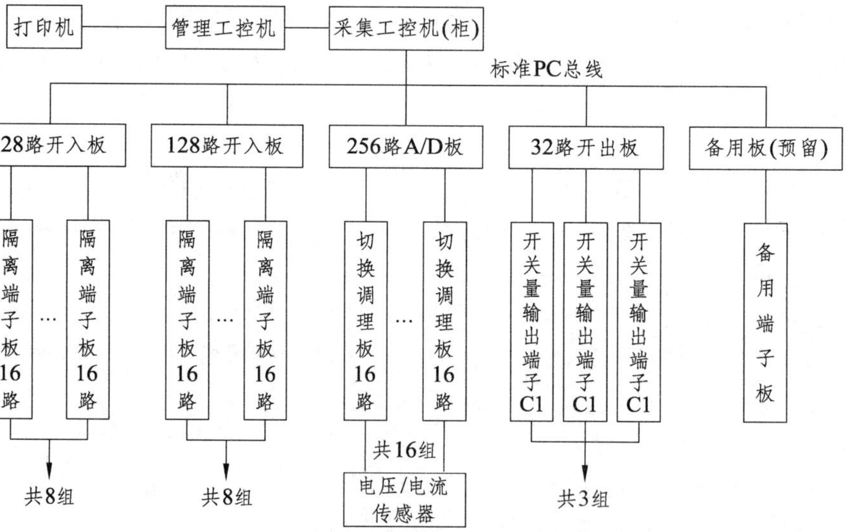

图 5.22　驼峰信号微机监测系统组成

管理工控机采用高可靠工业 PC 机，运行 Windows NT 4.10 操作系统，Visual C++ 5.10 编程语言。多任务，多线程运行。采集工控机采用高可靠工业 PC 机，运行 DOS 6.122 操作系统，TC 2.10 编程语言。中断方式采集信息、中断方式通信，保证所采集信息不丢失，通信数据不丢失。

1. 采集机设计

1）硬件设计

（1）开关量输入。采用数块高可靠单板 128 路 I/O 板，自行设计光隔离调理端子盒，外形与可编程控制器（PLC）相仿，安装方便，结构可靠，更换维修十分容易，外输入信号直接与其端子相连。

（2）模拟量采集。采用工业标准 12 位 A/D 转换器，单板 256 路 A/D 板 1 块，自行设计调理切换端子盒，与传感器相连，端子盒的端子可以插拔，更换维修十分容易。

（3）通信。采用 RS 485 标准，数据链路层采用 HDLC 协议，软件 CRC 校验，能保证高可靠数据通信。

（4）可靠性。在满足各项要求前提下，系统硬件结构紧凑，采用标准 PC 总线，进口高容量 I/O 板，元件数量大大减少，可靠性显著提高。

2）机柜设计

采集机的上方为显示器和工控主机，工控主机内插有开关量输入板、开关量输出板、模拟量输入板等。机柜内安装有开关量调理盒、模拟量调理盒、输出端子和电源等。

3）软件设计

采集机软件应用 1 ms 中断采集开关量和快速变化的模拟量，可保证所有信息不丢失，同时采用中断方式进行数据通信，使得通信响应及时，又不对信息采集造成影响。采集机使用单 CPU，完全满足系统要求。图 5.23 为采集机软件的流程。

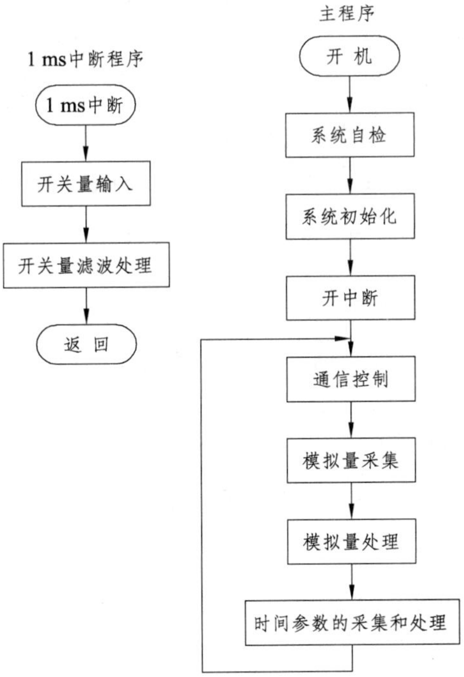

图 5.23 采集机软件数据流程

2. 管理机软件设计

1）设计原则

系统软件按照标准化、模块化设计；多任务、多线程并行工作；具有良好的人机界面，能够提供方便的操作手段；能够稳定、可靠地运行；按最大容量考虑；软件应提供站场变动的可扩充能力。

2）多线程技术

软件采用多线程技术，使用户操作、数据处理、站场回放等工作可以同时进行，互不干扰。系统共设计了 4 个线程。

（1）主线程。负责人机界面管理，处理用户操作，同时处理通信数据，实现站场实时显示及站场回放。

（2）开关量处理线程。将队列内的开关量数据弹出，并存储到开关量文件内，当要求回放时，数据可以从文件中读出，再现当时的站场状态。

（3）模拟量处理线程。将队列中的模拟量数据弹出，并将其转换为工程量，计算工程量平均值，形成日报表及实时测试的数据，同时进行模拟量日报表文件存储。

（4）通信处理线程。主要完成通信数据的接收并发送必要的命令信息。

3）软件模块划分

（1）通信模块。按照约定的协议与采集机进行数据传输。采用主从工作方式，与采集机建立正确的通信关系，完成实时数据传输；依次接收采集机的各个数据帧，存入通信队列；接受操作人员的控制命令，将命令实时下达到采集机。

（2）逻辑处理模块。根据系统要求现场设备的测试数据，完成设备运用状态的逻辑分析和实时数据处理。其中包括判断设备运用状态，完成数据的分发；识别各类报警信息，完成超限报警；形成各类开关量、模拟量的实时测试报表、曲线；形成各类模拟量的统计报表及变化趋势曲线；实现进路跟踪及故障报警；记录所有控制台按钮的全部操作。

（3）人机界面模块（主模块）。利用报表、图形、曲线显示各种存储结果；接收操作人员的各种操作和命令，实现人机对话；显示各种报警信息；实现各种参数的设置。

（4）站场显示模块。根据对信号设备的实时监测结果，实现列车运行状态及信号设备运用状态的实时显示；实时显示控制台所有信息；再现控制台所有信息；显示控制台按钮的操作时间、次数。

（5）数据存储模块。根据数据处理的结果，定时存储各种数据，包括定时存储各种模拟量数据和时间；存储变化的开关量数据和时间；数据统计和站场再现时读取各种数据。

5.5.3 其他微机监测系统及新型便携式微机监测仪

5.5.3.1 LWJ-2000 铁路信号微机监测系统

1. 系统构成

LWJ-2000 信号微机监测系统设备由车站系统、广域网数据传输系统和电务段管理系统组成。整个系统分为三层：段机管理层、车站机层、采集机层。三层间采用两个网络连接，段管理层与车站机层之间采用环形广域网连接，车站机层与采集机层之间采用 CAN 总线网连接。两个网络都采用国际成熟标准网络，保证了系统运行的安全性和可靠性。

1）车站系统

底层网络由 CAN 总线卡、采集机、电源机和绝缘机通过双绞线连接组成。根据采集量的不同，采集机的配置也不同，其不同之处在于开关板和模拟板的数量。一个采集机根据端子板的不同，其最大的采集量也不同。当配置 3 开关板 1 模拟板端子板时，采集机最大配置为 3 个开关板和 1 个模拟板，其最大采集量为 64 个开关量和 16 个模拟量。当配置 1 开关板 3 模拟板端子板时，采集机最大配置为 1 个开关板和 3 个模拟板，其最大采集量为 16 个开关量和 48 个模拟量。

2）电务段管理系统

电务段管理系统包括：① 服务器，管理联网车站的数据，并负责站机和终端间的命令和数据转发；站机数据经广域网数据传输系统到达服务器，服务器对数据进行分类、存储和处理，根据终端要求分发给联网终端；② 工作终端，用于人机操作，进行网络的维护管理、查看车站数据并作报表汇总，数据报表和图形可由打印机打印输出；③ 广域网路由设备；④ 在线 UPS 电源；⑤ 打印机；⑥ 服务器软件；⑦ 工作终端软件。LWJ-2000 信号微机监测系统通过广域网数据传输系统把车站系统、电务段管理系统及上层网络连接起来。广域网数据传输系统完成 IP 数据包在各计算机间的传输，其中，路由器完成 IP 数据包的寻径和转发；调制解调器实现模拟信号和数字信号间的相互转换，使传输信号与通信线路相匹配；集线器用在电务段局域网中连接各计算机。

2. 系统工作原理

CAN（Controller Area Network）总线属于现场总线范畴，它是一种有效支持分布式控制或实时控制的串行通信网络。CAN 的应用范围遍及从高速网络到低成本的多线路网络。CAN 的位速率可高达 1 Mbps。在微机监测系统中，CAN 的位速率设置为 250 Kbps，在此速率下，CAN 总线的长度可达 270 m。CAN 总线数据通信采用基于报文的方式进行数据传输。CAN 具有下列主要特性：多主站依据优先权进行总线访问，无破坏性的基于优先权的仲裁，借助接收滤波的多地址帧传送，远程数据请求，配置灵活，全系统数据相容，遭破坏的帧可自动重发，故障节点可自动脱离等。

上位机（站机）向采集设备发送数据时，先将报文传送到 CAN 总线卡，CAN 总线卡根据报文地址分发到下面的采集设备。采集设备向上位机发送数据时，直接将报文发送到 CAN 总线卡，然后 CAN 总线卡将报文传送到上位机进行处理。

采集机在第一次使用或更改配置时，上位机必须将采集机的配置信息通过 CAN 总线下载到采集机的 CPU 板上，即必须向采集机进行参数设置，采集机才能正常工作。采集机的工作过程如下：① 采集机上电初始化时，CPU 板将参数分类传送到开关板和模拟板；② 开关板和模拟板根据参数类型进行通道数据采集并将采集数据传送到 CPU 板；③ CPU 板将采集数据通过 CAN 总线分类传送到上位机。

在采集机中，CPU 板为中心控制部分，主要功能为① CAN 总线通信；② 采集数据整理归类；③ 监视开关板和模拟板运行；④ 为道岔电流采集提供缓冲；⑤ 自我监视（看门狗）；⑥ 参数配置检查。

开关量采集采用光电隔离方法进行，在微机监测系统中，交直流开关量用同一套电路采集。模拟板采集电压电流数据，每一个模拟板能采集 16 路模拟数据。模拟板首先将传感器来的电流信号（0 ~ 20 mA）转换为电压信号（0 ~ 5 V）。然后用带 A/D 变换的单片机对电压信号进行采样处理，将处理好的数据传送到 CPU 板。外部模拟信号由传感器将其隔离转换成电流信号，然后将电流信号传送到模拟板进行采集。对于通道离散性，上位机可设置数据系数加以纠正。

3. 系统特点

（1）车站设备采用全分散结构，大量安装复杂、费工费时的采集机分散在各个组合架上，极大地简化了安装和维护工作。

（2）数据采集机、电源采集机、绝缘测试机等，结构相同，都占用 6502 型组合架上的相邻两个安全继电器位置，安装方便，便于维修。

（3）采用标准化的硬件设计，采集机上的所有插板尺寸完全相同。

（4）采集机的部件，包括 CPU 板、开关量板、模拟量板等为通用设计，可以用在数据采集机、电源采集机以及绝缘测试机中。

（5）采用 CAN 工业控制总线网络，使车站系统数据传输安全，保证全系统基础数据的可靠性。

（6）采用成熟的数据库技术及时地记录和存储各种数据。

（7）采用图形化软件进行界面开发，使操作更方便、更直观。

5.5.3.2 便携式铁路信号微机监测仪

1. 系统概述

1）信号微机监测的主要形式

根据使用情况，信号微机监测可以分为：① 固定式，系统安装在一个固定地点，如电气集中微机监测系统，驼峰自动集中微机监测系统等。② 便携式，系统具有对一个单项设备或某一项电气特性进行进一步监测和诊断的功能，如对轨道电路微机检测、信号设备对地绝缘监测、电动转辙机在线检测，信号机显示状态监测等。③ 移动式（车载），系统安装在电务试验车上，对管内主要干线的信号显示、机车信号和轨道电路等设备运用状态进行自动检测及数据处理，为进行合理的养护维修提供依据。

2）系统实现的目标

便携式微机监测仪是一种利用微机实现的智能化仪器。它既可灵活地安装在任意的车站，也可根据现场的需要，对监测对象进行灵活的设置，完成监测、报警、记录、打印报表、回放查找等一系列功能。当其他车站需要时，可方便地移至他处，继续使用。

3）主要功能特点

系统主要功能如图 5.24 所示。

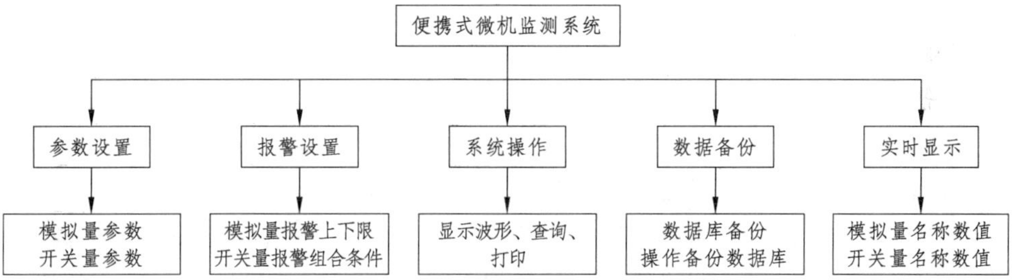

图 5.24　功能模块图

（1）能连续动态监测 32 路模拟量和 32 路开关量。包括① 电源屏输入、输出电压；② 轨道电路送受电端的电压；③ 信号灯机点灯电路的电压；④ 电动转辙机动作电流、故障电流、动作时间和表示电压；⑤ 站内电码化轨道电路发送端电流、电压和码型；⑥ 任意继电器的状态；⑦ 控制台按钮和表示灯的状态。

（2）人机交互功能。能完成：① 开关量、模拟量名称和类型的定义；② 车站参数的设置；③ 模拟校正。

（3）存储 48 h 以上监测数据。并有灵活的查询功能：① 按时间查询数据库中存在的任一时间段内的模拟量和开关量；② 按某一路开关量的变化量查询；③ 按某几路的逻辑关系变化查询；④ 报警查询。设计的用户界面友好、简单、实用，具有自动校验的功能，能帮助用户迅速、准确地进行查询。

（4）监测对象可任意灵活设置，根据设置可自动形成报表和曲线，并能配合打印机打印输出各种报表。

（5）监测仪和被测对象间有严格的隔离措施，监测仪工作或故障时均不影响被测系统的正常工作。

（6）具有联网功能，能与其他计算机系统通过网络实现数据交换。

（7）可实现任意一路或多路、模拟量曲线与 32 路开关量同屏回放，回放时间灵活设置，回放速度可调，有利于故障的判断和查找。

（8）具备计算机的文字处理、联网等功能。

4）主要技术指标

（1）32 路模拟量、32 路开关量记录，显示，存储，数据管理，打印等。

（2）数据：① 开关量，4 个字节，每秒 1 024 次；② 模拟量，每路 2 字节，32 路，每毫秒采集一路。

（3）数据保存时间：48 h，超过 48 h 则由系统自动删除；具有数据库备份功能。

（4）显示：能够实时显示 32 路开关量的名称、状态；实时显示 32 路模拟量的名称、数值。在系统中能任选几路模拟量以波形显示，比例可调，时间可选，同时显示开关量的状态，也可以以几路波形的形式显示某段时间内的开关量状态。

（5）存储精度符合部颁微机监测技术条件的要求。

2. 监测仪的硬件

1）系统硬件组成

便携式微机监测仪在结构上采用铝合金加固型机箱，体积小，重量轻，抗干扰能力强。高性能 CPU、14 英寸彩色液晶显示屏，防尘防水键盘，配有软盘驱动器、模拟量采集板、开关量采集板、传感器、网卡和打印机接口。整机精心布局，一体化设计，便于携带，可靠耐用。该仪器使用灵活，操作简单易学，维修维护方便，各板卡均为插拔式结构，容易更换，使用时只需将待测的 1 ~ 32 路开关量和 1 ~ 32 路模拟量接到机器后面板的接线端子，用键盘或鼠标设置好各路待测量的名称、性质、量程、报警门限等特性参数，系统即可正常工作。结构如图 5.25 所示。

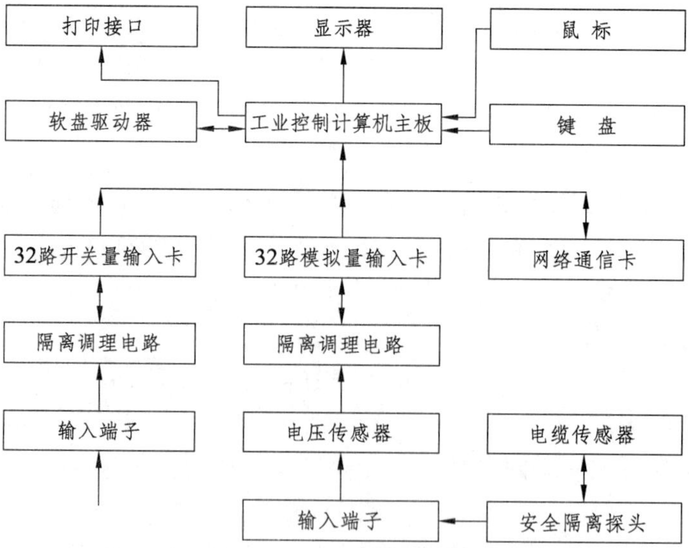

图 5.25　监测仪硬件结构

2）硬件的故障-安全性

（1）开关量采集。可采集的开关量信号为直流或交流信号，都为独立的双端输入，不会形成迂回通路而对被测系统产生影响；通过光偶、限流电阻及自恢复保险，与被测系统电气隔离。

（2）模拟量采集。电流信号的采集采用活动穿芯式霍尔传感器，不但与被测系统电气完全隔离，而且安装方便，不用断线，因而不会对被测系统造成任何影响。电压信号的采集采用电压传感器和保护探头实现，保护探头的主要功能是高阻隔离、高压二极管保护及自恢复保险的短路保护，从而实现故障-安全性。

3）信号调理技术

传感器采集到的信号，一般不能直接接入 CPU，需要对传感器的信号进行调理。即采用运算放大器对其进行放大，采用信号隔离技术对其隔离、整形，有些模拟量还要采用多路切换技术，A/D 变换等处理。

3. 系统软件

1）系统软件的结构与特点

系统的软件采用模块化设计（见图 5.26），在国铁集团标准型微机监测系统软件的基础上，融入便携式微机监测的特点。利用 Windows 的多任务多线路的特点，首创了用单一高性能 CPU、高速度、高质量地完成数据采集，数据处理，人机对话，系统管理等系统的全部功能。其主要特点有：开关量的采样间隔仅为 1 ms，32 路模拟量都配有独立可调的修正系数，被测量的名称、性质、量程、报警门限、声响都可灵活设置等。软件运行稳定，操作简便，显示画面清晰。

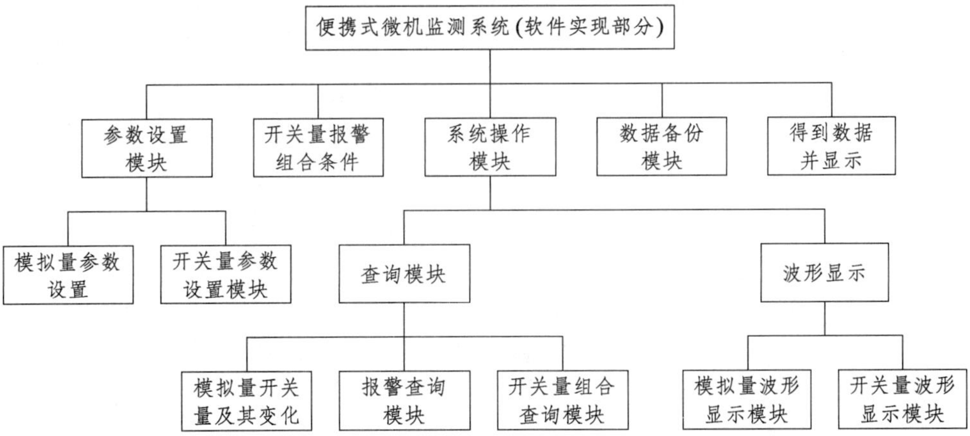

图 5.26　系统软件模块层次结构

系统软件在功能上仍然分为数据采集和数据处理两部分。考虑到数据采集的实时性，可以使用 TC 来进行数据的采集，使用 VC 来进行数据的处理。在系统中同时有两个进程在运行，两者之间的数据交换采用文件的形式，数据的采集进程是利用微机的硬件中断系统来实现。当数据采集进程采集到数据后，就把数据形成文件，数据处理进程得到数据并进行处理，包括显示、记录、存储、数据管理、打印等。系统数据处理结构如图 5.27 所示。

图 5.27　系统数据处理结构

2）数据采集

Windows 操作系统有两个保护环 Ring 0 和 Ring 3，Ring 0 的优先级高，Ring 3 的优先级低，操作系统代码工作在 Ring 0 上，用户进程工作在 Ring 3 上。系统的硬件资源受到 Ring 0 的保护，用户进程访问硬件需通过虚拟设备驱动程序（VXD）。虽然 Windows 提供了一些标准的 VXD 以支持通用的硬件及软件操作，但大多数硬件设计者都需要自己编写特殊的 VXD 来体现系统的功能特性。

由于在系统中，需要进行每秒 1 024 次采集，所以必须要进行 1 ms 中断。目前，在 Win32 下，还不能进行精确的 1 ms 中断，所以，必须使用 TC 进行 DOS 中断，直接对系统的硬件进行操作，而这一点在 Win32 中由于保护机制的存在而变得非常困难，所以系统中必须使用 TC 编程的数据采集进程。

3）数据库处理

系统使用语义对象模型设计数据库。在数据库设计中，最关键的一步就是表格的设计，也就是关系的设计。从系统的用户需求来看，对于数据处理来说，所处理的就是 32 路开关量、32 路模拟量。如果按照语义对象模型来设计对象，每个开关量和模拟量都是一个简单的关系，所以，应该为每个模拟量和开关量都设计一个简单的关系（表）。但是，这样就会有 64 个关系，会使得应用的处理负担加重，存储的数据量过大。注意到这里有一个特殊的情况，每一次交换数据时，除了数值不同外，他们的一个重要属性：时间是相同的。这样，会造成很多的数据冗余。考虑到以上这些因素，所有的开关量看作一个简单的对象，所有的模拟量看作另一个简单的对象。因此，在系统中只有两个简单的对象，描述为：

KGL：ID SERIALNUMBER；Kgl1；…；Kgl32；time。

MNL：ID SERIALNUMBER；Mnl1；…；Mnl32；time。

KGL、MNL 全是用自动变量 SERIALNUMBER 来标识的。这里，还有一个问题是用户需要对这些开关量、模拟量的名称、类型自己进行定义，所以需要把这些简单的变量和另外的关系关联起来。假设这里已经有关于开关量、模拟量属性的两个简单关系为：

KGLNAME：ID SERIALNUMBER；Kglname；Kgltype；comments。

MNLNAME：ID SERIALNUMBER；Mnlname；Mnltype；comments。

它们是用 SERIALNUMBER 来唯一标识的。且只能是从 1 到 32 中的一个值，即它们的 SERIALNUMBER 就对应 KGL、MNL 中的 Kgl1…Kgl32、Mnl1…Mnl32 的数值，所以在 KGL、MNL 中，所有的 Kgl1 列就是开关量 1 的数值，依此类推。

5.5.4 TJWX-2006 型微机监测系统的特点

近年来，随着 RBC、列控中心、TDCS/CTC 等先进设备的推广应用，车站的通过能力大大提高，这就对微机监测系统提出了进一步的要求——增加对上述设备的集中监测，由此产生了功能更为完善的 TJWX-2006 型微机监测系统。

TJWX-2006 型微机监测系统较 TJWX-2000 型微机监测系统做了较大调整，具体体现在以下几个方面。

1. 系统结构方面

（1）增加了国铁集团通信管理机。增加对国铁集团电务监测中心的配置、功能的说明，要求监测系统的网络节点 IP 地址统一编码，强化了微机监测网络必须全路联网的概念。

（2）增加了铁路局服务器。要求铁路局必须配置双机冗余的应用服务器，强化了铁路局对站段的管理功能，提高了铁路局终端的使用效果。

（3）站间网络必须采用 2 M 数字通道。对广域网的通道提出了明确的要求，要求其传输速率不低于 2 M。相对于原来不低于 33.6 K 的通信要求有了较大提高。传输通道质量的提高为提高微机监测系统的联网效果、加强网管功能做好了准备。铁路局和铁道部的监测中心与电务段监测中心的通道也必须采用 2 M 或更高速率的专用通道。

（4）加强微机监测系统服务器的稳定性。要求电务段监测中心和铁路局电务监测中心的应用服务器必须采用双机冗余技术以增强系统的可靠性。原技术条件中对于车站级的功能要求较多，而对于微机监测的网络部分要求相对较低，随着微机监测系统的广泛应用，对远程管理、诊断方面的需求越来越强烈，原来的服务器系统已不能满足需要，要求采用双机冗余技术搭建服务器系统，增加系统的可靠性。

2. 硬件方面

（1）提高了测试精度。很多的测量精度都达到了 1% 的要求。对采样速度以及巡测周期也提高了要求。

（2）增加了监测项目。增加了外电网监测、环境监控、道岔表示电压、列车信号机点灯回路电流、移频信息监测、半自动闭塞线路电压电流监测等项目。对原有的监测项目，增加了监测内容，以电源屏为例，增加为电压、电流、功率。对轨道电路、转辙机也增加了监测内容。

（3）提高了模拟量测试的稳定性。要求“监测系统的模拟量经过标准计量器具校核后，应保证 1 年内其各项测试精度指标满足技术条件的要求”。即要求模拟量采集电路具有更高的稳定性，尽可能减少电路设计中的各种漂移等不稳定因素。

（4）采集机具备自诊断功能。

3. 软件方面

（1）提供可以由用户定制的组合式分析方式。用户能灵活地自行改变分析方式，以利于对故障的处理。

（2）故障智能化分析。利用采集到的开关量、模拟量的纪录，分析各种信息间的关联关系，根据信号电路的运行特点，向用户提出故障的可能原因，指导故障处理，压缩故障延时。

（3）软件自动升级、配置库自动上传，减少人工参与工作量。利用微机监测网络，实时监测各个节点运行程序的版本，若发现有新的版本，则可进行软件自动升级，简化操作流程，降低人工成本。

5.6 铁路信号集中监测系统

铁路信号集中监测（Centralized Signaling Monitoring，CSM）系统原名信号微机监测系统，是保证行车安全、加强信号设备结合部管理、监测信号设备状态、发现信号设备隐患、分析信号设备故障原因、辅助故障处理、指导现场维修、反映设备运用质量、提高电务部门维护水平和维护效率的重要行车设备。

铁路信号集中监测系统是信号微机监测系统的升级，在原有信号微机监测系统技术条件的基础上，增加了高速铁路特有信号设备的相关监测内容，修订了铁路信号集中监测系统与计算机联锁、ZPW2000、列控中心、智能灯丝、临时限速服务器 TSR、TDCS/CTC、智能电源屏等信号设备接口方式、隔离方案以及信息内容、采集精度和采样周期；加强了预警分析和故障诊断内容；完善了电务段子系统的各部分功能（时钟、网管、防病毒等）。

铁路信号集中监测系统是信号设备的综合集中监测平台，其监测范围包括联锁、闭塞、列控中心、TDCS/CTC、驼峰、电源屏、计轴等信号设备，还包括与防灾、环境监测等其他系统的接口监测。该系统把现代最新技术如传感器、现场总线、计算机网络通信、数据库及软件工程等融为一体，通过监测并记录信号设备的主要运行状态，为电务部门掌握设备的当前状态和进行事故分析提供科学依据。同时，系统还具有数据逻辑判断功能，当信号设备工作偏离预定界限或出现异常时，可以及时进行报警，避免因设备故障或违章操作影响列车的安全和正点运行。CSM 系统是铁路装备现代化的重要组成部分。

5.6.1 铁路信号集中监测系统构成

铁路信号集中监测系统的层次结构为“三级四层”结构，三级为国铁集团、铁路局、电务段；四层为国铁集团监测子系统、铁路局监测子系统、电务段监测子系统、车站监测网，CSM 系统层次结构如图 5.28 所示。

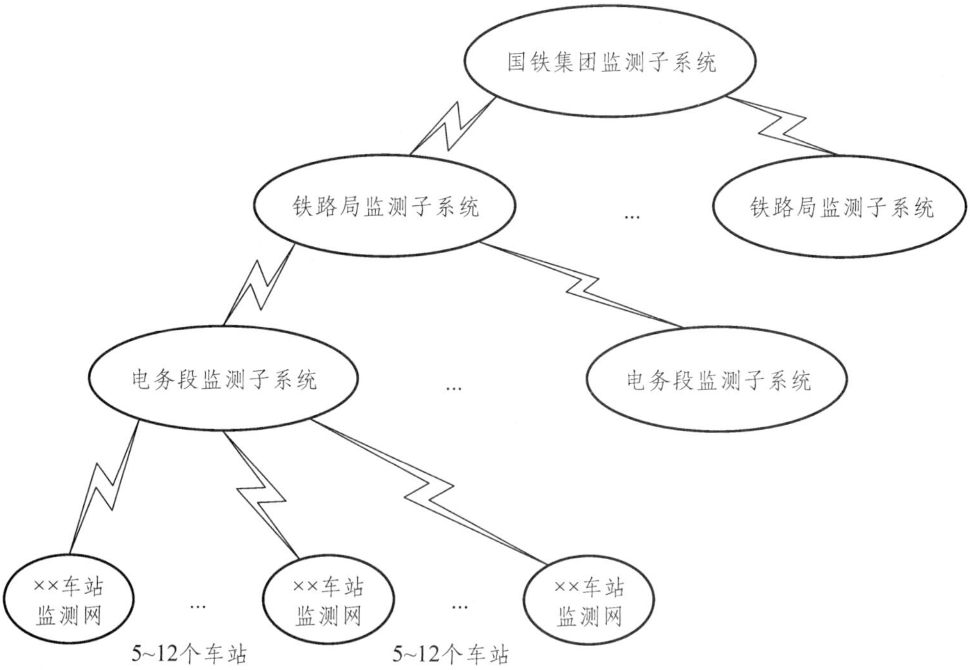

图 5.28 CSM 系统层次结构

国铁集团电务监测子系统配置通信管理机、国铁集团监测终端，铁路局电务监测子系统配置应用服务器、监测终端、维护工作站，电务段监测子系统配置数据库服务器、应用服务器、通信前置机（每超过 200 个车站，增设一套）、接口服务器、WEB 服务器（预留）、网络管理服务器、防病毒服务器、时钟服务器、网络通信设备、网络安全设备（防火墙等）、电源设备、防雷设备、维护工作站、监测终端等。监测终端主要包括电务段调度终端、试验室终端、车间终端、工区终端等设备，可根据维修管理需要配置相应的终端。

国铁集团通信管理机应采用双机冗余备份技术以增加系统的可靠性，铁路局应用服务器、电务段应用服务器、电务段数据库服务器、电务段通信前置机应采用双机冗余备份技术以增强系统的可靠性，车站监测网配置站机和采集设备以及网络通信设备，CSM 系统网络结构如图 5.29 所示。

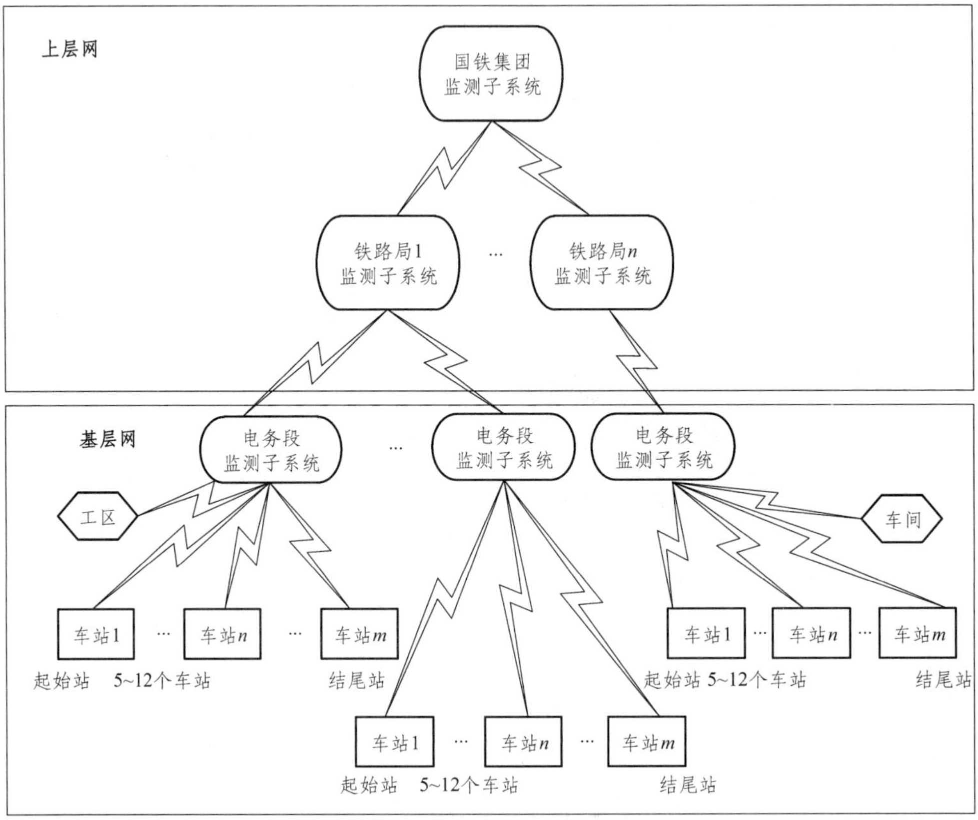

图 5.29　CSM 系统网络结构

CSM 系统的网络结构分为车站、车间/工区与电务段之间的通信基层网和电务段对铁路局、国铁集团的上层网。基层网和上层网之间应互联互通，确保新建线路车站监测信息接入既有电务段、铁路局监测系统中。组网要求如下：

（1）监测系统基层网应采用专用的传输通道，传输速率不低于 2 Mbps。基层网是由网络通信设备和传输通道构成的环形网络，应采用冗余措施提高网络的可靠性。

（2）电务段、铁路局、国铁集团监测子系统中的路由器、交换机、以太网适配器及网络线等关键网络设备或部件均应采用双套冗余配置；车站监测系统的路由器、交换机、以太网适配器及网络线等网络设备或部件采用单套配置；车站通信机械室至信号机械室应采用光纤通道和光接口设备连接。

（3）采用环形通道组网时，基层广域网通道的汇聚节点应分别接入电务段路由器，同一环路中首尾两条通道汇聚节点应分别接入电务段互为冗余的双套路由器，区域汇聚点应考虑双套路由器的负载均衡。

（4）各车站局域网之间通道带宽应不低于 2 Mbps，采用环形组网方式连接，每 5 ~ 12 个车站形成一个环路，并以不低于 2 Mbps 通道抽头方式与电务段星型连接。环内具体车站数量可以结合通信传输系统节点情况确定。

（5）基层网应采用独立的不低于 2 Mbps 通道组网。当采用 IP 数据网时，应具备相应的网络隔离和安全措施，其覆盖范围包括所有车站、工区、车间、电务段。

（6）基层网是专用 2 Mbps 通道，上层网是 IP 数据网时，两者在电务段增加相应网络设备或接口服务器以保证互联互通；基层网是 IP 数据网，上层网是专用 2 Mbps 网络时，实现要求同上；基层网与上层网均采用 IP 数据网时，上层网统一给基层网每个车站、中继站、动车所、线路所、综合保养点、综合维修工区等节点分配 IP 地址，保证既有上层网的既有终端可以联通基层网的每个节点。

⑦ 当客运专线跨多个电务段时，应在电务段之间设置 2 M 通道，便于不同电务段间分界口车站信息共享。

整个监测系统网络包括车站局域网、电务段局域网、铁路局局域网、国铁集团局域网以及连接各层局域网的广域网络，CSM 系统网络连接如图 5.30 所示。

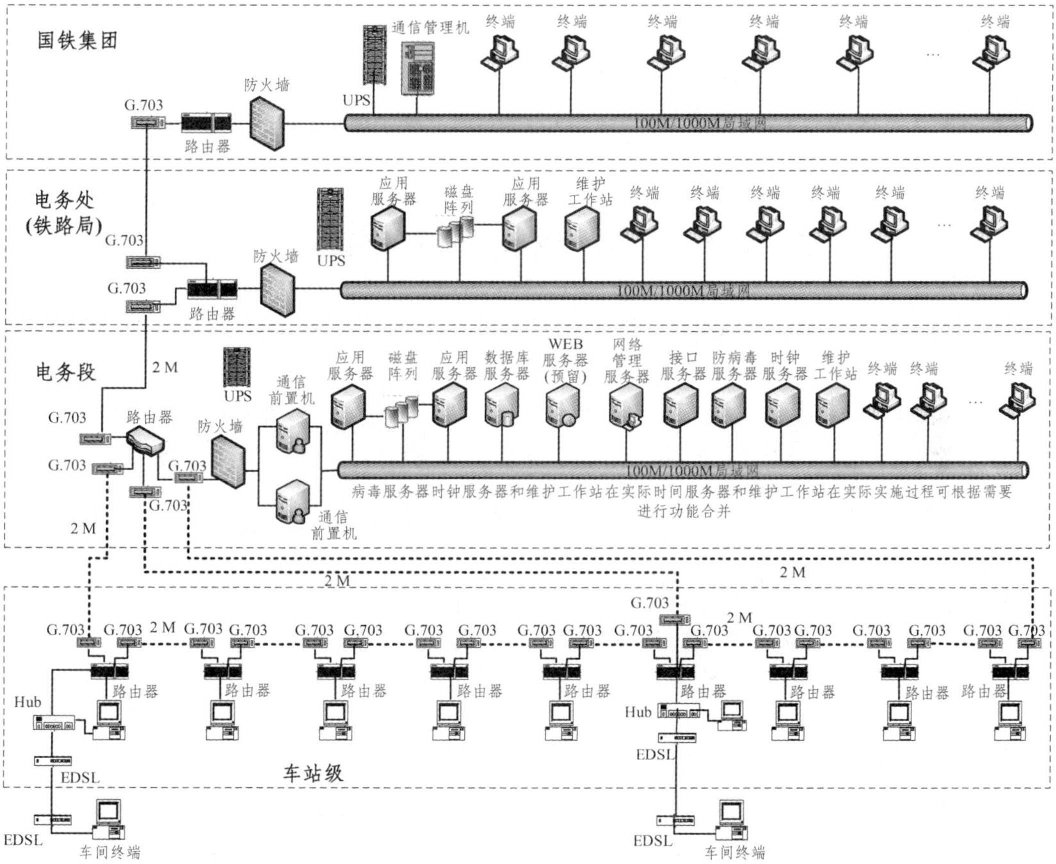

图 5.30　CSM 系统网络连接

国铁集团设置通信管理机，与国铁集团各监测终端以及各铁路局应用服务器建立通信连接并进行数据交换；在国铁集团各监测终端及各铁路局应用服务器之间进行数据转发、监视和管理；实现时钟自动校核、系统运行状态管理及系统操作日志管理。

铁路局、电务段监测中心根据需要设置维护工作站。根据需要可以在维护工作站上配备监测终端的所有功能；还可以根据需求配置服务器的所有功能、车站相关功能；以及根据需求维护网管服务器和防病毒服务器。

铁路局设置监测系统应用服务器，作为整个铁路局监测系统的监控中心。应用服务器以星型方式与各个电务段连接，管理全局内所辖所有的电务段及其车站节点。该服务器与铁路局各监测终端连接，负责管理和处理该监测终端的数据请求。

电务段设置通信前置机，与管内各监测终端以及各监测站机建立通信连接并进行数据交换，并实现数据流调度和信息路由等功能；应用服务器负责所辖终端、数据库服务器、通信前置机及局服务器间数据处理、转发及跨站逻辑处理；数据库服务器负责存储车站开关量、报警等相关数据，以及存储终端、通信前置机、应用服务器、网管服务器等操作记录；网管服务器负责管辖范围内所有终端、服务器、通信前置机、采集设备状态；WEB服务器用于丰富查询手段，提供WEB浏览服务功能，主要包括实时报警及历史报警查询、报警信息处理情况录入、报警信息分析统计等，并作为全线子系统自动升级的服务器；防病毒服务器为监测系统所有站机及终端统一下载并安装杀毒软件;时钟服务器为电务段管辖范围内的站机和终端及服务器提供标准时钟源，并对所辖各个节点定时校核时间；接口服务器的基本功能包括跨系统间连接、跨网络间连接的数据通信转发及处理，并完成监测系统与其他系统间的数据交互。

车站的站机是车站监测系统的核心，负责监测系统的数据采集、分类、逻辑分析处理、报警、数据统计、汇总、存储、回放等功能。站机通过统一的标准接口与计算机联锁、列控中心、TDCS/CTC、智能电源屏、ZPW2000、智能灯丝等设备通信，获取监测信息，提供统一的显示界面。

国铁集团、铁路局、电务段、车间、工区等处的监测终端其功能基本相似，可以通过配置文件来分辨不同的监测终端。主要功能是显示、报警、事件管理、系统管理、数据处理及控制等。

5.6.2 监测功能及要求

铁路信号集中监测系统的监测功能主要由车站子系统实现，监测功能分为三大部分，即模拟量监测、开关量监测、故障报警。

5.6.2.1 模拟量监测功能及要求

1. 外电网综合质量监测

（1）监测内容：外电网输入相电压、线电压、电流、频率、相位角、功率。

（2）监测点：配电箱（电务部门管理）闸刀外侧。

（3）监测量程：AC 380 V电压的量程范围是0 ~ 500 V，AC 220 V电压的量程范围是0 ~ 300 V，电流量程范围是0 ~ 100 A，频率量程范围是0 ~ 60 Hz，功率量程范围是0 ~ 30 kW。

（4）监测精度：电压 ± 1%，电流 ± 2%，频率 ± 0.5 Hz，相位角 ± 1%，功率 ± 1%。

（5）监测方式：周期巡测（周期不大于 1 s），变化测，电流采用开口式电流互感器检测。

（6）采样速率：断相、错序、瞬间断电开关量的采样速率为 50 ms，电压、电流采样速率为 250 ms。

（7）报警：

① 输入电压大于额定值的 15%或小于额定值的 20%时报警并记录。

② 输入电压低于额定值的 65%，时间超过 1 000 ms 时断相/断电报警并记录。

③ 输入电压低于额定值的 65%，时间超过 140 ms，不超过 1 000 ms 时瞬间断电报警并记录。

④ 对于三相（380 V）输入电源，相序错误时错序报警并记录。

2. 电源屏监测

（1）监测内容：

① 各电源屏输入电压、电流。

② 电源屏各路输出电压、电流；25 Hz 电源输出电压、频率、相位角。

（2）监测点：

非智能电源屏的转换屏输入端、其他非智能屏的电压输出保险后端。

（3）监测量程：电压、电流和频率量程分别见表 5.1 至表 5.3，相位角量程为 0° ~ 360°。

表 5.1 电压量程

电压/V	量程/V	电压/V	量程/V	电压/V	量程/V	电压/V	量程/V	电压/V	量程/V
AC 380	0 ~ 500	AC 220	0 ~ 300	AC 110	0 ~ 200	AC 24	0 ~ 50	AC 12	0 ~ 30
DC 220	0 ~ 300	DC 24	0 ~ 50	DC 48	0 ~ 80	DC 12	0 ~ 30	DC 6	0 ~ 10

表 5.2 电流量程（具体电流量程根据实际可做调整）

电源屏类型	量程/A	电源屏类型	量程/A	电源屏类型	量程/A
2.5 kV · A	0 ~ 20	10 kV · A	0 ~ 50	驼峰屏	0 ~ 100
5 kV · A	0 ~ 30	15 kV · A	0 ~ 80	30 kV · A	0 ~ 100

表 5.3 频率量程

电源类型	量程/Hz	电源类型	量程/Hz
50 Hz	0 ~ 60	25 Hz	0 ~ 30

（4）监测精度：电压 ± 1%，电流 ± 2%，频率 ± 0.5 Hz，相位角 ± 1%。

（5）测试方式：周期巡测（周期不大于 1 s），变化测。

（6）采样速率：250 ms。

（7）电源屏输出报警：电源屏输出电压大于额定值的3%或小于额定值的3%时报警并记录。

3. 轨道电路监测

（1）交流连续式轨道电路监测。

① 监测内容：轨道继电器交流电压、直流电压。

② 监测点：轨道继电器端或分线盘。

③ 监测量程：交流 0 ~ 40 V，直流 0 ~ 40 V。

④ 测量精度：±1%。

⑤ 测试方式：站机周期巡测（周期不大于 2 s，变化测。

⑥ 采样速率：250 ms。

（2）25 Hz 相敏轨道电路监测。

① 监测内容：轨道接收端交流电压、相位角。

② 监测点：轨道测试盘侧面端子或二元二位轨道电路继电器端、局部电压输入端，相敏轨道电路电子接收器端。

③ 监测量程：电压 0 ~ 40 V，相位角 0 ~ 360°。

④ 监测精度：电压±1%，相位角±1%。

⑤ 测试方式：站机周期巡测（周期不大于 2 s），变化测，轨道继电器励磁时测相位角，轨道占用时不测试相位角。

⑥ 采样速率：500 ms。

（3）高压不对称脉冲轨道电路监测。

① 监测内容：接收端波头、波尾有效值电压，峰值电压，电压波形。

② 监测点：译码器相应端子。

③ 监测量程：0 ~ 100 V。

④ 监测精度：±2%。

⑤ 测试方式：站机周期巡测（周期不大于 2 s），变化测。

⑥ 采样速率：0.2 ms。

（4）驼峰轨道电路监测。

① 监测内容：驼峰 JWXC-2.3 轨道继电器工作电流。

② 监测点：轨道继电器。

③ 监测量程：0 ~ 800 mA。

④ 监测精度：±3%。

⑤ 测试方式：站机周期巡测（周期不大于 2 s），变化测。

⑥ 采样速率：250 ms。

2. 转辙机监测

1）直流转辙机监测

（1）监测内容：道岔转换过程中转辙机动作电流、故障电流、动作时间、转换方向。

（2）监测点：动作回线。

（3）监测量程：电流 0 ~ 10 A（单机），动作时间 0 ~ 40 s（单机）。

（4）测量精度：电流 ± 3%，时间不大于 0.1 s。

（5）测试方式：根据 1DQJ 条件进行连续测试。

（6）采样速率：40 ms。

2）交流转辙机监测

（1）转辙机类型：ZYJ 系列电动液压道岔转辙机，S700K 系列、ZDJ-9 系列交流电动转辙机。

（2）监测内容：道岔转换过程中转辙机动作功率、电流、动作时间、转换方向。

（3）监测点：电压采样在断相保护器输入端，电流采样在断相保护器输出端。

（4）监测量程：动作电流 0 ~ 10 A（单机），动作时间 0 ~ 40 s（单机），功率 0 ~ 5 kW（单机）。

（5）测量精度：电流 ± 2%，功率 ± 2%，时间不大于 0.1 s。

（6）测量方式：根据 1DQJ 条件进行连续测试。

（7）采样速率：40 ms。

3）驼峰 ZD7 型直流快速道岔转辙机

（1）监测内容：道岔转换过程中转辙机动作电流、故障电流和动作时间、转换方向。

（2）监测点：动作回线。

（3）监测量程：电流 0 ~ 30 A，动作时间 0 ~ 3 s。

（4）精度：电流 ± 3%，时间不大于 0.1 s。

（5）测试方式：根据 1DQJ 条件进行连续测试。

（6）采样速率：10 ms。

4）道岔表示电压监测

（1）监测内容：道岔表示交、直流电压。

（2）监测点：分线盘道岔表示线。

（3）监测量程：直流 0 ~ 100 V，交流 0 ~ 200 V。

（4）监测精度：± 1%。

（5）测量方式：站机周期巡测（周期不大于 2 s），变化测。

（6）采样速率：500 ms。

5. 电缆绝缘监测

（1）电缆类型：各种信号电缆回线（提速道岔只测试X4，X5，对耐压低于500 V的设备，如LEU等不纳入测试）。

（2）监测内容：电缆芯线全程对地绝缘，测试电压DC 500 V。

（3）监测点：分线盘或电缆测试盘处。

（4）监测量程：0 ~ 20 MΩ，超出量程值时显示“> 20 MΩ”。

（5）测量精度：±10%。

（6）测试方式：人工确认天气状况良好、拔出防雷或断开防雷地线后启动自动测量，人工命令多路测试。

6. 电源对地漏泄电流监测

（1）监测类型：电源屏各种输出电源。

（2）监测内容：输出电源对地漏泄电流。

（3）监测点：电源屏输出端。

（4）监测量程：交流0 ~ 300 mA，直流0 ~ 10 mA。

（5）测量精度：±10%。

（6）测试方式：在天窗点内人工启动，通过1 kΩ（DC）/50 Ω（AC）电阻测试电源对地漏泄电流值，人工命令多路测试。

7. 列车信号机点灯回路电流的监测

（1）监测内容：列车信号机的灯丝继电器（DJ，2DJ）工作交流电流。

（2）监测点：信号点灯电路始端。

（3）监测量程：0 ~ 300 mA。

（4）测量精度：±2%。

（5）测试方式：站机周期巡测（周期不大于2 s），变化测。

（6）采样速率：500 ms。

8. 集中式移频监测

1）站内电码化监测

（1）监测内容：站内发送盒功出电压、发送电流、载频及低频频率。

（2）监测点：发送器（盒）功出端。

（3）监测量程：

① 发送电压：0 ~ 200 V（电化区段），0 ~ 50 V（非电化区段）。

② 发送电流：0 ~ 5 A。

③ 既有移频：载频0 ~ 1 000 Hz，低频0 ~ 35 Hz，频偏55 Hz。

④ ZPW2000系列和UM71制式：载频1 650 ~ 2 650 Hz，低频0 ~ 30 Hz，频偏55 Hz。

（4）监测精度：电压 ± 1%，电流 ± 2%，载频频率 ± 0.1 Hz，低频频率 ± 0.1 Hz。
（5）测试方式：站机周期巡测（周期不大于 1 s），根据轨道占用状态动态测试。
（6）采样速率：250 ms。

2）集中式有绝缘移频自动闭塞监测

（1）监测内容：发送端功出电压、发送电流、载频及低频频率，接收端限入电压、移频频率及低频频率。
（2）监测点：发送器（盒）功出端，接收器（盒）输入。
（3）监测量程：
① 发送电压：0 ~ 200 V。
② 发送电流：0 ~ 5 A。
③ 载频：0 ~ 1 000 Hz，低频 0 ~ 35 Hz，频偏 55 Hz。
④ 接收电压：0 ~ 5 V。
（4）监测精度：电压 ± 1%，电流 ± 2%，载频频率 ± 0.1 Hz，低频频率 ± 0.1 Hz。
（5）测试方法：站机周期巡测（周期不大于 2 s），根据轨道占用状态动态测试。
（6）采样速率：250 ms。

3）集中式无绝缘移频自动闭塞监测

（1）监测类型：ZPW2000 系列、UM71 制式等无绝缘移频轨道电路。
（2）监测内容：
① 区间移频发送器发送电压、电流、载频、低频。
② 区间移频接收器轨入（主轨、小轨）电压，轨出 1、轨出 2 电压、载频、低频。
③ 区间移频电缆模拟网络电缆侧发送电压、接收电压、发送电流。
（3）监测点：发送器（盒）功出端，模拟网络电缆侧，接收衰耗器输入端、接收器（盒）输入端。
（4）监测量程：
① 发送功出电压：0 ~ 300 V。
② 发送电流：0 ~ 1 000 mA。
③ 接收电压：轨入电压 0 ~ 7 V，轨出 1、轨出 2 电压 0 ~ 3 V。
④ 载频：1 650 ~ 2 650 Hz，低频 0 ~ 30 Hz。
⑤ 模拟网络电缆侧发送电压 0 ~ 200 V、接收电压 0 ~ 15 V，电流 0 ~ 2 A。
（5）测量精度：电压 ± 1%，电流 ± 2%，载频 ± 0.1 Hz，低频 ± 0.1 Hz。
（6）测试方法：站机周期巡测（周期不大于 1 s），根据轨道占用状态动态测试。
（7）采样速率：250 ms。

9. 半自动闭塞监测

（1）监测内容：半自动闭塞线路直流电压、电流，硅整流输出电压。

（2）监测点：分线盘半自动闭塞外线、硅整流输出端。

（3）量程范围：电压 ±（0 ~ 200 V），电流 ±（0 ~ 500）mA。

（4）测量精度：电压 ± 1%，电流 ± 1%。

（5）测试方式：站机周期巡测（周期不大于 2 s），根据闭塞按钮状态变化动态测试并形成电压、电流曲线。

（6）采样速率：100 ms。

10. 环境状态的模拟量监测

1）温度监测

（1）监测内容：信号机械室、电源屏室、微机室环境温度。

（2）监测点：信号机械室、电源屏室、微机室内等处。

（3）量程范围：– 10 ~ 60 °C。

（4）测量精度：± 1 °C。

（5）测试方式：站机周期巡测（周期不大于 1 s），变化测。

2）湿度监测

（1）监测内容：信号机械室、电源屏室、微机室湿度。

（2）监测点：信号机械室、电源屏室、微机室等处。

（3）量程范围：0% ~ 100%RH。

（4）测量精度：± 3%RH。

（5）测试方式：站机周期巡测（周期不大于 1 s），变化测。

3）民用空调电压、电流、功率监测

（1）监测内容：民用空调电压、电流、功率。

（2）监测点：信号机械室、电源屏室、微机室等空调工作电源线。

（3）量程范围：交流电压 0 ~ 500 V，电流 0 ~ 50 A，功率 0 ~ 25 kW。

（4）测量精度：电压 ± 1%，电流 ± 2%，功率 ± 2%。

（5）测试方式：站机周期巡测（周期不大于 1 s），变化测。

11. 防灾异物侵限监测

（1）监测内容：防灾系统与列控系统分界口处接口直流电压。

（2）监测点：分线盘。

（3）量程范围：0 ~ 40 V。

（4）测量精度：± 1%。

（5）测试方式：站机周期巡测（周期不大于 1 s），变化测。

（6）采样速率：250 ms。

12. 站（场）间联系电压

（1）监测内容：站（场）间联系线路直流电压、场间联系电压、自动闭塞方向电路电压、区间监督电压。

（2）监测点：分线盘。

（3）量程范围：直流 ±（0 ~ 200）V。

（4）测量精度：±1%。

（5）测试方式：站机周期巡测（周期不大于 1 s），变化测。

（6）采样速率：250 ms。

5.6.2.2　开关量监测功能及要求

1. 主要开关量监测

（1）监测类型：按钮状态、控制台表示状态、关键继电器状态等。

（2）监测内容：开关量实时状态变化。

（3）监测点：

① 列、调车按钮状态原则上采集按钮的空接点，无空接点时，可从按钮表示灯电路采集，对于列车、调车按钮继电器有空接点的，可从该空接点采集，有半组空接点的，可用开关量采集器采集。

② 其他按钮状态原则上从按钮表示灯电路采集，无表示灯电路时，可从按钮空接点采集。

③ 控制台所有表示灯状态从表示灯电路采集，集中式自动闭塞的区间信号机点灯和区间轨道电路占用状态，从移频接口电路采集。

④ 根据系统软件实现监测功能的需要，具体选定功能性关键继电器进行采集。原则上从关键继电器空接点采集；只有半组空接点的，可采用开关量采集器采集；无法从空接点进行采集的关键性继电器，可采用安全可靠的电流采样方案进行采集。

（4）测试方法：站机周期巡测（周期不大于 1 s），下位机采样周期小于等于 150 ms，变化信息存储并自主上发。

2. 其他开关量监测

（1）提速道岔分表示采集：对提速道岔各个转辙机定反位状态进行监测、显示、存储。

（2）监测列车信号主灯丝断丝状态并报警，报警应定位到某架信号机或架群。通过智能灯丝报警仪（器）接口获取主灯丝断丝报警等信息，应定位到灯位。

（3）对组合架零层、组合侧面以及控制台的主副熔丝转换装置进行监测、记录并报警。

（4）对 6502 站道岔电路 SJ 第八组接点封连进行动态监测，记录并报警。

（5）环境监控开关量监测（具体项目可选）：电源室、微机室、机械室等处的烟雾、明火、水浸、门禁、玻璃破碎等报警开关量信息的采集、记录并报警。

5.6.2.3 故障报警

铁路信号集中监测系统根据设备故障性质产生三类报警和预警（见图 5.31）：

一级报警：涉及行车安全的信息报警，报警方式采用声光报警，人工确认后停止报警，并通过网络上传到各级终端。

二级报警：影响行车或设备正常工作的信息报警。报警方式采用声光报警，报警后延时适当时间自动停报，并通过网络上传到各级终端。

三级报警：电气特性超限或其他报警。报警方式采用红色显示报警，电气特性恢复正常后自动停报，可通过网络上传到车间/工区终端。

预警：根据电气特性变化趋势，设备状态及运用趋势等进行逻辑判断并预警。报警方式采用蓝色作为预警显示，可通过网络上传到车间/工区终端。

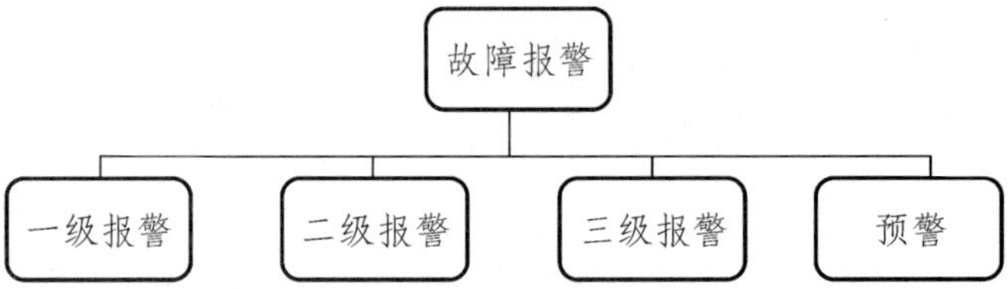

图 5.31　故障报警功能

1. 一级报警

（1）挤岔报警。

（2）列车信号非正常关闭报警。

（3）故障通知按钮报警。

（4）火灾报警。

（5）防灾异物侵限报警。

（6）SJ 锁闭封连报警（仅限于 6502 站）。

2. 二级报警

（1）外电网输入电源断相/断电报警。

（2）外电网三相电源错序报警。

（3）外电网输入电源瞬间断电报警。

（4）电源屏输出断电报警。

（5）列车信号主灯丝断丝报警。

（6）熔丝断丝报警。

（7）转辙机表示缺口报警。

（8）环境监测中温度、湿度、明火、烟雾、玻璃破碎、门禁、水浸等报警。

（9）计算机联锁系统报警。

（10）列控系统报警。

（11）ZPW2000 系统报警。

（12）TDCS/CTC 系统报警。

（13）道岔无表示报警。

（14）智能电源屏报警。

3. 三级报警

（1）各种模拟量的电气特性超限报警。

（2）轨道长期占用报警。

（3）监测系统与计算机联锁、TDCS/CTC、列控中心、ZPW2000、智能电源屏（UPS）、智能灯丝等系统通信接口故障报警。

（4）监测系统中采集机、智能采集器通信故障报警。

4. 预　警

（1）各种设备模拟量变化趋势、突变、异常波动预警。

（2）道岔运用次数超限预警。

（3）其他预警。

5.6.3 监测系统接口

对于计算机联锁、列控中心、TDCS/ CTC、智能电源屏、ZPW2000、有源应答器、计轴、道岔缺口等具有自诊断功能的信号设备，监测系统应通过接口方式获取所需的状态信息和报警信息，其接口方式、信息内容、准确性、实时性须符合标准。

环境监测功能已经纳入动环监控系统中时，监测系统不另行采集，应通过接口获取环境监控信息。

1. 计算机联锁接口

（1）监测内容。

① 轨道：轨道占用、轨道锁闭、区段锁闭。

② 道岔：定位表示、反位表示、总定、总反、道岔总锁、道岔单锁、道岔单解、道岔单操、道岔单封、心轨单操、尖轨单操。

③ 信号机：灭灯、绿灯、红灯、黄灯、引导白灯、双绿、绿黄、双黄、黄闪黄、调车白灯、白闪、红闪、黄闪、绿闪、断丝闪灯。

④ 其他按钮：故障通知、总人解、总取消、事故解锁、列车按钮，调车按钮、灭灯按钮、点灯、关灯、按钮单封（戴帽）状态、接车辅助、发车辅助、总辅助、允许改方（或允许反向）等按钮。

⑤ 报警信息：轨道停电、挤岔、主灯丝断丝、灯丝断丝、排架熔丝报警、移频报警、计算机联锁控显机故障报警，联锁输入板故障报警、联锁 CPU 板故障报警、联锁输出板故障报警、主备机故障、联锁与列控通信故障、联锁与 TDCS/CTC 接口故障等报警。

⑥ 其他表示灯：主副电源灯、区间监督、接车表示灯、发车表示灯、自律模式、允许转为自控、非常站控。

⑦ 设备状态：联锁设备（板级）状态、A/B 机状态、联锁与列控通信状态、联锁与 TDCS/CTC 通讯状态，主备机同步状态。

（2）接口方式。

RS 422/485 接口，硬件光电隔离，由计算机联锁维护台单向发送，监测系统接收。

（3）测试方法。

与监测系统的通信（周期不大于 1 s），维修机采样周期小于等于 150 ms，将变化信息存储并上发。

2. 列控中心系统接口

（1）监测内容。

① 列控平台设备工作状态和系统通信接口状态。

a. 各类硬件板卡状态。

b. TCC 与各子系统（联锁、CTC、TSRS、邻站 TCC）通信接口状态。

② 列控业务接口信息。

a. 联锁接口进路、改方、信号降级。

b. CTC/TSRS 接口临时限速。

c. 邻站 TCC 边界、改方。

d. 区间区段空闲、占用码位。

e. 区间线路方向状态、站内区段方向状态、灾害防护继电器状态。

f. 区间信号点灯状态：灭灯、红灯、绿灯、黄灯、绿黄。

③ 列控控制输出结果信息。

a. 轨道电路编码。

b. 有源应答器报文编码。

c. 继电器驱动输出（方向驱动、区间点灯驱动）。

④ 列控维护报警信息。

硬件平台各板卡故障报警、A/B 机工作异常报警、A/B 机主备状态及同步状态、与联锁接口报警，与 TDCS/CTC 接口报警，与邻站列控中心接口报警、与 ZPW2000 接口报警、与 LEU 接口报警、LEU 应答器异常报警。

（2）接口方式。

与独立的列控中心维修机之间通过 RJ 45 方式接口，列控中心维修机侧增加隔离措施及防病毒措施。

（3）测试方法。

与监测系统的通信（周期不大于 1 s），采样周期小于等于 500 ms，变化信息存储并上发。

3. ZPW2000 系列轨道电路接口

（1）监测内容。

① 设备状态。

a. 客专通信编码 2000 区段主备 CI-TC 轨道电路通信盘设备状态：CANA、CANB、CANC、CAND、CANE 接口通信状态，通信盘设备工作状态。

b. 客专通信编码 ZPW2000 区段主备发送器设备状态：CAND、CANE 接口通信状态，设备工作状态（ZFS，BFS）。

c. 客专通信编码 ZPW2000 区段接收器设备状态：CAND、CANE 接口通信状态，设备工作状态。

d. 既有继电编码 ZPW2000 区段设备状态：FS24、FBJ、JS24、JBJ、ZFJ、FFJ。

② 区段占用状态。

a. 主轨道状态。

b. 小轨道状态。

③ 客专通信编码 ZPW2000 区段接收 TCC 编码控制命令。

a. 主轨道载频编码。

b. 小轨道载频编码。

c. 主轨道低频编码。

d. 小轨道低频编码。

④ 维护报警信息。

a. CI-TC 通信盘与轨道电路监测维护终端通信中断。

b. CI-TC、FS/JS 设备通信接口状态和工作状态异常报警。

c. 小轨道报警、轨道区段报警信息。

⑤ 模拟量信息。

a. 区间移频发送器发送电压、电流、载频、低频。

b. 送端电缆模拟网络电缆侧电压、电流、载频、低频。

c. 受端电缆模拟网络电缆侧主轨道电压、载频，低频，小轨道电压、载频、低频。

d. 受端电缆模拟网络设备侧（轨入）主轨道电压、载频、低频，小轨道电压、载频、低频。

e. 接收入口（轨出）主轨道电压、载频、低频，小轨道电压、载频、低频。

f. 道床电阻（无砟轨道区段监测系统暂不显示，有砟轨道区段监测系统显示）。

（2）接口方式。

监测系统站机与 ZPW2000 维修终端之间通过 RJ 45 方式接口，其 IP 地址由监测系统统一分配。ZPW2000 维修终端侧应增加隔离措施及防病毒措施，确保运行稳定。防病毒软件在新建工程实施时与监测系统统一规划、统一实施、统一升级。

（3）测试方法。

与监测系统的通信（周期不大于 1 s），采样周期小于等于 250 ms，变化信息存储并上发。

4. TDCS/CTC 接口

（1）监测内容。

① 设备状态：A/B 机标志、与联锁通信状态、与列控通信状态、自身设备状态。

② 接口报警：A/B 机工作异常报警、与联锁 A 机通信中断报警、与联锁 B 机通信中断报警、与列控 A 机通信中断报警、与列控 B 机通信中断报警、无线调度命令转接器通信中断，自身板卡故障报警。

（2）接口方式。

RS 422 接口，硬件光电隔离。

（3）测试方法。

与监测系统的通信（周期不大于 1 s），维修机开关量采样周期小于等于 150 ms，变化信息存储并上发。

5. 智能电源屏接口

（1）智能电源屏监测内容。

① 智能电源屏模块状态信息：交流接触器闭合/断开状态、模块工作/备用状态、模块通信正常/中断状态、模块工作/保护状态、模块正常/故障状态。

② 模拟量监测内容：各电源屏输入电压、电流，各种电源屏每路输出电压、电流，25 Hz 电源输出电压、频率、相位角。

③ 智能电源屏报警信息：交流输入停电、系统输入停电、电源输出支路断电、系统输出空开故障。

④ 监测点：电源屏输入交流接触器外侧，电源屏输出空气开关外侧（信号设备侧）。

⑤ 监测精度：电压 ± 1%，电流 ± 2%，频率 ± 0.5 Hz，相位角 ± 1°。

⑥ 采样速率：250 ms（KZ、KF 电源采样速率小于 150 ms）。

（2）UPS 电源监测内容。

① 模拟量监测内容

a. UPS 输入相电压、电流、频率、功率。

b. UPS 电池组电压、旁路相电压。

c. UPS 后备时间或后备容量。

d. UPS 输出电压、频率、功率，峰值比（可选项）。

② UPS 报警信息：UPS 交流输入停电、系统输入停电、UPS 输出断电、UPS 故障、UPS 告警。

③ 监测点：UPS 输出空气开关外侧（信号设备侧）。

④ 监测精度：电压 ± 1%，电流 ± 2%，频率 ± 0.5 Hz。

⑤ 采样速率：250 ms。

（3）接口方式。

UPS 信息由智能屏采集后通过统一的 RS 485 接口传送给监测系统，硬件光电隔离。

（4）测试方法。

智能电源屏维护机每秒发送全体模拟量和开关量的最新信息，变化测。

6. 灯丝报警接口

（1）监测内容。

列车信号主灯丝断丝状态并报警，定位到每架信号机的每个灯位。

（2）接口方式。

CAN 接口，硬件光电隔离。

（3）测试方法：

与监测系统的通信（周期不大于 1 s），变化信息存储并上发。

7. 预留接口

预留通过通信接口对转辙机表示缺口状态、融雪装置设备状态、机车信号远程监测信息、TSRS、RBC、DMS 信息、LAIS 信息、道口设备状态、有源应答器监测信息进行监测、记录并报警。安全数据网网管终端应纳入监测系统，监测系统接口方式如图 5.32 所示。

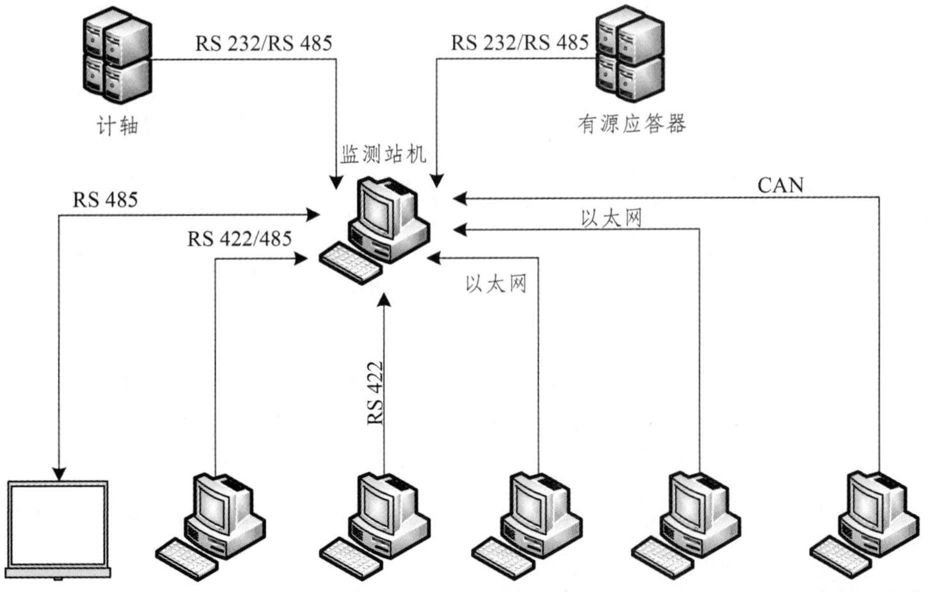

图 5.32 监测系统接口方式

5.6.4　系统采集方案

铁路信号集中监测系统的数据采集功能主要由车站子系统中的各种采集机或采集器等设备实现，车站子系统采集原理如图 5.33 所示。

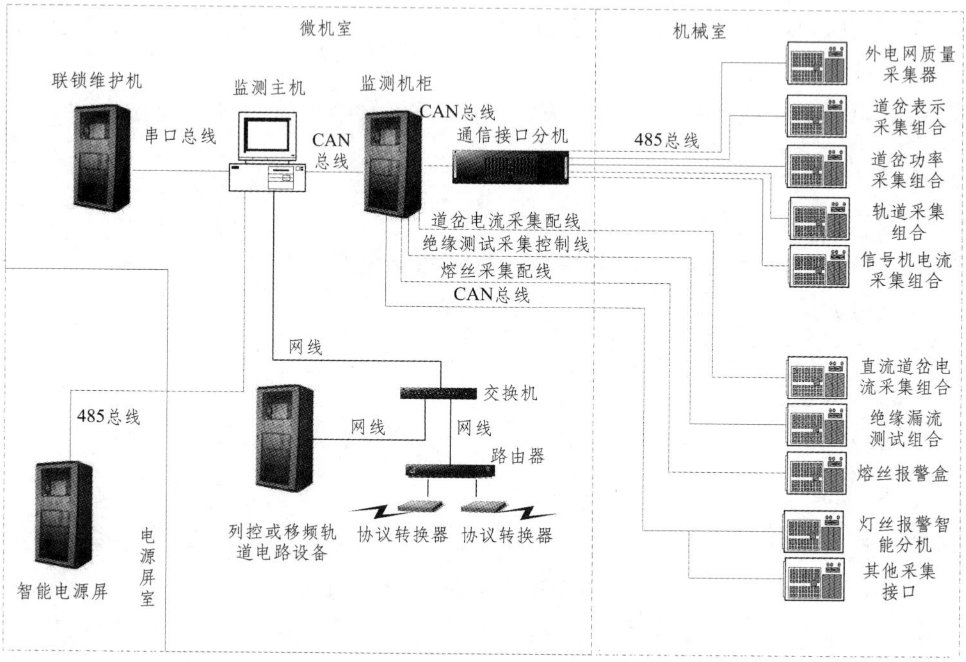

图 5.33　车站子系统采集原理

5.6.4.1　数据采集要求

（1）采集机或采集器（板卡）应具有良好的可靠性和实时性，并具备抗干扰及自检、自诊断能力。

（2）监测系统的采集设备必须采用高可靠的开关量和模拟量采集器件，并且具备模块化、自诊断等特性，方便实现系统的扩容和维护。

（3）采集设备与被测设备之间必须具有良好的电气隔离措施，任何情况下不得影响被监测设备的正常工作，符合故障导向安全原则。

（4）采集器以及采集板卡须具有良好的阻燃性和电气特性，高压（220 V 及以上）输入信号之间的最小爬电距离须满足 5 mm，并应采用电压防反线路、瞬变电压抑制器、可恢复保险丝等方式防止对采集设备或被采集设备的影响。

（5）采集器以及采集板卡输入部分与电源、通信部分通过 DC/DC 变换器和隔离光耦进行电气隔离，隔离耐压须达到 DC 2 500 V。

（6）监测系统的采集信息应能做到与其他系统互通互联，资源共享。接口可采用 RS 232、RS 422/485、CAN 或以太网方式，并具有隔离措施。

（7）电路板的布线严格遵照电磁兼容的设计准则，即高压部分与低压部分走线区域严格区分，确保安全距离。

（8）采集设备的电路板、接插件、关键芯片应进行可靠性和可维修性设计。

（9）为保证采集模块和采集板卡之间的安全间距，确保耐压和电磁兼容符合标准，单块高压模拟量采集器和采集板卡的采集容量不得多于 8 路。

（10）采集设备的电路板、面板、组合、机柜尺寸应符合相关规定。

（11）采集设备对被测对象的数据采集一定要满足完整性、准确性、安全性的要求。

（12）分散安装的模拟量、开关量传感器与监测系统集中安装的模入板、开入板之间需采用标准电气接口。

5.6.4.2 采集方案举例

以外电网综合质量采集、道岔表示电压采集、25 Hz 相敏轨道电压采集、信号机点灯电流采集，以及开关量采集为例说明采集原理。

1. 外电网综合质量采集

外电网综合质量采集包括电压采集和电流采集。电压采集点在配电箱（电务部门管理）闸刀外侧；电流采集使用开口式电流传感器，采集外电网配电箱闸刀内侧至电源屏输入之间电流。外电网综合质量监测仪应靠近电务配电箱安装，外电网采集原理如图 5.34 所示。

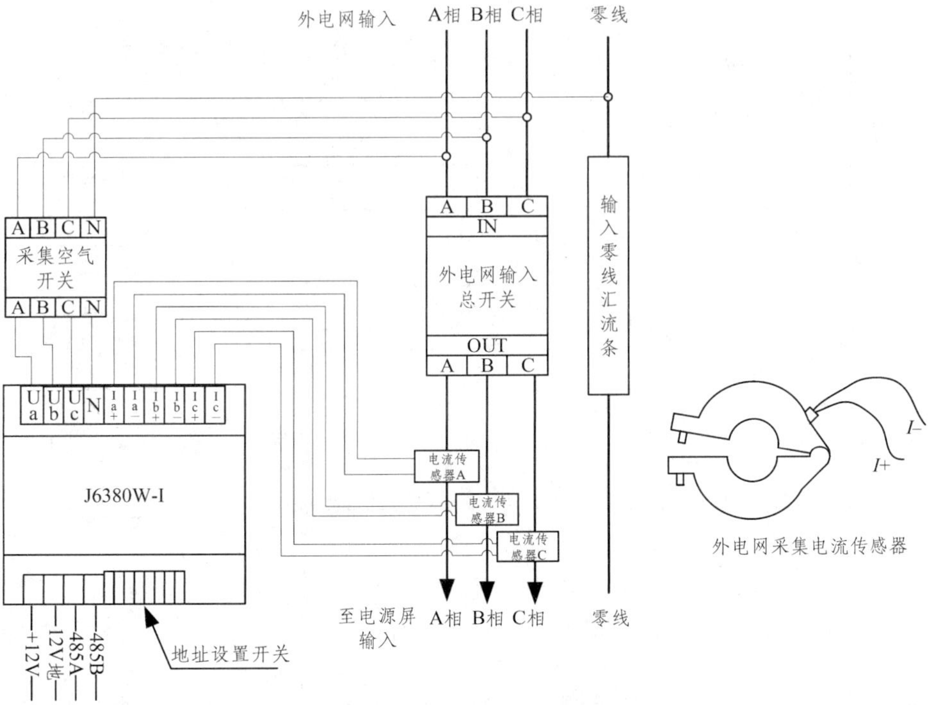

图 5.34 外电网采集原理

2. 道岔表示电压采集

道岔表示电压采集室外分线盘上的表示线端子。

对于交流转辙机，道岔定位采集 X4 和 X2，X4 为正，X2 为负；道岔反位采集 X3 和 X5，X3 为正，X5 为负。

对于直流转辙机，道岔定位采集 X1 和 X3，X1 为正，X3 为负；道岔反位采集 X3 和 X2，X3 为正，X2 为负，采集原理如图 5.35 所示。

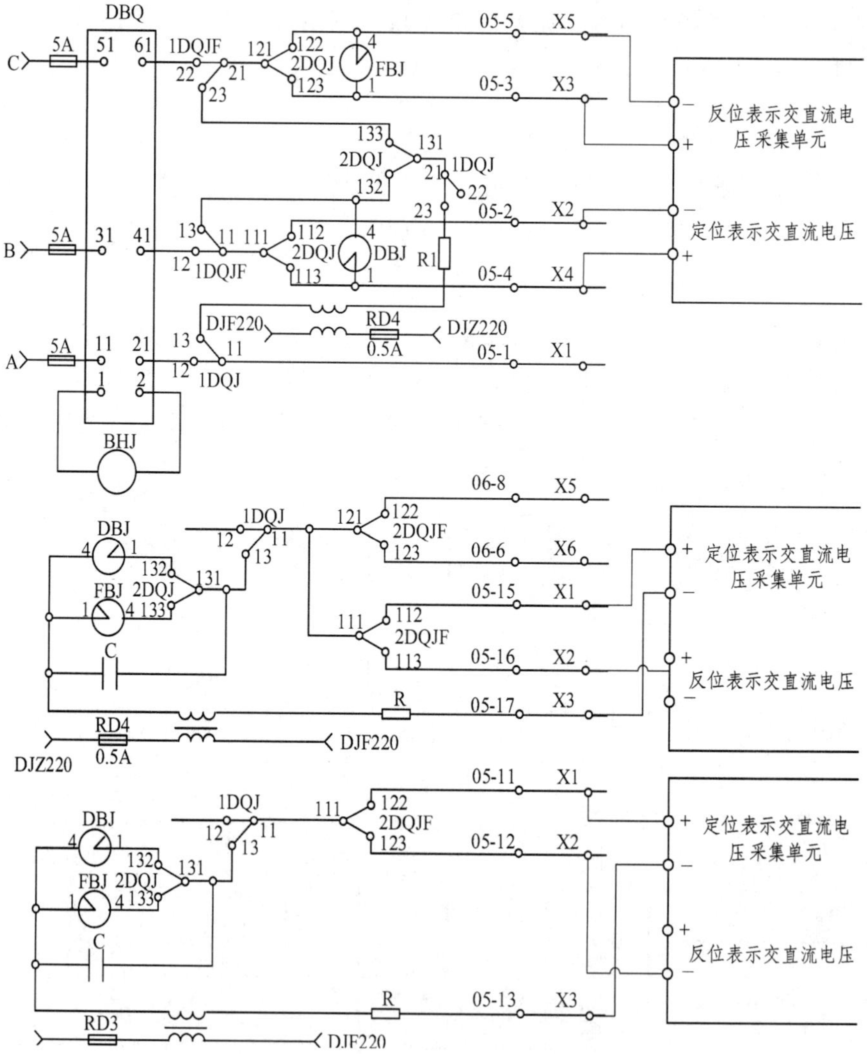

图 5.35　道岔表示电压采集原理

3. 轨道电路采集

交流连续式轨道电压采集轨道测试盘上的交流电压和直流电压，也可采集轨道组合侧面端子；25 Hz 相敏轨道电压采集同上，另外需增加局部电源采集，并且与所采集的咽喉轨道区段相对应，轨道电压的同名端不能接反。

轨道占用及空闲状态是采集 GJ 继电器（或轨道复示继电器）的一组空接点（也可用开关量采集器采集半组接点）；对于 25 Hz 二元二位继电器，本身第 4 组接点为空接点，可采集二元二位组合侧面；对于微电子轨道只能采集 GJ 继电器（或轨道复示继电器）的空接点，25 Hz 相敏轨道电路电压采集原理如图 5.36 所示。

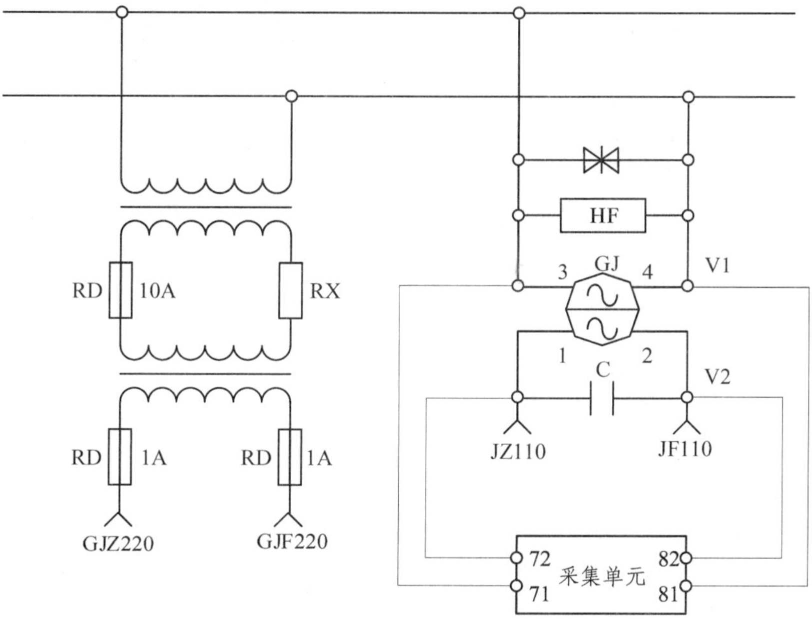

图 5.36　25 Hz 相敏轨道电路电压采集原理

4. 信号机点灯电流采集

列车信号机电流采集截取信号机组合熔断器至 DJ 或 DJ 至点灯回路中的一段线经电流传感器绕圈后采集；电流传感器为无源模块，安装在信号机电流采集组合内部，输出接电流采集单元；每个信号机电流采集单元最多可采集 4 路信号机电流，信号机电流采集原理如图 5.37 所示。

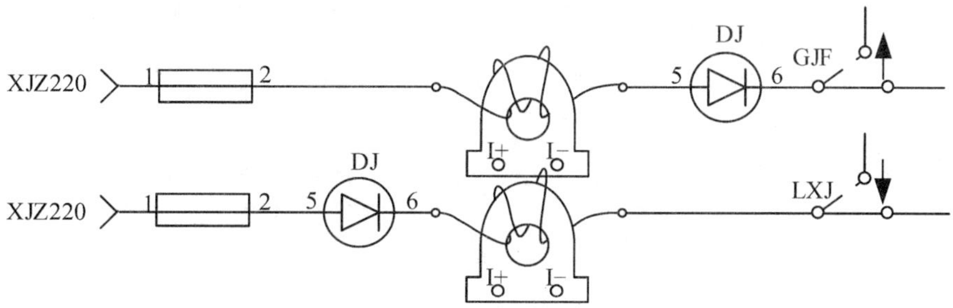

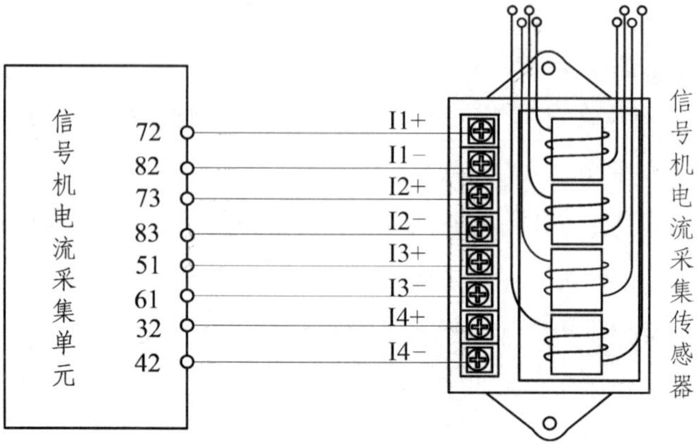

图 5.37 信号机电流采集原理

5. 开关量采集

开关量采集主要包括 1DQJ 采集、SJ 封连采集、熔丝报警采集、控制台按钮和表示灯采集等，开关量采集原理如图 5.38 所示。

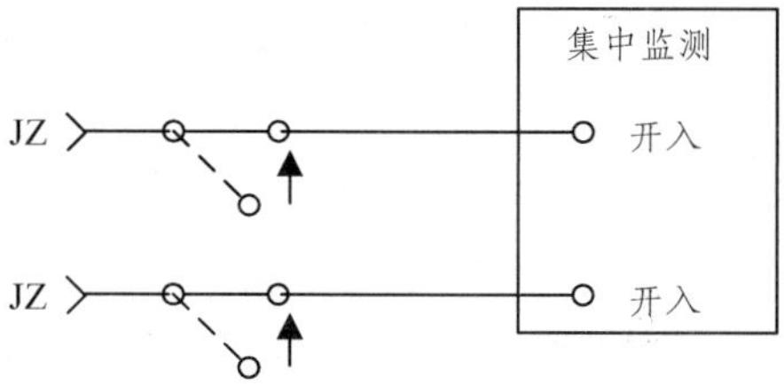

（a）采集继电器空接点

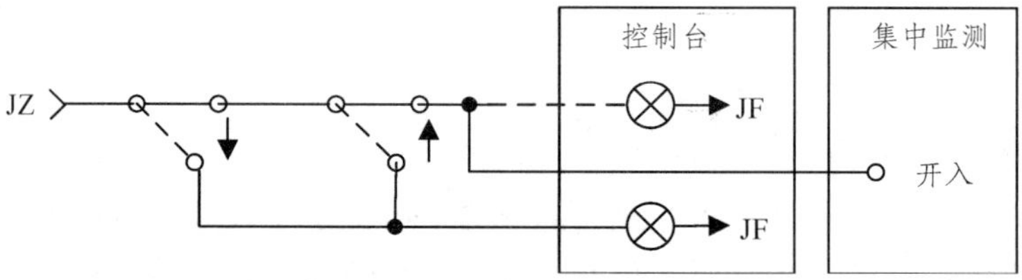

（b）采集控制台表示灯

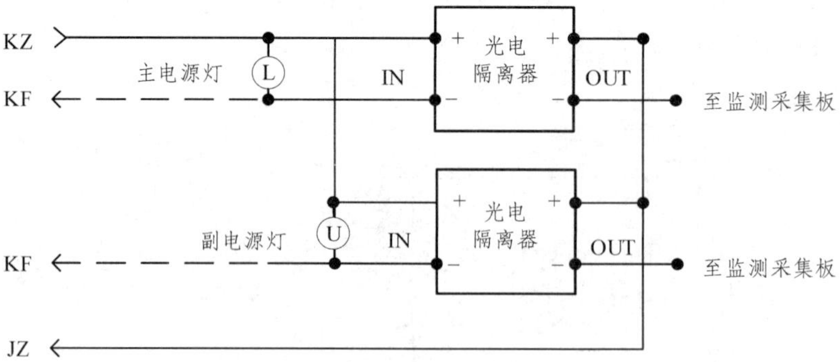

（c）采集主、副电源及其他表示灯

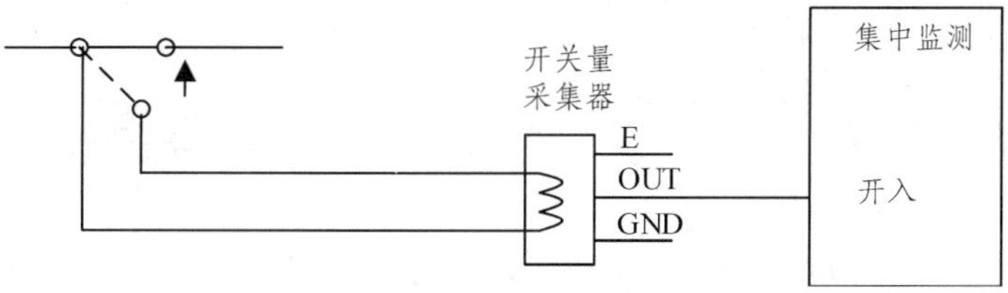

（d）采集半组空接点

图 5.38　开关量采集原理

本章小结

本章主要介绍了铁路信号设备的微机监测系统的基本概念、主要功能、系统结构、传输方式、工作原理以及铁路信号集中监测系统。

铁路信号设备的微机监测系统是随着信号设备维修体制的改革而迅速发展起来的，它能够实现信号设备的全天候实时在线监测，是实现状态修的可靠依据。

微机监测系统的监测对象主要是那些易受外界影响、故障后影响范围较大的设备，主要有操作按钮和关键继电器状态、各种电气参数测试（如转辙机电流、轨道电路电压、电缆对地绝缘电阻等）。监测系统设计时，一定要满足实时性要求，并实现与被监测系统的隔离问题。

微机监测系统的结构有基本结构、基于现场总线结构和网络化结构等几种，以现场总线为基础构成的微机监测网络化结构是目前的主流结构。

无线闭塞中心（RBC）、列控中心、TDCS/CTC 等先进设备的推广应用使得微机监测系统必须增加对这些设备的集中监测内容，由此产生了功能更为完善的信号集中监测（CSM）系统。铁路信号集中监测系统是信号微机监测系统的升级，是铁路装备现代化的重要组成部分。

思考题

1. 信号设备的微机监测系统的作用是什么？有哪些功能？
2. 微机监测的主要内容有哪些？
3. 常见的微机监测系统结构有哪几种？
4. 叙述微机监测系统的软件设计中主要的数据结构。
5. CSM 系统与传统的微机监测系统相比有哪些不同？

本章数字资源

第 6 章

铁路智能交通系统（ITS-R）

6.1 智能交通系统（ITS）的概念及发展

6.1.1 ITS 的概念

智能交通系统，就是解决各类交通问题的各种技术的广泛综合，主要包括信息处理、通信、控制和电子等技术。把这些技术融合到交通运输系统中去可以减少人员伤亡，改善环境，节约时间和资金，提高效率。智能交通系统为解决当今交通运输业所面临的四大主要问题，即交通阻塞、低效率、多事故和环境污染提供了一个新的方法。智能交通系统（ITS）的研究主要集中在以下 7 个领域。

1. 出行和运输管理系统

出行和运输管理系统包括 6 项主要内容：

（1）路上驾驶员信息系统。包括驾驶员的引导系统和车内标志系统。驾驶员的引导系统主要为驾驶员提供实时的交通状况、交通事故、建筑物情况、公共交通时刻表、气候条件等信息。利用这些信息，驾驶员可以选择最佳的行驶路线，出行者可以在中途改变其出行方式。车内标志系统主要提供与路面实际标志相同的车内标志，也可以包括道路条件的警告标志和一些特殊车辆的安全限速。

（2）路线引导系统。为出行者提供到达目的地的最佳路线。

（3）出行者服务信息系统。为出行者提供快速服务，如出行者到达目的地的位置、工作时间、食宿情况、停车场情况、旅游和娱乐情况、医院等。

（4）交通控制系统。为高速公路和城市道路提供一个自适应的智能控制系统，从而改善交通状况，为公交车辆提供优先权，以缓解所有机动车辆的交通拥挤。

（5）交通突发事件管理系统。帮助公共和民间机构迅速确认突发事件并做出响应，最大限度地减少突发事件对交通的影响。

（6）车辆排放物的检测和控制系统。采用先进的车辆排放物检测设备进行空气质量监控，并采取一系列措施控制污染。

2. 出行需求管理系统

出行需求管理系统包括出行前的信息系统、合伙乘车信息系统和需求管理及营运。出行前的信息系统为出行者提供出行实时信息，如公共交通线路、时刻表、换乘和票价等；需求管理及营运则通过制定运输需求管理和控制政策，减少个人单独开车出行工作的数量，促使人们更多利用高乘载率车辆和公共交通运输，并为欲提高出行效率的人员提供更多的备选出行方式。

3. 公共交通运输管理系统

公共交通运输管理系统主要应用计算机技术对车辆及设施的技术状况和服务水平进行实时分析，实现公交系统营运、规划及管理功能的自动化，包括途中换乘信息系统、个体的公交运输（灵活的公交车辆）系统和公共交通运输安全系统。

4. 电子收费系统

电子收费系统为用户提供一种通用的电子收费支付手段,实现收费和支付自动化。

5. 商业车辆的运行系统

商业车辆的运行系统包括商业车辆的电子通关系统、路边安全检查的自动化系统、车载安全监控系统、商业车队管理系统、商业车辆的行政管理程序系统和危险品应急响应系统。

6. 紧急情况管理系统

紧急情况管理系统可提供紧急情况通报和个人安全管理,以及紧急情况车辆管理。

7. 先进的交通控制和安全系统

先进的交通控制和安全系统可扩展视野避免和防止纵向、侧向及交叉路口的碰撞，包括安全预报系统、自动化公路系统。

6.1.2 ITS 的发展历史

一般认为到目前为止 ITS 的发展经历了三个阶段。

第一阶段是在 20 世纪 60—70 年代，ITS 研究的兴起。这种早期的研究是以日本的综合机动车交通控制系统（CACS）、美国的道路电子导向系统（ERGS）和德国的一个类似系统为代表的。所有这些系统共同的研究重点是路线的导向系统，并且都是以带有大型中央计算机和通信系统的中央处理系统为基础。由于其自身的限制，这些系统未能达到实用的目的。

第二阶段是 1980 年至 1995 年。由于 20 世纪 80 年代的技术进步，ITS 的发展条件得到改善，如大容量存储器的出现使大型数据存储和处理系统成为可能，新的研究和发展正朝着一个实用化的方向努力。在日本，道路和机动车通信系统的研究始于 1984 年，它构成了目前汽车导向系统的基础。同时，在欧洲也有两个项目正在进行中，一个是由汽车制造商为使欧洲交通系统具有更高的效率和前所未有的安全性而创立的，另一个是由欧盟为建设安全的道路基础设施而设立的。在此期间，美国的机动车与高速公路智能系统也在开发研制中。

如今 ITS 的发展已进入一个新的阶段即第三阶段。人们开始认识到 ITS 的潜能，ITS 已被认为是一个综合交通术语，而不是简单的指公路交通。它可以应用于铁路、民航等其他交通领域。ITS 技术正逐渐被认为是一个国家和国际信息技术发展水平的一个重要标志。

6.2　ITS 和 ITS-R 对比分析

对于一个汽车司机而言，他在出发之前就知道他开车的目的地和一个预定的路径计划。但是在实际行驶中，他所选择的路径是否畅通无阻、所选择的路线是否最佳就不一定了。有经验的司机，在驾车过程中可以达到最高的效率、最好的安全保障及较高的舒适度等。从 20 世纪 80 年代开始，ITS 就为此应运而生，因为 ITS 可以为驾驶者提供很多急需的信息，包括前方路途堵塞情况、缩短在交通路口的等待时间等。从 ITS 产生以来已经进行了很多研究，其研究的内容和方向可概括为以下 5 个方面：先进的交通管理系统、旅行信息系统、车辆控制系统、商用车辆管理和运行系统、公交系统。为了能在工程上付诸实施，其中的关键技术则可归纳为电子地图、车辆定位、车辆的导航、精确的速度/距离测量、各种类型保障安全的传感器、智能决策软件。这些技术已经逐步走向产业化。

铁路智能交通系统 ITS-R 的产生实际上可追溯到 60 年以前，但当时人们并没有冠之以“智能”的概念，例如很早以前已经投入应用的调度集中（Central Traffic Control，CTC）、自动闭塞系统以及以后的超速防护系统（Automatic Train Protection，ATP）、列车自动控制系统（Automatic Train Control，ATC）、列车自动操纵系统（Automatic Train Operation，ATO）等都可算为 ITS-R 范畴。从 20 世纪 70—80 年代以来世界各国开展的移动自动闭塞系统，以及欧美各国的 ATCS、ARES、ETCS、ASTREE、CARAT 等各种系统都更具有智能化，它们的总目标是完全一样的，要求安全、高效、信息化、舒适度，但与 ITS 相比实现技术不完全相同，其主要原因有：

（1）在 ITS-R 中，受更多的计划性的牵制，这是因为铁路运行有固定的时刻表，但对于 ITS 中车辆大部分是私有化的，因而随机性极大。

（2）铁路是按双轨运行，它在区间运行时不可能改道，只有列车到站后才有可能改道，但对于 ITS 中的汽车而言，一般有多条车道，且区分为快慢道和改行道等，因此，只要有足够的间隙，汽车之间可以越行或换道快行等。

（3）列车的惯性极大，它的制动距离远比汽车长得多。常规速度的列车，其制动距离随着牵引重量、速度、坡道等的变化可在 800 ~ 1 300 m 的长度范围内变化。但汽车的制动距离最长一般也只有几十米。

（4）铁路要对社会承担责任，如果需要改变列车始发/到达时间必须有预先公告，这些对智能技术的实施会成为先决条件。

正因为以上原因，ITS 中有些关键技术在 ITS-R 中就不完全一样，例如：

（1）电子地图对汽车驾驶者而言非常重要，但对列车司机而言则不需要，任何电子地图在列车运行中，只对区段的调度有用，因为调度员要知道，全调度区段内线路上有什么车次及其当时所处的确切地点和运行速度。

（2）ITS-R 与 ITS 中的智能决策有极大的不同，智能决策的目的是求得在安全的前提下达到快速运行，对于列车则是如何保证按预定的时刻表来运行，根本不存在更改车道和选择车道的问题。

（3）速度/距离的测量对 ITS 和 ITS-R 两者都非常重要，但方法和要求却不一样。对 ITS-R 而言，列车有最大允许速度的限制，且可能在某一段或某几段内出现不同限制速度，这是硬性规定，因为列车不能超速，如超速，则 ATP 系统会立即产生自动制动，以保证列车行车安全。此外，列车的测距参数往往是通过测速来得到，因此测速不准会造成测距的误差，最终最危险的结果是闯红灯，撞上前行列车。在 ITS 系统中，测速系统固然也非常重要，但它的测距系统往往是独立的，如在汽车头部安装小型雷达装置，在车身旁及其他部位安装电子传感器等，所以它的测速系统误差允许较大。而 ITS-R 系统中测速/测距系统的精度相对于 ITS 来讲，要求更高，而且彼此之间有依赖性，故在 ITS-R 的智能决策过程中，测速系统有很大影响。

（4）全球定位系统（Global Positioning System，GPS）在 ITS 中占有非常重要的地位，特别是当它同时应用于电子地图时尤为明显。但 GPS 在 ITS-R 的应用中还存在一些困难，在列车的精确定位方面不能满足要求。列车对进站信号和出站信号必须严格遵守，车站股道长度非常有限，列车必须在警冲标前停车。在列车停车时，如列车尾部不出清道岔咽喉区，会严重影响车站的接/发车能力。因此对列车的定位不能有米级范围内的误差，而目前 GPS 不可能达到此精度。尽管如此，GPS 在 ITS-R 的高度系统中仍可有效地应用，它有助于调度智能决策。以上仅列出 ITS 和 ITS-R 中某些技术上的不同点。它们的相同技术应用方面有无线移动通信技术应用理论与技术、多种安全目的传感器技术、智能决策技术基础及其理论等。

6.3　我国铁路智能交通系统的发展

6.3.1　发展的必要性

我国铁路经过多年的建设，全国性的路网已基本形成，为 ITS-R 的发展打下了基础。从智能交通系统（ITS）所要解决的交通阻塞、低效率、不安全和环境污染这 4 个主要问题来看，同样也适用于铁路系统。铁路的交通阻塞主要是由于自然灾害毁坏铁路基础设施而引起的行车中断。这类交通阻塞每年都有，而且十分严重，据统计，自 1981 年以来，我国铁路主要干线平均每年断道 130 多次，中断行车 1 900 多小时，发生重大行车事故 46 件，造成巨大的经济损失。防治铁路自然灾害，减少断道时间是发展我国铁路智能交通的重要部分。低效率也是存在于铁路系统中的一个老问题，长期以来由于管理不善和体制等方面的原因，使得铁路运输效率不高。应用先进的科学技术可以有效地提高生产效率,铁路联网售票系统是在解决低效益上迈出的重要一步。铁路运输速度慢也是铁路运输效率低的一个重要原因，运用先进的科学技术提高运行速度也应属于铁路智能交通系统的范畴。铁路运输在安全性和环境保护上都要优于公路交通，我们应该发扬铁路这方面的优势，使铁路在与其他交通方式的竞争中处于有利的地位。近年来，随着汽车运输与航空的崛起，铁路运输比重正在逐渐下降。可以说优先发展我国铁路的 ITS-R 是保持铁路优势地位的重要手段之一。

6.3.2 我国铁路智能交通如何发展

铁路智能交通应从减少断道时间，解决低效率、安全性提高和环境污染问题入手。ITS-R 在减少断道时间和解决安全问题上是很有效的，它包括建立铁路综合防灾系统和运营固定设备状态检测系统（包括轨道路基、桥隧等设备性能状态的自动检测）。ITS-R 在解决低效率和增加生产力上主要有全球定位系统（GPS）和地理信息系统（GIS）在铁路勘测设计及运营中的应用，以及管理信息系统及人工智能在铁路建设管理等方面的应用。环境保护是人类在进入 21 世纪后所面临的重要问题之一。由于铁路具有诸如能耗低等一系列的环保优势，使得铁路在保护环境上发挥了重要的作用。为了铁路建设与环境保护的和谐发展，有必要在铁路选线设计中进行周密的环境考虑，在实现铁路勘测设计自动化的同时，实现环境影响评价部分自动化。

1. 铁路综合防灾系统

我国铁路在地质、洪涝以及其他多种自然灾害侵袭下，导致运输设备破坏，中断铁路正常运输、威胁旅客生命财产安全的严重问题长期未得到解决，给国民经济建设带来相当大的损失。铁路线路、桥隧设备是行车的基础，一旦遇到灾情，必然首当其冲。综合防灾系统就是采用先进的监测手段、通信设备及计算机信息处理技术，把收集到的信息通过计算机模拟出线路各灾点处各种致灾因子的活动情况，然后再和该线路的抗灾能力图进行比较，就能准确地判断出哪些灾点可能发生灾害，哪些路段是安全的，从而实现灾情的短期预报及报警的目的。该系统由中央控制系统、现场采集系统和信息传递系统三部分组成。中央控制系统由显示警报系统、决策支持系统和信息管理系统构成，主要是将各灾点的降雨、风向、风速、水位、洪水及落石等信息显示出来，并和相应的临界差距阈值进行比较，然后给出不同的警报指示；现场采集系统由各种观测设备构成，其中包括雨量计、水位计等；信息传递系统由数据处理器和传感器构成。本系统的实施将有效地防治铁路自然灾害的发生，减少人员伤亡和经济损失。

2. 运营固定设备状态检测系统

运营固定设备状态检测系统主要包括轨道、路基、桥隧等设备性能状态的自动检测。根据检测结果，有计划地对不合格的设备进行维修和养护，保证铁路基础设施具有足够的安全性和防灾能力，减少因设备老化而引起的事故和灾害的发生。

3. 全球定位系统（GPS）和地理信息系统（GIS）在铁路勘测设计及运营管理中的应用

全球定位系统（GPS）是通过地面上的 GPS 接收器收集从轨道卫星发射来的无线信号，并转换成位置、速度和时间信息。GPS 接收器除了能够存储位置信息外，还能存储属性信息，它可以有效地提高获取野外数据的效率，减少纸上作业量。

地理信息系统（GIS）是一门介于信息科学、空间科学与地球科学之间的交叉学科和新技术学科，它将地理空间数据处理与计算机技术相结合，通过系统建立、操作与模型分析，产生对管理决策、灾害防治等方面的有效信息。GIS 技术在铁路选线设计、方案比选、环境影响评价以及运营管理方面都能发挥重要作用。

4. 管理信息系统及人工智能在铁路建设管理等方面的应用

近些年来，人工智能和信息管理技术在铁路建设中得到了研究和应用，专家系统和决策支持系统被应用于铁路工程造价、局部方案比选及桥梁隧道工程的设计施工；管理信息系统被应用于铁路水害数据管理、铁路建设用地管理及施工管理等方面，这些成果充分证明了人工智能及管理信息系统与铁路工程建设学科的结合具有良好的发展前景。

6.4 ITS-R 的应用领域

6.4.1 智能列车运行自动控制系统

如前所述，铁路交通控制系统的首要目标是保证行车安全，其次是提高行车效率。目前，全世界已经广泛应用基于轨道电路的自动闭塞系统 FAS（Fixed Autoblock System），其中轨道电路的类型繁多，但是它们的基本特征是用分段的轨道电路来构成固定的闭塞区间（Fixed block），它们是保证行车安全的基本点，至于两相随行之列车之间有多少闭塞分区，这取决于显示制式或规定的速差值。由于 FAS 系统是按最坏性能列车参数（载重量、制动率、经历坡道、最大允许速度等）来决定闭塞分区的长度，而它对于性能较好列车或较轻的列车就有效率上的牺牲，所以 FAS 系统能保证运行安全，但在运行控制效率方面上有潜力可挖。20 世纪 60 年代我国最早提出无线移动自动闭塞系统 MAS（Moving Autoblock System），MAS 系统是以保证行车为首要目标，而又能使两相随行列车之间有最小间距，此间距的大小决定于两列车的参数及经历当地的坡道和弯道来自动决定，所以它有智能特性。由于当时的环境及技术问题，只进行了实验工作，没有完成最终试验。在 20 世纪 80 年代，美国和加拿大提出了 ATCS、ARES 系统，德国有 LZB 系统，它们都进行了现场试验工作，虽然它们的结构不同，双向通信方式不同等，但都具有 MAS 性能，其中 20 世纪末欧共体研制开发的 ETCS/ERTMS 系统是目前构思比较完备的一种 MAS 系统。鉴于任何一种 MAS 系统都以通信为基础，它们虽然名称不同，如有 PTC、PTS 等，但现在全世界已经趋于共识，这类系统都称为 CBTC 系统，它有别于以前基于轨道电路的列控系统（TBTC）。

为了保证行车安全，不论是 MAS 还是 FAS，它们最重要的核心是列车超速防护系统（ATP），其主要功能有二，一是防止列车超过规定速度运行，二是防止列车冒进禁止信号，避免发生撞车事故。

ATP 系统不仅用于地面大铁路，而且还用于地下铁道、城市轨道交通以及高速铁路等。ATP 系统的结构有多种多样，但依其制动曲线形式又可分为两大类：一类是以闭塞分区为界限构成台阶式制动曲线方式或称为分级速度控制，多数是以 FAS 为基础，它所需的变参数较少，所以结构较简单，容易实现。日本新干线、法国高速铁路等应用的 ATP 系统都属于这类。它的最大不足之处是没有充分发挥运行效率，尤其当列车进入车站范围时表现得更为明显。第二类是基于一次曲线控制的制动方式或称为速度-距离制动模式，因为它只以前方列车尾部停车为目标，所以这类制动曲线永远处于动态过程之中，即列车车载设备的中心控制计算机一直不停地反复进行运算，直到列车停车为止，它很类似于一个熟练的司机不停地思维判断，不停地操作。由于这种方法是基于列车的动态参数，所以它既能用于旅客列车，也能用于货物列车，即它能广泛应用于客货混用的铁路。我国于“八五”期间以国家科技攻关项目为基础完成了 LCF 型 ATP 系统，并通过了国家部级验收和鉴定，获得了国家科技进步奖。LCF 型 ATP 比欧共体的 ETCM/ERTMS 的 ATP 更早完成，并具有智能特点。首先表现在它是以通用式数字机车信号为基础，即能自动选择和适应各种不同的轨道电路制式，不需要人为参与，其次它能自动适应不同速度的旅客列车，包括地下铁道，以及不同牵引吨位的货物列车，根据它们的参数，智能化地计算出应有安全防护距离，既保证安全，又能最大限度地提高效率。

6.4.2　车站智能化联锁控制系统

针对车站的行车安全和效率提高，一百多年来就有车站联锁系统，开始是人工，之后是机械、电机、电气、继电器、电子等构成的系统。20 世纪 70 年代后期，瑞典铁路第一次开发出微机控制的联锁系统，从此在车站联锁系统方面跨入了一个新的具有智能化控制时代。我国铁路交通系统在 20 世纪 90 年代也陆续开发出相应的智能化车站联锁控制系统。车站智能联锁控制系统的结构一般分为四层：

第一层　运行指挥层，即提出值班员希望构成的控制进路。

第二层　联锁逻辑安全控制，即按规定的安全逻辑构成联锁控制，用计算机计算出可实施的命令。

第三层　控制实施层，即按第二层给定的命令，对车站的道岔和信号机实现控制。

第四层　现场设备层。

在智能化车站联锁控制系统的设计开发研制中，关键问题是系统本身的可靠性、可用性、可维护性和安全性，因此在容错、冗余、避错、纠错方面考虑得比较周密，使它一定具有“故障-安全”功能。当然在这种系统中为了达到高可用性和高可维护性，因此结构的模块化、通用性、标准化是比较重要的，而且其中控制机一般采用“二硬一软”或“二软一硬”或者“三取二技术”或“二取二技术”等，是比较严格的。在这类系统中智能化表现在它可以协助值班员对进路的选优，快速复原，用以提高行车效率；故障隔离；良好的记录和分析等。我国铁路交通在这类控制中起步较晚，但是在理论与实践上比较好，特别是我国铁路交通作业比较复杂，所以我国铁路交通建成这类控制系统会有很明显的特点，是很多国外系统难以比拟的。目前，我国这类系统的主要缺陷在于良好的制造工艺和安全检测评估方面尚有所欠缺。

6.4.3 铁路编组站综合集成自动化系统（CIPS）

编组站综合集成自动化系统（Computer Integrated Process System，CIPS）是计算机集成过程系统在铁路编组站的实际应用范例，是综合应用管理技术、运输技术、信息技术、自动化技术、系统工程技术，以信息集成为核心，将编组站控制、调度、管理、运营、优化、决策一体化形成的智能闭环系统。

编组站 CIPS 系统通过整合现有已经成熟的各种过程控制系统，建立信息共享平台，结合调度计划管理，集成创新，实现编组站决策、优化、管理、调度、控制一体化，实现高度综合自动化，并从集成中找效率、要效益。CIPS 总体目标体现在：调度计划自动执行、调度决策指挥自动化、大幅度减员增效、集中控制、提高编组站整体效率、缩短车辆在编组站的作业周期、充分利用信息资源、创建新一代编组站现代化模式等方面。

2007 年 4 月 18 日，编组站 CIPS 系统在成都北编组站正式运行，该系统的开通使成都北编组站的日编组车辆数量达到 9 000 辆以上，最高达到了 11 000 辆，大大提高了铁路的运行效率。2009 年 5 月 18 日，铁道部“十一五”规划重点工程——武汉北编组站举行揭牌仪式，正式开通运营，中国通号集团研究设计院的编组站综合集成自动化系统（CIPS）全面投入使用，且运行稳定可靠。武汉北编组站 CIPS 系统的成功开通运用，充分证明该系统先进、稳定、可靠的性能完全能够经得住现场的考验。今后，CIPS 系统还将用于我国其他编组站的全面装备。

6.5 铁路智能交通在客运方面的发展

铁路客运智能交通应与路网智能交通相联系，能随时使用防灾系统和固定设备状态检测系统（有待建立）的数据信息，也要与公路、航空和水运的智能交通系统相联系，建成一个开放的智能交通系统。铁路客运智能交通系统应从以下方面着手研究与开发：

（1）出行需求管理系统。为出行者提供出行实时信息，如时刻表、换乘、票价、旅行的最佳线路、换乘或等车时的旅游、食宿、购物、娱乐和列车的服务项目等。

（2）旅客管理系统。在车站和列车上设置多媒体查询设备，为旅客提供实时准确的中转和换乘信息；为经营者、列车、车站、售票点提供车上旅客人数到站信息和列车运能的利用情况信息，以便组织客流，充分利用运能，提高列车运能利用率，最终达到效率的最大化。

（3）电子收费系统。在车站和列车上为旅客支付车票费或其他费用提供一种通用的电子收费支付手段，实现收费和支付的自动化。

（4）联网售票系统。车站与售票点之间全国联网，车上和车下联网，方便旅客购票订票。

（5）建立适应市场变化和要求的票价决策系统。建立价格变动数学模型，利用经济学的理论，有效地估计价格变动对运量和运输收入的影响，在既有运能条件下，创造最大的效益利润和最大的旅客发送量，使铁路客运在竞争中处于有利的地位。

（6）列车不同档次运能资源调配系统。根据不同季节和时期，旅客对不同档次运能（软卧、软座、硬卧、硬座、空调或非空调）的需求，进行不同档次运能的调配，减少浪费，增加收入。

（7）运营设备（车辆）状态检测系统。根据检测结果，有计划地对不合格的车辆设备进行维护，保证车辆设备具有足够的安全性，减少因车辆设备老化不良而引起的各种事故。

（8）建立科学的投资体制。旅客运输速度链将各种交通运输方式的最优速度范围（旅客运输速度）以链的形式连贯起来，认为公路运输的最优速度 50 ~ 100 km/h，铁路运输为 100 ~ 300 km/h，航空运输则为 500 ~ 1 000 km/h。在铁路既有线上如何使客运速度达到 200 ~ 300 km/h，在大中城市之间怎样建客运专线，以怎样的方式实现“速度链”中的空白段（300 ~ 500 km/h）来增强铁路的客运竞争能力。怎样构造区域客运网，在区域网内怎样与城市交通网相联系。支持并参与开发适合中国不同速度、不同群体、不同地区、不同运行距离、不同线路的铁路客运车辆。

（9）建立新的客运管理模式。更进一步深化铁路客运就是“人的位移”的理念、意识，建立人位移的实现过程是运输企业的商机，是竞争的过程。人们对交通运输的要求是安全、迅速、经济、便利，但不同地区、不同收入、不同出行目的、不同文化程度、不同职业的旅客，他们对安全、迅速、经济、便利的理解和要求是不同的，要建立适应和满足各种旅客、市场要求的管理体制。要引入竞争，把“官办”变成“民营”，要用服务来代替“管理”，要按市场规律和服务业的宗旨办铁路客运的事，立铁路客运规章，规范服务行为。在现有设备条件下，通过管理的优化，提高设备利用率，提高旅客运输能力。

（10）建立先进的客运列车控制和车辆调度系统。基于客户机-服务器结构、基于分布式数据通信网和分布式数据库、基于现代人工智能技术、基于全球卫星定位系统（GPS），自动收集列车运行数据，自动确定列车和车辆的位置，协助调度人员进行列车调度，控制列车运行，便于管理决策人员了解车辆的分布，有效地调动车辆进行应急使用和车辆运能的调配，提高效率。

（11）建立紧急情况管理系统。包括旅客安全、车辆设备安全、旅客转移和送达系统等。

（12）建立安全监控系统。对车辆设备安全监控，一旦车辆发生不良状况，及时报警，确保列车运行安全。对司机操纵安全监控，一旦操纵出错，及时向司机报警，并按信号指示自动控制列车，确保列车不发生冲突等行车事故，确保旅客人身和车辆设备安全。建立对烟火的监控报警设备，此外，在车站和列车上设置电子监控防盗报警设备，确保旅客人身和财物安全。总之要为旅客提供一个安全的旅行环境。

（13）建立铁路客运企业管理系统。直接利用各种数据，进行企业内部管理，核算成本，提高管理效率，降低管理成本。

（14）环境监测与控制系统。监测铁路客运企业对环境污染的情况，控制对铁路沿线的污染，重点是垃圾污染、空调用氟利昂对大气的污染、发电机组和车辆走行部用油对环境的污染、车辆设备维护中废物对环境的污染等。

如果铁路客运能在上述诸方面研究开发成功，并能走在其他运输方式的前面，一定会在既有的线路条件下，提高铁路客运的竞争力、运输能力、收入和赢利能力。

本章小结

本章主要介绍了铁路智能交通系统（ITS-R）的基本概念、国内外的发展以及当前应用的领域。

铁路智能交通系统（ITS-R）的发展可追溯到60年以前。当时是结合智能交通系统（ITS）发展起来的，但与 ITS 相比实现技术不完全相同，有其单独的特点。

在我国，近年来随着汽车运输与航空的崛起，铁路运输比重正在逐渐下降。可以说优先发展我国铁路的 ITS-R 是保持铁路优势地位的重要手段之一。

至于具体的 ITS-R 的发展应从减少断道时间，解决低效率、安全和环境污染问题这些方面入手。

从我国的情况来看，ITS-R 已经在很多领域有所应用，如智能列车运行自动控制系统，车站智能化联锁控制系统，铁路编组站综合集成自动化系统等。

思考题

1. 简述 ITS 的概念。
2. 对比 ITS 和 ITS-R，说出它们之间的不同。
3. 我国 ITS-R 的发展应从哪些方面考虑？
4. ITS-R 在其应用的领域中表现出怎样的优势（智能列车运行自动控制系统，车站智能化联锁控制系统，铁路编组站综合集成自动化系统）？
5. 你对 ITS-R 的发展有何想法？

参考文献

[1] 谢希仁. 计算机网络[M]. 北京：电子工业出版社，2017.

[2] 陈树新，尹玉富，石磊. 通信原理[M]. 北京：清华大学出版社，2020.

[3] 杨心强. 数据通信与计算机网络教程[M]. 3 版. 北京：清华大学出版社，2021.

[4] 李正军，李潇然. 现场总线与工业以太网[M]. 武汉：华中科技大学出版社，2021.

[5] 王金武. 可靠性工程基础[M]. 北京：科学出版社，2013.

[6] QAMAR MAHBOOB，ENRICO ZIO. Handbook of RAMS in Railway Systems: Theory and Practice[M]. Boca Raton: CRC Press，2018.

[7] 闫连山，陈建译. 铁路信号系统网络与信息安全[M]. 北京：中国铁道出版社，2016.

[8] 中国铁路总公司. 高速铁路通信技术：铁路数字移动通信系统（GSM-R）[M]. 北京：中国铁道出版社，2015.

[9] 中国铁路总公司. 铁路信号中的通信技术应用[M]. 北京：中国铁道出版社，2013.

[10] 中国铁路总公司. 分散自律调度集中系统[M]. 北京：中国铁道出版社，2014.

[11] 周永华，付文秀. CTC 系统原理与应用[M]. 北京：中国铁道出版社，2017.

[12] 靳俊. 高速铁路列车运行控制技术：调度集中系统[M]. 北京：中国铁道出版社，2017.

[13] 国家铁路局. 调度集中系统技术条件：TB/T 3471—2016[S]. 北京：中国铁道出版社，2017.

[14] WANG JUNFENG. Safety Theory and Control Technology of High-Speed Train Operation[M]. Elsevier: Academic Press，2018.

[15] 国家铁路局. CTCS-2 级列控系统总体技术要求：TB/T 3516—2018[S]. 北京：中国铁道出版社，2019.

[16] 国家铁路局. CTCS-3 级列车运行控制系统系统需求规范：TB/T 3530—2018[S]. 北京：中国铁道出版社，2019.
[17] 国家铁路局. 调度集中与计算机联锁接口规范：TB/T 3496—2017[S]. 北京：中国铁道出版社，2018.
[18] 陈红霞. 列车调度指挥系统和调度集中系统维护[M]. 北京：中国铁道出版社，2017.
[19] 《铁路列车调度指挥系统与调度集中系统维护知识读本》编委会. 铁路列车调度指挥系统与调度集中系统维护知识读本[M]. 北京：中国铁道出版社，2020.
[20] 中国铁路总公司. 列车调度指挥系统技术条件：Q/CR 666—2018[S]. 北京：中国铁道出版社有限公司，2019.
[21] 中华人民共和国铁道部. GSM-R 数字移动通信系统应用业务调度命令信息无线传送系统：TB/T 3231—2010[S]. 北京：中国铁道出版社，2010.
[22] 中华人民共和国铁道部. 列车无线车次号校核信息传送系统：TB/T 3325—2013[S]. 北京：中国铁道出版社，2013.
[23] 靳俊. 铁路信号集中监测系统[M]. 北京：中国铁道出版社，2016.
[24] 中国铁路总公司. 铁路信号集中监测系统应用与维护技术[M]. 北京：中国铁道出版社，2013.
[25] 中国铁路总公司. 铁路信号集中监测系统技术条件：Q/CR 442—2020[S]. 北京：中国铁道出版社，2020.
[26] 汪希时. 智能铁路运输系统 ITS-R[M]. 北京：中国铁道出版社，1999.
[27] 贾利民，王艳辉，徐杰. 智能运输系统概论[M]. 北京：北京交通大学出版社，2019 年.
[28] 刘辉. 智能列车无人驾驶系统（英文版）[M]. 长沙：中南大学出版社，2021.